国家社科基金
GUOJIA SHEKE JIJIN HOUQI ZIZHU XIANGMU
后期资助项目

以人为本的
社区公共服务设施
规划研究

魏　伟　洪梦谣　周　婕　著

国家社科基金后期资助项目（19FGLB034）

科学出版社

北　京

内 容 简 介

在以人民为中心的发展思想导向下，围绕基本公共服务设施的研究与规划受到广泛关注。提升基本公共服务设施的规划配置水平对提升人居空间品质、增强人民幸福感有重要意义。

本书系统梳理现代城市规划进程中社区公共服务设施规划理论与实践的演进及"城市人"的理论内涵，并总结国内外该领域研究与实践的最新成果。本书是国内第一部系统运用"城市人"理论指导规划实践的专著，将"以人为本"的理念融入基本公共服务规划的全流程中，构建了一套社区公共服务设施的规划理论及15分钟社区生活圈规划理论与方法体系，围绕城乡基本公共服务均等化、大城市基本公共服务设施的供需匹配、面向15分钟生活圈的基本公共服务设施评估与优化开展研究实践工作。

本书能够为城市规划、城市地理等方面的专业人士、管理人员和高校师生提供不同理论视角下的借鉴与参考。

审图号：GS 京（2023）2361 号

图书在版编目（CIP）数据

以人为本的社区公共服务设施规划研究 / 魏伟，洪梦谣，周婕著．—北京：科学出版社，2024.3

国家社科基金后期资助项目

ISBN 978-7-03-077419-4

Ⅰ.①以…　Ⅱ.①魏…②洪…③周…　Ⅲ.①社区–社会服务–服务设施–城市规划–中国　Ⅳ.① D669.3

中国国家版本馆 CIP 数据核字（2024）第 006241 号

责任编辑：李　海　周春梅 / 责任校对：马英菊
责任印制：吕春珉 / 封面设计：东方人华平面设计部

科学出版社 出版
北京东黄城根北街 16 号
邮政编码：100717
http://www.sciencep.com

北京中科印刷有限公司 印刷
科学出版社发行　各地新华书店经销

*

2024 年 3 月第 一 版　　开本：B5（720×1000）
2024 年 3 月第一次印刷　　印张：26 1/4
字数：470 000

定价：298.00 元
（如有印装质量问题，我社负责调换〈中科〉）
销售部电话 010-62136230 编辑部电话 010-62135397-2040

序

别人使用你发明的东西，你会很自然地感到高兴，还会略带谦虚。但我读完本书后，最强烈的感觉是"敬"。我敬佩本书的作者。

本书的三位作者我都认识，他们性格各异，但他们对书中材料的处理、对论点的阐释，前后呼应、一气呵成。他们之间少一点儿互敬都不成。三位作者辈分有别，但他们之间的互敬只可能来自对学问共同的敬意。

这种兢兢业业的态度可以从几个方面看出来。

"城市人"理论是研究主线，但横向要理顺三位作者关于文化基因、政策评估、比较研究等的思路，纵向要兼顾坊间众多描述和解释城市现象的观点，以及指导城市规划和发展的理论。这就像同时下象棋、围棋、国际象棋，少一毫专注就会迷失。

生活圈是研究焦点，但在分析层次上要抽丝剥茧地从省到市、到街道、到社区展开研究；讨论的细节包括各种公共服务设施，就像同时指挥一个爱乐乐团，少一点儿协调就会杂乱。

人与居的匹配是突破点，但要弄清自变量、因变量、中介变量、控制变量，并把现状分析的结果逻辑地、有创意地转化为社区改造和优化的建议，就像将一块大理石雕成一匹骏马，少一分想象就会卡住。

我佩服三位作者做学问的专注精神，以及彼此间的协调和相互激发的想象力。

"城市人"理论的发展还有很长的路要走。本书精彩地表达了"城市人"理论的潜力和前景。希望三位作者对学问的敬意吸引更多人加入耕耘。再次向三位作者致敬。

梁鹤年

2022 年 3 月

前　　言

以人为本是现代国际社会的基本共识。尤其在 20 世纪 50 年代后，人类社会空前发展，人口快速增长，城镇化以一种势不可当的趋势推动全球进入"城市时代"。同时，对人居环境的重视在全球范围内成为广泛共识，由联合国人类住区规划署（以下简称"联合国人居署"）主导的世界人居环境运动在 20 世纪 70 年代拉开序幕。半个世纪以来，"联合国人居署"先后通过了多部具有全球共识性的宣言、文件和标准。为了 21 世纪人类的繁荣和可持续发展，以人为本的城乡规划思想和技术成为国际上解决人口、社会、经济与环境问题的重要手段。

基本公共服务设施的均等化供给与公平、公正使用，在当下社会已形成广泛共识。联合国发布的《变革我们的世界：2030 年可持续发展议程》中提出了"确保人人获得适当、安全和负担得起的住房和基本服务"。联合国第三次住房和城市可持续发展大会发布的《新城市议程》阐述了"为所有人提供平等使用物质和社会基础设施及基本服务的机会"的原则及承诺。中国"2035 年远景目标"中提出了"基本公共服务实现均等化"的总体目标，《"十四五"公共服务规划》中提出了科学设定服务半径和服务人口、合理控制公共服务设施规模、加强毗邻地区设施共建共享的统筹规划公共服务设施布局要求。建设"人人享有、公平公正"的基本公共服务设施是中国城乡规划事业走上以人为本道路的关键环节之一。持续推进基本公共服务均等化，以科学理论方法支撑基本公共服务设施的供需匹配，是促进社会公平正义、扎实推动共同富裕的应有之义，更是规划师们肩负的行业职责和社会使命。

在城乡规划理论中关于以人为本的研究由来已久，尤其在中国"人居环境科学"创建和发展的过程中，老一辈科学家们孜孜以求、知行兼举，构建了自然、人类、社会、居住、支撑网络五大人居要素，以及全球、区域、城市、社区（村镇）、建筑五大空间尺度，形成了以城乡规划学、建筑学、风景园林学"三位一体"学科融合为核心，与地理、环境、经济、社会、历史、哲学、艺术等密切相关的人居环境科学学科体系。本书即在人居环境科学学科体系下，在社区尺度下，关注基本公共服务设施以人为本的规划理论、方法及实践，和致力于人居环境发展的同人们一起，择善固执、学以致用。

本书的理论出发点源于梁鹤年先生提出的"城市人"理论。该理论是一套以"以人为本"为内核的城市分析元理论，是基于东方传统哲学中的"秩序""平衡""仁义""择善""矛盾"等思想要义，并融入了亚里士多德（Aristotle）的古典理性思想与阿基那（Aquinas）的自然之法，借鉴经济学的"经济人"假设和佐克西亚季斯（Doxiadis）"人居科学"的理性构架，提出"城市人"即"理性选择聚居，追求空间接触机会的人"的规划元理论。该理论以"匹配典型城市人与典型人居"作为规划工作的核心，聚焦符合中国国情的"公共利益"，提供了基于归纳和演绎基本方法体系的"回归分析""最优化分析""经济几何分析""比较分析"等逻辑方法，可为市场提供准确的空间供求信息，为社会提供道德的引导方向，最终实现以人为本的规划价值观。这与中国在新型城镇化中强调"以人民为中心"的发展理念和"以人为本，公平共享"的出发点，在健全公共服务设施中坚持"共享发展"的理念，在社区治理中贯彻"以人为本，服务居民"的思路高度契合。

本书也是在笔者多年参与武汉市基本公共服务设施规划研究及实践的基础上形成的。推进以人为核心的新型城镇化、完善基本公共服务体系，是武汉打造"国家中心城市、长江经济带核心城市和国际化大都市"的重要抓手。武汉大学与武汉市规划研究院于 2016 年成立了"城市人联合研究中心"校企共建科研平台，致力于实现高校服务于社会、理论结合实践，在应用与反馈中检验理论方法的实操性，在民生服务中推动规划学科的发展，在产学研一体化的路径中践行规划人的知行合一。

本书分为上、下两篇。上篇"理论篇"梳理以人为本思想在中国人居环境科学体系中的作用及梁鹤年先生的规划思想，对"城市人"理论进行系统的内涵解析与价值分析，总结全球及中国社区公共服务设施规划理论及实践的演进过程，尝试构建"城市人"视角下社区公共服务设施的规划理论及 15 分钟社区生活圈规划理论；下篇"实践篇"针对全国各省域、19 个典型大城市、武汉市三个尺度下的基本公共服务设施，分别开展省域城乡基本公共服务均等化协调发展评价、中国大城市基本公共服务设施供需匹配水平及面向 15 分钟社区生活圈的武汉市基本公共服务设施评估与优化研究，重点对武汉市中心城区基本公共服务设施的现状、供需水平、匹配关系开展基于"自存/共存"平衡方法的应用研究，并有针对性地提出典型生活圈基本公共服务设施优化布局的规划策略。

本书是国家社科基金后期资助项目"以人为本的社区公共服务设施规划研究"（项目编号：19FGLB034）的研究成果。梁鹤年先生全程指导项目中关于"城市人"理论的研究并多次到武汉市进行调研与讲座。本书的总体框架设计、章节内容安排、理论阐述等工作由魏伟完成；周婕作为"城市人"理论研究组的负责人，全面负责本书的理论架构及实践应用；洪梦谣负责本书的基础数据整理、调研访谈及规划图纸的绘制。另外，夏俊楠对基本公共服务设施的评估方法及满意度测度模型提出了原创性思路，杨欢、陶煜全程参与了本项目的申请工作，多位研究生参与了本项目基础数据处理及图纸绘制工作。总之，本书是由多人配合协作完成的，体现了"城市人"理论研究组在公共服务设施领域对规划理论与方法的思考和探索。

本书的出版得到了科学出版社的鼎力支持，特此致谢。因笔者水平有限，书中难免存在不足之处，敬请广大读者批评指正。

魏　伟

2023 年 2 月

目　　录

下篇　实　践　篇

图 目 录

表 目 录

上篇

理 论 篇

第一章

"以人为本"理念下的"城市人"理论

【导论】中国城乡规划强调"以人为本",但什么是"人"?西方的"人"强调"个人"通过利益相互制约来维持整体平衡。在崇尚"物竞天择"的西方社会,社会整体发展来源于"自我保存"竞争所产生的动力。但在崇尚传统"中庸"和现实"和谐"价值观念的中国社会里,"个人"的利益和价值与国家、民族命运紧密相连,社会整体发展是"自我保存"和"与人共存"的平衡。中国的"人",既是"个人",也是"人人"。中国城镇化经历了高速发展时期,逐渐从"增量"转向"存量"。如何通过精准分配公共服务资源来实现"共同富裕",寻找"以人为本"价值理念下的自存/共存平衡路径,是中国城乡规划理论研究中的重大课题。

第一节 人居环境科学的世界共识与中国探索

一、世界共识

人居环境科学的重要基础理论是希腊建筑规划学家佐克西亚季斯于20世纪50年代创立的"人类聚居学"。面向20世纪以来对人类影响深远的现代城市化运动，佐克西亚季斯从整体观、系统论的角度，研究人与环境之间的相互关系，把人居视作一个空间现象。它由自然、人类、社会、壳体、网络五组人居元素组成，包含个人、房间、住宅、屋群、小邻里、邻里、小城、城、小都市、都市、小都会、都会、大都会、特大都会、全球都会共15个层级的人居单元。按照最大接触、最少气力、恰当距离、优质环境、优化整合五个原则，人类可以自由选择塑造自己的人居环境。

"人类聚居学"在20世纪50～70年代大放异彩。佐克西亚季斯发表了大量学术著作和文章，雅典人类聚居学研究中心成立，1963～1972年台劳斯国际人居会议年年举办，《台劳斯宣言》系列发布，*Ekistics* 期刊创办，世界人类聚居学会成立，人居研究及实践项目遍及全球，第一次联合国人类住区会议（以下简称"人居一"会议）召开……但是，"这套出自欧陆思维、理性主义作风的城市理论被英语体系的规划学者批得体无完肤"[1]。如同柯布西耶（Córbusier）的理性功能与机械美学式的规划思想，这种被打上"物理决定论"标签的规划理论在20世纪70～80年代西方国家开始盛行的各种社会思潮及政治博弈下逐渐式微。

然而，对人类人居环境的重视在全球范围内成为广泛共识，至今已先后通过了多部具有全球共识性的宣言、文件和标准。具体如下。

（1）1972年，联合国人类环境会议在斯德哥尔摩召开，通过了《斯德哥尔摩人类环境宣言》[2]，阐明了7个共同观点和26项原则，在第15项原则中提出了"人的定居和城市化工作必须加以规划"。

（2）1976年，"人居一"会议在温哥华召开，通过了《温哥华人类住区宣言》等3个基本文件和5个决议，主题为"为每一个国家（地区）提供适当的住所"。该宣言是联合国第一份应对和控制城市扩张问题的国际性战略计划。

（3）1977年，联合国成立人类住区委员会。1978年，联合国成立作为人类住区委员会秘书处的常设机构人居中心。

（4）1985 年，联合国确定每年 10 月的第一个星期一为"世界人居日"，目的是提醒全世界人民"我们都有权利和责任塑造居住地的未来"。

（5）1989 年，联合国设立"联合国人居奖"，表彰在住房供应、使无家可归者的困境得到重视、在战后重建中发挥领导作用、发展和改善人类住区及城市居民的生活质量等领域做出杰出贡献的人和组织。

（6）1992 年，联合国环境与发展会议在里约热内卢召开，通过了《关于环境与发展的里约热内卢宣言》（以下简称《里约宣言》）和《21 世纪议程》等文件。《里约宣言》提出 27 项原则，首项原则即"可持续发展问题的中心是人，人有权顺应自然，过健康而又有生产能力的生活"。《21 世纪议程》第七章"促进人类住区的可持续发展"提出"向所有人提供适当住房、改善人类住区管理、促进可持续的土地利用规划和管理、促进综合提供环境基础设施、促进人类住区可持续的能源和运输系统、促进灾害易发地区的人类住区规划和管理、促进可持续的建筑业活动、促进人力资源开发和能力建设以促进人类住区发展"8 项方案。

（7）1996 年，第二次联合国人类住区会议（以下简称"人居二"会议）在伊斯坦布尔召开，通过了《伊斯坦布尔宣言》和《人居议程》，主题为"人人享有适当的住房"和"城市化进程中人类住区的可持续发展"。

（8）1999 年，国际建筑师协会第 20 届世界建筑师大会在北京召开，通过了由吴良镛教授起草的《北京宪章》[3]，倡导建立"建筑学、地景学、城市规划学"三位一体的"广义建筑学"。

（9）2001 年，联合国提出《新千年城市和其他人类住区宣言》，该宣告秉承了《联合国千年宣言》的精神，重申充分执行"人居二"会议的决定。

（10）2002 年，联合国人居中心被提升为联合国人类住区规划署。

（11）2012 年，联合国可持续发展大会在里约热内卢召开，通过了《我们期望的未来》成果文件，在"可持续的城市和人类住区"篇章（第 134 ～ 137 条）中，提出了"承诺努力提高人类住区的质量、支持包容性住房和社会服务、实施可持续城市规划和设计政策、加强城市与社区的伙伴关系"等倡议和措施。

（12）2015 年，联合国召开可持续发展峰会，通过了《变革我们的世界：2030 年可持续发展议程》成果文件，其中共有 17 个可持续发展目标和 169 个具体目标，目标 11 为"建设包容、安全、有抵御灾害能力和可持续的城市和人类住区"，其中包括"住房和基本服务、交通运输系统、人类住区规划和管理、世界文化和自然遗产、穷人和处境脆弱群体、负面环境影响、公共空间"7个具体目标和"加强国家和区域发展规划""大幅增加采取和实施综合政策和计划以构建包容、资源使用效率高、减缓和适应气候变化、具有抵御灾害能力的城市和人类住区数量""建造可持续的、有抵御灾害能力的建筑"3条具体应对措施。

（13）2015年，联合国人居署颁布《城市与区域规划国际准则》，旨在为改善全球政策、规划、设计和实施进程搭建一个框架，推动建设布局更紧凑、社会更包容、城市和区域更加融合和相互连通的新城市，促进城市可持续发展，提升城市应对气候变化的能力。

（14）2016年，在基多召开联合国第三次住房和城市可持续发展大会（以下简称"人居三"会议），通过了《新城市议程》，主题为"我们的共同愿景是人人共享城市，即人人平等使用和享有城市和人类住区"，包含"为所有人建设可持续城市和人类住区的基多宣言""新城市议程基多执行计划"两部分共175项条款。"人居三"会议及《新城市议程》为人类未来20年的城市可持续发展规划了路线。

二、中国探索

吴良镛是中国"人居环境科学"的发起人和主要引领者，他没有西方（英语体系）理论的包袱，更清楚"人居科学"的理论潜力。人居环境科学理论与实践是中国改革开放40周年的标志性成果之一。在西方理论称霸的年代，在人人向它靠拢的洪流中，吴良镛择善（需要智慧）、固执（需要操守）[1]。他在代表性著作《广义建筑学》《人居环境科学导论》《中国人居史》中系统阐述了人居环境科学的学科体系、理论内涵和思想源泉，并通过分析《中国城乡发展模式转型的思考》《北京宪章》《人居环境科学研究进展》《京津冀地区城乡空间发展规划研究报告》（系列）等，不断深入探索，其研究成果具有"经世济用、环境设计、人本关怀、文化浸润"[4]的价值。

中国人居环境科学领域的研究涉及"三位一体"背景下的建筑学、城乡规划学、风景园林学及与之密切相关的人文地理学、环境科学、管理科学等学科。从吴良镛20世纪90年代初开创人居环境科学以来，前期研究主要以基础理论构架、中国现实人居环境评价与问题、研究方法摸索等为主。2011年，国家对学位授予和人才培养的学科目录进行调整，在与人居环境科学相关的学科方面，将原属建筑学一级学科的城市规划与设计

（含风景园林规划与设计）调整为建筑学、城乡规划学、风景园林学三个一级学科，其重要依据就是"构建人居环境科学学科群"[5]。此次学科目录调整极大地推动了人居环境科学领域的研究发展与人才培养，扩大了其研究领域和主题范围。通过人居环境科学的桥梁作用，打通了多个学科的目标、意义、理论基础、方法途径等关键环节，使学科间的交叉与融合态势更为明显。

对于人居环境科学的重要性，在中国相关学术领域尤其是城乡规划学科中已取得广泛共识。周干峙认为，人居环境科学是建筑科学历史发展的必然，必然要成为契合国家人民需要的、更为广阔的、更为实际的大思路和大学科[6]；邹德慈充分肯定人居环境科学的"高瞻远瞩和学科交叉方法"[7]；孟兆祯认为，未来城市发展的方向，不仅侧重于人居，还侧重于人居环境[8]；吴志强和于泓在研判中国城市规划学科发展方向时认为，中国城市规划学科和国外一样，面临一个以人居空间研究为中心的研究对象的时代[9]；吴志强和刘晓畅在总结改革开放以来中国城乡规划知识网络演进时认为，中国城乡规划学科在发展历程中，在关注居住物质空间形态的基础上，更加聚焦人居环境及其社会属性的研究[10]；王建国院士在界定城市设计的当代概念和定义时指出，城市设计主要研究城市空间形态的建构机理和场所营造，是对包括人、自然、社会、文化、空间形态等因素在内的城市人居环境所进行的设计研究、工程实践和管理活动[11]；石楠在解析中国城乡规划学学科研究与规划知识体系时提出，人居环境的复杂性、综合性是城乡规划学科具有综合性和交叉性的根源，而城乡规划学科是预测性描绘未来城乡人居环境并将其转化为人居环境客观现实的学科[12]；孙施文在展望中国城乡规划学科的未来发展方向时认为，注重以人为本的人居环境建设未来是更新规划、乡村规划、韧性城乡规划、精细化规划管控技术等方面的重要议题[13]；曹康和张庭伟在剖析1978年以来中国城市规划理论的进展时提出，"人居环境科学理论""以人为本的城市人理论"等是中国特色城乡规划理论的重要内容，且中国特色规划理论的发展呈现出一条不同于西方规划理论发展的独特道路，带有明显的务实精神与政策属性[14]；罗震东等在对中国城乡规划学科知识的转型与展望中提出，人居环境理论作为中国城乡规划学科重要的系统性理论成果，已经获得广泛的认同，并为城乡规划学科知识体系的构建提供了参考和方向[15]。

在人居环境科学开放性、包容性的框架下，吴良镛将其应用于京津冀、长三角等区域规划及三峡工程、南水北调工程等国家重大工程的人居环境规划中；张文忠等深入开展中国人居环境评价与宜居城市研究[16,17]；王树声出版系列研究成果《中国城市人居环境历史图典》[18]；赵万民开拓"山地人居环境科学"[19]领域；李雪铭等在地理学学科中深入探讨人居环境[20]；刘滨谊开展人居环境"三元论"及五类地区研究[21]；刘沛林、李伯华对中国乡村人居环境开展持续研究[22,23]；另有面向河西走廊地区[24]、云南高原地区[25]、贵州高原地区及贫困地区[26,27]、三峡地区[28-30]、长江中游地区[31]、陕南地区[32]、深圳市[33]等地区，以及针对历史人居[34,35]、乡村人居[36]、山地规划[37]等具体方向的中国人居环境科学的研究与实践在多地、多领域全面展开。王建国等[38]、张文忠等[39]、李伯华[23]、杨俊等[40]、李伯华等[41,42]、李雪铭等[43,44]、田深圳等[45]、王毅等[46]学者对该领域的研究成果进行了系统全面的梳理，极大地肯定了中国人居环境科学的发展态势和研究成果。总体而言，中国人居环境科学在理论体系建设上呈现建筑、规划、园林、地理、生态等学科间交叉与融合的基本特征；在研究对象与目标上呈现区域、城市、乡村、城乡一体、社区等对象多元但目标一致的特征，以及问题导向与目标导向并行的特征；在研究方法上呈现方法多样但殊途同归的特征，以及传统数据分析向大数据信息获取及分析转化的趋势；在实践应用上呈现注重理论对实践人居工程的指导，以及对实际人居环境问题的评价及分析的特征。近年来，该领域研究获得的支持力度不断加大，研究机构数量不断增加，人居环境科学研究在中国处于百花齐放、欣欣向荣的局面。但是该领域的研究普遍存在亟待完善的领域和需要弥补的环节，如研究对象及内容过于广泛而主线不清晰，空间尺度、人居要素等关键概念的界定随意性较大，研究方法普遍强调各学科个性而缺少普适性，偏重对基本理论的阐述与分析但缺少实质性创新，偏重实践评价而缺少落地实施途径。同时，吴良镛认为，人居环境科学以人为核心、以民为本，我们要更多地从实际问题出发，摸索可能模式，可大可小，从区域、城市、社区到建筑都可以产生发光的例证，解决实际问题[47]。在当下和未来，需要面向国家生态文明战略、国土空间格局优化目标、"以人民为中心"理念下的人居环境优化提升等新要求、新战略，开展对应性、实践性的科技服务，在构建学术体系的同时，解决实际矛盾和问题。

第二节　梁鹤年与"城市人"理论的提出

　　梁鹤年是中国人居环境科学领域重要的理论构建者和实践推进者，与吴良镛一道，秉承"择善固执"，追求"至诚行义"，致力于推进"以人为本"的美好中国人居建设。梁鹤年是加拿大女王大学城市与区域规划学院院长、教授，2009 年荣誉退休。作为国际知名的规划教育家，他致力于中国人居环境科学领域的国际交流合作与教学科研工作，在清华大学、同济大学、武汉大学、东南大学、中央财经大学、上海浦东干部学院等高校长期开设课程，并担任国家发展和改革委员会（以下简称"国家发改委"）、自然资源部、住房和城乡建设部及国内多个研究机构的高级顾问和专家组成员。他在国土空间规划（城市规划）、公共政策、中西方文明比较研究等领域出版了大量中文著作，2002 年被国务院授予"中国政府友谊奖"。

梁鹤年的中文著作主要集中于三个方面：第一，中西方文明的"基因"研究，著有《西方文明的文化基因》（生活·读书·新知三联书店，2014）、《西方文明的未来》（生活·读书·新知三联书店，2021）；第二，公共政策研究，著有《政策规划与评估方法》（中国人民大学出版社，2004），创建"S-CAD"（subjectivity-consistency adequacy dependency，主观性、一致性、充分性、依赖性）政策评估方法并发行公益软件；第三，中国人居环境科学的探索及中西方人居环境科学比较研究，著有《简明土地利用规划》（地质出版社，2003，其英文版为加拿大规划专业基础教材）、《经济·土地·城市：研究思路与方法》（商务印书馆，2008）、《旧概念与新环境：以人为本的城镇化》（生活·读书·新知三联书店，2016）、《以人为本规划的思维范式和价值取向：国土空间规划方法导论》（商务印书馆，2019）。

在人居环境科学领域，梁鹤年与吴良镛是国际上最早意识到人居环境科学对中国美好人居建设的内在价值和实际意义并付诸实践的学者。"向吴良镛教授致敬……在中国，我相信这（人居环境科学）是需要的方向和可为的事业，这可能是中国在这新世纪给予世界规划理论的贡献"[48]。梁鹤年从 20 世纪 80 年代即开始关注与推动中国城市规划、土地等学科的发展与实践，在《城市规划》《中国土地科学》等业内权威期刊上主持系列专栏，以其对中国传统智慧的领悟与传承和在西方求学、工作的经验与体会，对中西方文明、体制、学科内涵进行广泛而深入的比较，洞悉"古与今""中与外""理论与实践"的内涵联通，致力于中国城乡规划学科、土地学科的基础研究与前沿探索。

现代城乡规划理论的主要思想起源于西方，而中国在近几十年是全球快速城镇化与城乡规划实践的主阵地。构建具有中国特色和符合中国实际的城乡规划理论，是中国人居环境科学发展的基础与核心。然而，当大量西方规划思想裹挟着其文化基因、社会制度、经济模式、意识形态等传入中国后，需要有"择善""至诚""求真"的学者辨伪存真、扬善去恶；这类学者应该具有洞悉中国发展内涵、认同中华文明精华、熟悉中国规划规律的深厚底蕴。从这个角度来衡量，梁鹤年为中国特色城乡规划理论提供了极为丰富的中西方比较研究成果和基础知识。

梁鹤年多年来关于中国人居环境科学的研究已经形成了完备的"基础概念—方法逻辑—理论架构—知行并重"的体系，总结如下①。

一、辨基础

这是梁鹤年独辟蹊径的一条中西方城乡规划理论与实践"互视"的研究路径，通过对城市规划基础理论与核心概念的"辨"（而非"辩"），溯其源头，析其内涵，辨其真伪。

（一）基于文化基因，在西方"旧概念"与"新环境"的辨析中寻找中国城乡规划的根基

绝大部分的人居概念都有其文化基因。西方的文化基因有两个："唯一真"与"人"。前者使他们趋于极端、绝对和排他，后者强调平等（"泛人"）与自由（"个人"）。西方文明在这种基因转变中产生性格分裂[49]。梁鹤年通过对现象与本质之间逻辑关系的梳理与判别，验证西方古典哲学与现代环境之间的关联，逐一剖析人居领域核心关键概念的文化源头与现实价值。

（1）"恒"[50]。柏拉图（Plato）在秩序与平衡中寻求"义"和永恒的"形"，这是西方文明宇宙观的核心基础之一。中国的孔子、孟子、文天祥同样是求仁取义。柯布西耶在城市规划中寻求秩序与和谐。这些思想都为城市规划的"择善固执"提供启示。信（信仰）、望（希望）、诚（至诚）、义（和谐与秩序）、礼（礼让与教化）就是城市规划事业应有的"恒"。

（2）"变"[51]。亚里士多德基于"物之理"和"形而上"的"变"，是西方文明宇宙观形成的核心基础之一，其伦理观聚焦于幸福，政治观聚焦于城邦与人民。建设以人为本的城市需要关注城市的本质与潜质，注重城市空间的因果逻辑链条，由此可以探索出一个理论严谨、操作简明的规划范式。

（3）"性恶"[52]。奥古斯丁（Augustine）提出的"原罪"效应与"性恶"

---

① 以下内容由梁鹤年先生多年来发表的百部文献及笔者跟随其学习期间的课堂笔记综述而来，经梁鹤年先生修改审定而成。

观念及由此延伸出的"性本"观念，是理解西方伦理观与人生观的基础。城市规划中的功能分区、多元化、包容、意见一致等理念都是"性恶"文化的产品。中国寻求"性善"文化下的规划理念是具有传统文化基础的、值得探索的方向。

（4）"自然之法"[53]。源于亚里士多德、成于阿基那的古典"自然之法"，在西方传统文化中是自明之理的普世价值，其原则是自我保存和与人共存（以下简称"自存/共存"）。由此可为中国规划理论和实践开辟"提升人类普世价值的人居环境"的路径。

（5）"民主"[54]。西方世界是自由为本、民主为用的自由民主，而非古雅典完全的、绝对的、真正的民主，要认清此背景下的"有害"规划理论。城市规划透明、公开的态度与体制有助于建立真正的基层民主。

（6）"公平"[55]。西方文化中对"公平"的演绎源于古典经院派托尼（Tony）、熊彼特（Schumpeter）的"对人公平、彼此公平"，它聚焦于免于剥削的自由，强调弱者求存、群体共存的公平；同时受到以亚当·斯密（Adam Smith）"追求私利可达公益"和"帕累托效率"为主流的强调强者逐利的公平理论的影响，其本质是"对己公平，对人公平仅是权宜"。中国的房地产开发不能走西方的主流道路，需要在土地国有的优势下对强者、弱者采用不同方式来保障市场的公平、稳定，赢取公信。

（7）"天赋理念"[56]。"笛卡尔方法"主张以直觉理念（即天赋理念）和逻辑演绎去寻找物质现象背后的真相（本质和因果关系），包含"真理面前人人平等"的意识，该理论指出"清楚"和"分明"是真理的特征。城市规划者可以从笛卡尔（Descartes）思想中汲取"理性""求真""辨析"（而非"辩论"）等乐观的精神和创意的方法。

（8）"自由"[57]。洛克（Locke）、休姆（Hume）、亚当·斯密、穆勒（Mueller）等经验主义大师定义和演绎了西方对"自由"的诠释，成为西方文明的主流，它强调个人自由，认为私产是自由的保障，而保护私产是政府的主要职能，但其本质是颠倒了"人性"，颠覆了"天道"。现代城市规划的手段是控制土地的用途类别和使用强度，中国应坚持土地产权国有，避免走入洛克式个人自由之下私利与公益的死结。

（9）"美"[58]。城市的"美"是每个市民所追求的集体感官，要注意区分高与低（高低层建筑及树木的搭配）、快与慢（车行与人行视角的差异）、新与旧（城市新区与旧城的和谐）的关系。城市物质环境的设计在西方城市规划中越来越处于次要位置（逐渐被科技、政治、意识形态所左右）。中国的规划不能再走入西方国家的歧途，物质环境是规划的起点和终点。

（10）"公共利益"[59-61] 与"公共参与"[62]。公共利益的"求同"与公众利益的"存异"应相互协调。公共利益应基于人性的需要和中国传统文化中的"大我"意识，而非西方国家的"小我"与自由意识。中国应保留公共利益的基本理性原则，在运作上以求同（公利）为本、以存异（私利）为用。政府可通过"起"（为公共利益定位、定性，追求最高理性完整）、"承"（寻求最大认同，保证公共利益的真实）、"转"（调解最关键的私利，保证公共利益的可行）、"合"（以理性复核公共利益，以保证它的理性完整和政治可行性）四个阶段实现整体公共利益。在城市规划中既要考虑和谐的整体与个体的关系，也要考虑适度的规范分析层面和层次。社会公益和市场效益并肩前进在西方国家是可望而不可即的理想，而在中国应该成为社会主义市场经济的内在逻辑。

这一套对"旧概念与新环境"理论的溯源与比较的文献，如《西方文明的文化基因》《西方文明的未来》等著作，是国内人居环境科学领域第一批全面、深入、系统地剖析西方文明背景下规划理论起源与衍生的研究文献。对于人文学科的专家学者而言，这些思想并不陌生，但难以与工程学科或人居环境科学相结合；对于人居环境科学的专家学者而言，专业理论并不陌生，但疏于追溯其文明土壤与社会背景。中西互视、哲学思想与人居工程的结合，是该系列研究的价值所在。对于中国学者而言，正本清源才可笃定前行。

（二）在中国传统经典思想与西方思想的互视中发展中国规划理论

中国传统经典思想中拥有大量对现代规划具有元典意义的精华思想。

（1）"民为贵"[63]。孟子基于"性善"的伦理基础倡导"仁政"，实行"民为贵"的养民、保民政策，重心在于与民方便、照顾疾苦。在中国现代城市规划中，这种思想可以用来指导城市规模、结构和系统、土地利用模式、基础设施部署和城市运作与发展管理方式的构建。源于西方的可持续发展理念及"生态足印"与孟子的思想不谋而合，但其出发点和土地制度与中国有区别，中国需要走"双赢"的生态发展之路。

（2）"本分""仁政"[64]。在孔孟思想中的"适应""改变""修身""求仁"与西方思想中的"求变""求真""制度至上"的比较中，规划工作者应汲取中国传统思想中"好学""力行""知耻"的思想精华，这有助于处理城市发展和规划管理中变与稳的取向问题,开发有中国特色的规划理论。

(3)"成仁取义"[50]。《礼记》中所记载的中国传统伦理观、政治观,以及文天祥《正气歌》中所体现的宇宙观,与西方柏拉图的整体观念遥相呼应。中国传统文化完全可以支撑现代中国城市规划的四个"信仰",规划人需要"择善固执",顺"五伦之序",解"七情之困",达"十义之举"。

基于中国传统文化的人居思想理论具有极为丰富的内涵和素材。

(三)深入剖析西方规划理论著作的本质,结合中国文化传统与社会实际探索中国规划理论的方向

中国学者在面对西方规划理论著作时,不能盲从和奉行"拿来主义",需要辨认其文化土壤、学术环境及政治背景,看清其内在本质,坚守有中国特色的理论方向。

(1)"有操守"[65]。美国规划理论家约翰·弗里德曼(John Friedmann)的社会改革理论代表著作 *Retracking America: A Theory of Transactive Planning*（《重访美国:互动式规划》）和 *Planning in the Public Domain: From Knowledge to Action*（《在公共领域的规划:从知识到行动》）,是仅从社会批判和社会改革理论出发的、迎合西方"后现代主义"的理想主义理论著作,在西方社会饱受质疑。中国规划学者不能被这样的西方"经典"著作迷惑,要坚守中国传统的"操守"美德,对个人、对他人、对规划事业要"老实",要有"勇气"。

(2)"寻共识"[66]。美国规划理论家约翰·福里斯特(John Forester)在其著作 *Planning in the Face of Power*（《面对权力的规划》）中,把规划工作者的注意力集中到规划的价值观、政治性和交往互动性上来,提出信息是权力基础,规划工作者可以通过操纵信息组织市民争取权力和推动民主,这属于"有理论、无实际"的空谈理论,沿袭了"结构主义"的批判精神与缺乏实质行动的思潮。规划工作者不能被这种空洞的、矛盾的社会学思潮带入歧途,要利用社会的实际情况和人的感情矛盾去促进社会和谐共处。

(3)"毋空谈"[67]。英国规划理论家希利(Healey)在其代表作 *Collaborative Planning: Shaping Places in Fragmented Societies*（《协作式规划:在碎片化社会中塑造场所》）中,提出以改革体制去包容多元社会中的不同利益诉求,其目的是重新分配权力,但脱离空间和环境去空谈改革体制

是这类规划理论的死门。规划工作者绝不能脱离空间和环境的质和量来谈规划。

（4）"人治"与"法治"结合。西方的"为民请命改革派"是追求私利的自由竞争社会中权力分配不均的一种后发现象，他们创造出一套套似是而非的理论去影响法的解释和运作，目的在于混淆视听。

西方规划领域的流行著作打着"大家"学说的旗号，在中国基础理论略显匮乏的状况下传播进来。梁鹤年在系列研究及关于文明的系列著作中，谆谆告诫中国学者切不可将西方制度背景下产生的学说武断地移植到中国规划理论和实践中，尤其是对基于"个人主义""自由主义"等的西方利益博弈理论，更要理性待之。

当然，现代城市规划的理论、管理、制度等起源于西方国家，因此西方国家在规划理论方面具有丰富的内涵，在诸多领域值得我们学习和甄别。当前中国的城乡规划正在面临巨大变革，对此梁鹤年在文献中预见性地提出忠告与建议。具体如下。

（1）在总体规划层面[68]，英国、美国、加拿大等西方国家均经历了对总体规划重要性及作用的曲折认识过程，经典著作及文献如美国的 *The Urban General Plan*（《城市总体规划》）（Kent，1964）、*A Model Land Development Code*（《土地开发规范》）（America Law Institute，1975），英国的 *Town Planning Made Plain*（《城市规划直言》）（Keeble，1983）、*Development Plans: A Manual on Form and Content*（《发展规划：形式和内容手册》）（Ministry of Housing and Local Government，1970），加拿大的 *Planning Canadian Communities*（《加拿大社区规划》）（Hodge，1986），都提出了总体规划以物质为中心并注重长远性、综合性和整体性的观点。当下中国城市总体规划正在经历重大的变革（如改名为"国土空间总体规划"），回归空间的物质本性，因此，注重总体规划的宏观指导而非具体地块的控制，注重基础调查与研究而非主观臆断或武断决策，汲取西方国家在该领域探索过程中的经验与教训，更显重要。

（2）在城市设计研究领域[69]，大量经典思想和著作对"美"进行了诠释。柏拉图与亚里士多德对"真知"的追求，霍布斯（Hobbes）、斯宾诺莎（Spinoza）、阿德勒（Adler）通过对欲望的研究探索"善"的意义，阿基那以"悦"（官能）与"见"（观察）对"美"的定义，在思想上奠定了现代规划学者对城市设计"美"的追求，具体如下。①关于"形"。卡米洛·西特（Camillo Sitte）在其 1889 年出版的 *City Planning According to Artistic*

Principles（《遵循艺术原则的城市设计》）中强调人类活动空间与自然环境的对话；柯布西耶在其 1924 年出版的 *The City of Tomorrow*（《明日之城市》）中强调坚守城市设计的完美秩序；戈登·卡伦（Gordon Cullen）在其 1961 年出版的 *The Concise Townscape*（《简明城镇景观设计》）中强调城市景象之间的对话；罗伯特·文图里（Robert Venturi）在其 1977 年出版的 *Learning from Las Vegas:The Forgotten Symbolism of Architectural Form*（《向拉斯维加斯学习：被遗忘的建筑形式象征主义》）中强调关心城市设计与建筑的象征而不是形状。②关于"知"。简·雅各布斯（Jane Jacobs）在其 1961 年出版的 *The Death and Life of Great American Cities*（《美国大城市的死与生》）中认为城市多元化和多样化是城市生命力、活力和安全之源；阿摩斯·拉普卜特（Amos Rapoport）在其 1977 年出版的 *Human Aspects of Urban Form: Towards a Man-Environment Approach to Urban Form and Design*（《城市形态的人文方面：关于城市形式和设计的一种人 - 环境处理方法》）中认为城市设计的使命是通过组织空间构架来反映市民的需要和价值观；克里斯托弗·亚历山大（Christopher Alexander）在其 1973 年出版的 *The City ls Not A Tree*（《城市并非树形》）中认为构建一个活跃的城市和一个开放的社会必须用格子性的设计构架去组织；马尔文·韦伯（Melvin Weber）在其 1964 年出版的 *The Urban Place and the Nonplace Urban Realm*（《都市场所与非场所的都市领域》）中认为城市设计的焦点在于人类互相交往所必需的各种联系方式和渠道。③关于"仁"。凯文·林奇（Kevin Lynch）在其 1960 年出版的 *Image of The City*（《城市意象》）中提出城市设计应使市民有安全、舒适的感觉，这些感觉是由城市意象五要素构成的；埃德蒙·培根（Edmund Bacon）在其 1967 年出版的 *Design of Cities*（《城市设计》）中提出美好的城市应是市民共有的城市；林奇在其 1981 年出版的 *Good City Form*（《城市形态》）中认为一个美好的城市应能提高其市民的生存条件并延续其文化；亚历山大在其 1987 年出版的 *A New Theory of Urban Design*（《城市设计新理论》）中认为城市是一个生长的整体，城市设计的使命是医治和养育城市并使它"完整"；伊恩·麦克哈格（Ian Mcharg）在其 1969 年出版的 *Design With Nature*（《设计结合自然》）中首次把生态学用在城市设计上。中国当前的城市设计正处于关键的提升与转型时期，如何把握城市空间形态与人的行为与思想、社会价值理念、市民认知、自然生态等的关系，是亟待解决的学科核心问题。西方文明的这些学术探索值得我们去深入钻研并因地制宜地将其应用于中国城市设计学科

的发展中。

（3）在城市规划管理与组织方面[70]，西方经典的著作，如卡林沃思（Cullingworth）1982 年出版的 *Town and Country Planning in Britain*（《英国城乡规划》）、彼得·霍尔（Peter Hall）等 1973 年出版的 *The Containment of Urban England*（《英国城市的限制》）、弗兰克（Frank）等 1979 年出版的 *The Practice of Local Government Planning*（《地方政府规划实践》）、詹姆斯·巴洛维茨（James Banovetz）1971 年出版的 *Managing the Modern City*（《现代城市管理》）、杰拉尔德·霍奇（Gerald Hodge）1986 年出版的 *Planning Canadian Communities*（《加拿大社区规划》）、安大略经济委员会（Ontario Economic Council）1975 年出版的 *Subject to Approval*: *A Review of Municipal Planning in Ontario*（《从立项到批准：安大略省市政规划评述》）、艾伦·雅各布斯（Alan Jacobs）1978 年出版的 *Making City Planning Work*（《让城市规划起作用》）、哈维·佩洛夫（Harvey Perloff）1980 年出版的 *Planning the Post-Industrial City*（《后工业城市规划》）等，可以为中国制定以自然资源为本、以用途管制为核心的国土空间规划管理重大改革的措施、方式提供借鉴参考。

在中国城乡规划研究和实践发展中，基础理论是最为重要和亟待突破的环节，但在基本概念、传统基因、底线与方向、职业操守等核心内容方面，中国还未形成严谨、全面的学术内省、自省机制，较为缺乏理性的辨析与思考。从这个意义上讲，梁鹤年的"辨基础"系列研究是弥足珍贵的。

二、论方法

梁鹤年自称是一位"方法论者"[71]，他通过广博的阅读与知识间的融合寻求学术的导航准则，从互不相干到互相矛盾的知识和思维中抽出逻辑链带，在紊乱中寻求统一。

（一）S-CAD 方法

从对象上来看，西方规划理论分为两大类：实质（substantive）理论和程序（procedure）理论。前者与具体的功能相关，如土地、交通、园林、住房等的功能；后者与哲理和机制相关，如组织、程序、道德、价值等。从 20 世纪中期开始，程序理论成为西方规划理论的主流。程序理论的一个源头是"公共管理学"。城市规划也被视为一种公共政策。但是在制定公共政策时，存在理性派与渐进派的争议。理性派关注的是技术，渐进派关注的是政治。制定城市规划等公共政策的关键是分析判断不同主体的主次关系和共同目标之间的关系，从"主导观点"出发，对政策进行一致性、效率性及可行性的分析，即在确定了政策"主导观点"后，引进科学理性，提升政策的效应与效率，通过"相关利益观点"的理念，引入政治理性，提升政策的认同度和可执行性[72]。

城市规划在应用和执行层面具有重要的公共政策属性，其政治性是规划理论和实践的焦点。S-CAD 方法作为一种内在逻辑严密、定性定量方法相结合的理性分析工具，具有广泛的应用价值，从国家规划政策的实施效果评估到拟出台公共政策（文件）的逻辑检验，再到具体规划成果的预期目标检验，均可采用该方法开展分析评估。

（二）背景迁移分析法

在借鉴外国规划手段、案例比较研究时，只有先认识外国规划手段与外国背景的关系，才可以适当地将其修正并引用到中国。可以采取严谨的七步骤"背景迁移分析法"（shift-of-context analysis），具体如下：①确定甲地所用的手段，分辨该手段的各细部和层面，并决定哪个细部和层面最关键；②鉴定与甲地手段相关的甲地背景因素，分辨各元素的性质和作用，并决定哪个元素最关键；③分析甲地手段与背景的关系，分析手段内涵与背景元素之间的吻合、冲突和张力；④将甲地所用手段原封不动地移放到乙地，然后分辨该手段用在乙地会引出或依赖哪些乙地的背景元素；⑤分析甲地手段与乙地背景之间的"可能关系"，分析手段与背景之间可能发生的吻合、冲突和张力；⑥研究手段的"可塑性"，以不改变该手段的关键特性为前提，找出其可修正的极限；⑦塑造适合乙地背景的手段，假定乙地的背景元素不变，塑造一个与乙地背景元素最吻合、最少冲突和最低张力的手段，即最强的乙地手段－背景关系[73]。同时，在开展城市现象（包括规划手段）与城市背景因素之间的互动关系和规划分析时，评估"合度"是关键问题，即横向的"层面"和纵向的"层次"的准确定位。在宏观与微观、整体与个体复杂的关系中寻找"合度"的关键抓手[74]。

此方法对于国内相关学者和从业者而言，具有极其重要的方法论指引意义。很长一段时间以来，在引入国外规划理论或手段时（如大量借用西方思潮开展中国实践的研究论文或各类规划手段，如郊区化、功能分区、卫星城、新城市主义等），学者大多采用简单的"拿来主义"和"经验总结"，甚至"简单抄袭"，缺少对理论、手段、案例的原生背景和对应条件的辨析，容易出现自我矛盾现象。只有在新背景下开展完整的逻辑分析，抓住复杂问题的可控因素（规划的可控因素主要是空间），才有可能得到具有借鉴意义的启示。

（三）经济几何法

借鉴经济学分析中常用的供给 - 需求曲线及价格 - 数量变量，"以几何去看经济"的办法能帮助解释经济政策在城市与地域规划上的意义。在城市规划中运用供给 - 需求曲线的几何模型，提出经济分析方法和经济政策导向的"两招四式"，即供给曲线与需求曲线的"转"与"移"：供给曲线移动是资源的改变，供给曲线转动是生产技术的改变，需求曲线移动是收入（购买力）的改变，需求曲线转动是消费行为的改变 [75]。

这套经济几何分析方法对于规划资源（如土地、设施、空间）的配置供给、使用需求之间的动态调节平衡具有基础性的阐述意义，可以在纷繁的规划要素和错综的利益关系中，以经济学的基本原理去分析供求之间的矛盾。这为中国当前全面强调供给侧结构性改革、消费需求升级提供了一种面向规划的分析方法。

三、重知行

概念、理论与方法最终要服务于中国人居环境建设的实践。梁鹤年结合求学、科研的心得体会，沿袭中西方互视的比较思想，基于中国传统思想精华，开展了一系列知行合一的探索。

（一）中西方求学、教育、科研的心得体会

梁鹤年出生于中国香港，本科时期求学于香港大学建筑系，硕士、博士时期先后求学于美国麻省理工学院城市规划专业、英国剑桥大学土地经济专业、英国雷丁大学土地开发与管理专业。他长期在加拿大女王大学从事教育科研，自 1984 年开始回国讲学、进行科研与提供咨询。他从小就有强烈的民族思想并立志为中国城乡规划事业做点贡献 [76]。求学的经历使他对西方国家有了广泛而深刻的认知，从"洋为洋用"到"洋为中用" [77]，形成了"重体验、重发掘、重比较，以平衡的感情与理性去辨别虚像与真实"的治学态度 [78] 和"追求关系的平衡与横向思考之中走上方法论者的道路"的"随缘"心态 [79]。因此，梁鹤年在其著作中，擅长使用仁、义、礼、信、善、执、缘、念、水、中、民等中国传统文化中特有的词和理念，并"转译"西方文明同样博大精深的文化传统，聚焦"人居""规划""空间"等规划元素，进行中西方文化、制度、环境等的互视和比较，希望中国在向西方国家的学习、借鉴中，寻求中国在"大我""大国"中建立人居学科的文化自信与道路创新的方法。

（二）中国对西方城市规划实践的借鉴与扬弃

（1）关于城市未来[80]。在西方学术界，对于城市未来的看法，有互相依赖和自给自足两种方向，在经济上强调城市的多样化共生，在文化上强调城市的个性与融合，强调城市的未来充满活力、机会与危险。刘易斯·芒福德（Lewis Mumford）在 *The City in History: A Powerfully Incisive and Influential Look at the Development of the Urban from Through the Ages*（《城市发展史：起源、演变和前景》）中指出城市的诞生、成长、衰退和毁灭的循环反映了人类文明演进过程的定律；欧内斯特·伯吉斯（Ernest Burgess）在 *The City: Suggestions for the Investigation of Human Behavior in the City Environment*（《城市：有关城市环境中人类行为研究的建议》）中认为适量的社会解体有利于社会的重新组织；简·雅各布斯认为城市规模并非越大越好；亚历山大在 *A New Theory of Urban Design*（《城市设计新理论》）中提出城市是一个生长的整体；简·雅各布斯倡导土地混合使用和文化多样化，认为只有具有适应力的未来城市才会获得成功。现代西方城市规划强调管理与控制，这对中心城区的复兴起到了关键作用，但往往削弱了大都市的活力与多样化，使郊区的治理难以成功。规划者在面对未来城市时，要有可为与不可为的判断，学会从失败中吸取教训，脚踏实地地改善城市的环境，培育城市的多样性。

（2）关于规划战略。①生态学的启发[67]。西方尤其是第二次世界大战以后的规划理论，如"交易性规划""联络性规划""后现代主义规划"等，政治化和与实践脱节的现象愈演愈烈，不但不适用于中国，而且其本身就先天不足。城市规划的战略方向应该是开阔城市生活与生产活动的"稳定领域"，加强城市模式和组织的应变能力。②土地使用规划中的关键战略性选择[81]。城市规划的设计要着重考虑人的因素；总体规划中选址的次序为空地、工业、商业及公共设施、小区；土地分割并不是实现城市功能的核心举措，混合土地用途对于提升城市的效率和活力具有重要价值；从生命过程成本和整体成本来判断基础设施的修复或改建价值；在基础设施的使用上，可通过控制需求来提高其效率和保护环境。

（3）关于城市和地区发展模式。①精明增长。西方"精明增长"理念未能把对基础设施成本的质疑和地方财政的困难连接起来。中国可持续发展应关注基础设施、土地税收等重点领域。②规划与经济发展[82]。中国城市规划可利用棋盘式路网和公共空地系统来提高城市经济多元化的催生力和经济新陈代谢循环的反弹力。③对西方城市扩散模式、理想城市规模、城市内部界面的模式及内涵进行深入解读[83]。应提出提高城市用地效率和控制汽车发展、创造和谐的城市环境和培养"区市民"的归属感的方法。城市设计在提倡经济效益的同时要考虑社会效益。④西部开发[84]。介绍第二次世界大战后西方国家的国际开发理论，针对中国西部地区开发和城市化问题，建议从提高人类资本（教育与人才培养）、发挥西部地区优势（地理、经济均衡、民族、外部环境）、人口就地城镇化及素质提升、城市经济多样化发展等渠道开发西部地区。

（4）关于规划管理。①不动产（房地产）管理[85-88]。梁鹤年以其创办的加拿大国家公共不动产高级官员论坛中重点讨论的土地与建筑物之间的价值关系、政府不动产与公共政策的关系、政府之间及政府与企业之间的合作等议题为依据，建议中国在公共不动产（如土地）的有偿使用、公共利益的维护等层面，推动中国特色的规划管理；又以加拿大不动产管理中出现的典型问题为例，剖析西方国家土地买卖丑闻背后的原因，以及中国在土地开发过程中应如何平衡业主利益和公共利益；另外，中国在住房抵押贷款保险制度上应兼顾借贷双方的利益，且需要强调国家信用保险制度而非西方简单的资本保护制度。②土地管理[89,90]。东西方关于土地管理的区别在于制度差异及对由此带来的土地增值的处理，中国规划和土地管理应坚持整体利益至上的导向，尤其要厘清土地使用权和土地所有权的关系，并按市场经济的规律和社会整体利益来处理土地增值或降值的权责。③开发管理与表性规划[91]。梁鹤年介绍了加拿大开发管理的程序及问题，提出在公共利益与开发成本之间需要保持平衡；介绍了西方国家表性规划（即通过地块功能对周边环境、居民、设施的影响来控制土地利用）在提高土地活力和创造力方面的积极意义，这对中国规划管理的提升提出了更高的要求。④用"景象描画"方法研究加拿大不动产"地点—空间"的选择和宏观趋势对规划选择的影响[92]。

（5）关于资源利用——能源、资源的使用[93]。私家车与抽水马桶在西方国家的广泛使用不只是简单的技术进步与生活方式改变的结果，要看到其在公平与效率、保护与节约等层面体现的矛盾和误区。中国城市发展在资源的使用上不能延续西方模式，需要走符合中国国情的公平与竞争的道路。

（6）关于规划教育。西方规划教育与实践注重观察与分析，尤其是对城市复杂的物质、社会、经济、文化的研究建立在严谨的相关学科支撑的基础之上，这是值得中国规划教育学习的地方[94]。但西方国家几十年规划理论和方法的发展没有解决好环境问题[77]。中国要注意规划学科的实践性、综合性，要聚焦城市的物质空间本质。

四、建理论

针对现代城市规划理论主要来源于西方文明的现象，梁鹤年总结了其理论流变并提出基于理性和方法论的理论思考方法。

（一）西方规划理论的来源、本质及中国规划理论构建的思路

（1）来源。对西方规划理论传统和规划工作体制的来源进行深入剖析[95]，发现其有经济学、公共管理学、社会学和政治学四个源头。经济学包括亚当·斯密的"私利会带来公益"、穆勒的"功利主义"、帕累托（Pareto）的"补偿"、凯恩斯（Keynes）的"政府干预"，以及系统工程和政策科学；公共管理学包括威尔逊（Wilson）的公共管理、西蒙（Simon）的"理性论"、林德布卢姆（Lindblom）的"渐进主义"，以及科学管理学和组织发展学；社会学包括圣西门（Saint-Simon）与科姆特（Comte）的"实证主义"、迪尔凯姆（Durkheim）的社会组织和社会意识与社会分工、曼海姆（Mannheim）的理性规划和社会指导、特格韦尔（Tugwell）的"经济组织论"、波普（Popper）的知识学和对科学"真理"的质疑；政治学包括杜威（Dewey）的实用哲学、新马克思主义、法兰克福学院的"社会批评理论"、理想国和无政府主义。从规划工作体制上分析，政策性和理性化的规划工序分为鉴辩问题、确定目的和目标、设计方案、选择方案。公共管理的工序分为规划、组织、指挥、控制。管理架构是构思、行动和资源的结合。规划的公共管理分为战略、管理及行动三个层次。英国、美国、加拿大三国的规划代表三种思路和管理制度。这些西方的规划思路和体制既有丰富的学科支撑和对社会的重要贡献，也有各自的包袱和逻辑漏洞。梁鹤年进一步强调规划的主题必须放在土地和空间的利用上，微观方向不应走进美学和建筑设计的领域，宏观方向不可走向人类聚居处及其周围以外的地方。同时，中国城市规划理论向西方学习的不是其意识形态，更不是"重说教、避理性"与"政治博弈"的工具，而是基础性的解释性理论

和由此产生的指导性理论，应强调具有中国传统文化背景的"理性"与"大我"方向[96]。中国的规划理论和实践必须结合中国的文化土壤、社会制度，聚焦空间本质。这与吴志强等倡导的中国城乡规划必须"基于空间本质"的思路是完全一致的。

（2）本质。从方法和逻辑架构上看，西方规划理论主要有三类——描述性理论［经典理论包括伯吉斯的同心圆城市、霍伊特（Hoyt）的扇形格局城市］、解释性理论（经典著作是林奇的《城市意象》、亚历山大的《城市不是一棵树》）和指导性理论（经典著作是弗里德曼的《公家规划：从知识到行动》、福里斯特的《面对权势的规划》），尤其是指导性理论占据了大多数。但是梁鹤年认为没有正确的描述和合理的解释作为基础的指导性理论是不科学的，并提出一套完整的规划理论应由四个部分构成：①描述城市现象要符合"事实"（facts）；②解释城市现象（果）的成因（因）要符合"真相"（reality）；③评价现象的好坏，也就是对结果的取舍；④设计有效手段（因）去改变城市现象（果），也就是牵动可用和有效的因果链带，这是技术性的选择[97]。这套理论对于中国当下的规划学科发展及政策制定具有极为重要的基础意义和实践价值。在汗牛充栋的著作中，不乏对事实描述、真相解释的"发明新概念""创造新理论""嫁接新技术""指导新方向"，这导致不少规划理论无法真正经由学科理性去解决城市问题、指导城市发展。在这一点上，孙施文认为，中国的城市规划尚未真正走上理性之路[98]。杨俊宴认为，中国因缺乏本土城乡理论而成为西方理论和技术的二手市场或试验田[99]。临渊羡鱼不如退而结网，中国规划理论的理性构建需要在描述性理论和解释性理论中夯实基础、揭示真相、寻求本质，提出真正有价值的、有针对性的指导性理论。

（3）方向。关于城市理想与理想城市。人类永远在寻找"美好"的城市，西方规划学术界近百年来不断探索，有成功之处，亦有大量自我矛盾的教训或失败，如以《雅典宪章》（Athens Charter）为代表的"现代主义"、以"传统邻里区开发"和"公共交通导向的邻里区"为代表的"新城市主义"、以生态完整和生态连接为原则的"生态主义"……中国不应重复西方文明的错误。梁鹤年希望中国的城市规划和建筑工作者能本着为人民服务的思想去创造中国人民的理想环境[100]。

（二）规划理论的理性方向

规划是科学还是一种信仰？这种学科本质性的问题在学术界一直是探讨和争论的焦点。科学是建立在信念之上的，这些信念是无法证明、毋庸置疑和需要无条件接受的。从这个角度衡量，规划具有科学性。西方国家在求知的道路上有两个方向，无论是持理性主义的笛卡尔还是持经验主义的洛克［分别对应中国的"先格物、再致知"（理性主义）和"先致知、后格物"（经验主义）］，他们最终追求的都是"理性至上"[101]。理性的规划要求有系统的观察、逻辑的分析、实证的推理和有原则的取舍。目前，西方国家的规划理论在经验主义的主导下有反理性的倾向，中国规划理论的求知须在"求真"的科学道路上不断前行。

（三）开创"城市人"理论

基于以上基础概念、方法体系及对规划理论的逻辑架构，梁鹤年在人居环境科学领域创建了"城市人"理论。本书在本章第三节和第四节重点论述"城市人"理论。

第三节 "城市人"理论内涵解析

中国在"以人为本"的城镇化路径和"以人民为中心"的发展理念方面，经过改革开放和中国本土社会的深度探索，取得了巨大的实践成就和宝贵经验。"城市人"理论以中国传统思想为基础，借鉴"人居科学"理论"经济人"假设，结合中国城镇化的发展经验，解答"以人为本"的城乡规划中人与人居的基本属性及其相互匹配的模式等问题，为中国特色的城镇化发展贡献力量。

一、"人居环境科学"与"城市人"理论

"城市人"理论是由梁鹤年构建，用以描述、评价、选择"城市"的理论，是基于东方传统哲学中的"秩序""平衡""仁义""择善""矛盾"等思想要义，融入亚里士多德的古典理性思想[102]与阿基那的自然之法，借鉴经济学的"经济人"假设和佐克西亚季斯"人居科学"的理性构架，提出"城市人"即"理性选择聚居，追求空间接触机会的人"的规划元理论。需要注意的是，这里的"城市"是指人的"聚居"行为，凡有人聚居的行为都可应用"城市人"理论去解释、研究和规划，而无论其所处之地是城市、乡镇还是乡村。

"城市人"理论的理性构架来源于人居环境科学和"经济人"假设。

（一）人居环境科学与"城市人"

佐克西亚季斯创建的人居环境科学是世界上最早系统性研究人类居

住系统的抽象科学。整体性和系统性是人居环境科学的重要特征。佐克西亚季斯认为，研究人居环境科学必须由以往的跨学科转为独立学科，单纯地在地理学、规划学、建筑学、生态学等学科之间建立通道对于深入理解城市是远远不够的。此外，他强调人类住区是一个复杂的系统，其要素包括自然、人、社会、壳体（建筑）和网络，可以从多个方面来看待城市，如经济、社会、政治、技术和文化等。

人居环境科学具有极强的"以人为本"特征，它认为人类在创造自身住区时，应遵守一个一般的法与原则，这个法与原则就是"人类生物特征的延伸（extension of man's biological characteristics）"。同时，人类根据客观环境和自身物性在塑造人居时，按照五个原则开展行动：①人总是最大限度地追求人与自然元素、设施等空间要素的潜在联系，佐克西亚季斯称之为空间接触机会；②人会尽量减少实际接触和潜在接触所需的气力；③人的自我保护最优原则，即人的空间选择既要能够保持与外界的空间接触，又要能够与其他人、动物和设施保持距离；④人会主动选择或塑造周边环境（自然、社会、壳体、网络）以达到最优接触；⑤人会根据自身的实际条件和综合能力来实现以上四个原则的最佳综合，即以最小的气力在不低于一定限度的生活与环境条件下，去追求最大的空间接触机会。佐克西亚季斯认为，规模是人居最重要的属性，不同规模的设施对应着不同的使用和规划方式。例如，在一个小型街区内，尽量不要让汽车在其中快速穿行；而在一个大都市内，则需要建立多条快速公路。从"以人为本"的角度考虑，在一个不断变化的世界中，技术的进步、人口年龄结构的变化让城市没有固定的最佳规模，但是可以让城市有最优的尺寸单元（如半径为1千米的范围），这种尺寸单元不受技术和时代变化的影响。任何城市都可以被划分为多个尺寸单元。城市规划可以在不断变化和增长的城市有机体中，基于人的基本属性设计稳定的基本尺寸单元，最终保障城市中人类住区的品质，并在未来建立更好的人类住区。

人居环境科学出现的时代背景是20世纪50年代人类城市首次得到空前的发展，与此同时，城市的污染、拥堵和贫困等问题困扰着众多城市规划者。佐克西亚季斯的思想具有超越时代的前沿性，他号召人们以现实主义的态度面对城市的无序增长，批判错误的回归小城市的乌托邦思想，先验性地提出了面向人的尺度的基本规划单元，体现了城市规划中的以人为本思想，这些在以后都得到了验证。尽管如此，但是佐克西亚季斯的人居环境科学未能得到西方主流知识界的认可，西方国家将人居环境科学批判为"物理决定论"和不民主的"社会工程",使得人居环境科学理论在 1975 年佐克西亚季斯离世后基本再无发展。吴良镛看重人居环境科学的巨大潜力,将人居环境科学引入国内,并积极推动其在国内的发展。经过近半个世纪的实践,人居环境科学已经成为中国规划教育界和学术界重要的理论瑰宝。

"城市人"理论认同和吸纳了人居环境科学对人的基本属性和空间选择原则的描述,并将其归纳为"物性""理性""群性",将"空间接触机会"作为理论研究的核心,进一步将人居环境科学理论概括为"空间接触机会 = ∫(人居变量)",并将其作为理论的核心方法和概念模型。

(二)"经济人"与"城市人"

"经济人"假设来源于亚当·斯密在《国富论》中的论断,"这种倾向为人类独有。我们所需的一日三餐,不是来自屠夫、酿酒家或面包师的施舍,而是来自他们为了自己利益的打算。我们唤起的是他们的利己心,而不是他们的仁慈心,不是我们之所需,而是他们之所要"[103],即"看不见的手"。经过多年的经济学发展,后世将"经济人"假设概括为假定人的思考和行为都是目标理性的,唯一试图获得的经济好处就是物质性补偿的最大化。这套奉行"最大私利可达公益"的理念创造了貌似逻辑严谨的理论和众多条理清晰的分析手段,能够解释国家、市场、企业运行的内在机制,并给出直接的、有针对性的解决办法,长期支配和解释了人类经济生活的方方面面,但在关于人类的多个重大经济事件和危机的预测中屡次折戟。随着人类社会的不断发展,经济学家逐渐发现理性的"经济人"出现了大量不理性的行为,并提出了质疑和改进"经济人"假设的观点。例如,凯恩斯认为人类的经济决策不是由理性决定的,而是由"动物精神"的本能冲动所驱动的;西蒙提出"有限理性"的假定,认为人的生理和认知都是有限的,因此难以做出效用最大化的决策;行为经济学认为人有非理性的行为,对非理性的行为可以通过科学的方法加以研究。这些理论具有创新意义,但都是对"经济人"假设的一种补充或修补,不能动摇"经济人"假设在经济学中的根本地位。

"经济人"假设本身是具有扎实的市场背景和洞悉人性的部分特征的,但在西方经济学里把人的"理性"和"自私"画上了等号,拒绝接受人类理性中存在的利他、共存倾向,也拒绝接受人在经济决策中考量他人、谋求共存的理性决策,这在强调"集体"和"共存"传统的中国文化中是难以接受的。事实上,亚当·斯密在《道德情操论》中创造了"道德人"

的概念，提出人性存在"同情心、正义感行为的利他主义倾向"（这与亚当·斯密提出的"经济人"完全相反），并引出了关于"亚当·斯密问题"的百年争论，争论的焦点在于人是不是"唯利是图"的经济机器。

"城市人"理论借鉴"经济人"假设，但不认同传统经济学中"最大私利可达公益"的论断。"城市人"理论结合东西方经典哲学的思想要义，将人的理性概括为谋求"自存与共存的平衡"，再结合人居环境科学中对人类住区的基本认知，最终形成了"一个理性选择聚居去追求空间接触机会的人"的元理论内核。

二、理论概述

"城市人"理论的基本互动模型由"城市人"、空间接触机会及人居空间构成，如图1-1所示。"城市人"作为空间接触机会的供给者和需求者，其物性促使人们以最小气力追求最优空间接触机会，其理性促使人们懂得"自存/共存的平衡"，居民在人居空间的承载中，寻找人与空间接触机会的最佳匹配。人居空间作为空间接触机会的承载系统，是人追求空间接触机会的行为的发生场所，同时本身也可以作为特殊的空间接触机会（如道路、绿地等）。"城市人"—空间接触机会—人居空间共同构成了人居系统。构建安全、方便、舒适、美观、供需匹配的人居系统是规划的核心目标。

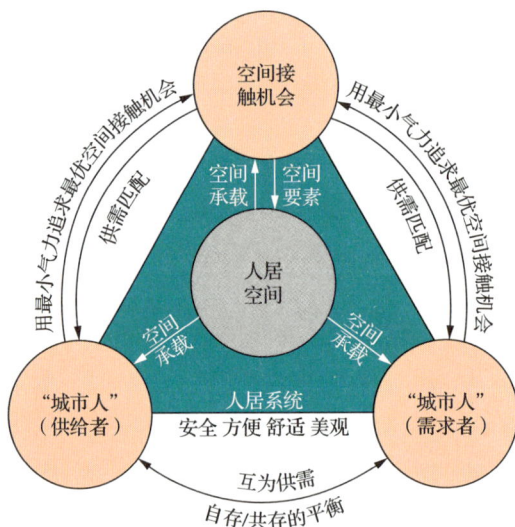

图1-1 "城市人"理论视角下优质人居空间的构成

（一）"城市人"

人的群居倾向是聚落与城市发展的本质推动力，群居是为了以最小气力获取最优空间接触机会，躲避有害空间接触。我们常说的"大我"与"小我"反映了"自存"意识的真谛："大我"与"小我"都是我，唯有共存，才可自存；人人自存，群体共存，从而追求"自存/共存平衡"。

问题在于如何衡量"最小气力"，如何定义"最优空间接触"，如何达到"自存/共存平衡"。破题的关键仍是人。人是具有"共性"的，人的身高、体重、视线角度等都在一定的范围内浮动，引导我们创造合适高度的桌椅、宜人尺度的街道、版型适宜的服饰；同时人也具有"特性"，婴儿与青年人的需求不同，男女对空间有不同的感知。因此，首先要解决谁的"更小气力"、对谁而言的"优质空间接触机会"，以及谁与谁之间的"自存/共存平衡"的问题。由此提取"典型城市人"作为分析对象，其典型性由其属性所定义，把握不同属性的典型城市人特征，以构建围绕人的"最小气力"与"最优空间接触"的评估标准，并辨析人的"自存"与"共存"需求，这样才能深入把握"城市人"需求，并据此推进空间与设施规划，达到供需平衡。

"城市人"具有基本属性与偶有属性。基本属性包括年龄、性别与生命阶段，这是在任何时代、任何文化、任何聚落中的人都共有的；偶有属性具有较强的时代性、社会性。例如，在当前社会中，人的职业、收入、受教育程度等都可以作为人的偶有属性，并显著影响人对于"最小气力"与"最优空间接触"的判断。

（二）空间接触机会

空间接触机会是"城市人"择居的动力因。佐克西亚季斯发现，不同的接触会让人产生不同的感觉，如自由或压迫、安全或威胁、舒服或不畅、美或丑。在广义上，人的感官所能接触、感知的一切客观要素都可以被称为空间接触机会；在狭义上，我们将人的"刻意"追求区分开。例如，人在寻求医疗接触的过程中，会接触到道路，因此我们将医疗视为空间接触，而将道路视为承载系统的一部分。从性质上看，空间接触机会有正负之分，既有正向的、好的空间接触机会，也有负向的、坏的空间接触机会，人的选择是趋利避害；从空间特征上来看，空间接触机会有固定与移动之分，城市聚居增加了医院、商场、公共交通等人工空间接触机会的可获取性，同时也减少了森林、草原、河流等自然空间接触机会的可获取性；从需求维度来看，空间接触机会有必需性、非必需性之分，如基本公共服务设施就是必需性空间接触机会。在一定时空条件下，典型"城市人"必然追求接受教育、医疗、养老等空间接触机会。在 15 分钟生活圈中，社区公共服务设施是最重要的典型空间接触机会。对于 15 分钟生活圈，其空间接触机会"点、量、质"的基本属性如下："点"代表空间布局，"量"代表规模大小，"质"代表服务品质。

（三）人居空间

"居"是人活动的载体。从规划的角度看，空间接触机会的数量和质量与"居"的人口规模、人口结构、人口密度是相互影响的，"居"影响"人"对空间接触机会的满意度。

（1）作为"人居"最重要的变量，人口规模决定了住房供应的数量、设施配置的等级等要素。佐克西亚季斯的"人居"类别可以作为"人居"规模典型的参考，他将"人居"类别按照人口规模分为 15 类（表 1-1），涵盖了全部的"人居"形式。

表 1-1　佐克西亚季斯根据人口规模划分的 15 类"人居"类别

编号	"人居"类别	人口数量/人	占地面积
1	个人	1	3 平方米
2	房间	2	15 平方米
3	住宅	4	50 平方米
4	屋群	40	0.005 平方千米
5	小邻里	250	0.03 平方千米
6	邻里	1500	0.2 平方千米
7	小城	9000	1.2 平方千米
8	城	5 万	7 平方千米
9	小都市	30 万	40 平方千米
10	都市	200 万	300 平方千米
11	小都会	1400 万	5000 平方千米
12	都会	1 亿	8 万平方千米
13	大都会	7 亿	80 万平方千米
14	特大都会	50 亿	600 万平方千米
15	全球都会	300 亿	4000 万平方千米

资料来源：吴良镛：《人居环境科学导论》，北京，中国建筑工业出版社，2001。

（2）在现实生活中，"人居"密度越大，表示在一定范围内人口越多。"人居"密度大会使"城市人"之间的物理距离缩短，直接增加空间接触的可能性，因此"人居"密度会影响"人居"属性（如住房容积率、建筑密度、层数）。"人居"密度也是城市规划唯一可干预的变量，并间接影响人口规模和结构，是典型"人居"中可操作性最强的变量。

（3）"人居"发展阶段。城市发展是有阶段性的，"人居"系统也有其自然生长、成熟及衰落的特征，在不同阶段，它的结构、形态都有所不同。我们可以通过对比现有的"人居"类别（按人口规模定义）和居民的满意程度（对接触机会的满意程度），辨别哪类"人居"能吸引哪类"城市人"。

三、以人为本的规划思维范式

基于"城市人"基本理论，人的物性促使其以人的尺度追求空间接触机会，人的群性促使其追求尺度合理、密度均衡、品质舒适的群居空间，人的理性促使其认识并追求自存/共存平衡。由此衍生出以人为本的规划思维范式，这套思维范式以"人、事、时、空"为认知框架，以自存/共存平衡为内在逻辑，是规划决策的基本原则。

（一）人、事、时、空

人、事、时、空是一切人类现象的基本变量，同一个人，在不同时、空会做不同的事；不同的人，在同一时、空也会做不同的事。如表 1-2 所示，在规划决策中，"人、事、时、空"的重要性在于使我们认识到理想状态与实际情况的差异，提醒规划者考虑实际所处之时、所在之地的限制，并根据主体特征挖掘主体需求，协调规划相关利益群体意见，进而做出恰当的规划决策。

表 1-2　人、事、时、空框架表

人		事	时	空
个体	团体	规划决策问题	所处之时	所在之地
年龄、性别、生命阶段	规模、类别、发展阶段			

在"人、事、时、空"四个变量中，如果已知三个变量，就可以求解第四个变量（通常为事），即一个特定的人（人）在一个特定的处境（地）和特定的时刻（时）一定会关注或追求某些特定的空间接触机会；或在一

个特定的处境（地）和特定的时刻（时）里，某些特定的空间接触机会（事）一定会吸引某些特定的人（人）去追求或关注。

（二）自存/共存平衡

"城市人"以最小气力追求自存/共存平衡下的最优空间接触机会。此处的"最优"是指无论作为空间接触机会的需求者还是供给者，都能够达到自存/共存平衡，对应的城市规划研究范畴就是关注人与空间用途在"点"和"量"上的匹配，具体可分为以下三个步骤。①调查空间接触机会的追求者基于自存的现状可达性、承载力、现状满意度，以及基于自存/共存理想的可达性/承载力极限；调查空间接触机会的提供者基于自存的现状可达性和基于共存的理性可达性。②辨识双方差距（基于自存的现状值、自存/共存的理想值、现状满意度、国家标准和地方标准指导的指标区间），选取合理的可达性/承载力的上、下限区间数值，达成自存/共存平衡。③以最大满意为目标，利用城市规划可调控的手段和方法（调整人口密度、人居规模、布局模式等），提高"城市人"与"人居"的匹配度。

第四节 "城市人"理论价值观

"城市人"理论的价值观基础是理性，是人的天性，是"以人为本"。城市规划师既是普遍意义上的"人"，也是专门处理这个特定关系的职业群体，他们在技术方法、选择方式及实现过程中对文明有着特定的解读。

一、基于文化基因对西方现代城市规划的认识

伴随着西方个人自由主义的无节制扩张（如城市无序蔓延、无限的资源需求和无度的消费增长），以及由此带来的"不自由"（如环境恶化、交通拥堵和旧城密度过大），现代城市规划应通过对城市土地和空间的管控与引导，实现对公众利益的保障，制衡自由带来的无序和不平等。总体而言，城市规划是现代文明的纵剖面之一，是在土地空间层面处理个人利益与公众利益关系的方法；而城市规划师的价值观反映的是在整体文明特质的框架下，对"规划对象的认知、对规划设计的选择、对规划目标的设定"的基本态度。

（一）"个人"基因下需求与供给的权宜平衡

从西方文明的文化基因角度来衡量，个人主义和消费文明是产生西方现代城市规划的根本因素。城市规划作为一种公共管理制度，努力在个人需求和消费供给之间寻求权宜平衡，这和古典、中古及近代西方的规划思想有着本质的不同。"个人"可以看作是现代西方文明的显性基因。个人主义在西方近现代文明中挖掘出了人性中最难抗拒的个人意识，并与方向性的求真目标割裂开来（这与古典时期的真理方向、中古时期的真神方向不同），以物质的拥有和非永恒的精神思考填补人的意义。这个文化基因的特征使人对土地及空间的需求有了物权化、扩大化、交流性和冲突性的基本特征。城市规划需要从功能与权属、交流与机会、私人与公众、自由与约束等层面对城市最重要的土地资源进行管理。

（二）"泛人"基因下规划探索的式微

西方城市规划经历了"建筑及艺术—理性系统工程—倡导性阶层调和"的连续演化过程，体现了现代规划的理性出发点和对"泛人"文化基因下平等意识的不断追求。"泛人"文化基因发端于笛卡尔等人的理性主义思索，式微于"个人"文化基因的扩散，是现代城市规划追求人人平等和公共利益的思想基础。但由于理性主义和经验主义的格格不入，以及它们分别倡导的平等与自由理念之间存在本质矛盾，理想式的城市规划与现实制度下的城市规划在博弈中举步维艰。基于个人主义和消费文明的文化基因特征依然明显，只是"个人"的对象有从精英小众向普通大众改变的趋势，面对更多的"个人"，情况可能变得更加复杂。面向公平和中下层大众的"倡导式规划已经陷入衰落"[104]。

（三）规划范式的质疑与徘徊

西方现代城市规划经历了从"美学、艺术性的工作"到"理性、系统性的工作"，再到"政治、倡导性的工作"的转变[105]，也可以看作是体现自由主义"多样、差异、多元"特征的后现代主义对体现理性主义"简单、秩序、统一"特征的现代主义的不断否定与排斥。后现代主义的实质作用主要表现在"反现实"及对理性的质疑。理性平等下的规划目标与个人自由主义下的现实主导之间存在差异，二者一直并行，形成了西方城市规划从理论层面到实践层面的不同范式。

二、西方现代文明形态下的城市规划师价值观特征

西方城市规划以处理公共利益为核心，因其价值观的多元化而出现了众多理论源头，以及多种理念下的城市规划理论及实践。彼得·霍尔对此开展了全面总结，包括基于平等和社会理想的"田园之城""底层阶级之城"，基于自由的"区域之城""自建之城""交通之城"，基于理性的"塔楼之城"，基于国家主义的"纪念碑之城"，基于资本的"企业之城"，基于后现代主义的"盛世之城"，以及在现实与理想之间挣扎的"理论之城"[106]。从西方文化基因的视角来看，可以从以下四个层面来分析。

（一）基于"个人"的自由价值观

基于"个人"的自由价值观是西方现代文明的观念之一。个人主义对自由的追求衍生出自由主义。洛克的《政府论》和美国的《独立宣言》为自由主义在政治、经济、法治及人权上的发展奠定了基础，并使其成为现代西方的主流意识形态。生命、健康和财富（尤其是产权）的私有和不容侵犯，成为政府合法性的基本出发点和公共管理职能的基本内容。城市规划作为一种公共管理职能也存在于这样的框架下，在保障个人空间利益、调控公共空间平衡层面发挥着重要作用。在英国，城乡规划是由公共卫生和住房政策发展而来的，田园城市、卫星城镇和工业及贸易区的大力发展，是为了扩大个人空间和缓和公众空间矛盾；美国的区域城市思想来源于苏格兰的格迪斯（Geddes），城市规划者通过区域城市规划在广袤的土地上和全球的资源支撑下进行田园式、自由式、分离式和扩张式的规划引导，将自由主义的思想发挥到极致。规划的自由价值观尽力保障着人的需求自由，却忽视了这样的满足是否会带来整体社会或人与人之间的不自由。规划对汽车交通的优先满足就是"自由"的体现。当更快捷的交通移动和更大范围的空间接触成为基本需求，城市规划搭建起了满足汽车交通需求的城市构架，并以此划分街区、布局公共设施；而由此带来的"自由、活力、文化"的丧失，遭到雅各布斯等人无情的批判。到了西方后现代主义强调多样性、差异性和多元化的时代，自由主义已经演化成为"绝对自由主义"了，对多元的认可与包容，对差异的敏感与隔离，使城市规划成为一种"交流和斡旋"，满足更多人的自由成为西方众多规划理论的价值取向。

（二）基于"泛人"的平等价值观

相对而言，现代欧洲国家具有较强的平等观念。欧洲的平等观念源于古希腊、古罗马道德哲学中的信仰，但发展至个人意识至上的现代主流形态后，平等的观念失去了理性的支撑和信仰的归属。但平等的意识依然是西方文明无处不在的支柱观念。另外，基于"个人"主义的自由和基于"泛人"主义的平等，在"唯一、真"的文化基因下，在失去了理性和信仰至上的现实下，不可能在社会现实中实现真正的统一；在多数情况下，平等和自由互不相容却又离不开对方。

西方现代城市规划的平等价值观，正是在这样尴尬而矛盾的局面中形成的。乌托邦式的规划在全社会推行，无疑只是个梦想，但对乌托邦的向往一直根植于人们的心中。倡导性的公平规划思路，一度让西方城市规划师找到了平衡道德和制定交流式规划的利器。新马克思主义式的、人文主义式的规划分析和社会呼吁，虽然让人兴奋，但期望改良社会的规划意图"早已超出了规划师应持有的职业操守，也令规划理论迟滞不前"[107]。可以看出，西方规划的多次重要范式改变或实践突破，都是平等价值观对自由价值观的一种修正和反省。

（三）基于"理性"的价值观

理性观念是整个西方文明的特质，但在现代西方社会逐渐式微。理性也是西方文明自古以来最为重要的认识论、方法论，古希腊的柏拉图和亚里士多德为理性制定了恒定目标、逻辑范式及归纳、演绎的思想方法，并由奥古斯丁和阿基那将理性与信仰相结合。但16世纪马丁·路德（Martin Luther）的宗教改革，开始动摇了理性与信仰的统一；法国的笛卡尔开创的理性主义和英国的洛克开创的经验主义，虽源于不同的社会背景和时代诉求，但都开始将认知建立在"人"的基础之上；加上牛顿创立的科学范式、亚当·斯密制定的政治框架和达尔文（Darwin）发现的物种演化规律，赋予了西方理性浓厚的经验主义色彩和以人为本的内涵。最终，理性夹杂着对"真"的探索，并保持着数学、几何、比例、逻辑和秩序等理性思维原则，结合现代基于观察、归纳、实验的科学方法和不断更新的技术，以寻找规律和致用为原则，形成了西方现代埋性的综合内涵。

西方现代城市规划的诸多思想源泉和实践，都深深地打上了理性的烙印。以柯布西耶为代表的功能理性城市和现代建筑运动学者，基于几何和秩序的原则，对空间秩序的追求、城市功能的区分、交通的组织及建筑的竖向延伸，虽在西方备受来自经验主义和后现代主义学者的批判（前者批判其不识时务的抽象，后者批判其破坏城市的有机性、忽视人类的复杂性），但理性规划思想及其城市建设实践已成为现代城市结构的重要组成部分。现代建筑的几何理性本质和现代城市的秩序理性塑造，依然是建设城市物质空间的主体组成部分。佐克西亚季斯的人居科学也包含理性主义色彩，以"人居"模式去演绎城市发展的动力，以"静态细胞、动态城市结构"去实践规划，通过"人居"环境要素的组织实现"最大接触、最小气力、恰当距离、优质环境"的最优"人居"。虽然这套被认为是"物理决定论""朴素机械化"的理性思维在西方"政治博弈化"的规划现实中难以立足，但其因对城市本质的理性分析、对规划实践的清晰指导、对规划愿景明确且系统化的描述而具有强大的生命力。另外，随着计量技术、系统理论和数学模型的成熟，西方学者在 20 世纪 60 ～ 70 年代将城市发展和城市规划纳入严密的逻辑模型演绎中，试图揭示城市内在的演化规律，并以此制定具有可控性的模型化规划。虽然这种理性思维同样受到质疑，但其对城市规律性的解释及模型化的演绎，已然成为科学范式和数字技术高度结合的典范。

（四）西方规划师对"真"的追求和反省

规划理论价值观念的多元化，以及理论流变范式的特征，表面反映的是社会背景的变迁和规划需求的变化，但深层次反映的是现代西方价值观中个人主义及其延伸出的自由、功利思想和资本主义及其消费文明，反映了"无约束的自由"与"自由的相对存在"之间、"无限制的消费"与"资源的有限存在"之间存在逻辑上和条件上的矛盾。另外，各种规划理念对各自"真"的坚持和宣扬，形成了相互间的对抗。每种理念主导下的城市规划理论和实践，都可被看作是西方规划师对"信仰"的追求。对传统观念"反"的精神，不断催生出各种"新"的规划理念，如霍华德（Howard）具有社会改良性质的田园城市、柯布西耶追求理性秩序的光辉城市、刘易斯·芒福德推崇复古式的中世纪城镇、佐克西亚季斯营造空间接触机会的人居环境、雅各布斯倡导街区活力的多元化城市等。西方规划师的历史价值恰恰体现在这种矛盾运动当中，一是对"真"的不断追问和实践，二是对传统、惯性的不断反省。

三、基于"城市人"理论的中西方规划师互视

在西方以个人主义和消费文明为主导的社会意识形态中，城市规划中强调的"自由、平等、理性"的基本价值观显示出矛盾对立的特点，三者此消彼长，但长期共存。中国城乡规划的基本架构来自西方，但"不是以其自身来直接面对社会的，而是按照被赋予的职责来完成相应的结构需要的"[98]，可以将其理解为西方现代政府管理构架与中国传统"致用"思想相结合的产物，是以处理公共利益为核心的工具和政策。西方现代城市规划因自上而下式的管控理念而与中国现代的社会经济体制高度契合，尤其是在经济快速发展、政府集中调控土地资源和公共利益诉求日益高涨的近30多年，城市规划在中国社区公共服务设施规划中的作用日益显著。

将西方基本的城市规划价值观置于中国的文明体系中进行思考，可以发现以下差异。

（一）基因不同的自由价值观念

"自由"，是西方文明中个人主义的基本观念，与中国隐现的"大我、泛人"的文化基因（相对于西方的"我、个人"的基因）有所冲突。中国现代的城乡土地制度及资源的配置模式，使得城乡规划的自由价值观非常模糊。人们对土地权、物权、人权及空间权意识的不断提高，使得有限的自由现实和无限的自由需求之间的矛盾愈加深刻，使得中国城乡规划经常处于两极分化的尴尬境地，如规划师制定的无约束的规划方案、城市管理者导控城市资源的绝对自由、民众对无约束自由的向往等。因此，东西方文化中的不同道德范式、不同社会基础和不同的民众理解，使得中国的城市规划在践行自由这一价值观时，尤其要注意区分自由的尺度和对象。现实约束下的自由观念，包括环境约束下的城乡发展目标、土地资源约束下的城乡关系和功能梳理，以及对土地投机的约束性控制。

（二）内涵不同的平等价值观念

"平等"，在中国城乡规划的现实制度和理想社会中有其文化基因。但中国与西方文明的平等价值观念的来源有所不同，中国对理想"人居"的追求兼有"大同小康""内修外敛""山水禅境"等传统伦理观的内容，也有历经变革后引入的西方国家追求平等、民主自由、公共交流及公众参与等现代平等社会观的内容；"平等"已经成为中国城乡规划的主流价值观

念。但粗放式的新城运动和旧城改造使规划平等失去了空间依托,房地产的全盘市场化运作使居住的平等性难以实现,缺乏制度背景和民众自我约束的公众参与使"倡导交流式规划"多流于形式。

（三）取向一致的理性价值观念

"理性",在中西方的文化语境中有完全不同的含义,但又有本质的相似性。西方的理性来源主要包括秩序、恒定和平衡(如柏拉图),逻辑、因果和德行(如亚里士多德),自我保存和与人共存(如阿基那);还包括数学方法、推理分析、求真思考和清晰辨别(如笛卡尔),科学范式(如牛顿),社会契约、共同意志(如卢梭)等。中国的理性与"道理"基本一致,老子的宇宙观,孔子、孟子的伦理观,以及实用的治世法则,追求的也是恒定、秩序和平衡。理性本质的相通使得中外城市规划在理性范式上有着很强的一致性,在城市空间的秩序性、结构的平衡性和目标的择善上有异曲同工之处。

（四）"城市人"理论下的理性、平等价值观念

平等价值观和理性价值观在中国城乡规划中的践行,根本在于对城乡本质的理性认知和落实城乡规划的平等配置。当下中国的城乡规划理论,总体上缺乏规划范式理论[108],即具有稳定性和普适性的规划价值观理论。西方国家注重科学方法和理性逻辑的基础性规划理论,这在当下的中国城乡规划中尤其值得品味。

"城市人"理论或许给了城市规划师一个不错的选择。这个建立于"经济人"理论(西方经济学理论建于假设演绎和逻辑推理之上)和"人居环境"理论(理性主义的规划范式)之上的理论,在城市分析方面给出了一套严密的逻辑方法,在规划方法方面提出了基于需求满足的平等规划范式。"城市人"是一个理性选择聚居区、追求空间接触机会的人。规划工作就是匹配典型"城市人"和典型"人居"的理性过程。典型"城市人"与典型"人居"提供的模板,能帮助城市规划师衡量和评价在实践中某些居民的要求是否合理、某类"人居"的供给是否最优;同时,能提供一个范式来帮助城市规划师提升居民的理性和优化"人居"条件。该理论在价值观上突出了理性思维与平等观念,其采用的理性思考(如直觉理念、假定原则)、逻辑演绎、观察归纳及模型总结方法具有理性主义的方法特征,

如对空间接触机会、典型"城市人"、典型"人居"的认知，需要以理性原则和科学方法进行归纳。在复杂、多变及多元的城市空间接触机会中，只有通过大量细致的、可量化的观察、反馈和印证，通过抽象的数学和模型分析，才能找出具有需求共性和城市特性的面向规划的空间接触机会元素，如公共设施的规模，空间可达性，交通设施的密度、距离，社区的容量、兼容性、对外联系性及对内服务性等。该理论的平等价值观念集中体现于规划是为最多的"城市人"提供最佳的空间接触机会，平等不是均等，也不是面向每个独立的个体，而是面向具有某类共同需求的典型"城市人"。同时，"城市人"理论注重在规划的不同阶段采取不同范式，避免以纯粹的科学主义或彻底的政治博弈和静态的价值目标来统领整个城市规划。在对"城市人"的认识中注重采用观察、归纳、模拟和推理的科学方法，在规划设计中正视选择的排他性和清晰性，在规划匹配过程中强调目标实现的阶段性和方向性，这是"城市人"理论体现科学性、逻辑性的关键所在。

西方城市规划师的价值观来源于西方的文明特征，他们试图用自己的专业地位和影响力促进或改良文明的内涵。

城市规划是已经深深嵌入现代城市管理中的不可或缺的公共管理方式，是被法律保障及被广泛接受的工作范式，是城市规划学科现实存在的依托。城市规划的认知过程（对规划对象的认识）、选择过程（设计方案的决策）和目标实现过程（规划价值观的推行）应该在具有不同范式特征的思维体系下开展。

价值观念是根植于文明体系中的。中西方文明体系的演化背景及历程不同，决定了其价值观念存在巨大差异。因此，中西方城市规划师应"互视"价值观念，而绝非照搬对方观念。

第二章

社区公共服务设施规划理论及实践演进

【导论】社区公共服务设施建设是保证社会和平稳定的重要基础和提升居民生活品质的关键，城市社区需要不断完善以人为本导向下的安全、方便、舒适、美观的公共服务设施体系，以提高社区"人居"品质。一直以来，城市规划师围绕居民基本生存及更好的生活开展了大量的理论与实践工作。梁鹤年曾写道："唯是规划仍要保证最边缘的人都有起码的生活空间和基本服务，因为这是人的起码尊严；要防止最主流的人侵占大众的生活空间、垄断大众的基本服务，因为这是人的起码公道。当然，什么是'起码'会因时、因地而异，规划工作者可参与讨论。这是规划工作的经济、社会、政治切入点。"

第一节　中国社区公共服务设施政策

《"十四五"公共服务规划》要求推进基本公共服务均等化等重要部署，进一步深化以医疗卫生设施、文化设施、体育设施、社会保障设施等为依托的基层公共服务体系，推动重点领域非基本公共服务扩容，如发展普惠托育服务、积极发展普惠型养老服务等，并通过大力培育和支持社会组织发展、开展社区志愿服务来优化公共服务多元供给格局，以增强人民群众的获得感、幸福感、安全感。

一、以人民为中心的社区公共服务设施政策的演进

《城市居住区规划设计标准》（GB 50180—2018）中对居住区配套设施做出界定，要求对应居住区分级配套公共服务设施规划建设，并与居住人口规模及住宅建筑面积规模相匹配，主要包括基层公共管理与公共服务设施、商业服务业设施、市政公用设施、交通场站及社区服务设施、便民服务设施。《社区生活圈规划技术指南》（TD/T 1062—2021）中界定的社区服务包括健康管理、养老服务、终身教育、文化活动、体育健身、商业服务、行政管理和其他（主要为市政设施）八类。中国将社区生活圈作为城市基本"人居"单元，旨在通过提升空间功能、优化设施布局等方式在空间上统筹城市生产、生活、生态功能，在社区层面将工作、居住、生活、游憩、交往等功能相互融合。因此，构建健全的社区公共服务设施体系，对中国推进以人为核心的新型城镇化、促进社会公平正义、提高人民生活福祉等重大战略导向具有重要的支撑作用。

（一）深入推进以人为核心的新型城镇化

2013年12月召开的中央城镇化工作会议提出"走中国特色、科学发展的新型城镇化道路，核心是以人为本"，强调市场与政府在公共资源配置中的协调合作。2014年，《国家新型城镇化规划（2014—2020年）》提出"以人为本，公平共享"的基本原则，指出主要依靠非均等化基本公共服务压低成本推动城镇化快速发展的模式不可持续，要求稳步推进城镇基本公共服务，实现常住人口全覆盖，使全体居民共享现代化建设成果。2015年召开的中央城市工作会议强调了城市在经济社会发展、民生改善中的重要作用，并将常住人口基本公共服务均等化作为城市工作的重要内容之一。

2016 年发布的《国务院关于深入推进新型城镇化建设的若干意见》要求"推进城镇基本公共服务常住人口全覆盖""推进城乡基本公共服务均等化"。此后，2018 ～ 2022 年，国家发改委每年发布关于新型城镇化建设的重点任务的年度通知。《2022 年新型城镇化和城乡融合发展重点任务》提出"以县域为基本单元推动城乡融合发展，推进城镇基础设施向乡村延伸、公共服务和社会事业向乡村覆盖"，进一步将公共服务均等化推向县、镇、村，在"农业转移人口市民化""健全城市群一体化""促进城乡融合发展"等多项领域强调了公共服务提升的重要性。

在新型城镇化建设中，基本公共服务的均等化供给成为中国扩大内需、提高人口质量、提升经济社会事业发展潜力的重要突破口。为保障农业转移人口市民化质量，提高农业转移人口就业竞争力，强化城市群、都市圈和县域经济的重要载体作用，以社区为主要单元的基本公共服务设施规划与建设受到越来越多的关注。国家健全就业、教育、文化体育、社保、医疗、住房等公共服务体系，将稳步提高基本公共服务均等化水平作为提高人民生活水平和质量的重要手段。新型城镇化建设以人为核心，突破单一城市边界，向区域性协调推进，这对基本公共服务设施在更大区域、更多主体、更复杂空间的规划建设提出了新的要求。

（二）面向社会公平正义完善基本公共服务均等化

2012 年，《国家基本公共服务体系"十二五"规划》中要求提升社区基本公共服务能力，构建以社区为基础的城乡基层社会管理和公共服务平台，依托社区开展社会福利、基本养老、防灾减灾、医疗卫生、公益性文化、群众体育、行政办公、就业和社会保障等多项服务。2017 年，《"十三五"推进基本公共服务均等化规划》进一步丰富了社区层面基本公共服务供给的功能内涵，并明确了推动基本公共服务均等化对于促进社会公平正义、增进人民福祉、增强全体人民在共建共享发展中的获得感、实现中华民族伟大复兴的中国梦具有十分重要的意义，是"十三五"乃至更长一段时期内推进基本公共服务体系建设的综合性、基础性、指导性文件。党的十九大报告中进一步指出，中国特色社会主义进入新时代，中国社会主要矛盾已经转化为人民日益增长的美好生活需要和不平衡不充分的发展之间的矛盾。2022 年，党的二十大报告进一步强调"坚持以人民为中心的发展思想"，"在幼有所育、学有所教、劳有所得、病有所医、老有所养、住有所居、弱有所扶上持续用力，人民生活全方位改善"，提出"建成世界上规模最大的教育体系、社会保障体系、医疗卫生体系"等战略目标。随着中国发展与改革的进一步推进，满足人人共享、普遍受益的基本公共服务需求成为解决民生问题、化解社会矛盾、促进社会和谐、体现社会公平的迫切需要。

（三）社区公共服务设施完善与"人居"单元品质提升

为实践生态文明战略，解决以往空间性规划中存在的各种问题，促进国土空间高质量可持续发展，国家全方位推进国土空间规划改革，将主体功能区规划、土地利用规划、城乡规划以及其他各项规划统一合并为国土空间规划。同时，国家高度重视社区生活圈及公共服务设施规划。2021年，自然资源部组织编制了国土空间规划领域第一份行业标准《社区生活圈规划技术指南》，该标准在《城市居住区规划设计标准》的基础上完善了社区服务、日常出行、生态休闲等方面的基础保障型服务要素的配置要求，补充了就业引导、住房改善、公共安全等方面的基础保障性服务要素，并进一步细化了生活圈内部各类公共服务设施的覆盖和规模指标，增强了中国以人为本的社区生活圈建设的可操作性。基于当前中国城市从扩张式、蔓延式的发展方式向内涵式、更新式的发展方式转变的新时代背景，针对社区公共服务设施不健全、不完善的现状，开展从评估到优化的社区公共服务研究与实践工作显得尤为重要。

二、中国城市典型公共服务设施政策分析

基本公共服务设施是由政府主导建设的基础性保障设施。基本公共服务设施的发展通常涉及地方经济、人口结构、部门管理等多重复杂问题，需要被纳入城市管理要素和政策性标准调控，其发展方向和服务模式与政策密切相关。

为顺应国家指导方向，应形成"上令下达"的设施建设优化体系，将政策传导转化为全面优化基本公共服务设施空间布局的基础性工作；应从政策立场、目的、策略、预期结果等核心要素方面厘清政策的传导链条和发展愿景。本书选取中国综合实力领先的区域性代表城市进行政策背景分析，以《"十四五"公共服务规划》为导向，全面梳理、分析近20年

来教育设施、医疗卫生设施、文化设施、社会保障设施的相关引导政策（表 2-1）。

表 2-1 典型城市中的公共服务设施政策梳理表

类别	典型城市	核心政策文件	发布时间
教育设施	北京	《北京市"十四五"时期教育改革和发展规划（2021—2025 年）》	2021 年 9 月
	上海	《上海市教育发展"十四五"规划》	2021 年 7 月
	南京	《南京市"十四五"教育发展规划》	2021 年 12 月
	武汉	《武汉市教育事业发展"十四五"规划》	2021 年 12 月
	济南	《济南市"十四五"教育事业发展规划》	2021 年 12 月
医疗卫生设施	北京	《"十四五"时期健康北京建设规划》	2021 年 12 月
	上海	《上海市卫生健康发展"十四五"规划》	2021 年 7 月
	南京	《南京市"十四五"医疗保障事业发展规划》	2021 年 12 月
	青岛	《青岛市"十四五"卫生健康发展规划》	2021 年 9 月
	广州	《广州市卫生健康事业发展"十四五"规划》	2022 年 3 月
文化设施	北京	《北京市"十四五"时期文化和旅游发展规划》	2021 年 9 月
	上海	《上海市社会主义国际文化大都市建设"十四五"规划》	2021 年 9 月
	杭州	《杭州市文化产业发展"十四五"规划》	2021 年 10 月
	武汉	《武汉市文化产业发展"十四五"规划》	2022 年 2 月
	广州	《广州市文化和旅游发展"十四五"规划》	2021 年 9 月
社会保障设施	北京	《北京市"十四五"时期老龄事业发展规划》	2021 年 11 月
	上海	《上海市养老服务发展"十四五"规划》	2021 年 9 月
	南京	《南京市"十四五"养老服务发展规划》	2021 年 9 月
	深圳	《深圳市民政事业发展"十四五"规划》	2021 年 12 月
	武汉	《武汉市民政事业发展"十四五"规划》	2021 年 12 月

依据政策内容的梳理结果，运用 ROST-CM6 文本分析工具进行词频分析，寻找政策关注的焦点。ROST-CM6 文本分析工具是用于辅助人文社会科学研究的大型社会计算平台，可通过拆解语句进行语义网络分析。将引导政策文本导入 ROST-CM6，有针对性地获取、分析、集成政策关键词和关键词之间的联系度，以网络的形式将高频词连接成一个整体，从而得到核心特征之间的关联性和关联程度。形成的文本词频分布、语义网络分析图反映了政策结构中各高频词的内部关系和分布情况，可为制定优化策略提供方向依据、策略内容、分析结果（图 2-1）。

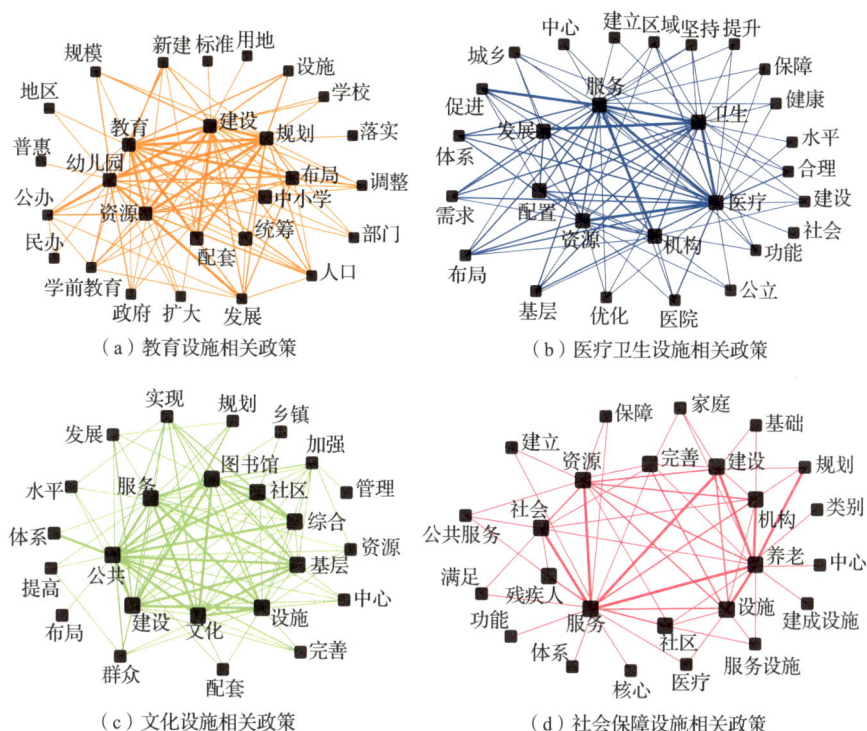

（a）教育设施相关政策

（b）医疗卫生设施相关政策

（c）文化设施相关政策

（d）社会保障设施相关政策

图 2-1 基本公共服务设施国家政策文本词频分布、语义网络分析

（一）教育设施相关政策

教育设施相关政策文本词频分布、语义网络分析图中出现了 27 个关键词节点，其中"规划""布局""中小学""统筹""配套""资源""幼儿园""教育""建设"作为核心关键词，出现频次和中介性最高。通过分析可得出如下结论。①少数设施建设较好的城市进行政策引导的时间相对超前。例如，北京于 2001 年发布的《北京市学前教育条例》提出保障城市住区规划建设配套的学前教育设施，于 2011 年发布的《北京市中长期教育改革和发展规划纲要（2010—2020 年）》重点说明要强化政府科学统筹配置力度，促进教育资源的空间均衡配置。②多数城市在有效优化基本公共服务设施空间配置时，倾向于调整和统筹现有的教育资源。针对新建的基础教育设施，不仅要考虑政策之间的相互衔接，如"二孩"政策的全面放开对未来人口变化趋势的影响，还要严格按照各市的配套建设规范进

行落实。③基于城市人口的发展趋势,部分城市还进行过多轮基础教育设施专项布局规划的编制,适度超前确定教育设施的办学规模,控制和保护教育用地的留白,从而推动基础教育设施资源均衡化的可持续发展,如武汉、哈尔滨和青岛。各地区的教育设施引导政策重视幼儿园、中小学等基础性公办教育设施的布局规划,强调设施的配套建设模式。

(二)医疗卫生设施相关政策

医疗卫生设施相关政策文本词频分布、语义网络分析图中出现了 28 个关键词节点,其中"卫生""医疗""机构""资源""配置""发展""服务"作为核心关键词,出现的频次和中介性最高。通过分析可得出如下结论。①北京作为医疗设施建设优秀的代表城市,注重培养基层设施防病治病的能力,多层次统筹规划医疗卫生机构的资源配置,从而形成覆盖全域、布局合理的医疗服务网络。②多数城市以需求导向为原则,统筹流动人口对基础医疗卫生设施服务体系的影响,动态预测人口结构的变化,以调整基础医疗卫生设施空间布局结构,从而推进功能完善、与居民健康需求相匹配的医疗服务体系的建设。③在趋于饱和的城市建设开发环境中,多数发展较好的城市不再盲目依赖增量扩张,而是分区规划,提出不同的发展目标。对于优质资源聚集的主城区,基础医疗卫生设施建设更加倾向于强调存量空间的资源整合和空间优化。各地区的基础医疗卫生设施政策均强调基层卫生资源的配置。基础医疗卫生设施作为城市居民进行日常医疗救治的主要空间具有重要意义。

(三)文化设施相关政策

文化设施相关政策文本词频分布、语义网络分析图中出现了 24 个关键词节点,其中"图书馆""社区""综合""基层""设施""文化""建设""公共""服务"作为核心关键词,出现的频次和中介性最高。通过分析可得出如下结论。①文化设施的多样化符合未来基本公共服务设施配置建设的发展趋势。例如,北京出台支持实体书店发展的相关政策,支持社区图书馆与实体书店开展合作,从而带动建设多样化的读者服务场所。②为更好地实现文化设施的全域覆盖,大力发展基层公共文化设施成为重要手段。例如,沈阳注重基层综合性文化设施的选址及与城市各项规划的衔接。③扩建是文化设施发展的主要手段,其中社区图书馆的建设是省、市中心图书馆的延伸服务之一。部分城市致力于建设社区图书馆，从而形成高可达性、多层次的文化设施网络。例如，上海于 1996 年提出街道图书馆的建设配置标准。文化设施政策推动城市建设综合文化设施。基础文化服务设施作为城市居民参与文化活动的保障性空间，强调综合性和公共性。

（四）社会保障设施相关政策

社会保障设施相关政策文本词频分布、语义网络分析图中出现了 25 个关键词节点，其中"养老""设施""社区""服务""残疾人""社会""资源""完善""建设""机构"作为核心关键词，出现的频次和中介性最高。通过分析可得出如下结论。①基础养老服务设施的资源配置理念强调空间的集中与分散相结合，注重构建以居家养老为基础、社区养老为依托的多层级保障网络，并且鼓励因地制宜地兴办社会养老机构，倡导普遍性服务和个性化服务相结合，建立以社区为纽带、以企业和社会组织为主体、满足老年人多种服务需求的综合性养老服务设施平台。②基础残疾人服务设施的建设是一个循序渐进的过程，从一开始仅局限于残疾人康养和残疾人就业范畴，发展到现今涵盖残疾人基本生活保障、求学及文化生活等多样化、多层次的基本公共服务设施需求，其均衡发展的理念越来越强，政策的研究性和可操作性逐步提高。③稳步拓展社区型服务设施、强化兜底保障已成为建设社会保障设施的重要手段。社会保障设施的建设应统筹利用各种资源，与基础医疗卫生资源相结合，提升服务功能，形成覆盖全域的医养结合基层设施服务网络。社会保障设施政策强调社区服务模式，倡导建设以社区为纽带的社会保障设施平台，鼓励发展社会型服务机构，致力于建设综合性社会保障服务体系。

第二节　现代城市规划理论演进中的社区公共服务设施

现代城市规划学科产生百余年来（19 世纪末 20 世纪初，逐步形成了有特定的研究对象、范围和系统的现代城市规划学[109]），诞生和发展了诸多经典规划理论与城市规划实践。受限于所处的社会背景、历史阶段和城市场景，现代城市规划理论虽有"集中"与"分散"、"有机"与"机械"、"隔离"与"蔓延"、"理性"与"经验"、"复古"与"现代"等不同主张或流派，但对住区功能及其设施配置的关注，是各种经典规划理论共通的基本内核。亚里士多德曾提出"城邦的存在是为了美好的生活"，中国早在先秦时代就已形成"大同""小康"的社会理想，这说明人类追求宜居住区及美好生活的脚步从未停下。

关于现代城市规划理论的本质内涵、核心思想及分类分期，长久以来就是城市规划学科关注的重大理论命题。城市规划是一门处理具体问题、面向实践的学科，"城市规划理论不能与精确的自然科学理论相提并论，至少它不可能在任何时候、利用相同的条件进行重复验证，因此我们应该将城市规划看作是含有不完整理论的学科"[110]。需要注意的是，与规划相关的理论在城市规划学科发展中层出不穷，既有"规划中的理论"（theory in planning），即须借鉴其他成熟学科的理论，也有"规划的理论"（theory of planning），即从规划的核心实质出发，在一定社会经济条件下进行目标预设和过程制导的规律和知识的总和[111]。从这个角度出发，本书希望通过挖掘对中国当下城市规划理论界有较大影响的、经典的、有具体方案引导的规划理论和具有广泛共识的行业盟约，关注其中社区及公共服务设施配套的相关思想及理论，探索这一领域在城市规划学科理论发展过程中的脉络与演进过程，为构建以人为本的社区公共服务设施规划理论提供基础性支撑与启迪式思维。

一、现代城市规划理论起源中的公共服务设施规划

（一）"田园城市"

埃比尼泽·霍华德（Ebenezer Howard）于 1898 年出版了《明日：一条通向真正改革的和平道路》（*Tomorrow: A Peaceful Path to Real Reform*）[1902 年再版时改名为《明日的田园城市》（*Garden Cities of Tomorrow*）][112]。这一理论对英国乃至西方现代城市规划理论及实践产生了深远影响。田园城市思想的提出、田园城市运动的开展及对这一全球性规划运动的反思与实践，几乎构成了早期西方城市规划史发展的全景[113]，"一般也被规划界视为现代城市规划的开端"[109]。该理论诞生于英国维多利亚时代（19 世纪上半叶至 20 世纪初）。霍华德目睹和经历了当时英国大城市的种种弊端，如城乡两极分化导致发展动力衰竭，土地资源垄断与劳动者被剥削，社会与自然的畸形分割，居住、就业、卫生、娱乐、交通、交流等关系人民生活的各方面不断恶化……他提出了关心人民未来、以城乡结合为途径、以社会变革为目标的规划理论，并以"田园城市"和"社会城市"为具体的空间组织意向。"田园城市"包含城市和乡村两部分，在城市外围布局各

类农业用地，为城市供应生活所需的农产品，控制城市用地和人口规模。例如，3万人住在城市，2000人住在乡村，平均每人的城市用地规模约为135平方米。超过一个"田园城市"的总体规模时，就须另建一个新的"田园城市"，但每个"田园城市"不得破坏"永远有助于提高城市的社会机遇、美丽和方便"的规划。在乡村和郊野隔离及交通方便的保障下，多个"田园城市"群组成"社会城市"，即一个面积约为48.6平方千米、人口为5.8万人的中心城市和若干面积为36.4平方千米、人口为3.2万人、名称和设计各异的"田园城市"，共同组成一个由农业地带分割的总面积为2674平方千米、总人口为25万人的城市群。

"田园城市"理论以圈层式的城市空间构成为意向，以公共空间、公共设施和居民社区为核心城市构成要素。城市的中心是一块2.2公顷（1公顷=10 000平方米）的圆形公共花园，其四周围绕着宽敞的大型公共建筑，如市政厅、音乐厅、剧院、图书馆、展览馆、画廊和医院；第二圈层是一片将近60公顷的供居民休憩使用的中央花园，环绕中央花园的是可供雨天休憩使用的透明玻璃连拱廊"水晶宫"；继续向外的圈层是宽近130米的宏伟大街，形成长近5000米的环形绿带，在大街上设置6所公立学校及游戏场，同时布置文化设施；城市中有5500块住宅用地，多圈层分布于各条林荫道和开敞空间旁边。很明显，"田园城市"将居住、公共空间、服务设施、交通、游憩等生活功能融为一体，并将其作为城市功能的核心目标。

"田园城市"理论对于社区及公共服务设施规划理论而言，具有标志性的起源意义，其理论重点是城乡结合，用了极大的篇幅阐述"田园城市"的运营管理，其主旨是在20世纪初资本主义发展到顶峰时期尝试以社会改良的方式，通过城市规划的手段，为人民谋划美好居住生活的城市，并赋予城市居住、公共空间、公共设施等核心功能。时至今日，"田园城市"理论依然是全球城市规划学科领域和城市建设实践中具有高度认同感的城市发展理论。更为重要的是，"田园城市"理论在百年之后依然向世人昭示："在现代城市规划意义上，没有一个空间问题不是来源于社会经济问题，而没有一个在空间技术上想解决的城市空间问题最终是仅仅通过空间技术手段解决的，现代城市规划以其特有的社会精神和责任与传统城市美学设计划出分水岭"[114]。社区及其公共服务设施的规划也绝不是一个空间布局、布点的形态问题，而是需要在社会精神和经济规律的框架中寻找有针对性的、系统性的解决方案。

（二）"邻里单位"

英国的"田园城市"理论和实践对美国的城市规划产生了重要影响，克拉朗斯·佩里（Clarance Perry）于1929年在编制纽约区域规划方案时，总结当时已经流行的"田园城市"理论和批判"城市美化运动"等现代城市规划思潮，结合以罗伯特·帕克（Robert Park）为代表的"芝加哥学派"的社会学理论模型，以及同时代西方国家若干居住区规划实践项目经验，对纽约市的新区建设进行规划指导，提出了"邻里单位"（neighbourhood unit）概念，并发表了《邻里单位》（The Neighbourhood Unit）一文（载于《纽约城市圈调查报告》第七卷）。该理论产生于20世纪20年代后美国城市化率超过50%的背景下。当时美国社会处于大萧条时代，面对如小汽车快速增加和穿越社区带来的交通安全隐患、社区内部邻里关系淡漠、社区公共活动缺乏等一系列城市空间和社会问题，希望通过"一个组织家庭生活的社区计划"来组建有品质的社区生活。"邻里单位"理论改变了以往居住区依附于城市方格网道路体系的布局方法，将"邻里单位"作为组织居住区的基本细胞，其核心观点是以一所小学为中心并以其服务范围形成组织居住社区单元的基本单位，以此为出发点，通过规模（size）、边界（boundaries）、开敞空间（open spaces）、公共设施用地（institution site）、区域商业（local shops）、内部街道系统（internal street system）六要素设计"邻里单位"。

"邻里单位"理论尤其关注基于安全、便捷、舒适原则的社区规模、交通组织与社区公共服务设施配置，以小学规模及居住单位的人口密度为核心要素，要求小学覆盖半径不超过800米、单位人口规模约为5000人、占地面积约为65公顷，以实现小学服务范围全覆盖为原则划定"邻里单位"实际大小。在道路组织中，区分内外部道路功能，避免外部道路穿越"邻里单位"内部，解决现代机动车交通对居民特别是对儿童、学生及老人的安全威胁，而在社区内部组织满足居民日常生活所需的便捷道路系统。在社区公共服务设施配置中，要求所有社区活动均须分布于小学半径800米的范围内，将各日常商业零售设施、开敞空间围绕小学来布局。

"邻里单位"理论是专门为营造安全、安静、卫生、便捷、舒适的社区而提出的理论，强调在大工业化时代对土地效率的注重及汽车普及带来的城市空间重组等背景下，关注社区环境的品质提升和居民生活的改善。基于当时当地情景的构建、理论与实践的良性互动及多元开放的多学科协同[115]，"邻里单位"理论将规划、设计、房地产开发、提升社区环境政策等领域有效地连接起来，对美国 20 世纪前半期的土地规划和住宅开发建设实践影响深刻。在约半个世纪的时间里，"邻里单位"理论被广泛应用于土地开发与新城规划实践中，遍及北美地区，也传播至其他地区。20世纪 80 年代后期兴起的新城市主义以"邻里单位"作为其中一项理论基础[116]，与同时期产生的"人车分流"式的"雷德朋"（Radburn）体系等规划实践一同深刻影响着北美地区 20 世纪的社区规划理论与实践，"也因为对时代社会问题的回应和隐含的促进社会公平与社会融合的价值观，成为对实践产生广泛影响的一代规划范式"[117]。时至今日，基于"邻里单位"理论的各种社区实践在世界各地比比皆是。

（三）"现代城市"

柯布西耶于 1923 年出版了《走向新建筑》（*Vers Une Architecture*）[118]，全面向历史建筑和城市所追求的"风格""艺术"宣战，以革命者的姿态吹响了现代建筑运动的号角。他基于以几何、数学为基础的工程师思维提出了"体块、表面、平面"的"三项备忘"及基准线，他歌颂以轮船、飞机、汽车为代表的机器美学和实用功能，并推崇建筑、住宅甚至城市的工业化生产，坚持以"面向普通人设计普通的住宅"作为"时代的标志"。1925 年，他出版了《明日之城市》[119]，从理性（几何学及由此产生的秩序与逻辑）和功能（城市是人类的工具，应具有机器美学）的角度，阐述了"现代城市"（une ville contemporaine）理想。与霍华德新建"田园城市"的思路不同，柯布西耶主张通过减少市中心的拥堵、提高城市中心区密度、增加交通运输方式、增加植被面积等方式解决"城市病"，应对城市发展。他在书中正式提出了城市规划科学应致力于创造幸福、驱逐痛苦，并草拟了一个以巴黎中心为实例的 300 万人口规模的现代城市规划方案，具体内容如下：40 万～ 60 万人居住于城市中心区 60 层高的 24 栋摩天大楼中，60 万人居住于中心区周边的 5 ～ 6 层高的住区中，200 万人居住于外围标准化生产的花园新城中。以《明日之城市》为代表的柯布西耶理性主义城市规划思想著作，不仅掀起了西方现代建筑运动的浪潮，还深刻影响了世界各国的城市规划与建设活动。时至今日，它们依然是众多崇尚理性、追求秩序、解放桎梏的规划学者和城市实践者的思想圭臬。1933 年，柯布西耶出版了《光辉城市》（*La Ville Radieuse*）[120]，进一步通过现代城市语言和大工业生产模式，塑造其对城市永恒秩序和人民快乐自由的追求。"它充满了古典精神，是英雄主义的、精英主义的、史诗般的作品。"[121] 书中展示了 17 幅光辉城市方案图，以及对巴黎、布宜诺斯艾利斯、圣保罗、蒙得维的亚、里约热内卢、阿尔及尔、日内瓦、安特卫普、莫斯科、斯德哥尔摩、罗马、巴塞罗那等世界名城的规划方案。他的"光辉城市"方案不是为某个具体城市而做的，而是以所有现代城市为原型，一旦掌握了它，就可以在特定地段根据客观条件进行权宜变化。柯布西耶通过一系列的著作和理论方案阐述了他天才般的现代城市理想，虽"屡战屡败"（如在《光辉城市》中提出的 20 余项城市规划方案个个夭折，他本人真正的实践作品要到 20 世纪 50 年代主持印度的昌迪加尔规划才得以展现），且关于他的理论的争论从该理论诞生之日起至今从未休止，尤其在西方社会屡遭抵制与排斥，其理性主义思想长时间与西方现代社会整体的个人主义、经验主义思想背道而驰，但是，"这个现代世界的堂吉诃德，目光如炬的天真汉，我们时代的高尚野蛮人，用简单的生存法则竟击退了所有的冥顽不灵和自以为是，成就了一个伟大的建筑师的传奇"[122]。柯布西耶的理性主义思想和理想精神留下了不灭的光辉，被誉为"现代建筑领域的毕加索或爱因斯坦"[123]。

在柯布西耶的"现代城市"理论中，城市是作为商业和居住的中心的，且高密度的城市有利于公共服务的引入，人口密度的成倍增长可以带来公共服务设施的成倍增长。在这样的城市中，会形成以家庭为核心的生活。他提出居住（而绝不是生产）才是生存的本质，要把城市作为一种全新的生活方式（而不是生产方式）去设计。在城市核心地带的市中心广场、摩天大楼、公园等空间的四周，配建大量的公共建筑（博物馆、市政厅、学校等）与居住服务保障设施（餐厅、剧院、礼堂等），并在摩天大楼、住区和花园新城中配建公共设施。在他的高密度住区设计中，每个居民拥有 14 平方米的居住面积，且在居住区周边及内部设置托儿所、学校、运动场、沙滩、服务中心，甚至将大型公寓的整个一层作为公共服务设施层，同时将服务中心及其服务的居民对象作为构成社区的单元。

柯布西耶的"现代城市"理论对于社区及公共服务设施规划理论而言，具有重要的意义。他为普通民众的美好生活呐喊，他向剥削者的浮夸、奢靡和劳动者只为金钱而活的生活宣战，赞美大工业生产和机器为普通民众带来的便利与生活质量的改善，通过高效利用建设用地、大片增加绿地与公共空间、留白大量空间、密集设置服务于普通民众的公共服务设施、便捷通达的城市活动空间等一系列现代城市规划的设计手法，在实质上左右了近百年来人们对城市本质的认知和对城市生活的理解。时至今日，在高速发展的中国大城市中，无论是旧城更新还是新区建设，甚至细微到社区生活圈规划的设施配套方法，都可以借鉴柯布西耶的规划思想。

（四）"有机疏散"

伊利尔·沙里宁（Eliel Saarinen）于 1943 年出版了《城市：它的发展、衰败与未来》（*The City: Its Growth, Its Decay, Its Future*）[124]，针对欧洲国家、美国部分城市的发展问题提出"有机疏散"（organic decentration）理论。沙里宁在该书中开宗明义地提出，"让我看看你的城市，我就能说出这个城市居民在文化上追求什么""城市是一本打开的书，从中可以看到它的目标与抱负"，并用显微镜下健康的活细胞（有机的分散和集聚）和衰亡的死细胞（无序的扩张和拥挤）揭示生命单元的真谛：城市应该是关心人的，目的是为人民创造安适的家园。针对当时规划界关于城市集中或分散发展模式之间的对立与争论，以及 20 世纪初以来西方资本主义大城市因过分膨胀而出现的各种弊病，沙里宁认为城市因过度集中而带来的拥挤与混乱，导致城市的衰败与贫民窟的扩散，由此提出"有机疏散"理论。该理论既能解决分散带来的问题，又能恢复城市的有机秩序。在书中，沙里宁提出了城市建设必须坚持的三个原则：①表现的原则，即个体建筑是社区及整个城市的真实表现，个体出现问题会导致整体的无序混乱，城市规划师必须从关注每个人、每栋建筑入手；②相互协调的原则，即城市的要素构成需要像大自然的各种要素一样和谐共处，而非通过局部的权宜或简单的推理就能形成美好的城市，城市规划师必须在各种功能要素之间的和谐关系中进行改造或新建；③有机秩序的原则，即城市的生命力和健康源于有机秩序，这是一切城市建设行为的最高准则。基于这些原则，沙里宁意图通过对大城市的功能疏导和布局，使城市结构兼具城乡优点，使其既符合人类聚居的天性，便于人们过共同的社会生活，又不脱离自然。

"有机疏散"理论将社区单元及居民的日常活动组织放到了空间组织的核心地位，认为社区必须在物质和精神上，组成或重新组成家园和健康的环境。在城市的中心位置应该设置城市的行政管理部门，而重工业及部分轻工业等生产部门应该被疏散至城市外围。工业外迁腾出的大面积用地可以用来增加城市绿地，也可以用来为城市中心的居民提供就近的居住场所，改善中心城区的居住条件。该理论将日常的必要活动进行功能性集中，这有利于创造适于生活的居住条件；对这些集中点进行有机疏散，这有利于给城市带来秩序与效率；同时将步行作为居民社区生活的主要交通方式，使个人活动需要的交通量降到最低程度，并且回归家园的亲切生活与建设性的思考氛围。对于不经常使用的偶然活动场所，不必拘泥于一定的位置，可以做分散布置，在日常活动范围外的绿地中设有通畅的交通干道，使居民可以使用较高的车速迅速往返偶然活动的场所。

"有机疏散"理论对于社区和公共服务设施配置而言，同样属于起源性理论，它将居民、社区、城市作为一个完整的有机体，遵从有机秩序的最高法则，即城市的美好未来是由每个家庭的美好生活、每个社区的健康友好具体构成的，且城市的主要目标是为居民生活和工作提供良好的设施。在这个层面上，沙里宁无疑是真正从"人居环境"视角系统性地看待人类住区的先驱之一。

（五）"广亩城市"

在个人自由主义、城市分散主义及霍华德的田园城市思想的影响下，美国建筑师弗兰克·劳埃德·赖特（Frank Lloyd Wright）在1932年出版的《消失的城市》（*The Disappearing City*）中提出了"广亩城市"（broadacre city）理论，在1935年发表于《建筑实录》的文章《广亩城市：一个新的社区规划》（Broadacre City: A New Community Plan）中提出了以城市分散为主导的"广亩城市"理论。作为公认的现代建筑运动起源式的四位大师［另三位是瓦尔特·格罗皮乌斯（Walter Gropius）、柯布西耶、密斯·凡德罗厄（Mies Van Der Rohe）］之一，赖特崇尚自然，追求个人自由，他结合建筑的技术与艺术，在城市发展中探索分散式的、低密度的、满足个人需求的未来城市规划模式。"广亩城市"以多个自由布局的、相互联系的小型生产生活单元来构成社会结构的基本单元，每个单元都具有形态各异的住宅、农场、作坊或工厂、各类商店和市场、办公楼、学校、道路交通设施、学习与娱乐设施等。他提出了一个"广亩城市"模型，具体如下：土地面积约为10平方千米，规划居住人口约为7000人（1400户），采用"一英亩①一家人"的基本用地指标，用于农业、林业、养殖业或保持自然状态的"田园式"布局。

在"广亩城市"中，自由式、田园式的生活社区是其核心要素，具体如下：结合工业化生产为各种自由形态的住宅提供预制式的建筑材料；重视家庭对汽车的普遍需求，保障道路系统、公共停车系统乃至家庭停车的

---

① 一英亩约为0.4公顷。

布局；在汽车可达和具有吸引力的地方设置社区中心，为附近居民提供自由、创新、交流的公共空间；市场是一个"乡村集市"式的、依靠日光照明的、具有地方特色的交流空间和驱车留驻空间；学校作为社区的核心要素，兼有画廊、音乐厅、运动场、动物园、绿地等多种公共活动和交流功能。

赖特及其"广亩城市"理论的价值在于他针对大城市扩张问题所做出的抵抗与思考及追求替代方案的长期努力，更在于他洞悉了美国的社会经济发展并预言了实现一种新的城市图景的可能性[125]，尤其是美国的郊区化运动走向高潮，更被视为"广亩城市"理论的一种先见之明。这种以高速公路、大片独立住宅为主要特征的城市分散模式，将居住社区、基本公共服务设施普及到了城市集中建设区的广袤外围地区，可能符合美国式的社会、经济、土地资源特征及个人自由主义的背景，但很明显，这种分散式的、带有无政府主义特征的规划模式，在人地资源关系紧张的西欧、东亚等地区是无法实现的。对于中国来说，人口众多，人均土地资源、水资源偏少，文化基因也与美国有根本不同，因此很难应用这种模式。

（六）《雅典宪章》

1928 年，一批倡导现代建筑运动的建筑师在瑞士集会并成立了国际现代建筑协会（Congrès International d'Architecture Modern，CIAM），将功能主义、秩序原则、工业化生产等现代建筑思想推向组织化和国际化。1933 年，在柯布西耶的主导下，CIAM 第四次会议于雅典召开，主题为"功能城市"。参会者在对 34 个欧洲城市普遍存在的问题进行比较分析的基础上，提出了以功能主义城市规划思想为核心的《雅典宪章》。该宪章全面阐述了"合理的规划、功能分离、高层低密度、排除历史与传统、地区自立"的现代城市规划基本原则，通过功能分区的思想，明确指出城市规划应该以保障居住、工作、游憩、交通四大城市功能的正常运行为主要目的。该宪章"是现代城市规划发展过程中的一个重要的里程碑，也标志着现代城市规划开始进入到了一个具有完整的思想和行动纲领的成熟时期"[126]。

《雅典宪章》将居住作为城市的首要功能，并要求在其他三项城市功能中保障居住功能的实现，具体如下。①在居住功能中，应该将住宅区规划为安全、舒适、方便、宁静的邻里单位。在普遍意义上，在规划中住宅区应该占用最好的用地，其周边应有一定的空旷用地，以便保障文娱、健身等功能的实现，以及临近的工业、商业等功能的实现；在人口密度较高的地区，应该通过现代建筑技术建造低密度的高层集体住宅，同时解决大规模的居住容量和充足的公共空间、停车、公共设施等布局问题，并保障日照、空气和景观质量；严禁沿着交通要道建造居住房屋，避免由此带来的健康损害问题。②在工作功能中，要保障工作地点与居住地点之间的距离适宜，保障工业区与居住区以绿色地带或缓冲地带来隔离。与日常生活有密切关系且不会引起扰乱危险和不便的小型工业应留在市区中为住宅区服务。商业区应有便利的交通与住宅区联系。③在游憩功能建设中，新建住宅区应该预先留出空地用于建设公园、运动场及儿童游戏场。在人口稠密的地区应将败坏的建筑物清除，改进环境卫生并改为游憩设施。在儿童公园或儿童游戏场附近的空地上设立托儿所、幼儿园或小学。在公园及其周边应设立音乐厅、图书馆、博物馆及公共会堂等公共设施。④在交通功能中，各种街道应根据不同的功能分成住宅区街道、商业区街道、工业区街道等。应以绿色地带将住宅建筑与行车干道隔离。

《雅典宪章》是以"现代城市"理论为核心，吸纳了"人民利益优先""区域城市""城市经济基础""邻里单位""城市细胞"等一系列相关思想形成的以"居住"为首要要素的现代城市规划学科的标志性理论。在它的影响下，"现代城市"理论及其主导的城市建设实践长时间内都沿着功能理性的方向发展，在第二次世界大战后世界范围的城市重建中发挥了重要作用，对中国改革开放以来的各地城市规划实践起到了关键的指导作用。对于社区和公共服务设施配置而言，《雅典宪章》是最早具有广泛共识的、理论起源集成意义的、实践操作指导意义的核心理论。

二、现代城市规划理论发展中的公共服务设施规划

（一）模式语言与城市形态

起源于 20 世纪上半叶的各种"现代城市"规划思潮，其初衷是为了大众的理想而规划设计理想的城市，但在西方文明的各种城市实践探索中往往事与愿违，尤其是在 20 世纪 60 ～ 80 年代，城市物质空间出现了普遍的混乱无序与活力丧失，由此带来的社会、经济、生态环境等问题层出不穷。各种学派、思潮对城市实践及城市规划理论的介入纷至沓来，除了延续人文主义、技术理性、生态环境、艺术美学等思潮的持久争论，还出现了"人文生态学派、行为学派和人文主义方法、新古典主义学派、新马

克思主义学派、新韦伯主义学派、结构主义学派、后福特主义学派、女权主义学派、生态主义学派、整体主义思想"[127]等大量理论。其中有一批真正的规划师、建筑师努力从城市空间本身的规律性和内在特征去探索现代复杂城市的内在特征与规划理论的发展方向，从"自下而上"的途径挖掘城市的本质构成及民众的切实需求，如模式语言、城市意象与形态等理论。

模式语言是亚历山大在 1977 年出版的《建筑模式语言：城镇·建筑·构造》（*A Pattern Language: Towns Buildings Construction*）[128] 和 1979 年出版的《建筑的永恒之道》（*The Timeless Way of Building*）[129] 中提出的，该思想结合复杂性理论和自组织理论，奠定了以亚历山大为代表的加利福尼亚大学伯克利分校在当代城市规划和建筑学科领域的重要地位。"他致力于帮助从事建筑设计和规划的人们，能找到一种适合本人、适合其所从事的建筑设计与规划构思的语言模式——包括原始语言、诱发语言、直接可以运用的语言。"[130] 模式语言也"促使人们的建筑观念发生一次历史性的飞跃，并贡献给人类一套完整的建筑语言体系"[131]，"通过经验复用完成复杂系统建模的技术路径，对城市规划、建筑学、计算机建模、人工智能研究都有广泛的启发"[132]。模式语言通过宏观（区域和城镇）、中观（邻里、住宅组团、住宅、房屋和凹室）、微观（构造细部）三个层次总结出 253 个基础模式，并可自由组合形成千变万化的空间。这种看似"工具书"形式的空间语言，既总结了各类规模空间的本质构成特征，又可形成富有生机的物质形态，进一步揭示了规划、建筑学科的空间本质内涵。

模式语言的前 94 个综合模式均针对城镇和社区，强调这些大尺度的模式应该是由每一个大大小小的建筑行为循序渐进地形成有机的、自然的生活环境。一个大都市区域是由区域（800 万人）、主要城市（50 万人）、社区和小城镇（5000 ～ 10 000 人）、邻里（500 ～ 1000 人）、住宅组团（30 ～ 50 人）、家庭（1 ～ 15 人）各层级构成的。邻里具有明显的边界，在邻里内部和组团之间布局商场、保健中心、市政厅、大学，布局针对儿童的游戏场所，针对老人的住宅、护理设施，以及吸引人群的大量公共设施、公共场地。社区居民出行以公共交通和步行为主，这些公共服务是完全基于居民使用导向设计的。模式语言并不是重复以往社区规划理论中的思想和原则，而是通过经验与理性的结合，重在总结每个社区和公共服务设施模式的使用对象的内在需求，在生活中提取各种空间和建筑的原型，在基本模式之间进行关联营造，发挥每个语言拥有者自身的特点并将其进行组合，把社区的本质构成要素与社区参与者的融入性进行充分结合。这对于"自下而上"式的社区规划有重要的价值。

林奇在城市规划理论中最为突出的贡献是其在城市设计领域提出的观点。他于 1960 年出版了《城市意象》[133]，着眼于城市景观的可读性，以"认知地图"的方法，通过环境心理学和行为学的理论及实验方法（如访谈、画图、情景界定、描述、重复再现、系列再现等），构建个体头脑对外部城市环境的认知图景，提出城市意象的五个元素（道路、边界、区域、节点、标志物），并以此作为新建或改造一个城市（或地段）的重要导向。这种双向过程是人与城市空间之间核心的互动过程。林奇 1981 年出版了《城市形态》[134]，进一步对"什么能造就一个好的城市"这一"天真而又永恒"的命题进行理论解析，在评述和反思了既有的多种城市功能理论和城市规划角色后，把人类聚落视为人们活动所做的空间组织，视为人、物、信息流所形成的空间路径，视作为满足上述活动而对空间做的重大修改，而判断聚落质量的标准就是人的行动和思想（体现在文化、社会机制、人与空间的固定关系三个方面），通过具体城市空间形态的五项基本指标"活力、感受、适宜、可及性、管理"及附加指标"效率、公平"来检验聚落的质量。

林奇的系列理论对于社区和公共服务设施规划理论而言，不是直接的指导性理论，但是其提出的"认知地图"实践调研方法是开展居住环境及设施使用等感知体验研究的重要方法，被认为是"获取与城市设计和城市规划相关的社会数据时的三个常用方法之一"[135]。社区规划及公共服务设施布局的根本素材来源于现实的、真实的居民认知结果，而不是简单的自上而下式的决策过程；衡量社区价值的依据并不是外观、规模、设施数量等无生命力的指标，而是其面向居民的实际使用和体验的适宜性、可达性及效率和公平的结合程度。这对于当前开展以人为本的城市规划及公共服务设施规划具有重要的指导意义。

（二）《马丘比丘宪章》

经过半个多世纪的规划理论探索与建设实践，1977 年一批规划学者在古印加帝国遗址马丘比丘共同签署了具有广泛认同的《马丘比丘宪章》（Charter of Machu Picchu）[136]，对《雅典宪章》进行了补充和修订。"1933年制定的《雅典宪章》的思想根源是古希腊的理性主义，1977 年制定的《马丘比丘宪章》取名于一个被遗忘的拉丁美洲古代文化传统，这个传统不像古希腊那样强调人凭着自己的理性去驾驭自然，而是'表现出对自然环境的尊重'，这很可能是两个宪章的根本分歧之所在。"[137]《马丘比丘宪章》既肯定了现代建筑及城市运动的生命力和连续性，也进行了一系列的修正，如创造一个综合的、多功能的环境而非机械式的组合，促进城市居住功能的社会融合而非隔离，优先保障公共交通而非私人汽车通行，注重对自然资源、文化历史的保护而非无节制的利用，强调现代技术是手段而非目的，强调从城市到建筑设计是动态连续的过程而非静态的蓝图。

《马丘比丘宪章》的基本出发点和目标归宿都是"人类居住点"。在该宪章中，"人居环境"的塑造贯穿邻里、乡镇、城市、地区、区域甚至国家，住房与公共服务设施的问题成为城市增长的核心矛盾，反过来也印证了解决城市无序增长的核心抓手在于此。在住区规划与公共服务设施布局时，增加人与人的相互作用与交往成为城市存在的根本依据，包括居民对自身居住环境的规划设计的参与。

《马丘比丘宪章》的意义在于改变了人们对城市建设的认知和关注点。从《雅典宪章》到《马丘比丘宪章》的转变体现了人类对城市这一生存空间质量的追求。这种转变具有极为重要的意义，既是一种对古老文明传承的再次认知（如人与自然的和谐），也是在现代城市日益复杂的发展背景下形成的全社会对美好"人居"的共识。

（三）新城市主义

新城市主义是20世纪以来（尤其是第二次世界大战以后），以美国为代表的西方国家的大城市在经历"田园城市""现代城市""有机疏散""广亩城市""邻里单位"等一系列现代城市规划思想的推广实践后，尤其是在轰轰烈烈的美国大城市"郊区化"运动中，出现了无序蔓延、内城衰退、社区人口结构分异、汽车破坏环境等一系列问题后，对现代城市规划理论进行的一次集中反思与突破尝试。1993年，由一批规划师和建筑师发起成立了新城市主义协会（Congress for the New Urbanism，CNU），反思了郊区化主导的低密度、无计划蔓延的城市政策及规划模式，希望通过多领域、多学科的合作及居民的广泛参与，寻求解决这些问题的城市改造与新区规划的理念与方法。1996年，CNU第四次会议发布了《新都市主义宪章》（Charter of the New Urbanism）[138]，形成了对现代都市发展具有指导意义的一系列原则。新城市主义从"区域层面的大都会、城市和镇""邻里、街区与走廊""地块、街道和建筑"三个层次提出九条实施原则，其中的"传统邻里社区发展"（traditional neighborhood development，TND）、"公交导向型发展"（transit oriented development，TOD）两种规划模式，以及"精明增长"（smart growth）、"紧凑城市"（compact city）等思想，既是对北美地区城市自身问题的一次全方位反思和修正，也是对欧洲城市尤其是历史城镇中紧凑、高密度形态所蕴含的价值的重新认知，提倡合理地使用那些从 20 世纪 20 年代起就逐渐被现代主义城市规划取代的传统设计原则，以及在各地实践中探索出的优秀经验。"一些核心设计理念，如 TOD、小街区、混合利用、人性化的街道等，已经成了目前全球大多数城市设计实践的基本准则"[139]，成为现代城市倡导集聚紧凑、混合多元、安全宜居、可持续发展等主流模式的重要规划理念。

从根本上讲，新城市主义是指为了解决美国大城市地区尤其是郊区的社区、公共服务设施的物质形态和社会凝聚力的问题，通过街区开放、功能混合、交流空间多样化等一系列措施提高住区的公共价值，提高社区的活力。在社区层面，新城市主义提出土地的混合使用、明确的边界、较窄的街道、住宅类型的混合与紧凑等模式，并与步行、自行车出行相得益彰。在公共服务设施层面，新城市主义明确倡导将邻里生活所必需的设施设置在居民 5～10 分钟可到达的范围之内，强调邻里是保障居住、工作、学习、休闲各种行为的均衡组合，是有理想规模（400 米半径、步行 5 分钟）、步行主导、优先考虑公共空间和公共设施布局的活力空间；同时，强调公共设施的公益属性必须在财政支持与经济政策上以"均等化"的方式得到保障。在社区规划时，应提前集中或分散地灵活布置公共设施，占据城市的核心地块。应将学校作为社区最重要的设施预留用地，目的是保障社区品质和激发公共联系与活力。

新城市主义因"其强化脱离实际的理想模式"[140] 而饱受质疑与批判，也"未能从人本社会公平、空间公正的角度提出更好的解决办法"[141]，仅通过物质空间的设计"未必能实现其所倡导的社会融合与和谐的目标，并没有完全实现其促使城市集约发展、增强社会和谐的初衷"[142]，这些都与西方城市现实以及无法调节的深层次矛盾有关[143]。但不可否认其在20 世纪规划史和规划理论革新中的重要意义和进步意义。值得关注的是，当下中国城市规划学科越来越注重土地、空间、设施等物质空间的"回归"，一味地扩张规划领域的学科范畴和实践对象，尤其是试图从城市规划视角去左右社会、经济、环境等宏观复杂的巨系统，是不符合学科本质内涵和发展方向的。从这个意义上讲，新城市主义尝试从规划、建筑视角去协调复杂的城市矛盾，虽无法尽如人意，但这种切入点和方法是值得借鉴的。同时，"新城市主义社区规划的空间价值观主要体现在公共空间的进入性、生活空间的宜居性和环境的平等性的营造"[144]。中国城市发展也正在面临大量的无序蔓延、社区活力不足等问题。新城市主义的核心理念，如紧凑集约、高密度路网街区、TOD、功能混合、步行友好等，尤其是 15 分钟步行可达社区理念和公共服务设施优先理念，都是当前中国城市规划与建设正在深入实践的重要理念。

三、"人居会议"中的公共服务设施规划

以人为本思想是国际社会的基本共识，从 1948 年联合国大会颁布《世界人权宣言》伊始，强调人人享有健康、教育、文化、就业、迁徙和居住的权利就是国家治理的重要内涵。随着人类社会空前发展、人口快速增长，全球城镇化水平在 1976 ～ 2020 年迅速提高，1976 年达到 37%，1996 年达到 45%，2016 年达到 54%，2020 年达到 56.15%，2022 年达到 57%。为了 21 世纪人类的繁荣和可持续发展，以人为本的城乡规划思想和技术越来越成为国际上解决人口、社会、经济与环境问题的重要手段。

住区问题虽然从各大经典文明诞生伊始就被高度关注，但真正意义上具有全球共识地关注人类住区议题，还要从联合国人居会议开始。

（一）"人居一"会议

面对人类历史上前所未有的全球快速城镇化进程，尤其是发展中国家失控的城镇化带来的生活条件急剧恶化的状况，为解决未来人类住区问题，联合国于 1976 年在加拿大温哥华召开了"人居一"会议，主题是"为每一个国家（地区）提供适当的住所"。"人居一"会议通过了《温哥华人类住区宣言》（Vancouver Declaration on Human Settlements）、《温哥华行动计划》（Vancouver Action Plan）等三个基本文件与五个决议。人们认识到人居环境将直接影响人类、社会和经济发展，不受控制的城市扩张会造成严重的环境和生态后果；为此需要制定国家战略和政策，应对土地使用和土地权利、人口增长、基础设施、基本服务、住房和就业等问题，同时考虑人类发展的社会维度及弱势群体和边缘人口的需求。在会议上起草了 65 条行动措施，包括居住区的政策及规划、城市规划的作用等。"人居一"

会议"是全世界开始关注城市化和人类住区问题的历史性会议，促进了各国的人居建设技术和经验交流，推进了人居领域内的国家政策制定和国际合作"[10]，然而大会的局限性也是明显的，"对于城镇化的世界影响、对城市问题的危害性与严肃性，没有形成足够的、世界性的共识；尤其是对发展中国家的城镇化的观点和意见重视不够"[145]。

《温哥华人类住区宣言》指出：人类住区的条件在一定程度上决定了居民生活质量，改善生活质量是充分满足居民基本需求的先决条件，如就业、住房、保健服务、教育和娱乐；适当的住房和服务是一项基本人权，它使各国政府有义务确保所有人实现这些权利，通过建立更平衡的社区，将不同的社会群体、住房和设施融为一体；人类住区政策的目标之一是改善环境卫生条件和基本保健服务。《温哥华行动计划》提出通过政策与战略、住区规划、住房和设施保障、土地、公众参与、管理机构等一整套的具体方案实现住区目标。"人居一"会议将住区计划、公共服务设施布置与城市规划紧密结合，希望通过一揽子的国家实施方案解决日益严重的居住环境和基本服务问题。

（二）"人居二"会议

面对 20 世纪末世界将近一半的人口居住在城镇、10 多亿人缺乏足够的住房、1 亿多人无家可归等严峻的城镇化问题，在"人居一"会议召开 20 年后，"人居二"会议于 1996 在土耳其的伊斯坦布尔召开。"人居二"会议的两个主题是"人人享有适当的住房"（adequate housing for all）和"城市化进程中人类住区的可持续发展"（viable human settlements in a changing world full urbanization），并通过了《伊斯坦布尔宣言》（Istanbul Declaration）和《人居议程》（Habitat Agenda）。参会各国政府承诺通过该议程并实现人人拥有适当住房和可持续人类住区的目标。时任联合国秘书长加利指出，这是一项全球性的行动计划，体现了人类希望的可居住、安全、繁荣、健康和平等的城镇和乡村住区的构想，是人类对城市化挑战的集体回答，这一计划将决定未来几代人发展的模式。中国政府向大会提交了《中华人民共和国人类住区发展报告》，提出了 1996 ～ 2010 年中国人类住区发展的"行动计划"，包含人人享有适当的住房、城市化进程中人类住区的可持续发展等目标。时任副总理邹家华指出，创造和平安宁的国际环境是解决人类住区问题的前提，走可持续发展的道路是解决人类住区问题的必由之路，建立平等互利的伙伴关系、加强国际合作是解决人类住区问题的有效途径，尊重国情、自主决策是解决人类住区问题的基本原则[146]。此次会议更加重视发展中国家尤其是非洲的住区问题，并聚焦"新世纪人类居住的目标是什么"这一跨世纪的问题。但是，"人居二"会议是在世纪之交全球政治、经济处于大变革的历史时期举行的，联合国、发达国家、发展中国家、非政府组织、各大行业机构及商界、政界的博弈无处不在，"背后是一种新的全球性/地方性的政治形式，它主要围绕的是各国政府在 21 世纪大部分时间里所承担的义务"[147]。会议的局限性表现在美好目标能否实现、对城镇化的正面进步意义重视不够、对城镇化的必然规律缺乏理性探索、城市规划的地位受到弱化[145]等方面。在"人居二"会议等重要会议的推动下，联合国大会于 2002 年通过决议，将联合国人居中心提升为联合国系统内的一个成熟机构——联合国人类住区规划署，该机构负责制定全球城市发展战略及未来住房目标。另外，此次会议对于人居环境科学学科发展具有十分重要的意义。以吴良镛院士为代表的规划学者们从 20 世纪 90 年代就开始全力推动人居环境学科群的内涵构建和中国特色人居学科的发展，"开展人居环境科学研究的建议是基于国际学术思想的发展和中国实际建设的需要而提出的。……研究的目的是要促使中国人居环境科学的建立……推进我国可持续发展的城市化进程"[148]。经过 20 多年的发展，将人作为一切研究和实践的核心与党的十八大以来中国"以人民为中心"的总体发展理念高度一致。

　　"人居二"会议提出，人们对具有宜居性的邻里和住区的需要与愿望应当被用于指导人类住区的设计、管理和维护。这项目标包括保护公共健康、提供安全和安定的条件、促进教育和社会融合、促进平等、尊重多样性和文化特征、为残疾人提供更多便利、保护重要的建筑物和当地景观、尊重与爱护当地环境。社区一级的基础设施和服务包括安全水的供应、环境卫生、废物管理、社会福利、运输和通信设施、能源、保健和急救服务、学校和公共安全和空地管理等。充足的基础服务是"人居"的关键构成之一，若缺乏基础服务，则会严重危害人的健康、生产力和生活质量。"人居二"会议强调以社区为单位的治理，反对政府过度干预，强调较为谨慎地对待城市规划的作用，这一点和"人居一"会议的共识是完全不同的。

（三）"人居三"会议

在"人居二"会议召开及《人居议程》通过之后，各国对城镇化及由此带来的城市可持续发展、消除贫困、国际合作等议题的看法进一步形成共识。2000 年的《联合国千年宣言》（United Nations Millennium Declaration）、2001 年的《新千年城市和其他人类住区宣言》（Declaration on Cities and Other Human Settlements in the New Millennium）、2012 年联合国可持续发展大会的《我们期望的未来》（The Future We Want）、2015 年联合国大会第 70 届会议正式通过的《变革我们的世界：2030 年可持续发展议程》（Transforming Our World: The 2030 Agenda for Sustainable Development）和 2015 年联合国人居署第 25 届理事会通过的《城市与区域规划国际准则》（International Guidelines on Urban and Territorial Planning），均前所未有地关注人类住区问题，从政治合作、技术支撑等层面探索解决全球城镇化带来的问题的方法。

《变革我们的世界：2030 年可持续发展议程》是在联合国成立 70 周年之际通过的重要的政治宣言，其目的是促成 2030 年教育、医疗、住房、基础设施、社会福利、就业机会人人平等的包容性人类社会的形成。该议程强调"可持续的城市发展和管理对于我们人民的生活质量至关重要"，特别强调了人类住区的建设要确保人人获得适当、安全和负担得起的住房和基本服务，向所有人提供安全、包容、无障碍、绿色的公共空间，加强城乡之间的经济、社会和环境联系。《变革我们的世界：2030 年可持续发展议程》是全球面向 21 世纪的第二个 15 年的行动纲领，是对联合国"千年目标"的巩固与继承，进一步明确公平、包容与安全的人本发展目标是全球的共同价值，并针对 17 个变革目标制定了 169 个具体目标。

基于此，2016 年在厄瓜多尔基多召开了"人居三"会议，并通过了《新城市议程》（New Urban Agenda）。该议程着眼于联合国 2030 年可持续发展的 17 个变革目标中的"目标 11"——建设包容、安全、有抵御灾害能力和可持续的城市和人类住区，提出"人人共享城市"的共同愿景，应对全球"城市时代"的来临。该会议通过《为所有人建设可持续城市和人类住区基多宣言》（Quito Declaration on Sustainable Cities and Human Settlements for All）和《新城市议程基多执行计划》（Quito implementation plan for the New Urban Agenda）两部分内容，从经济、社会、环境三个维度强调规划与设计在推动健康城镇化和城市可持续发展中的重要作用。尤其是"关于城市转型、空间规划、保障体系、内生力量四方面的新时代发展思维"[149]，以及"进城权的提出、知行合一的推进、城市主题的突出、多级政府的互动、规划地位的重塑等创新点的提出，唤起世界对城市规划学科重要性的重新认识"[145]，并在"城市发展应该把包容性放在核心位置、城市转型发展是可持续发展成功的关键、城市应该回归社会体的本质特征、必须进一步强调规划不可替代的重要作用、城市发展应该以公共空间作为首要因素"[150]等方面指明方向。

《新城市议程》高度重视城市社区和公共服务设施的可持续发展，在"我们共同的愿景"中提出人人平等使用和享有城市和人类住区，力求提升城市包容性，并确保所有居民不受任何歧视，都能居住和建设公正、安全、健康、便利、负担得起、有韧性和可持续的城市和人类住区，以促进繁荣，改善所有人的生活质量，使人人普遍享有安全和负担得起的饮用水和卫生设施，使人人平等获得在粮食安全和营养、卫生、教育、基础设施、机动化和交通、能源、空气质量和生计等方面的公共产品和优质服务；在《新城市议程基多执行计划》中提出通过城市空间的安排、便利性和设计，保障基础设施和基本服务，提出公共空间作为社会和经济发展的驱动因素，应可持续地发挥创造社会和经济附加价值的潜在作用。

《新城市议程》确立了全球城市发展的包容性和人人享有的目标，再次确认了城市化在全球可持续发展中的重要影响，将规划工作提升到全球治理的前沿，并为全球规划事业的发展注入了"底线思维""系统思维""人本思维"三大思想武器，为人类未来20年的"人居"事业指明了方向，是人类快速城镇化嬗变与发展的经验总结，也是全球走向城市时代谋求公平与可持续发展的基本价值原则。《新城市议程》高度重视规划在城市全球治理中的作用，并对未来的城市规划提出了新的期许，但似乎潜藏着"'规划包罗一切'的危险"[151]。总体而言，中国学术界和政府对"人居三"会议及《新城市议程》高度重视，大力推行"以人民为中心"理念下的新型城镇化、高品质发展、人居环境建设、生态环境保护、基本公共服务均等化、国土空间规划等一系列与城市规划相关的政策，在全球化和人类命运共同体的框架下，努力实现可持续发展的城市和人类住区的愿景目标。

四、总结与思考

通过现代城市规划理论的不断探索，社区公共服务设施规划的相关理论也在不断演进和丰富，各种流派和思想虽有不同的出发点或实现途径，但在以下三个方面具有广泛共识：第一，居民与住区及公共服务设施是完整不可分割的系统，共同构成了城市最基本、最重要的生活单元；第二，居民对社区及其公共服务设施的需求是在物质性和精神性的互动中形成的，物质性体现于各种建筑物和空间所提供的居住、教育、医疗、娱乐、养老、出行等实际功能，精神性则体现于这些生活行为所蕴含的人们对自身价值实现、外部交流、社会环境的融入和需求；第三，理论探索与实践经验是不断相互印证与修正的，理论只有在实践中得到良好的应用或反馈，才具有实践价值和生命力，实践中产生的理论只有具有价值导向、技术途径、应用场景等理论性的结论，才具有推广意义和共识基础。

但是，我们在上述理论演进的过程中发现，社区公共服务设施的相关理论在不同的规划理论中有诸多争论，总结起来，有以下三点。第一，社区公共服务设施的规划核心是物质性的还是精神性的？对这一点，不同学术背景下的规划理论有不同的观点，代表性的如柯布西耶提出的工程技术思维导向和倡导性规划的社会性思维导向截然不同；时至今日，是重物质环境，还是重社区价值，抑或是二者兼具，其实并未形成真正意义上的共识，尤其是在处于不同发展阶段的地区差异性更强，解决的重点和途径也各不相同。第二，城市与住区之间在规划理论中的逻辑关系是什么？有些理论在城市整体规划理论中"镶嵌"了住区规划的理论，更加强调城市的整体系统性和住区理论的局部性，但在历次人居会议中，以住区作为整个人类城市存在和发展的核心关键问题，由此引领城市整体的可持续发展。这两种思路虽然从内容上看异曲同工，但在切入点和途径上是完全不同的。第三，规划的理性与经验之间不同的思维模式是否存在对立？当双方都把对方看作是"理性主义"或"经验主义"时，理论就会产生不可调和的矛盾，如当"田园城市"和"广亩城市"被看作是"分散主义"时，就会被持"集中主义"理论的学者所抗拒。

诚然，共识与矛盾共存，但追求美好生活的目标永恒不变，当下的中国需要城市规划师和居民及社会各界一起在传承和创新中寻找符合中国基本国情和文化基因的住区理论及社区公共服务设施配套方法，更需要将"以人民为中心"的理念贯彻到各种政策的执行中。

第三节　国内外社区公共服务设施研究进展

社区公共服务设施配置一直是规划研究和实践的重要内容。随着以满足居民日常生活所需、构建居民基础生活单元为导向的社区生活圈规划在中国逐步得到推进，社区生活圈成为组织基层公共服务的核心单元，使社区公共服务设施研究与社区生活圈研究协同展开。完善的公共服务设施供给既是社区生活圈构建的初衷（如 15 分钟可达生活所需的社区基本服务功能与公共活动空间[152]），也是社区生活圈优化提升的核心导向。因此，在当前围绕社区公共服务设施的研究中，社区生活圈研究是不可忽视的重要组成部分。

一、国内外社区公共服务设施研究知识图谱分析

利用 CiteSpace 软件处理国内外社区公共服务设施研究领域的相关文献，构建关键词的共现网络，进行关键词词频分析、关键词中介性分析、关键词聚类分析和关键词突现分析，总结既有研究成果，探究前沿热点问题及其未来延伸趋势。

国际及国内研究数据样本分别取自"Web of Science 核心合集数据库"和"中国学术期刊出版总库（CNKI 总库）"的 CSCD（Chinese science citation database，中国科学引文数据库）和 CSSCI（Chinese social sciences citation index，中文社会科学引文索引）来源期刊，选择时间为 2000 ～ 2022 年。在国内文献中以"生活圈""社区""居住区""邻里单元"为搜索词进行主题检索，在检索结果中分别以"小学""幼儿园""公园"等公共服务设施的名称为搜索词进行二次主题检索，对检索结果进行去重、整理，删除期刊会议征稿、卷首语、个人学术成果介绍、科研机构介绍、书评及署名为课题组或无作者的条目，以及不相关条目，最终获取社区公共服务设施研究领域的相关文献共 711 篇；在国际文献中以相同规则进行精确检索，经过研究方向、文献类型等清洗后，获取相关文献 1484 篇。

（一）社区公共服务设施研究热点分析

文章的关键词可以揭示文章内容的主要方向和核心观点，在研究领域内高频次出现的文献关键词可被视为该领域的研究热点。2000 ～ 2022 年国内外社区公共服务设施研究领域文献高频关键词（前 30）如表 2-2

和表 2-3 所示。在国内研究中，"可达性"作为衡量公共服务设施布局合理性的核心指标，出现频次最高；"两步移动搜索法"则是测算"可达性"的优质模型，在研究中得到广泛应用。"城市规划"是政府配置社区公共服务设施的手段；"空间布局"和"健康城市"则分别是规划社区公共服务设施的核心工具与目标。具体而言，公共服务设施的"供给"规模是否适量，"供需"关系是否协调，是社区公共服务设施布局是否实现了"健康城市"的客观体现。同时，社区公共服务设施的规模与布局也是一项评价社区"人居环境"水平的指标，其中，"公园绿地"等设施作为外部正面效应格外显著的公共服务设施，常作为自变量应用于对社区居民"体力活动"影响的研究。除此之外，"老龄化""养老设施""老年人"的出现频次位列前十，体现了在中国经济社会转型发展的关键时期，城市老年人的空间问题加剧的现实背景；同时，"儿童友好""保障房社区"出现频次也较高，这综合说明弱势群体是社区公共服务设施领域的重要研究对象。在空间上，"上海市""广州市""南京市""武汉市""北京市"作为社区公共服务基础设施建设和研究的前沿地区，在研究中出现频次较高。

表 2-2　2000 ～ 2022 年国内社区公共服务设施研究领域文献高频关键词（前 30）

序号	频次	关键词	序号	频次	关键词
1	23	可达性	16	9	儿童友好
2	18	老龄化	17	8	体力活动
3	18	公共空间	18	8	北京市
4	15	上海市	19	8	社区规划
5	14	养老设施	20	8	供给
6	14	老年人	21	8	15 分钟生活圈
7	12	城市规划	22	7	公众参与
8	12	广州市	23	6	公园绿地
9	11	两步移动搜索法	24	6	健康城市
10	10	人居环境	25	6	规划
11	10	空间布局	26	5	指标体系
12	10	居住区	27	5	供需
13	9	保障房社区	28	5	基础设施
14	9	南京市	29	5	武汉市
15	9	城市更新	30	5	城市公园

表 2-3 2000 ～ 2022 年国外社区公共服务设施研究领域文献高频关键词（前 30）

序号	频次	关键词	序号	频次	关键词
1	232	city（城市）	16	67	conservation（保存）
2	148	community（社区）	17	64	neighborhood（邻里）
3	117	park（公园）	18	63	ecosystem service（生态系统服务）
4	112	physical activity（体育活动）	19	62	urban（城市的）
5	109	green space（绿色空间）	20	61	built environment（建成环境）
6	107	space（空间）	21	60	accessibility（可达性）
7	98	health（健康）	22	57	benefit（益处）
8	95	impact（影响）	23	55	public space（公共空间）
9	89	biodiversity（生物多样性）	24	54	urban green space（城市绿色空间）
10	88	urbanization（城市化）	25	54	China（中国）
11	87	land use（土地利用）	26	50	environmental justice（环境正义）
12	84	urban park（城市公园）	27	49	quality（质量）
13	79	diversity（多样性）	28	49	vegetation（植物）
14	79	environment（环境）	29	48	model（模型）
15	72	landscape（景观）	30	46	women（女性）

　　国内外研究在社区公共服务设施研究领域文献的高频关键词方面存在显著差异与相同之处。二者的相同之处在于，"可达性"等定量研究术语及"公共空间""社区"等城市空间研究术语，同时存在于国内外高频关键词中，这一方面体现了空间是社区公共服务设施研究的核心对象，另一方面说明了基于空间可达性的定量研究是国际主流研究方法。二者的不同之处在于，国外研究广泛集中于社区公共服务设施的外部效应研究，尤其是测度"公园"等"绿色空间"对居民"健康"的影响，因此"体育活动"往往在研究中作为间接/被影响因素出现；同时，国外研究聚焦于"绿色空间"对"生态系统"的影响，普遍以"生物多样性"作为测度指标，而"环境正义"则是研究的实践目标或切入点。另外，"公平""女性"等社会公正问题同样得到广泛关注；"中国""印度"等发展中国家则成为国际视野下的研究热点区域。

　　基于社区公共服务设施相关文献构建关键词共现网络，直观地呈现了社区公共服务设施领域的研究热点、研究趋势和知识结构。2000 ～ 2022 年国内社区公共服务设施研究领域文献关键词共现网络如图 2-2 所示，共有 343 个节点和 567 条边。图中节点代表关键词，节点越大代表节点中介性越强。边代表关键词之间存在共现关系，即同时出现在某篇文章中，边越粗则表示节点间连接越紧密，即关键词共现次数越多。相同颜色节点组成联系更加紧密的聚类。

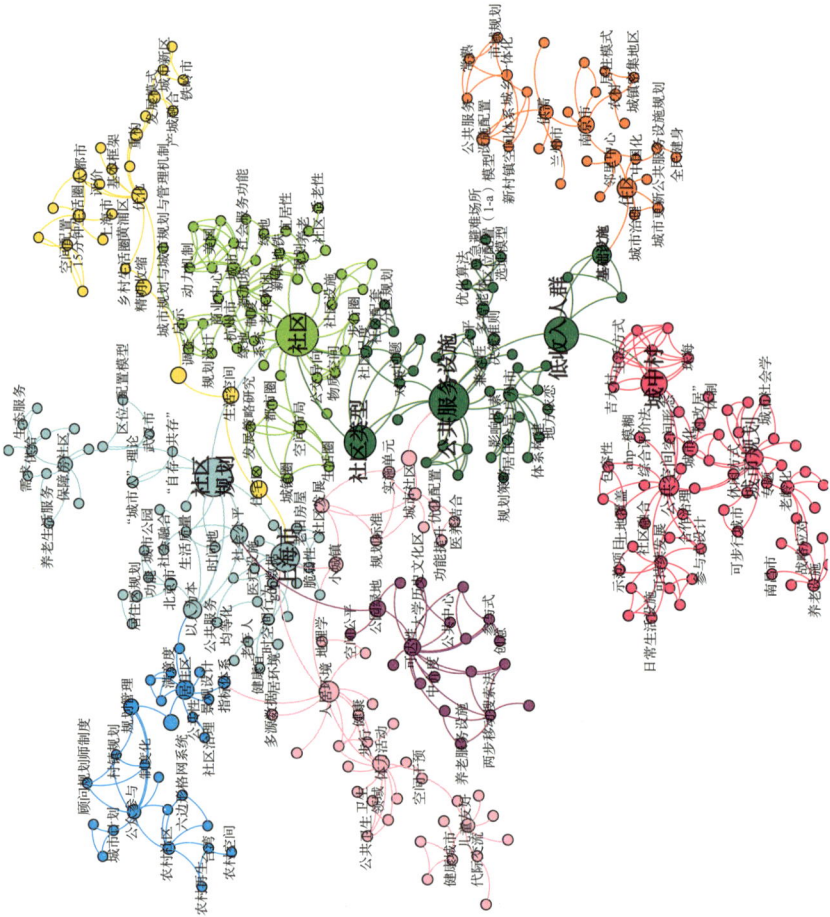

图 2-2　2000～2022 年国内社区公共服务设施研究领域文献关键词共现网络

一般而言，具有高中介性的节点存在两种可能性：一是与多个节点相连，二是位于不同聚类之间。后者往往与词频不完全一致，但在知识图谱演变的过程中，隐晦地扮演了推动研究范式转变的重要角色，因此需要对其另做分析。如图 2-2 及表 2-4 所示，社区公共服务设施研究领域以几个高中介性的关键节点为枢纽节点，连接了不同主题的聚类，从而构建了局部聚集、整体分散的复杂研究网络。具体而言，"社区规划"虽然词频较低，但具有除去检索词以外节点的最高中介性，其所连接的节点主要是城市规划领域的关键词，既包括"时间地理学""'城市人'理论"等规划理论，"社会公平""以人为本"等规划目标与原则，也包括"保障性住房""上海市"等与规划实践相关的关键词，体现了既有研究与规划实践紧密相连的特征。"社区类型"是衔接"社区"与"公共服务设施"的枢纽节点，体现了既有研究聚焦于社区类型特征对公共服务设施布局的要求。"低收入人群"的中介性仅次于"社区规划"，该节点主要连接了"城中村"与"公共服务设施"，体现了社区公共服务设施研究在城中村这一空间类型中广泛聚焦于低收入人群的特征；从研究内容转变的角度则可以解释为，"低收入人群"所表现出来的现实问题促使社区公共服务设施研究聚焦于"城中村"这一城市中的特殊空间。同理，"乡村社区"主要衔接了城市社区与乡村空间范围内的社区公共服务设施研究，体现了社区公共服务设施研究中城乡视角的分野。

表 2-4　2000～2022 年国内社区公共服务设施研究领域文献高中介性（≥ 0.1）关键词

序号	中介性	频次	关键词	序号	中介性	频次	关键词
1	0.485	8	社区规划	7	0.171	10	人居环境
2	0.431	3	低收入人群	8	0.160	5	基础设施
3	0.401	1	社区类型	9	0.150	3	以人为本
4	0.309	15	上海市	10	0.134	12	城市规划
5	0.291	4	城中村	11	0.125	2	生活空间
6	0.174	18	公共空间	12	0.120	1	乡村社区

国外社区公共服务设施研究关键词共现网络中共有 523 个关键词节点和 2580 条边（图 2-3）。节点的中介性普遍较低（<0.1），这意味着不存在枢纽型节点，从侧面说明了国外社区公共服务设施研究关键词共现网络中的各组团之间的联系较为紧密。针对各组团展开分析，运用 CiteSpace 软件对网络进行聚类分析，将聚类标签设为关键词，结合人工调整，结果如表 2-5 所示。聚类主题 1 和聚类主题 2 分别聚焦于"健康地理"与"生态地理"，主要探讨社区公共服务设施如何影响居民的健康，以及在城

化进程中"城市公园"与"生物多样性"之间的关系，其中公园、绿地等设施是这部分的重点研究对象。聚类主题 3 聚焦于"城市形态"，涉及"公共空间""新城市主义""密度"等与城市空间相关的关键词。聚类主题 5 聚焦于"社会公正"，研究对象包括"穷人""残疾人""老年人"等弱势群体。此外，聚类主题 4 聚焦于"计量模型"，其中的"算法""可达性""模型"等关键词体现出定量研究与可达性分析是当前研究的热点。

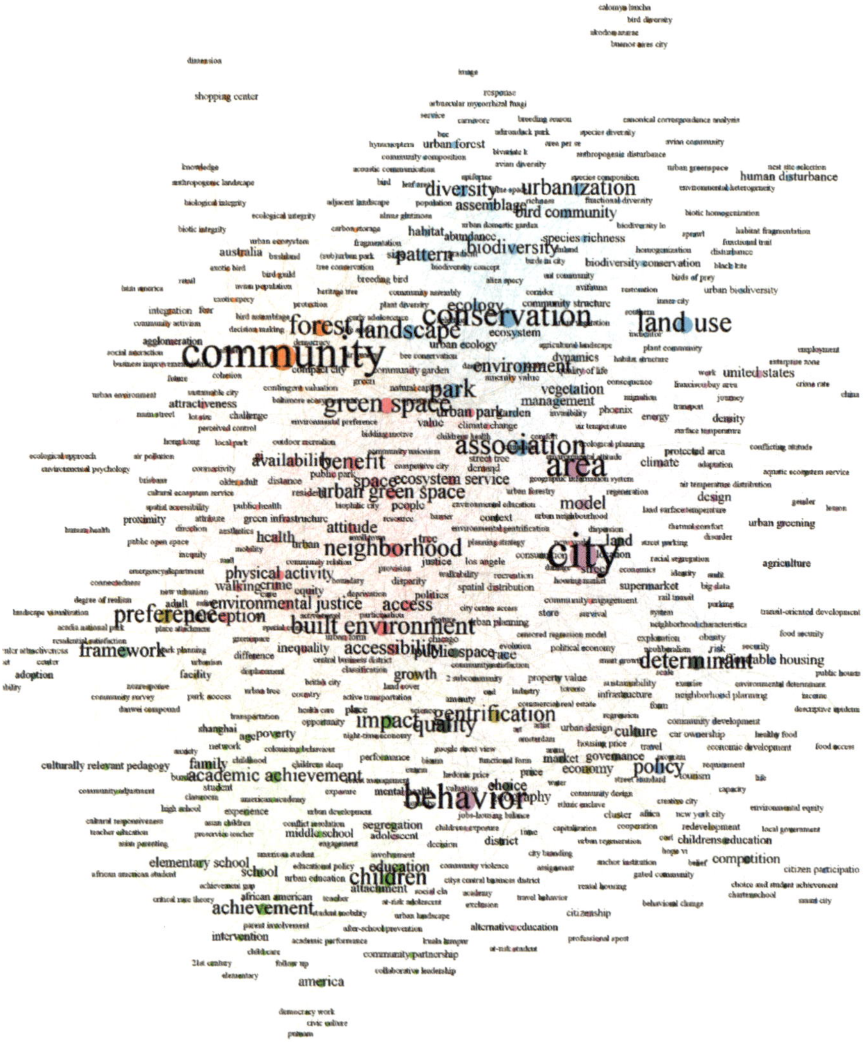

图 2-3　2000～2022 年国外社区公共服务设施研究领域文献关键词共现网络

表 2-5　2000～2022 年国外社区公共服务设施研究领域文献关键词聚类结果

序号	聚类主题	关键词（频次前五的关键词）
1	健康地理	physical activity、green space、space、health、obesity
2	生态地理	park、biodiversity、urbanization、land use、diversity
3	城市形态	public space、quality、density、new urbanisation、governance
4	计量模型	model、built environment、behavior、algorithm、accessibility
5	社会公正	poor、disability、older adult、neighborhood

（二）研究阶段及前沿分析

运用 CiteSpace 软件对关键词进行突变探测，可以提取出出现频次增长率较高的词并显示其出现频次增长的起止时间。通过关键词突变分析能够得出不同时间段内的突现词，进而分析不同时间段内的研究热点，预判未来的研究方向。

2000～2022 年国内社区公共服务设施研究可划分为以下三个阶段（表 2-6）。

（1）2000～2007 年，在这一阶段，社区公共服务设施研究作为"公共事业"，聚焦于"农村"和"社区"，应用于"住区规划"与"城市规划"中，并以当时的国家发展政策导向为依据，形成了"以人为本"理念。2003 年年初的中央农村工作会议指出，全面建设小康社会，必须统筹城乡经济社会发展，推动相关研究向农村建设转向。在这一阶段，相关研究文献数量较少，且缺少对方法与理论的研究。

（2）2008～2016 年，相关文献数量呈波动上升，形成大量议题。一方面，"均等化""满意度""供给"等测度指标被广泛应用于实证研究中；另一方面，"公交导向""低影响开发"等社区公共服务设施的布局与开发模式成为讨论热点。此外，"老龄化""低收入人群"等成为热点研究对象。

（3）2017～2022 年，相关文献数量快速增加，研究内容逐渐丰富。具体如下：①"gps 数据""可达性""供需"等关键词出现，这些关键词是测度社区公共服务设施规划绩效的重要研究指标，能进一步推动公共服务设施研究中定量研究范式的发展；②受儿童友好城市、城市更新、多规合一等政策与现实背景的影响，"儿童友好""老旧社区""国土空间规划"等关键词凸显，拓展了社区公共服务设施的研究内容；③"'城市人'理论""生活圈"等理论与概念的推广，促使社区公共服务设施研究进一步发展。此外，"武汉市"社区公共服务设施实践颇有成效，成为重点研究城市之一。

表 2-6 2000 ～ 2022 年国内社区公共服务设施研究突现词分析

研究阶段	关键词	强度	开始	结束	2000 ～ 2022 年高频时段图示（■表示高强度）
第一阶段（2000 ～ 2007 年）	公用事业	1.26	2000 年	2002 年	
	住区规划	1.19	2001 年	2006 年	
	社区	1.88	2001 年	2010 年	
	以人为本	1.32	2001 年	2010 年	
	居住分异	1.7	2002 年	2008 年	
	新农村建设	3.48	2003 年	2012 年	
	城市规划	2.36	2006 年	2011 年	
	农村	1.12	2006 年	2010 年	
第二阶段（2008 ～ 2016 年）	均等化	5.68	2007 年	2012 年	
	控制性详细规划	1.5	2008 年	2013 年	
	广州市	1.35	2008 年	2013 年	
	低收入人群	1.25	2008 年	2015 年	
	保障房社区	2.58	2009 年	2017 年	
	满意度	1.87	2010 年	2015 年	
	公交导向	1.63	2012 年	2015 年	
	老龄化	3.31	2013 年	2016 年	
	养老设施	3.24	2014 年	2016 年	
	低影响开发	1.49	2014 年	2019 年	
	个体健康	1.2	2015 年	2016 年	
	供给	1.57	2016 年	2019 年	
第三阶段（2017 ～ 2022 年）	供需	1.35	2017 年	2019 年	
	gps 数据	1.02	2017 年	2019 年	
	可达性	2.37	2018 年	2022 年	
	武汉市	2.31	2018 年	2020 年	
	儿童友好	1.38	2018 年	2020 年	
	生活圈	6.35	2019 年	2022 年	
	建成环境	4.56	2020 年	2022 年	
	老旧社区	3.93	2020 年	2022 年	
	国土空间规划	2.26	2020 年	2022 年	
	"城市人"理论	1.13	2020 年	2022 年	

2000 ～ 2022 年国外社区公共服务设施研究可划分为以下三个阶段（表 2-7）。

表 2-7　2000 ～ 2022 年国外社区公共服务设施研究突现词分析

研究阶段	关键词	强度	开始	结束	2000 ～ 2022 年高频时段图示（▬表示高强度）
第一阶段（2000 ～ 2010 年）	bird community（鸟类群落）	2.99	2000 年	2013 年	
	open space（开敞空间）	2.95	2002 年	2012 年	
	forest（森林）	3.78	2003 年	2010 年	
	demand（需要）	3.98	2006 年	2015 年	
	landscape（景观）	3.03	2006 年	2008 年	
	conservation（保护）	3.21	2007 年	2016 年	
	protected area（保护区）	3.04	2007 年	2014 年	
	pattern（模式）	5.36	2009 年	2013 年	
	school（学校）	4.21	2009 年	2012 年	
	student（学生）	2.91	2009 年	2015 年	
	achievement（成就）	2.89	2010 年	2014 年	
	model（模型）	2.87	2010 年	2011 年	
第二阶段（2011 ～ 2016 年）	street tree（行道树）	6.33	2012 年	2018 年	
	vegetation（植物）	3.76	2012 年	2015 年	
	New York city（纽约市）	3.45	2013 年	2015 年	
	street（街道）	4.23	2014 年	2015 年	
	human disturbance（人为干扰）	3.35	2015 年	2017 年	
	recreation（娱乐）	3.73	2016 年	2017 年	
	species richness（物种丰富度）	3.1	2016 年	2018 年	
	location（地方）	2.93	2016 年	2018 年	
第三阶段（2017 ～ 2022 年）	provision（供给）	3.36	2017 年	2018 年	
	China（中国）	3.03	2017 年	2019 年	
	indicator（指标）	2.93	2017 年	2018 年	
	green（绿色）	2.93	2017 年	2018 年	
	redevelopment（再开发）	2.88	2017 年	2018 年	
	justice（公平）	4.15	2018 年	2020 年	
	people（人类）	3.35	2019 年	2020 年	
	housing price（房价）	2.9	2020 年	2022 年	

（1）2000～2010年，在这一阶段的前期，相关文献数量较少，主要围绕"开敞空间""景观"等关键词展开研究。2007年后，相关文献数量逐步增加，"保护""保护区"等生态地理学相关术语出现；同时，"学校""学生"等与教育设施相关的关键词成为研究热点。另外，"模型"作为定量研究的术语开始凸显。

（2）2011～2016年，相关文献数量逐渐增加。一方面，生态地理学的研究继续拓展，"行道树""植物""物种丰富度"等关键词凸显；另一方面，"娱乐""地方"等关键词凸显，是社区公共服务设施研究中人本主义视角的体现。此外，"纽约市"作为社区公共服务设施规划实践的前沿城市，成为热点研究案例。

（3）2017～2022年，上一阶段的研究主题继续发展，推动相关文献数量快速增加。"供给""指标"等关键词凸显，这意味着供需关系成为当前公共服务设施研究的新热点，而指标构建是其中的关键内容。"人类""公平"成为研究热点，这是以人为本思潮从上一阶段延续下来的体现，其中关于"公平"方面的研究普遍聚焦于弱势群体对社区公共服务设施的可获取能力上。"绿色"一词则是城市绿色空间研究的延续，相关研究聚焦于公园、绿地等城市绿色空间对人的健康及城市生态系统的影响机制。在最近两年，"再开发""房价"等关键词凸显，这是对公共服务设施外部效应研究的进一步拓展。

总体而言，当前国内社区公共服务设施研究普遍聚焦于社区公共服务设施的配置、布局与选址等实体规划问题，而国际视野下的研究热点不局限于此。在公共服务设施体系及其规划实践已经相对成熟的背景下，相关国际研究更加侧重于考察社区公共服务设施的各项外部效应，如社区公共服务设施配置与人的健康、满意之间的关联特征，公共服务设施对社区房价及生态环境多样性的影响机制等。但上述研究普遍聚焦于社区公共服务设施单一维度的外部效应。挖掘社区公共服务设施的多维度外部效应，揭示其综合影响机制并提出优化布局方法，或许将成为未来一段时间的研究热点。

二、国内社区公共服务设施相关研究进展

社区公共服务设施作为与人民生活息息相关的城市空间要素，是服务型、保障型设施，应以均等化保障公民权利为导向，在有限公共资源供给中寻求最优配置。围绕社区公共服务设施空间布局、功能内涵的研究与实践是当前地理学、城乡规划学、经济学等学科交叉领域关注的热点，设施空间、指标、服务、功能、网络及相关的地理空间、社会经济要素是研究的主要切入点，研究涵盖了社区公共服务设施分析、评估和规划的全流程。主流规划以优化与提升社区公共服务设施供给为目标，与现实情景联系紧密。社区教育设施、医疗卫生设施、文化设施、体育设施、社会福利和保障设施、行政管理和服务设施、商业金融服务设施、公共空间及公共交通是主要的研究对象。在规划领域，关于社区公共服务设施的空间布局、指标供应、功能内涵的研究较多，关于生活圈、特定人群行为、居民满意度等要素的协同研究也受到广泛关注，总体上可分为社区公共服务设施评估研究、社区公共服务设施均等化研究、居民行为及满意度研究、社区生活圈研究。

（一）社区公共服务设施评估研究

学者在既有研究中普遍认识到，针对居民日益增长的高品质、个性化需求与社区空间规模、密度、结构的差异化特征，需要采用更精细的设施配置方式。自上而下的政策与规范只能保障一般性的社区要求，因此各大城市纷纷开展有针对性的社区更新、基本公共服务设施体系化建设研究与实践，以优化人居环境、提高城市宜居性。精准评估作为社区优化提升必不可少的前置条件受到了广泛的关注。其中，时空可达性研究由于数据获取性高、描述解释性强，成为基础评估内容；同时，对社区公共服务设施承载能力、功能品质的评估也在时空可达性评估基础上展开；设施内涵、出行环境、城乡差异、路网结构、供需主体、居民心理等多方面因素共同影响着社区公共服务设施的供应，因此它们成为评估社区公共服务设施供给的重要因子；从规划角度来看，评估结果多呈现在布局特征、配置数量、功能品质及组织供应模式等方面，因此研究者往往以此为切入点提出相应的社区公共服务设施优化策略。

社区公共服务设施评估研究包含两个层面：一是以社会公共服务设施评估为主体的研究；二是从社区公共服务设施供给评估出发，探究其与其

他要素的相关关系的研究。

仅从社区公共服务设施评估本身来看，自下而上是主要研究视角，时空可达性是核心内容。相较于以最近邻指数[153]、地理集中指数、空间基尼系数[154]等方法为基础的空间特征评估，利用空间网络分析法[155]、两步移动搜索法[156]、重力模型[157]等方法进行的以真实路网为基础的时空可达性评估能够更精准地刻画社区公共服务设施的供给能力，找出空间布局短板；同时，时间与空间协同的评估方法逐步受到重视，学者在相关研究中认识到获取社区公共服务设施的时间体现了更本质的"可达"内涵，因此出现了"5分钟见绿""15分钟就医""15分钟健身圈""15分钟生活圈"等优化各类社区公共服务设施供给体系的重要导向性概念。对社区公共服务设施规模的评估研究依赖时空可达性研究的展开，但由于社区公共服务设施的精细规模获取难度较大，且本尺度上设施的规模属性差异较小，对应研究中对小学、幼儿园、社区卫生服务设施、公共空间的评估相对成熟。社区公共服务设施品质评估通常基于居民满意度研究来开展。

围绕设施及相关要素的关系研究则更为庞杂，也更能体现规划的跨学科特点，其主要目标是更精细、更实际、更全面地评估社区公共服务设施的空间供给水平，并据此对社区公共服务设施及相关空间要素、管理手段、社会组织形式提出更具有操作性的优化目标。因此，此类研究往往面向热点问题或重要时代背景，以单一设施（如医疗卫生设施、养老服务设施等）或单一特征主体（如老年人、儿童等）为对象，结合社区公共服务设施及社区的空间性评估来展开。例如，在普惠性背景下对幼儿园资源配置的公平性与效率性的研究，面向其差异化供给方式提出体系优化策略[158]；基于学区的小学资源差异化供给评估，包含城乡差异、随迁子女[159]的小学可获取性等研究，面向城市的住区更新提出对应配套优化指标与策略[160]；聚焦老年群体进行的社区医疗卫生设施的供需匹配评估[161]；结合信息平台构建，面向线上线下结合的社区文化设施评估与优化[162]；大健康背景下社区"健身圈"的构建；面向可达的社区体育设施的选址与指标体系构建的评估[163]；围绕社区适老化改造，对社区养老服务设施的可获取性进行评估，并综合社区道路、无障碍设施及养老模式等方面进行优化提升[164]；基于居民自治的视角，评估与优化社区服务设施的外部空间布局、内部功能结构及组织工作模式等[165]；便利店品牌连锁化、数字化发展的层次化空间布局与其他人居要素相互作用的机制等方面的研究[166]；围绕菜市场布局的合理性、内部空间品质化、供给主体多元化等方面展开研究[167]；物流业的蓬勃发展带动了社区物流点网络化建设，针对物流自提点覆盖模式、设施硬件、空间布局及其与经营利润相关关系展开研究[168]；社区公共空间作为社区内部公园、广场、游园等开敞空间的集合，与人口属性、区位地价、环境公平、景观协同、旧城改造、居民健康、社区活力等多方面因素相互影响，围绕其可获取性、可满足性展开的研究是当前生态文明建设导向下的热点问题[169]；"最后一公里"问题长期受到关注，主要围绕老年人等弱势群体的出行公平、社区步行系统与外界的联通、低碳出行系统的构建等方面开展公共交通研究[170]。

（二）社区公共服务设施均等化研究

自 2005 年党的十六届五中全会明确提出城乡公共服务均等化的概念以来，不同学科的学者从不同视角诠释了均等化的内涵。从城市规划角度来看，有学者认为公共服务均等化是分层次、分阶段的动态过程，成熟的公共服务均等化状态表现为不同区域、城乡、居民之间享受的基本公共服务水平一致[171]。因此，有学者进一步提出基本公共服务设施均等化发展的标准是"机会均等"，即基本公共服务设施获取与享有的空间可达性、社会可达性及阶层可达性，而并非简单平均化地和无差异化地享有基本公共服务设施。因此，测度区域、城乡及各类设施之间的非均等化等现象成为主要的研究内容。

面向区域均等的研究主要依据各类统计面板数据，建立评价模型，揭示区域之间公共服务分布的均等性，如基于主成分分析法构建基尼系数，估测各省份的公共服务均等化水平或构建区域基本公共服务均等化指数等，并构建关系模型探究公共服务均等化影响因子与作用机制。社区公共服务设施是其中的基本设施类型。相关研究结合面板数据与空间性数据共同分析结果，面向城乡经济、社会、生态、民生等多方面构建指标体系，探索城乡公共服务差异化与均等化水平。另外，还有大量面向单项社区公共服务设施均等化的测度研究，主要包含社区居家养老[172]、基础教育[173]、基础医疗服务[174]等，这些研究从空间、资源等维度探究省际、特定区域、城市空间的多尺度均等化服务水平。

（三）居民行为及满意度研究

在社区公共服务设施研究领域，对居民行为及满意度的研究的目的是将"人"引入研究中，挖掘需求端的真实意图，识别居民日常设施使用偏好，并总结居民需求与社区公共服务设施供给之间的关系与差异。不同的是，居民行为研究更侧重经验主义，而居民满意度研究则侧重理性主义。

在行为学视角下，从居民行为特征出发，运用 GPS（global positioning system，全球定位系统）调查、深度访谈、地理空间分析等方法，在居民行为指导下评估并优化社区公共服务设施布局。这类研究往往结合生活圈进行识别与判读，能够精细把握居民出行的特点，具备较强的微观描述能力，形成了多样化的数据来源、复杂的计量建模方法及花样翻新的空间可视化手段。但此类视角聚焦于居民日常活动方式、居民心理等规律性研究，与设施管理、生活圈规划等实践工作的衔接有待拓展。

居民满意是良好的"人居"环境建设的导向，也是以人为本的城市建设、管理的最终目的，因此应以提升居民满意度为导向规划社区公共服务设施。在可达性等空间性评价基础上，获取居民理性的满意度研究成果成为推进社区公共服务设施优化布局的重要内容之一。居民满意度研究方法主要包括问卷调查法[175]、因子分析法[176]、决策树分析法[177]、模糊综合评价法[178]、主成分分析法、层次分析法、结构方程模型等。研究普遍发现，社区公共服务设施的可达性、均衡性、共享性等因素对居民满意度有显著影响，同时居民本身的性别、年龄等基础特征，以及居住环境密度、空间结构等特征，也是居民满意度的影响因素。这种多类型影响因素的特征使得居民满意度的相关研究并不局限于社区公共服务设施本身，而成为统筹社区综合空间布局的重要方法。

（四）社区生活圈研究

基于社区生活圈以人为本的价值导向、基本公共服务均等化的核心内涵、"人居空间"的本质属性，国内学者围绕人、社区内外空间、社区公共服务设施三大核心要素及其相关关系展开研究，并经历了以设施为主导的第一阶段、设施与空间相协调的第二阶段及以"人"为核心出发点的第三阶段。第一阶段以"设施—空间"研究作为重心，对各级生活圈应配置的设施类别与服务半径、千人指标、管控方式等[179]进行研究与设想，以单一设施[180]或设施体系配置[181]为基准构建生活圈模型，探索生活圈规划与其他规划的统筹衔接[182]方法，推动各类规划设施标准化指标的构建及规划体系的形成。第二阶段以"人—空间""人—设施"研究为重心，优化早期"见物不见人"的研究的不足,其中"人—空间"研究以居民行为特征研究[183,184]、生命周期重构生活圈空间研究[185]为重心,针对特征人群(如老人、儿童)生活圈[186,187]、乡村生活圈[188]、特殊地理环境生活圈[189,190]提出差异化规划思路;"人—设施"研究将可达性与居民满意度作为设施评估的核心,推进以人的特征需求为导向的设施供给[191,192]。第三阶段以"人—空间—设施"研究为重心,基于构建的具有较强共识的15分钟社区生活圈定义[193],挖掘生活圈的社会与经济空间属性[194],立足于人,面向设施与空间,综合评估空间可达性、感知可达性、居民满意度(归属感、幸福感、社会信任[195]等)、承载力等要素,在宏观[196]、微观[197-199]尺度综合评估设施供给与空间品质,优化生活圈布局[200,201]。在智慧城市建设背景下,网络社区空间与真实社区空间的共同构建成为新的研究热点之一[202]。生活圈研究集合了社区公共服务设施评估及优化研究、居民行为及满意度研究的方法与逻辑,并力图体系化推进社区公共服务设施的优化供给,营造一个有温度的、幸福的日常生活圈。

三、国外社区公共服务设施相关研究进展

在国际层面,社区公共服务设施的内涵基本可以涵盖本书中的核心研究对象,但相关研究存在一定差异。总体而言,国际社会已对社区公共服务设施开展了长时间的深入研究,并在实践中建立了较为成熟的设施供应体系和社会福利保障体系,因此其近期研究已较少关注社区公共服务设施的配置、布局与选址等实体规划问题,而是侧重于从人的角度出发,研究社区公共服务设施配置与人的健康、满意度之间的关联特征,并延伸出投入与反馈的绩效研究。此外,相关研究聚焦于特殊人群的社区公共服务设施公平性与可达性。

(一)设施配置的关联性研究

设施配置的关联性研究主要是基于设施外部效应对居民的影响来展开的,可分作两个角度。

(1)围绕设施及社区环境与居民健康水平开展的相关性分析。研究对象包括生理健康和心理健康,涉及不同居民的特征与各类设施,普遍通过5～10年的长时序的问卷调查与实地观测获取数据来构建评估量表,并基于多样化的计量模型进行相关性的描述与表达。当前研究普遍发现,社区公共服务设施与环境水平的提升对人的健康有着显著的正面效应,且对

精神健康的促进作用更加明显[203,204]。其中，老年人的体育活动是研究重点。学者主要从步行基础设施，安全、便利设施，美学和环境条件等方面进行考量，普遍认为安全、适宜步行且美观的社区对老年人参与体育活动产生了积极影响[205-207]。受儿童友好城市政策的影响，儿童是当前另一个重要的研究群体。既有研究普遍发现，影响儿童体育活动频率与强度的核心因素是步行性、交通速度/流量、娱乐设施的可达性、土地利用组合和住宅密度[208]。此外，还有学者探讨了社区公共服务设施建成环境与居民肥胖率[209]和身体健康[210]等个体客观效用的关系。

（2）关注社区公共服务设施配置的居民满意度和幸福感效应。社区公共服务设施在各种有关人群满意度刻画的量表中都占据重要的位置，且随着新公共服务理念的兴起，社区公共服务设施规划中的公民服务意识增强，揭示了设施及社区环境对居民满意度和幸福感的影响，并逐渐成为当前国外研究的重点。这方面的文献数量相对较少，主要是从多元主体平衡的角度出发制定社区公共服务设施绩效评估体系，形成面向居民满意度的社区公共服务设施供给效率研究成果[211]。研究方法主要是利用各类相关性分析模型进行分析，近年来，结构方程等因果分析模型得到广泛应用[212]。既有研究普遍发现公共交通、文化设施、绿色空间、空气质量、社区街道密度等变量对城市居民生活满意度和幸福感具有显著的影响[213,214]。

（二）设施配置的公平性和可达性研究

设施配置的公平性研究主要是从空间公正的角度，将测量社区公共服务设施的可获得性作为公平性研究的主要内容。由于公平概念的多样性，公平的目标往往是模糊的[215]。一般而言，设施配置的公平性是指社区居民获取社区公共服务设施机会的均等性。这是从水平公平（horizontal equity）的角度出发，认为公平性主要体现在是否将城市公共服务资源进行均衡化分配，因为这是城市空间布局规划的最高目标和要求[216]。与此相对的是垂直公平（vertical equity），相关研究聚焦于社区特殊人群、弱势群体和社区居民的属性差异化，认为公平性不仅体现在居民获取社区公共服务设施的机会均等，还体现在对不同年龄结构居民群体的公平性，提出让弱势群体同等程度地享受各种城市公共服务设施是公平性的体现[217]。因此，在垂直公平中，资源的分布是相对不均的，以此来消除社会群体之间的不公平现象[218]。一般通过量化方法测量公平性，可分为统计测度和空间测度。统计测度在不考虑空间区位的情况下量化公平性，聚焦于数据的分布特征，具体包括基尼系数、协方差[219]、泰尔指数[220]等。空间测度则强调数据的空间变异，以量化不公平性。其中，社区公共服务设施的空间可达性代表人们到达特定活动地点的可行性，是评估社会与空间公平性的常用指标[221]。

国外学者对基于可达性的社区公共服务设施公平性的研究非常广泛，其空间尺度从区域层面跨度到邻里社区，研究对象涉及工作地点[222]、公共医疗[223]、教育资源[224]、公园绿地[225]、交通网络[226]等，研究指标包括距离、交通网络、社会地位、收入水平、职业、性别、年龄及民族等。具体的测度方法可分为物理可达性方法和时空可达性方法[227]。传统的测量方式是一种基于地方的测度方法，一般使用最小出行距离法、最小出行时间法及引力模型等，考察社区公共服务设施与个体日常位置的距离。随着 21 世纪 GIS（geographic information system，地理信息系统）技术的进一步发展，以及时空间行为学的建立，"基于人"的时空可达性方法得到发展。这种方法将时间、空间、行为同时纳入研究框架[228,229]，能够更清晰地表达个体之间可达性的差异，更适用于测度群体差异的社会公平问题[230,231]。

第四节　国内外社区公共服务设施规划实践进展

一、国内社区公共服务设施规划与建设

社区公共服务设施规划与建设水平是城乡"人居"品质的重要表征因子，其中社区公共服务设施更加贴近居民日常生活所需，因此优化社区公共服务设施供给是城乡公共服务均等化的基础保障。社区公共服务设施供给总体上受到规划用地的限制，但具体供给包括规划主导供给与非规划主导供给两类，规划新建、项目配建属于规划主导供给，而租赁、购买、改建及违建则属于非规划主导供给。究其根源，在于各类设施的建设主体、管理主体、运营主体与产权主体多元化。在缺乏明显职权划分的情况下，多元主体参与社区公共服务设施的供应，其配置水平、配置标准、配置功能难以统一。

从规划学科的角度来看，土地使用是核心工作，"地尽其用"是主要衡量标准。多样的供给方式与主体内涵使社区公共服务设施的规划、建设、使用具有复杂背景，但规划者优化空间资源配置的出发点没有变。正因如

此，社区公共服务设施的空间性规划与布局具有不可替代的重要意义，是保障其发挥服务功能的基础。

（一）北京："首善"标准导向下的综合性提升

从社区公共服务体系构建出发，北京 2021 年发布《北京市"十四五"时期社会公共服务发展规划》，定义社会公共服务包括教育、医疗卫生、文化、体育、养老、托育、社会福利、社会救助、劳动就业、社会保险、住房保障等与民生密切相关的公共服务，并根据公共服务供给权责属性的不同，将社会公共服务分为基本公共服务、普惠性公共服务、生活服务三大类。该规划强调大力提升基本公共服务均等化水平，在社区尺度上主要提出以下十项目标：①提高基本公共服务可及性，拓展城乡社区公共服务管理职能；②加强基层卫生机构配置，实现社区卫生服务机构动态全覆盖；③加强城市绿道、健身步道、自行车道、全民健身中心、体育健身公园、社区文体广场及足球、冰雪运动等群众身边的场地设施建设；④支持以街、乡、镇养老照料中心（敬老院）为主体，统筹社区养老驿站的布局、设立、建设和运营，推动基层养老服务机构一体化管理，并要求 2025 年每个街道至少建有一个具备综合功能的社区养老服务机构，探索"物业服务+养老服务"及社区互助养老模式，推动建成一批示范性城乡老年友好型社区；⑤构建以公共图书馆、综合书城、特色书店、社区书店等为支撑的 15 分钟现代公共阅读服务体系；⑥鼓励托育服务设施与社区服务中心（站）及社区文化、体育、养老等设施共建共享，支持家庭托育点、社区婴幼儿活动场所和托育服务设施建设；⑦不断提升乡镇、街道及企事业单位办园、民办园、社区办园的办园质量；⑧开展儿童早期发展服务优质基地和儿童健康友好社区建设，推进儿童友好城市创建工作；⑨以举办冬奥会为契机，积极推进冰雪运动进校园、进社区，推进冰雪运动快速发展和普及；⑩结合国际人才社区建设，在"三城一区"（中关村科学城、怀柔科学城、未来科学城、亦庄经济技术开发区）、朝阳区、大兴国际机场等重点区域规划新建国际医院，推动高博医院等项目建成投用。

另外，北京多年来致力于构建"一刻钟社区服务圈"，截至 2020 年年底，北京累计建成"一刻钟社区服务圈"1772 个，覆盖 98% 以上的城市社区。2016 年，北京市社会建设工作办公室出台的《北京市"十三五"时期社会治理规划》进一步明确了"一刻钟社区服务圈"的定义，即"社区居民从居住地出发，在步行 15 分钟范围内，享受到方便、快捷、舒适的社区服务，主要包括由政府提供的基本公共服务，社会力量和居民个人提供的志愿互助服务，市场机制提供的便民利民服务以及特色服务等"。此外，北京各职能部门也出台了相关文件，将各自领域的具体设施配置标准、发展目标融入"一刻钟社区服务圈"。民政局针对北京社区养老服务驿站标准化、规范化建设，做出相关规定，明确细化各类服务项目标准，将养老服务设施纳入"一刻钟社区服务圈"；北京市发展和改革委员会提出建设"一刻钟健身圈"，因地制宜建设多样化的便民健身设施等。北京"一刻钟社区服务圈"建设由侧重政府配置社区服务转向政府—市场—社会三方共同配置，从居民实际需求出发，避免了设施配置的盲目性，增添了社区活力。此外，北京设施配置较为完善，将文体活动设施、养老服务设施、儿童福利设施等放在了突出位置，体现了对"一老一小"的重视。

（二）上海：存量用地背景下的多元化、精细化更新

2015 年，上海市政府出台《上海市城市更新实施办法》，体现了城市发展模式从增量开发到存量提升、政府管理思路从自上而下的宏观管控到多元主体协商的转变，并推出城市更新"四大行动计划"。《上海市 15 分钟社区生活圈规划导则》作为其中"共享社区计划"的指导性文件，进一步提高了社区公共服务设施的供给要求，转变了规划理念。具体包括：①从统一的设施配置标准向以居民需求为导向的差异化设施配置转变；②强调协作式规划，鼓励居民、社会团体等组织通过多种方式参与社区建设，做国内"15 分钟社区生活圈"的先行者。2021 年，上海发布《上海市基本公共服务"十四五"规划》，继续以 15 分钟社区生活圈为单元推进基本公共服务设施建设，提出"卫生、养老、文化、体育等城镇社区公共服务设施 15 分钟步行可达覆盖率达到 85% 左右"的目标，并要求从以下十个方面推进社区公共服务设施配置。①在主城区率先实现 15 分钟社区生活圈高质量覆盖，鼓励公共服务设施综合设置、复合利用。对于社区公共服务设施，可按照规定转换使用功能，提高实际利用效率。②加强社区精神障碍康复养护网络建设，提升社区精神卫生治疗和管理能力，促进精神障碍患者康复后回归社会。③充分发挥社区在应对公共安全事件方面的重要作用，按照"平时生活圈，战时防疫圈"原则，有序规划和配置公共卫生应急设施，提升社区各类设施功能的弹性转换能力。④推行新一轮社区卫生服务中心标准化建设，提升全生命周期的健康管理水平。⑤积极应对人

口深度老龄化，进一步完善居家社区机构相协调、医养康养相结合的养老服务体系。⑥加强通勤步道、休闲步道等社区绿道网络建设，增加各类体育运动场地和休憩健身设施。⑦深化社区公共文化设施专业化、社会化改革，鼓励博物馆、美术馆、社区文化活动中心等公共文化设施错时、延时和夜间开放。⑧打造城乡社区15分钟社区生活圈和"一站式"服务综合体，将家门口综合服务设施作为构建15分钟社区生活圈的核心内容，按照"功能优先、复合利用"要求，引导各区制定优化设施设置标准，推进社区综合服务设施广泛覆盖和标准化建设。⑨促进社区服务与社区治理相结合，打造党建引领、社区参与、自治共治平台，积极培育、发展公益性社区社会组织和社区志愿服务团队，创建公益基地，打造一批社会组织服务品牌。⑩加快"社区卫生服务中心+互联网"模式的发展。

在2021年上海城市空间艺术季中，上海联合全国52个城市共同发布了《"15分钟社区生活圈"行动·上海倡议》，进一步强化社区生活圈顶层设计，结合"上海2035"规划实施落地，进一步扩大上海15分钟社区生活圈覆盖规模，针对存量地区开展了多项社区生活圈试点工作，以增强市民的获得感、幸福感、安全感，推动上海"人民城市"建设进入新阶段。《"15分钟社区生活圈"行动·上海倡议》以"全体市民的获得感为最高衡量标准"，实现"宜居、宜业、宜游、宜学、宜养"的发展愿景。上海将服务要素分为基础保障型、品质提升型与特色引导型三种类型，以社区生活圈为依托优化提升基本公共服务设施空间布局、功能服务及多元化供应与管理体系，细化规范与政策导向的技术要求，具有广泛的示范与借鉴意义。

（三）广州：多元人口结构与居住空间背景下的差异化供给

2021年，广州发布的《广州市人口发展及社会领域公共服务体系建设"十四五"规划》结合人口发展相关政策及目标推进公共服务发展，在深入分析人口发展趋势的基础上，提出了保持国家中心城市人口势能、激活城市人口发展活力、塑造人口空间新格局、构建人口服务管理新模式等重点任务；详细阐述了就业收入、公共教育、医疗卫生、养老服务、幼儿照护、住房保障、文体休闲、社会保障、优抚关爱九大公共服务重点领域的主要任务。

结合广州人口结构多元、居住形态多样、市民社会成熟的特点，广州于2016年编制了《广州市社区生活圈及公共中心优化专项规划》。该规划根据广州多元居住空间形态，将广州居住空间分为老旧小区开放式、轨道交通中心式、多个住区组合式、沿路沿河轴向式、村居混合式五种类型，并提炼居民日常服务需求，转译形成社区生活圈公共服务配置标准，即提出"9+X"的生活圈设施配置标准。其中，"9"是指生活圈应均衡配置的教育、医疗、文化、体育、养老、行政、公共空间、交通市政、便民商业等九大类基础性设施；"X"是指结合老龄社区、国际社区、创新社区、落脚社区等不同类型社区的人口结构及需求特征，差异化配置特色设施，以满足多元化服务需求，实现设施精准供给。同时，《广州市城市总体规划（2017—2035年）》提出构建"城市级—地区级—片区级—组团级"四级公共服务中心体系，打造15分钟优质社区生活圈。另外，2019年公示的《广州市国土空间总体规划（2018—2035年）（草案）》提出，以社区生活圈为单元，均衡配置党群服务、基础教育、医疗卫生、福利养老、公共文化、体育健身、市政公用、便民商业、公共空间等九大类社区公共服务设施，到2035年，在主城区、南沙副中心和外围城区实现社区公共服务设施15分钟步行可达覆盖率90%，新型城镇实现社区公共服务设施15分钟慢行可达覆盖率90%。广州立足于本地特色，深入探究不同居住空间的特征性需求，构建差异化设施供给体系，推进基本公共服务均等化。

（四）成都：社区综合体配置模式探索

成都2010年出台的《成都市公建配套设施规划导则》提出，居住区服务中心项目宜以综合体方式叠建布置；2013年制定的《成都市中心城区15分钟基本公共服务圈规划》将中心城区划分为200个15分钟基本公共服务圈，在每个基本公共服务圈内建设一个社区综合体，以满足社区居民的"一站式"公共服务需求；2020年出台的《成都市社区综合体功能设置导则》提出五大特色社区综合体概念及综合体功能设置建议，结合《成都市"小街区规制"规划编制技术导则（试行）》《成都市小街区规制建设技术导则（2016年版）》等倡导的小街区制，构成了成都特色社区公共服务设施配置模式。

社区综合体是指将社区公共服务设施进行集中集约建设，集合了多种公共服务设施和便民商业服务设施的综合建筑物（群）。从三个层面体现出其创新理念：一是"以人为本、精准服务"，二是"共享融合、多维体验"，三是"公益为先、商业经营"。成都基本公共服务设施包含社区管理、社区服务、教育、医疗卫生、文化、体育、市政公用、商业服务八大类。成都结合居民日常需求，确定除教育类外的其他七大类公共服务设施均可被纳入社区综合体内进行叠建，共同构成社区公共服务设施聚集体。《成都市社区综合体功能设置导则》以便民服务、医养、文化、教育、体育五大特色主题为例，围绕建筑形态、功能业态、空间布局、室内美学等内容形成了特色场景，具体如下：①便民服务特色社区综合体针对家庭的便利生活需求，打造便捷省心的"一站式"服务中心，形成全民友好、服务精准的社区生活场景；②教育特色社区综合体针对各年龄人群的基础教育、继续教育、兴趣培训等需求，集成社区教育服务，形成学有所乐、学有所获的社区教育场景；③医养特色社区综合体针对人们日常就医需求及老龄人群的养老、养生等需求，完善普惠性医护级养老服务，建设宜居适老的生活环境，形成就近医养的社区服务场景；④文化特色社区综合体针对人们的文化娱乐、创意体验等精神生活需求，为居民多姿多彩的文化生活提供载体，共建"远亲不如近邻"的精神家园；⑤体育特色社区综合体针对人们的健身锻炼、体育培训等需求，集成种类多、适龄广的社区体育运动场所，形成全民健身的社区健康生活场景。

结合大量文献综述与国内相关实践发现，在当前中国社区公共服务设施中，幼儿园、小学、居委会、便利店、菜市场、卫生服务设施、物流点、公交站点等设施的综合可获取性较强，而社区养老服务中心、文化活动中心、体育设施、开敞空间等设施的综合可获取性较差。基础教育、基础医疗作为基本公共服务均等化推进的重要内涵，受到了较高的关注；商业设施、公共交通等则主要依托市场调配、交通体系化布局，形成了较为完善的布局系统；而养老服务设施、文体设施、休闲设施等的实施与规划情况则不够理想。例如，北京、上海、广州、天津、重庆、武汉、杭州等各大城市重点推进了规划标准的制定与修订，也出台了提升公共服务设施供给、优化城市"人居"品质的相关指导性政策文件，同时关注养老服务、居民休闲文化活动、居民体育健身设施建设相对落后的情况，提出了相应的优化提升办法，围绕大健康、宜老性、全民健身等多项主题综合提升相关服务能力。但在总体上设施配置水平尚显不足，政出多门造成实施制度的设计与配套政策的制定不足，空间性布局的合理性不足，相关实践工作急需大量专业性研究作为支撑。

二、国外社区公共服务设施规划实践中的启发

（一）新加坡模式：层级化邻里中心

在过去的数十年，新加坡的"邻里中心"从传统邻里中心（traditional neighbourhood centres，TNCs）发展到新一代的邻里综合体（new generation neighbourhood complexes，NGNCs）和邻里组团式商店（neighbourhood cluster shops，NCSs）。TNCs 包括露天停车场、菜市场和小贩中心，并在组屋大厦底部设有咖啡店、粮食店、洗衣店、文具店和诊所等设施。TNCs 靠近居民区，交通便利，但有噪声过大、通风不畅、温度过高等负面外部效应，这确定了"邻里中心"下一个阶段的发展方向。

为了提高人民的生活水平和富裕程度，以及解决 TNCs 所造成的问题，NGNCs 于 1991 年被首次引入新加坡。NGNCs 是一个独立街区，包括零售和服务设施，通常服务于半径 5 英里（1 英里≈1.61 千米）内的住宅单位，为居民提供一站式购物体验。这些综合体的设计类似于私人开发的购物中心，通常由两层组成：一层是菜市场、便利店，二层是诊所、音乐中心、电器商店和美食广场等。虽然 NGNCs 为周边居民提供了一定程度的一站式购物服务，但忽视了非周边居民的可达性问题。位于服务范围之外的居民必须采取公交的方式抵达综合体，因此交通因素成了关键问题，这推动了 NCSs 的诞生。NCSs 通常建在屋苑内的多层停车场下方，或与多层停车场直接相连，其服务的范围通常是居住在步行距离内的居民。每个 NCSs 包括一个餐厅、一个小超市以及一些诊所、沙龙和其他便利商店。

在 2015 年，建屋发展局（Housing Development Board，HDB）决定在 Punggol（榜鹅）、Hougang（后湾）和 Sembawang（森巴旺）的住区中建立四个 NGNCs。鉴于私人开发商通常只会在有足够多的居住人口支持他们的业务运营时才建造"邻里中心"，从而给居民带来不便，这一轮的"邻里中心"是由政府出资建造的。NGNCs 以公共服务为主，与轨道或者公交车站等交通节点相连。作为为居民提供各种便利设施的一站式中心，NGNCs 可以满足居民对餐饮、医疗保健、购物的需求。另外，NGNCs 还增加更多公共空间，通过垂直绿化、屋顶绿化等技术营造绿色自然的人居环境，供居民聚集和交流，以实现加强家庭纽带和促进社区融合的社会目标。

在各级空间上，新加坡"邻里中心"模式在功能上以商业设施为主，

构建了"区域中心—镇中心—邻里中心—组团中心"的多层次公共中心体系。组团中心、邻里中心和镇中心的设施相互补充，为居民提供各种便利设施，其中，组团中心和邻里中心的设施可满足大多数居民的日常需求；而镇中心和区域中心有满足各种需求的设施，如购物中心、大型超市、百货商店和餐馆。为了提升便利性，新加坡城镇规划了综合交通基础设施，包括自行车和步行网络。在此基础上，在每个街区都布置了公共汽车站或捷运/轻轨站，极大地提升了新加坡各地区间的交通可达性。

总体而言，新加坡多层级的"邻里中心"模式在结构上与中国社区公共服务设施规划体系相近，但新加坡"邻里中心"作为城市商业服务中心层级体系的一部分，以提供商业服务设施为主，兼顾公益性设施和经营性设施。中国社区公共服务设施规划聚焦于如公园、绿地等公益性设施，较少对经营性设施提出刚性要求。新加坡"邻里中心"这一集中布局公共设施的方式在中国大型城市中也有部分实践体现，如北京"社区商业便民服务综合体"规范的出台、杭州"邻里中心"规划的研究等。

（二）纽约模式：公平包容的社会性配置

20 世纪 70 年代中期，西方城市公共服务设施规划的社会化特征逐步凸显，开始关注社会个体需求，朝更具人本思想的方向发展，纽约是其中的代表城市。《纽约大都市区规划》提出"公平、繁荣、健康和可持续发展"四个核心价值观，这四个核心价值观在社区公共服务设施的配置领域主要表现为将满足不同人群的多样化需求作为基本导向，通过与人口规模、结构、需求、偏好等变化趋势相匹配的设施供给，实现对所有社会群体的公平与包容。具体如下。

（1）设施配置与人口变化趋势相匹配。纽约的社区公共服务设施结构和选址的规划导向都与人口结构发展趋势相匹配，强调针对弱势群体和少数群体的服务和设施供给，并且建设有精准的人口跟踪、管理机制和预测模型，能够预判人口结构，以提前制定设施供给政策。

（2）扁平化的设施分类。纽约政府开放数据平台将大多数设施按照其服务范围分为区域型和社区型，并提出了相应的分类指引。这使得设施规划更加注重服务对象的差异性，有利于开展设施服务覆盖率的综合评估。此外，这在一定程度上降低了设施层级过多带来的人口准入门槛，有利于提升设施供给的空间可达性和社会公平性。

（3）精细化的福利设施分类。在纽约的公共服务设施现状统计中，专门服务于老年人、妇女、儿童、残障人士的设施分类详尽，这体现出设施规划对于社会弱势群体的精准服务定位和精细管理方式。细分的福利设施类型体系对于设施供给数量和服务供给类型具有保障底线的作用，使得纽约福利设施具有数量庞大、空间覆盖率高的特征。

（4）兼容性的用途管控体系。纽约的公共服务设施布局受到以规划为核心的用途管控。规划通过立法的方式将城市用地划分为若干类型，并对每类用地内的土地开发活动予以规定。城市公共服务设施作为一种用途类型而非用地分类被纳入管控中，并基于服务范围、提供服务的类型、与其他用途设施的兼容性等进行分组。这综合平衡了公共服务设施与其他用途设施之间的兼容关系，并且使公共服务管控更加灵活。

（5）自下而上的调控机制。步入后城市化阶段，纽约的公共服务设施功能结构和整体格局已经基本完备，现阶段的设施规划多以强调实际需求的更新和增补为主。具体方式是基于较小规划评估单元对设施的使用情况和未来需求展开较为立体全面的动态评估。具体而言，纽约各社区委员在每个财政年都会基于该社区内人口规模、结构的动态变化、设施的实际运营情况等判断下一年度设施的更新和增补需求。

总而言之，以纽约为代表的西方城市已基本完善了城市公共服务设施的宏观空间结构，当前更多聚焦于以公平包容为原则在社区层面对公共服务设施进行更新增补。这对于当前中国社区公共服务设施的长期规划而言，具有较强的借鉴作用。

第五节　社区公共服务设施未来发展方向的研判

社区公共服务设施处于总体公共服务设施体系的基础层，容易受到政策变化的影响。中国《"十四五"公共服务规划》对公共服务设施建设做出了长远谋划，明确现代化、普惠性、均等化是其发展的主要要求。下面基于社区公共服务设施的政策背景分析结果，研判社区公共服务设施的未来发展方向。

一、社区教育设施

不同于其他设施对人基本生存权的支撑，教育设施是保证居民基本发展权实现的核心要素。目前，社区教育设施发展的主要方向包括以下几点。

（一）基础教育均等化水平逐步提高，量、质同步提升

当前，中国的教育资源在城乡之间、区域之间存在明显差距，同时存在优质教育资源总量不足、布局不合理等问题，影响了中国教育总体水平的提升。针对基础教育的均等化发展，中国先后提出了一系列相应规划及政策，明确提出大力推进城乡义务教育一体化发展、教育资源均衡配置及保障普惠性学前教育等。面对已存在和将出现的幼儿园及小学的资源缺口，未来的教育设施发展将着力同步提升教育设施及其他相关教育资源的均衡配置，建成更加均衡、覆盖城乡的基本公共教育服务体系，从总量和品质上同步提升基础教育发展水平。具体而言，针对目前城乡入园率不均衡的现状，未来幼儿园的增长重点在于农村和县城地区。应重点解决幼儿园数量不足问题，尤其是农村幼儿园建设问题，之后须重点解决现有幼儿园的质量提升问题。针对小学，应充分考虑人口变化和城镇化趋势，合理规划服务半径，统筹学校布局与建设规模，切实推进城乡教育均衡化发展。

（二）教育需求发生结构性变化，个性化、多样化教育成为未来教育发展的主流趋势

近年来的教育改革规划及相关政策对幼儿园和小学的教育方式提出了相应的指导意见。在学前教育方面，幼儿园应注重保教结合，以游戏为基本活动，注重保护儿童的好奇心，培养儿童的学习兴趣，尊重儿童的个体差异，鼓励儿童通过亲近自然、自由交往、操作感知、亲身体验等方式对世界形成基本认知，促进其快乐健康成长；小学应注重品行培养，激发学生的学习兴趣，培养学生健康的体魄，推进学生德智体美劳全面发展。总体而言，个性化教育和因材施教都是教育发展的理想结果。对于学校而言，应通过课堂教学和活动实践两条途径来落实个性化教育，在有限的时间里最大限度地发展学生的个性，培养学生的独立思考和创新能力，实现个性化教育目标，这是未来教育发展的主流趋势。

（三）积极发展"互联网+教育"，推动基础教育智能化转型

随着信息技术的飞速发展，在教育领域，学习方式、教学模式有了很大的改变。随着物联网、云计算、大数据等技术的发展，智慧教育悄然

兴起，在"互联网+"概念下，教育越来越智能化，"互联网+教育"的智能化转型将使教育发生巨大的变化。信息技术与教育教学深度融合，建设课程教学与应用服务有机结合的优质在线开放课程和资源库，形成"线上+线下"有机结合的网络化泛在学习新模式，为学生提供更加丰富的可供自主选择的学习资源，将成为未来基础教育的新趋势。

二、社区医疗卫生设施

社区医疗卫生设施对保障居民基本生存权具有基础性作用，是居民安全、健康、高品质发展的保障，是为社区居民提供预防、保健、健康教育和医疗、康复等服务的综合性基层卫生服务机构。在医疗体制改革背景下，社区医疗卫生设施建设的主要发展方向包括以下几个方面。

（一）医养结合的社区医疗卫生服务逐渐成为医疗服务主体

近年来，随着社会家庭结构的演变，中国逐步进入老龄化社会。老年人口数量的快速增加对建立健全社会医疗保障体系提出了更高的要求。

与此同时，随着医疗服务由以治病为中心向以健康为中心的转变，社区医疗卫生设施作为向社区居民提供预防、保健及基础医疗服务的机构，未来将逐步发展成为医疗服务的主体，为社区居民的健康提供有力保障。在应对重大公共安全事故时，小单元、高灵活度、深入基层的社区医疗卫生设施与服务人员发挥了重要的作用。未来社区医疗卫生服务应当继续发挥此类作用，提供居民日常所需的常规性、应急性医疗服务，并具备一定的风险防控能力。

（二）数字医疗大力发展，医疗体系信息化程度提高

近年来，为推动"互联网+医疗"发展，国家出台了一系列相关政策，如《国务院关于促进健康服务业发展的若干意见》《国务院关于积极推进"互联网+"行动的指导意见》《国务院办公厅关于推进分级诊疗制度建设的指导意见》等，均指出要大力发展基于互联网的医疗卫生服务，积极探索"互联网+医疗"新型服务模式。

数字医疗是结合现代计算机技术，将信息技术应用于整个医疗过程的一种新型现代医疗方式。数字医疗在建立社区居民完整健康信息数据库的基础上，实现对综合健康数据的统筹调用，方便医生诊断与居民自查，

为居民提供快速、准确、个性化的医疗服务。

（三）注重社区医疗卫生设施的保障性作用

社区医院建设应针对基层医疗卫生设施的短板和疫情防控的薄弱环节，以提供公平可及和优质高效的基本医疗卫生服务为目标，充分发挥信息技术的支撑和引领作用，着力补短板、强弱项、堵漏洞，统筹做好疫情防控和基本医疗卫生服务工作。

未来社区医疗卫生设施建设将立足于常态化社区疫情防控的保障性作用，根据规模合理考虑发热门诊、疫苗接种、防疫宣教等专业性功能，发展双向转诊和预约诊疗模式，因地制宜地与社区管理、商业、公共空间等设施联动制订社区防疫方案，保障人民生命安全。

三、社区文化设施

随着经济社会的快速发展，我国社会主要矛盾已经转化为"人民日益增长的美好生活需要和不平衡不充分的发展之间的矛盾"。社区文化设施作为宣教、科普、增进社区居民认同感和幸福感的重要设施，将朝着设施及资源共建共享、多样化、人本化、特色化方向发展。

（一）社区文化设施及资源共建共享，整体文化软实力逐步提升

社区文化设施与社区文化资源是未来社区文化站建设的基础，社区文化设施与社区文化资源的感召力有助于实现社区居民与社区文化的交融。社区居民是社区文化站在建设过程中不可或缺的社会力量，他们是社区文化建设的主体。未来社区文化站的发展目标将趋向"文化人才共有、文化设施共同、文化资源共享"。同时，社区文化站可借助信息技术的优势，加强群众参与及社区文化的传播与推广的积极性，最终实现社区文化的共建、共享、共治。在社区文化建设的推进下，城市整体文化软实力随之提升。

（二）社区文化设施作为社区文化建设的重要载体，向多样化、人本化的方向发展

社区文化站作为公共文化服务体系的重要组成部分，与居民生活息

息相关。为满足不同年龄层次、不同文化层次、不同职业居民的多样化文化活动需求，社区文化设施功能将由单一型的文化功能逐渐向多样化的文化功能转变。在社区文化设施的规划建设中，须结合文化空间的构成要素，依据文化发展需求，不断调整和完善布局体系、文化站配建标准等。

社区文化站作为居民文化生活的重要载体，将朝着人本化的方向发展，其空间设计将充分考虑不同特征社区居民的需求，合理划分功能与流线。应将文化站建筑与社区周边场地相结合，以亲自然、艺术化的设计营造富有人文情怀的社区文化站，使人与空间、人与人甚至人与艺术之间彼此呼应。利用社区文化载体，设置不同主题的空间环境，串联整个空间记忆。加大资金投入，最大限度地满足居民对社区文化设施的需求，加强社区文化精神的培育，提升文化包容力。

（三）特色文化建设将是社区文化建设与发展的契机

社区文化建设在某种程度上是社区文化资源开发的过程。大众性是社区文化建设的一般性特征，因此，特色文化建设将是社区文化建设与发展的契机。挖掘社区文化资源，发掘区域内广大居民所能接受的能够反映地方特征和体现乡土特色的优秀传统文化，塑造具有自身特色的文化品牌，将是社区文化繁荣发展的前提保障。

从社区构成来看，由于社区居民特征的不同，其文化内涵存在一定的差异性，所以每个社区具有不同的文化资源和条件，要在活动中加以引导和利用，形成社区的文化特色，如科学养生、餐饮文化、乐器演奏、各类外语培训等。通过社区特色文化活动，有针对性地进行社区文化设施和相关资源的整合，使其更好地服务于社区文化建设，将是未来社区特色文化发展的重要趋势之一。

四、社区体育设施

社区体育设施对全民健身目标的实现和全民体质、素质的提升具有推动作用，可预防疾病、降低医疗卫生资金投入。未来社区体育设施将以公益性体育设施为基础，以非公益性体育设施为补充，探索构建健康社区的方法。

（一）社区体育设施综合化

当前的社区体育设施以户外的公共活动场地及体育器材为主，设施相对简单、功能相对单一；健身房等私人活动场地对于社区体育设施是一种有效补充，但缺乏公共性。未来应设置综合性的社区体育中心，具体如下：①要涵盖多样化的体育运动，需要充足的室内、室外场地；②拥有一定的组织性与专业性指导；③可以和部分社区中的中小学进行融合，在学生放学后将学校操场、体育场馆等向社区开放，使其成为社区体育设施体系的组成部分。

（二）社区体育活动内容家庭主流化

在未来相当长的一个时期，家庭体育将成为社区体育活动内容的主流。自发参加体育锻炼人口的增加，必将带动其他家庭成员参加锻炼活动。家庭体育人口的增加将带动亲戚朋友参加体育锻炼，促进中国体育人口的滚动发展。一定社区内具有共同兴趣与目标的体育人口的增加也将带动社区内体育团体的兴起。

（三）社区体育运动项目多样化及层次化

社区体育运动面向居民，与竞技体育等有所区别，其服务重心在于强健体魄、消解压力、促进交往、休闲娱乐、康复疗养等，其服务对象年龄跨度大、身体素质差异大，因此多样化的项目与层次化的服务内涵有助于有针对性地进行体育服务供给，匹配不同人群的需求。

（四）社区体育活动组织网络化

智慧城市、智慧社区是未来发展的一种必然趋势，有助于更精细的需求分析与服务供给。从社区体育层面来看，应结合社区网络公共服务平台构建体育建设平台，结合用户信息，推送一些日常体育活动的信息、健身方法及赛事等。居民可以参与其中，为更好地发展社区提供策略，与社区体育管理者之间形成良好的互动。

五、社区养老服务设施

随着经济社会的快速发展与人口老龄化趋势的加快，社会福利和保障迎来多样化的挑战。社区养老服务设施作为应对老龄化人口日益增多的重要社会保障设施，将占据愈加重要的地位。社会急需高效化、智能化、多功能的新型养老模式。未来养老服务设施的发展趋势主要体现在三个方面。

（一）养老模式多元化

目前，养老机构发展存在"双轨制"，破解此机制，促进养老机构的市场化发展是必然趋势。一方面，让民营民办养老机构进入市场，通过充分的市场竞争产生质高价廉的养老服务；另一方面，加大对公办养老院的投入和改革力度。养老服务的供给模式主要局限于机构服务、居家服务两类，有的是政府直办直营，但效率较低；有的是社会力量直办直营，但存在运营困难的问题。未来民营养老机构将在养老市场上占很大比重，为了规范市场，进一步提升服务效率和收益，应走公建民营的路子。

未来养老产业不仅局限于"养"，还将更加重视与"医""护"相结合，养老机构将与医院功能相结合。目前，这一模式已经开展多个试点，但出现一些不良现象，造成模式效率低下、资源浪费。未来这一模式的发展需要完善相关制度建设，针对老年人的服务要求，建立相应健康评估体系，结合自身实际定位，充分整合医养资源，加大老年护理专业型人才的培养，不断完善"医养结合"。

养老服务从现有的物质供养为主、精神慰藉缺乏的形式向生活照料、医疗护理、精神慰藉多方位发展的综合形式转变，将基础生活保障推进到优化生活品质、旅居养老的新业态。"旅游＋养老"方式能够扩大老年群体的社会交往，增加老年群体的生活趣味，同时带动养老产业、旅游产业的共同发展，通过专门化的整体服务，切实解决老年群体的生活困境。具体包括候鸟式旅居养老、疗养式旅居养老、文艺鉴赏式旅居养老、田园式旅居养老和社区式旅居养老等模式。

（二）养老服务智慧化

基于老年人的多样化、个性化需求，通过信息科技力量实现绿色养老、环保养老，利用智能手段为老年人打造健康、便捷、愉悦、有尊严的高品质晚年生活是智慧养老的重要目标。

中国养老服务目前难以满足老年人多样化的养老需求，往往注重老年人物质和医疗护理方面的需求，而忽视其精神慰藉方面的需求。未来，随着服务产品的人性化及个性化，养老机构应更加注重服务的质量，注重服务的人性化和亲情化，树立品牌，形成口碑。

在信息技术持续给社会各领域带来深刻变革的时代，利用信息技术优化养老资源配置、创新养老服务模式，是应对养老困境的必由之路。其中，智慧养老强调对物联网、大数据、智能技术的使用。智慧养老服务利用感知化、智能化手段，构建实时监测、智能预警、快速响应的生活环境，保障老年人的健康安全。在市场需求下，未来养老服务中养老机器人的应用将更为广泛。

（三）养老建筑更加舒适、智能和安全

未来的养老建筑设计将以绿色化、智能化为导向，带给老年人舒适、安全、方便的体验感。目前，国内一些养老服务设施是在其他设施的基础上改造而来的，其内部构造、设施较少从老年人的生理与心理需求来设计。未来的养老建筑将全部采用适合老年人的无障碍设施，充分考虑老年人的身体问题，并在设施中加大绿化的面积，改善生活环境。未来养老建筑将配备更加智能化的设施，建立数字化的医疗档案，应用便捷的健康监测系统、智能电器家具等，打造更加健康、智能、绿色的老年生活空间。

六、社区服务设施

社区服务中心作为社区服务设施的主要形式，是实现社区运作和组织管理的主要物质载体。社区服务设施平时发挥"服务型治理"的功能，在特殊时期则会成为应急响应的组织中枢。综合性和多样性将是其未来发展的主要方向。

（一）培育综合性社区服务中心

社区服务中心建设以综合性基础服务为重点，由政府主导推进实施，使各种配套措施逐步完善。为提高社区服务中心的专业服务和管理水平，应通过持续培训提高社区服务中心的服务能力，整合多种资源完善基础设施建设。

（二）社区服务中心建筑空间趋于灵活、多样

为满足不断变化的用户需求，社区服务中心建筑空间应具有灵活性和适应性，在白天和晚上、工作日和节假日分别能满足不同用户的需求；同时在社区的全生命周期内能根据时间的不同来满足功能变化的需求。社区服务中心可提供多用途的空间，在社区服务中心使用后期，可根据要求灵活改配空间大小或形式来适应不同的活动需要。

七、社区商业设施

随着经济社会的发展及国民收入水平的不断提高，居民对社区消费和服务的需求日益增加。社区商业设施是满足居民多层次、差异性及高质量的生活性服务需求，推动社区发展及提升居民幸福指数的重要设施。

（一）建立多元化的零售场景

针对社区便利店、超市等设施未来发展趋势的研判，主要体现在以下几点：①实体零售要创新组织形式，改变传统以门店数量扩张为主的粗放发展方式；②"互联网+便利店"的形式，使传统便利店转向外包型、直营型和平台型的发展方向，使消费者可以在多场合随时随地通过互联网与便利店互联；③引导广大零售业逐步利用大数据、人工智能等技术科学选址、智能运营、精准营销，提高发展质量；④打造多元零售场景，如无人销售、自助购买，增加用户体验丰富度，如雨伞借取、快速打印复印等便民服务等；⑤连锁规模化经营，单一门店在供应链、物流运输方面不具备规模优势，转向连锁规模化的经营模式有助于降低成本，建立品牌推广效应与用户品牌忠诚度。

（二）建立便民化、科技化的物流服务

作为物流体系内部的最后一环，社区物流设施将随着整体物流业态的改变而改变，未来物流发展在城市用地日益追求高效的发展目标下，将向三个方向发展。①附属化。社区物流点功能的实现只需要一定的货物存储空间，因此可与其他公共服务设施（如社区服务中心、便利店等）进行综合部署，提升社区空间的利用效率。②中心化。当前不同物流商会建立独自的社区物流点，在空间上会导致用户在接受不同物流服务商的服务时需要去往不同的地方，从而使物流效率大幅降低。未来社区物流点须在终端将各类物流服务商进行整合，以方便社区居民的使用。③智能化。社区物流服务设施在未来可采用智能快递柜等方式进行搭建，这样既可降低货物配发的错误率，也可更好地契合社区居民多样化的生活习惯，提升社区物流整体服务水平。

（三）打造安全、丰富的社区农贸市场

安全和多元化是未来农贸市场发展的主要特征。众多地区从防疫安全的

角度对社区级农贸市场开展了大规模的改造：一方面，针对防疫优化了社区农贸市场的运转、服务方式，通过空间整治，降低了病菌滋生的可能性，保障了社区安全；另一方面，社区农贸市场开始向多元化业态组合转变，除了传统的生鲜售卖，各种专业化的早餐、食品售卖等个性化服务结合互联网开始快速发展。

八、社区公共空间

社区公共空间是城市公园建设的主体之一。结合经济社会发展特征，未来的社区公园将不断趋于功能多样化、使用智慧化及建设生态化，从人的多层次、多样化需求出发，强化复合功能、业态融合、场景营建和价值转化。

（一）社区公共空间功能多样化，满足不同人群的差异化需求

社区公共空间作为社区居民户外活动的主要场所之一，面向的使用者涵盖了不同年龄、性别、职业的社区居民。开放的大众视野和包容的社会氛围使得居民的需求越来越多元化。因此，社区公共空间作为提供公共服务的特殊商品，在时代的潮流下面临着提档升级的考验。

社区公共空间的使用者大致可分为儿童、青年及老年人，社区公共空间所提供的功能可分为休闲游憩、社会交往、体育锻炼等。因此，社区公共空间的建设需要进行合理的功能分区，增强公园服务功能，创造功能复合、体验丰富的创意空间，为儿童提供趣味性空间，为青年提供创造性体验，为老年人提供人性化交往及休憩场所，满足各种人群的差异化需求。

（二）社区公共空间"智慧系统"建设不断发展

近年来，基于现代信息技术的快速发展和广泛应用，"智慧城市"一词出现在大众面前的频率越来越高。社区公共空间"智慧系统"建设是指通过物联网、地理信息、云计算、虚拟现实等科学技术，创造更加便捷、人性、实用的游憩空间，实现人与人、人与自然的和谐相处。社区公共空间"智慧系统"的应用主要体现在景观交互体验设计、智能解说、智能监管、设计后评价等方面。社区公共空间"智慧系统"的建设和运行能够增加居民的交互体验，在信息交互中不断提升社区公园的建设水平，推动社区公园的不断完善。

（三）社区公园向"软质"转变，实现生态可持续

面对当前城市生态环境存在的种种问题，社区公共空间成为人们亲近自然、放松身心的重要场所之一。未来的社区公共空间建设，在满足人们对相应硬件设施需求的基础上，将更趋于由传统的注重设施配套、活动空间等硬件设施向关注"绿水青山"的"软质"环境转变，更加强调生态可持续的环境建设，突出社区公共空间的生态价值，营造亲近自然的社区环境。

九、公共交通设施

中国正处于一个城市化和机动化重叠加速发展的阶段，城镇化快速推进，机动车数量飞速增长，因此交通拥堵成为大城市的通病，公共交通设施在节地节能、降耗减排、促进公平和谐等方面具有突出的优势。中国正在实施公共交通优先发展的战略，以推动城市公共交通设施的发展。随着经济社会的发展及信息技术的更新，未来的公共交通建设将更加重视运营多元化、综合化，以及公共交通站点人本化、智能化。

（一）公共交通建设重心向轨道交通转移

随着机动车保有量的不断增加，地面交通逐渐饱和，甚至出现规模性的拥堵，因此大运量的公共交通建设成为解决城市交通问题的不二途径。然而，随着中国公共交通设施的不断完善，常规公交、出租车的市场已经较为成熟且出现发展瓶颈，城市公共交通建设将逐渐向地下或空中轨道交通转移，从而在增加运量的同时减轻城市拥堵，为城市居民提供方便快捷的出行方式，提高城市的运行效率。随着轨道交通建设的推进，轨道交通将逐渐形成完整的轨道交通出行框架和体系，并与常规公交等其他公共交通方式组合形成更加完善的公共交通网络。

（二）公共交通出行体系多元化、综合化

为贯彻公共交通优先发展战略，加快推进公共交通高质量发展，未来的公共交通设施将形成以"轨道交通+常规公交+共享交通"为主的多元化、综合化出行体系。其中，以轨道交通为主体，构建形成交通基础网络；以常规公交为基础，结合居民出行需求，进行公交线网优化加密，逐渐形成"快+干+支+微"四级全覆盖的公交服务体系，打通城市微循环；

以共享交通为补充，如近年来兴起的共享单车等，以解决最后一公里的接驳问题，从而形成整个综合性的公共交通出行体系，促进城市可持续发展。

（三）公共交通站点建设向人性化与智能化发展

公共交通站点的选址与居民出行便利是否紧密相关，也是公共交通建设中的重要部分。公共交通建设应坚持数量和质量并重，将站点选址与城市功能紧密结合，并在站点周边创造以人为本的绿色交通环境，促进对城市发展的支撑和引导。在信息化和空间数据技术的支撑下，公交站点查询、智能公交换乘、智能换乘路线推荐、智能导航等功能创新将推进公共交通智能化的进程，使居民出行更加便利。在以人为本、重点优化居民出行服务体验方面，通过推进公共交通智能化，建立综合公共出行服务平台，结合新技术应用，推出互联网产品，为居民提供全面的出行信息，实现公共交通的全面可持续发展。

第三章

"城市人"视角下社区公共服务设施规划理论构建

【导论】"城市人"理论与社区公共服务设施规划理论具有区域耦合、功能耦合、手段耦合和目标耦合的内在关联,强调规划的上令下达和下情上传,可以在理论和方法上系统地指导社区公共服务设施的评估、分析和规划。本章在"城市人"理论和社区公共服务设施规划理论及其要素的研究基础上,通过"城市人"要素提炼、目标及原则构建、定性与定量方法相结合、"自存/共存"共识辨析、典型"人居环境"示范、新旧社区营建与改造等途径,构建一套完整的"以人为本"导向下的社区公共服务设施规划理论与方法,将其作为构建社区生活圈规划的重要基础。

第一节 "以人为本"的社区公共服务设施规划的内涵辨析

一、"城市人"理论与社区公共服务设施规划理论的耦合性

"城市人"理论是研究聚居的元理论，它与社区公共服务设施规划理论存在以下耦合关系。①区域耦合。"城市人"理论的构架范围是人类聚居地，与社区公共服务设施的服务范围一致。②功能耦合。"城市人"理论的核心是人聚居以寻求空间接触机会，而社区公共服务设施是公共服务空间接触机会的空间载体。③手段耦合。"城市人"理论的理想状态是人与空间接触机会的匹配，社区公共服务设施布局的核心手段是供给与需求的匹配。④目标耦合。"城市人"理论的目标是保证自存与共存的平衡，社区公共服务设施配置的关键在于寻求效率与公平的平衡，其中效率导向自存，公平导向共存。

趋利避害是人的天性。人通过聚居彼此发生"空间接触"，从而互相生"利"，"利"必然发生在一定的空间范围内。社区公共服务设施承载了"公共服务之利"，而典型"城市人"通过社区公共服务设施享有公共服务的空间接触机会。不同类型的"城市人"在不同"典型人居"中寻求与自身相匹配的空间接触机会，同时提供不同的空间接触机会。通过分析不同"人居"和"城市人"的基本特征（包括供给者与需求者）、辨析供需关系，最大限度地满足供给者与需求者的理性需求与物性需求，并通过点、量、质的提升与"人居"环境优化来达到供需匹配。

二、"以人为本"视角下社区公共服务设施配置的目标

（一）主体分析

社区公共服务设施配置中的典型"城市人"，包括设施供给主体、运营主体和使用主体。供给主体是指设施的投资建设者，一般为政府部门。部分设施受市场化影响可能由政府和社会组织共建，或完全由社会组织或居民自建，如社区商业设施。运营主体是指部分建成后需要人员参与运营的设施的经营者，如小学的教师、卫生院（室）的医生等。使用主体是指寻求公共服务的社区居民，不同类型的居民有不同类型的公共服务需求。这三个主体之间的关系是：供给主体创造"人居"环境（建设公共服务设施），运营主体提供空间接触机会（供给公共服务），使用主体寻求空间接

触机会（有公共服务需求）。

（二）目标构建

"以人为本"的社区公共服务设施配置的目标是实现效率与公平的平衡。效率体现在供给主体在建设社区公共服务设施时能够更加合理地分配公共资源，使每份公共投入都能够发挥最大作用；公平体现在使用主体都能平等地获得所需公共服务，同时获得公共服务的成本不能超过使用主体的极限。

城市规划解决社区公共服务设施配置问题的途径主要包括设施项目选择、设施空间布局、设施指标控制。①设施项目选择的目标是实现按需所配。"按需"是指按使用主体的需求，这其中不强调每个个体的需求都能得到满足，而是在现有资源约束下最大限度地平等满足大多数人的需求。②设施空间布局的目标是实现设施的最大化覆盖。最大化覆盖一方面是指在公共服务设施的有效覆盖范围内服务最多的人口，另一方面是指通过科学的布局模式提高覆盖范围。③设施指标控制的目标是实现资源的高效利用，力求不浪费公共资源。

（三）规划原则

"城市人"视角下的社区公共服务设施的规划原则包括公平空间、公平发展、共享城市和包容共建。①公平空间强调在城市人居发展中，任何公共空间人人可达和人人享有，针对不同年龄层次和生命阶段的"城市人"，提供生理适宜、物理可达、心理满足的空间可达性和使用适宜性。②公平发展强调城市中的居住人口无论来自哪里，无论具有何种自身特征和收入层次，都应享有均等的基本公共服务供给，从公共服务设施入手，为人在城市中的持续发展提供根本保障。③共享城市强调城市"人居"人人共享，强调所有居民在物质层面、精神层面都是城市的使用者和所有者，以此构建城市认同感，推进社会和谐发展，提升精神文明和城市的文化感召力。④包容共建强调城市建设的包容性和灵活性，强调城市建设的"底线控制"和"共同参与"。

三、"以人为本"的社区公共服务设施规划研究方法

（一）文献分析法

文献分析法是前期研究使用的主要方法。从专著、互联网、期刊中

查阅、收集和整理当前国内外的相关理论、城市发展的政策背景、技术方法，综述"城市人"理论、社区生活圈理论及发展方向、社区公共服务设施相关研究等；通过对"城市人"理论的细致深入研究，明晰并参考其在具体实践中的应用方法与途径，为本书写作提供理论支撑；同时，客观总结当前公共服务设施配置标准、评价、布局研究现状与未来发展趋势，为社区公共服务设施的指标体系的构建及实证奠定基础。

（二）现场调查法和实地访谈法

现场调查法和实地访谈法主要应用于实践研究阶段。现场调查法通过对选取的典型社区进行细致的现场踏勘，感知和刻画居民所在社区生活圈的物质环境，包括社区的建筑密度、容积率、绿地率与社区公共服务设施的建设品质等，通过观察和问卷调查了解社区公共服务设施的使用情况。实地访谈法主要是以访谈形式与社区居民进行对话，深入了解社区居民对于社区公共服务设施的接触机会（现状及需求）和主观感受（满意度），感知社区的人文氛围，为后续实践工作提供有力依据。

（三）空间分析法

空间分析法是实践阶段使用的主要方法。从在线地图数据、规划图纸、开源数据等资料中获取卫星影像、城市居民点分布图、主要道路图、控规单元边界、人口热力图和公共服务设施相关的各种数据，并将其导入ArcGIS10.2 软件中进行统一整理，建立基础数据库，对其中的主要数据进行 GIS 空间化和可视化，运用 GIS 分析工具包和自动化模型构建方式，基于"城市人"理论对各类基本公共服务设施的可达性和承载力进行评估，分析社区公共服务设施的供需匹配关系，指导社区生活圈的划分与社区公共服务设施布局。

（四）数理统计法

采取数理统计方法，通过数据对比、统计比例、聚类分析等形式对采集的样本数据进行分析。①在区域层面，从基本公共服务设施均等化发展水平、发展压力与支撑体系三个维度构建指标评价体系，整理与之相关的政府部门公开统计数据，进行标准化处理并通过主观赋权法确定各要素权重，计算各维度的发展指数，总结省域城乡基本公共服务设施均等化水平。在典型城市中通过统计分析基本公共服务设施的平均可达性、承载力空间占比与面板数据，比较典型城市城乡基本公共服务设施均等化水平。②在城市层面，统计各类基本公共服务设施的可达性和承载力，对城市各类基本公共服务设施的供需匹配水平与综合供需匹配水平进行聚类分析，比较各类设施匹配水平与城市综合匹配水平。③在社区层面，通过分析武汉市主城区人口密度，各区居住用地比例、建筑密度、容积率等数据，进行典型"人居"空间、15分钟生活圈划定，统计社区生活圈各类设施的可达性、满意度、共识性分析结果及问卷调查结果，指导社区生活圈基本公共服务设施规划的研究。

（五）归纳与演绎法

"城市人"理论是一种以理性主义为基础的规划元理论。本书采用归纳和演绎方法，对公共服务设施进行具体分析，从"以人为本"的角度，结合"城市人"理论，探查人的"物性"和"理性"边界，归纳评估的主要方法和过程。在区域层面，形成了一套城乡公共服务设施均等化评估方法；在城市层面，构建了一套"供需辨析—供需匹配—模式识别"的公共服务设施供需匹配水平评估方法；在社区层面，提出了"空间辨析—空间划定—空间优化"的15分钟社区生活圈规划体系的构建方法。

（六）经济几何法

经济几何法主要来源于经济学供求模型的几何化演绎。社区公共服务设施作为典型的空间接触机会，其供给方与需求方存在密切关系，因此可以将经济几何法应用到供需关系明确的公共服务设施布局、评价等方面，基于市场分析的视角，研究社区公共服务设施供需的"转""移"等基本几何规律，以此分析社区公共服务设施的供求关系，通过规划调控与政策指引，优化公共服务设施供需匹配水平，为制定公共服务设施规划提供思路。

第二节　"城市人"视角下社区公共服务设施规划理论模型验证

一、理论模型的构建与研究假设

（一）居民的社区满意度

居民的社区满意度是一个综合性、复杂性较高的概念。在研究中可通过两种主要方式对其进行分解。①直接通过对象、维度拆分满意度。基于对象将满意度拆分为环境满意度、设施满意度等方面[232]；基于维度将满意度拆分为安全满意度、舒适满意度、社区归属感等方面，并分别进行测度，形成综合满意度。②将满意度作为最终测度指标，通过人的社区感知将其与客观要素相结合。社区感知包含安全、方便、舒适、美观等多类要素[233]。其中，安全性感知与方便性感知是构建"人居"环境的基本要求[234]。研究证明，社区建成环境[235]、居民个体特征[236]、社区管理与组织[237]均会影响居民安全性感知[238]，而方便性感知则主要体现在居民获取设施、就业、出行、休闲的便捷程度[239]。这种便捷不仅具有时空意义，还受到整个行为过程中的综合环境的影响。舒适性感知与美观性感知包含对安全、方便的物性考量，但更多强调居民更高层级的理性需求，其中舒适性感知由自然、人工、社会氛围等多维度的舒适性[240]构成，在部分研究中也将生理及心理健康作为舒适性感知的组成部分；美观性感知是更高层级的审美需求，社区空间微更新、老旧社区更新、创意社区营造乃至城市公共文化构建[241]等多项优化提升研究与实践工作均以提升美观性感知为目标[242]。从总体上看，居民对社区生活圈的满意度面向总体环境（自然环境、建成环境）、设施要素（基本公共服务设施、道路、住宅等）及社会关系（邻里关系、阶层分异等）三个主要对象，并涵盖了以安全、方便、舒适、美观为主要维度的"人居"空间诉求。相关研究主要围绕居民社区满意度的影响因素与机制展开[243]，并基于研究结果提出优化社区人居品质的空间布局、设施配置及组织管理等提升策略。

社区满意度理论模型强调社区客观特征对社区满意度存在直接影响，同时通过居民感知与期望对社区满意度产生间接影响，并受到个体差异的影响。社区建成环境[244,245]、公园绿地[246]、社区区位与生活空间分异特征[247]、设施与服务可达性[248]、社区交往[249]、社会经济属性（社区类型[250,251]、社会资本[252]等）与群体特征（被动动迁居民[253]、新市民[254]等特殊群体，以及不同年龄[255]、家庭收入、受教育水平等差异化属性[256]）是共识度较高的社区满意度影响因素。因子分析和回归分析相结合、结构方程模型等是社区满意度的主要研究方法[257]，其影响机制以直接影响、间接影响与中介效应为主。社区满意度是居民对社区实体空间与经济社会属性的综合评价[258]，并非其客观水平的真实反映。大量研究发现，社区要素对社区满意度的影响往往通过难以把握的中介效应来实现。在基本公共服务设施层面，社区满意度量表中往往包含教育、医疗、体育、文化、养老、公共空间、动静态交通等多项内容，大量研究证实了设施可达[259]、人均获取[260]、服务品质等属性对社区满意度有着较强的影响。

（二）"城市人"视角下的社区公共服务设施体系与居民的社区满意度

从"城市人"角度出发，将"人居"系统中各类要素归纳为"城市人"、空间接触机会与"人居"空间。"城市人"的满意度围绕着人、空间接触机会与"人居"空间展开。面向基本公共服务设施，社区（生活圈）是典型"人居"空间，社区居民是典型"城市人"。社区居民作为感知主体，具有理性感知与物性感知，在追求基本公共服务中对"人居"系统形成了安全性、方便性、舒适性、美观性层层递进的时空感知。感知是交织而混乱的，但对象是清晰的，即设施、他人（社会交往）及"人居"空间，因此对象对应为设施体验感、社区归属感、环境宜居感，并最终形成了面向社区公共服务设施的居民满意度理论模型（图3-1）。延伸这套思维范式，我们可以衡量城市、大都市、城市绵延区等更大尺度上的典型"城市人"满意度。在不同聚居单位中，各要素的本质是不变的，但表现形式各有不同；城市人时空感知的本性是不变的，但层次可以更加丰富；人居满意度的内涵是不变的，但维度会因事而异。

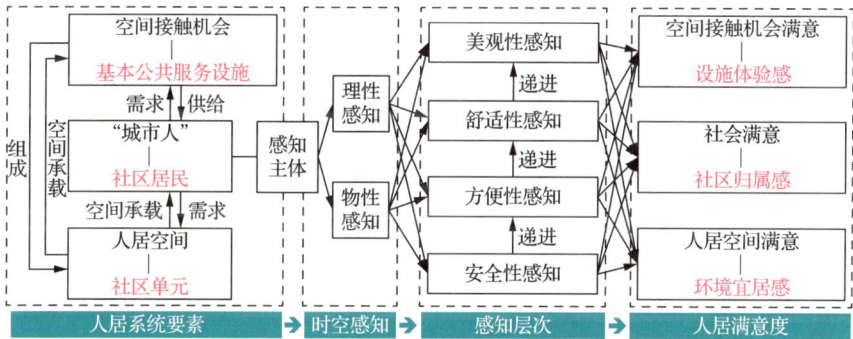

图3-1 面向社区公共服务设施的居民满意度理论模型

该理论模型中包含四点基本假设：①典型"城市人"的需求是相对稳定的，这种典型性由居民的年龄、性别与生命阶段决定；②典型"人居"空间的特征是相对稳定的，这种典型性由社区规模、密度、发展阶段决定；③人的感知层次是从安全性、方便性、舒适性、美观性感知展开的，层层递进，由倾向物性的基本需求向倾向理性的共同需求推进，并以人对典型"人居"、典型空间接触机会的满意程度为直接表达；④典型空间接触机会，在这里特指社区公共服务设施，它会影响人在"人居"空间中的满意程度，这种影响由设施的点、量、质决定。对这四点基本假设的验证可以找到评估与优化社区公共服务设施与社区生活圈的核心切入点，并为进一步推进实证研究提供方向。

基于人居满意度模型的构建，本研究提出五点基本假设，并构建了"城市人"视角下的社区"人居"满意度影响机制（图3-2），具体如下。

H_1：空间接触机会，在这里特指社区公共服务设施，对居民社区满意度有显著的正向影响，这种影响由设施的点、量、质决定。

H_2：社区公共服务设施特征对人的安全性、方便性、舒适性、美观性感知具有显著的正向影响。

H_3：人的安全性、方便性、舒适性、美观性感知对居民满意度有显著的正向影响。

H_4：人的感知层次从安全性、方便性、舒适性、美观性感知展开，由倾向物性的低层级需求向倾向理性的高层级需求层层推进，低层次感知对高层次感知有显著正向影响，且在社区公共服务设施特征作用于居民满意度时具有显著的中介效应。

H_5：社区公共服务设施特征作用于居民满意度时会受到人的基本属性（如年龄、性别、生命阶段）的影响，也会受到社区的基本空间属性（如规模、密度、发展阶段）的影响。

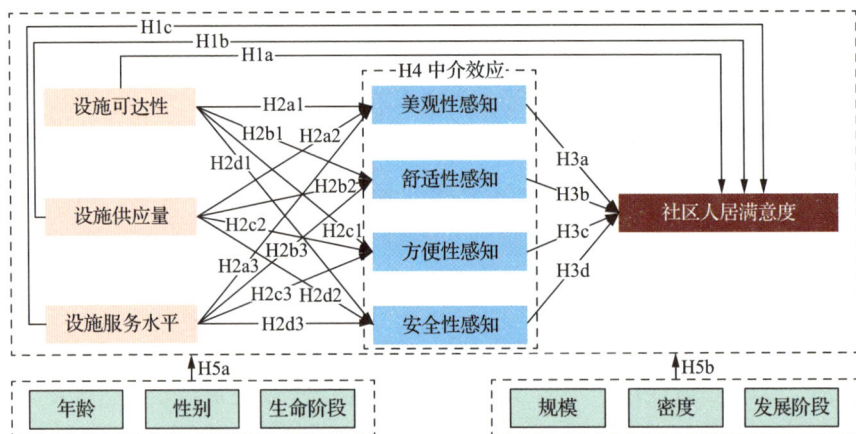

图3-2 "城市人"视角下的社区"人居"满意度影响机制

（三）分析方法

结构方程模型（structural equation model，SEM）被广泛应用于社会科学研究，是多元数据分析的重要工具，其中满意度研究是其应用的重要领域[261]。在规划领域中，该模型被普遍应用于探究空间特征与满意度之间的相关关系[262,263]。该模型具有理论先验性，需要建立在一定的理论基础之上，通常作为一种验证性分析工具[264]，并能够同时处理测量与分析问题，可以将不可直接观察的要素以潜变量的形式进行测度，并探索其中介效应。本研究构建 SEM 模型的原因在于居民满意度中包含一些潜在的、难以直接观察和测量的变量。对于这些变量可以通过其他观察变量进行间接测量，并能够对设施与满意度之间的中介效应进行分析。

二、量表设计与问卷调查

（一）测量指标选取与调查问卷设计

在理论模型的转化设计测量量表和调查问卷中，各类变量测量指标共有 55 项。调查问卷分为三个部分：第一部分以客观选择题的方式对调查问卷填写者的"城市人"属性和社区"人居"空间属性进行获取；第二部分对调查问卷填写人居住地周边的公共服务设施"点、量、质"情况进行测度，其中步行可达时间采用"5 分钟、10 分钟、15 分钟、30 分钟、30 分钟以上"进行分级，对其余项目采用李克特五级量表分级；第三部分针对调查问卷填写者空间接触机会属性和满意度进行测度，均采用李克特五级量表进行评定。

控制变量包含"城市人"属性、社区"人居"空间属性，共有六项测量指标。其中"社区密度"由容积率代替。

自变量测量围绕各类设施的点（设施步行可达）、量（设施供应量）、质（设施服务水平）展开。在基本公共服务设施种类选取中，结合《社区生活圈规划技术指南》及公共服务政策导向，选取社区医疗卫生设施、社区养老设施、社区教育设施、社区文体设施、社区商业设施、社区服务设施、公共空间及公共交通八大类设施作为研究对象，细分为社区卫生服务中心/站、老年公寓/托老所、便利店、物流点、菜市场、小学、幼儿园、社区文化活动中心、社区健身设施、居委会/社区服务中心、社区绿地/公共广场、地铁站点、公交站点共 13 个具体设施类型。鉴于本研究以调查问卷为核心数据来源，设计调查问卷项目为设施步行可达（点）、设施供应量（量）、设施服务水平（质），以此进行自变量测量，其中除设施步行可达（点）以 5 分钟、10 分钟、15 分钟、30 分钟及 30 分钟以上进行划定外，其他要素以李克特五级量表进行打分，并在计算中均处理为正向指标。调查问卷中共有 42 项测量指标，但在表 3-1 中依据八大类进行了合并，共 24 项。

表 3-1 社区公共服务设施满意度评价要素构成表

变量类型	潜变量	观测变量
控制变量	"城市人"属性（W_1）	性别（w_1）
		年龄（w_2）
		生命阶段（w_3）
	社区"人居"空间属性（W_2）	社区规模（w_4）
		社区年代（w_5）
		社区密度（容积率）（w_6）
自变量	设施步行可达（点）（X_1）	医疗设施步行可达时间（x_1）
		商业设施步行可达时间（x_2）
		社区管理设施步行可达时间（x_3）
		养老设施步行可达时间（x_4）
		教育设施步行可达时间（x_5）
		文体设施步行可达时间（x_6）
		公共空间步行可达时间（x_7）
		公交站点步行可达时间（x_8）
	设施供应量（量）（X_2）	医疗设施规模（x_9）
		商业设施规模（x_{10}）
		社区管理设施规模（x_{11}）
		养老设施规模（x_{12}）
		教育设施规模（x_{13}）
		文体设施规模（x_{14}）
		公共空间规模（x_{15}）
		公交站点规模（x_{16}）
	设施服务水平（质）（X_3）	医疗设施服务水平（x_{17}）
		商业设施服务水平（x_{18}）
		社区管理设施服务水平（x_{19}）
		养老设施服务水平（x_{20}）
		教育设施服务水平（x_{21}）
		文体设施服务水平（x_{22}）
		公共空间服务水平（x_{23}）
		公交站点服务水平（x_{24}）

变量类型	潜变量	观测变量
中介变量	安全性感知 (Z_1)	户外活动安全（z_1）
		弱势群体安全（z_2）
		夜间出行安全（z_3）
		住宅财产安全（z_4）
		住户相互信任（z_5）
	方便性感知 (Z_2)	设施选择多样（z_6）
		购物方便（z_7）
		就业方便（z_8）
		出行游憩方便（z_9）
		弱势群体方便（z_{10}）
	舒适性感知 (Z_3)	居住环境干净卫生（z_{11}）
		步行环境友好（z_{12}）
		生态环境绿色协调（z_{13}）
		邻里和睦（z_{14}）
		设施环境温馨宜人（z_{15}）
		管理人员亲切负责（z_{16}）
		社区个性化服务（z_{17}）
	美观性感知 (Z_4)	绿化空间特色感（z_{18}）
		设施空间设计感（z_{19}）
		社区空间文化感（z_{20}）
		空气清新（z_{21}）
		创意品质（z_{22}）
因变量	社区综合满意度 （Y）	设施体验感（y_1）
		环境宜居感（y_2）
		社区归属感（y_3）

中介变量测量围绕安全性、方便性、舒适性、美观性展开。以户外活动安全、弱势群体安全、夜间出行安全、住宅财产安全、住户相互信任为主要内容构建安全性感知指标体系；以设施选择多样、购物方便、就业方便、出行游憩方便、弱势群体方便为主要内容构建方便性感知指标体系；以居住环境干净卫生、步行环境友好、生态环境绿色协调、邻里和睦、设施环境温馨宜人、管理人员亲切负责、社区个性化服务为主要内容构建舒适性感知指标体系；以绿化空间特色感、设施空间设计感、社区空间文化感、

空气清新、创意品质为主要内容构建美观性感知指标体系。中介变量共 22 项测量指标。

因变量围绕设施、空间和居民 3 个主体展开，包含设施体验感、环境宜居感、社区归属感 3 项测量指标。

（二）问卷发放与数据预处理

首先于武汉市武昌区进行预调研，然后基于预调研结果优化调整调查问卷，选取 14 个典型社区生活圈进行实地调研，并采取路遇式随机发放调查问卷，调查问卷发放时间延续一周，主要为下午至晚间时段发放，以保证调研人群的多样化。共回收调查问卷 1701 份。

为了保证调查问卷的真实性与可靠性，在设计调查问卷时加入了逻辑甄别题，分布在调查问卷的不同部分。调查问卷筛选规则分为基础清洗和甄别清洗两部分。

（1）基础清洗：剔除回答时间小于 200 秒的调查问卷。

（2）甄别清洗：剔除"居住在无地铁区域但仍然对地铁设施满意""年龄 18 岁以下但仍然居住时长超过 20 年""周边住户不值得信任、邻里关系不好但同时邻居友好""周边环境觉得安静但同时觉得嘈杂""年龄小于 35 岁但仍然使用养老服务设施""年龄大于 35 岁、个人独居但仍然使用幼儿园和小学""居住时长大于小区建设年限"等矛盾内容的无效调查问卷。

最终获得有效调查问卷 1122 份，调查问卷有效率为 65.96%。调查问卷受访者的"城市人"属性和社区"人居"空间属性基本呈正态分布，具有较好的代表性。统计结果显示，受访者男女比值为 0.83，生命阶段分布较为均衡，年龄在 18 ～ 59 岁的居多，占比约 90%，这与填写调查问卷的可信度、户外居民活动特征关系密切，同时更多的有效样本也集中在该年龄段（表 3-2）；可以看到选择"一般满意""较满意"的居民较多，选择"不满意"的居民最少，武汉的人居品质整体水平较高（图 3-3）。总体来说，本样本符合 SEM 数据要求，具有较好的区分度与代表性。

表 3-2 调查样本构成

项目	类别	样本数/份	比例/%
性别	男	509	45.38
	女	613	54.62
年龄	18 岁以下	10	0.86
	18～34 岁	399	35.56
	35～59 岁	635	56.61
	60 岁及以上	78	6.97
生命阶段	单身	161	14.37
	二人世界	230	20.48
	核心家庭	503	44.81
	主干家庭	228	20.34
社区规模	1 万人以下	62	5.53
	1 万～3 万人	504	44.92
	3 万～5 万人	516	45.99
	5 万人以上	40	3.57
社区年代	5 年以下	102	9.10
	5～10 年	305	27.17
	10～20 年	448	39.97
	20 年以上	267	23.76
社区密度（容积率）	1.5 以下	110	9.82
	1.5～2.0	239	21.34
	2.0～2.5	168	14.94
	2.5～3.0	284	25.32
	3.0 以上	321	28.58

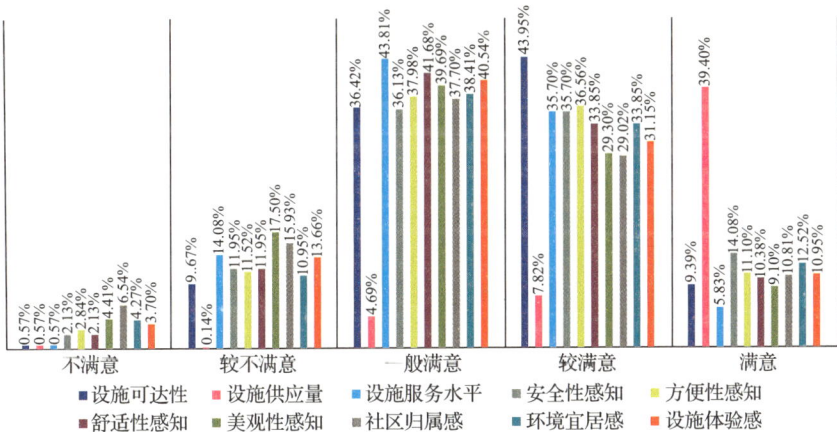

图 3-3 调研结果统计图

三、模型检验与结果分析

（一）数据信度和效度分析

进一步对有效调查问卷进行信度和效度的检验。将数据导入 SPSS 22.0 统计软件中做信度分析，得到总量表的 Cronbach's α（克朗巴哈系数）为 0.948，这说明总量表状况十分理想，信度很好；分量表的 Cronbach's α 均在 0.815 以上，这表明各潜变量的测量指标设计较好；对总量表进行 Bartlett 球形检验和 KMO（Kaiser-Meyer-Olkin，抽样适合性）值分析，KMO 值为 0.961，大于 0.70，且 P 值为 0.000（$P<0.001$），通过了 Bartlett 球形检验，这说明本次调查问卷数据适合进行因子分析。因变量、自变量和中介变量上的因子载荷都达到了大于 0.5 的标准，且绝大部分测量变量的 AVE（average variance extracted，平均提取方差）均值达到了 0.36 的门槛标准，这表明各观测变量和对应潜变量在统计学上有从属关系且具有较高的收敛度。数据信度与效度检验结果如表 3-3 所示。

表 3-3　数据信度与效度检验结果

潜变量名称	观测变量	Cronbach's α	C.R（组合信度）	AVE
设施可达性	$x_1 \sim x_8$	0.815	0.829	0.388
设施供应量	$x_9 \sim x_{16}$	0.868	0.874	0.471
设施服务水平	$x_{17} \sim x_{24}$	0.893	0.899	0.534
安全性感知	$z_1 \sim z_5$	0.838	0.822	0.481
方便性感知	$z_6 \sim z_{10}$	0.836	0.834	0.503
舒适性感知	$z_{11} \sim z_{17}$	0.911	0.909	0.667
美观性感知	$z_{18} \sim z_{22}$	0.908	0.906	0.578
社区综合满意度	$y_1 \sim y_3$	0.852	0.857	0.668

（二）模型计算与修正

将调查问卷数据代入 SEM 模型中进行计算，在不打破理论模型和保障模型强壮性的前提下尽可能优化模型。采用极大似然估计法对模型进行参数估计，通过迭代测试不断剔除显著性较低的路径，最终得到的模型如图 3-4 所示。从测量模型的拟合指标来看，x^2/df（chi-square/degree of freedom，卡方/自由度）的值为 2.994，小于 3，这说明模型拟合好；GFI（goodness of fit index，拟合优度指标）值为 0.808，小于 0.9 的建议值，但部分学者认为 GFI 值在 0.8 以上的模型仍可以接受[265]；居民社区满意度还受到文化、政治等难以测度的因素的影响；RMSEA（root mean square error of approximation，近似均方根误差）值小于 0.08，说明模型拟合度较好。可见模型较为理想。

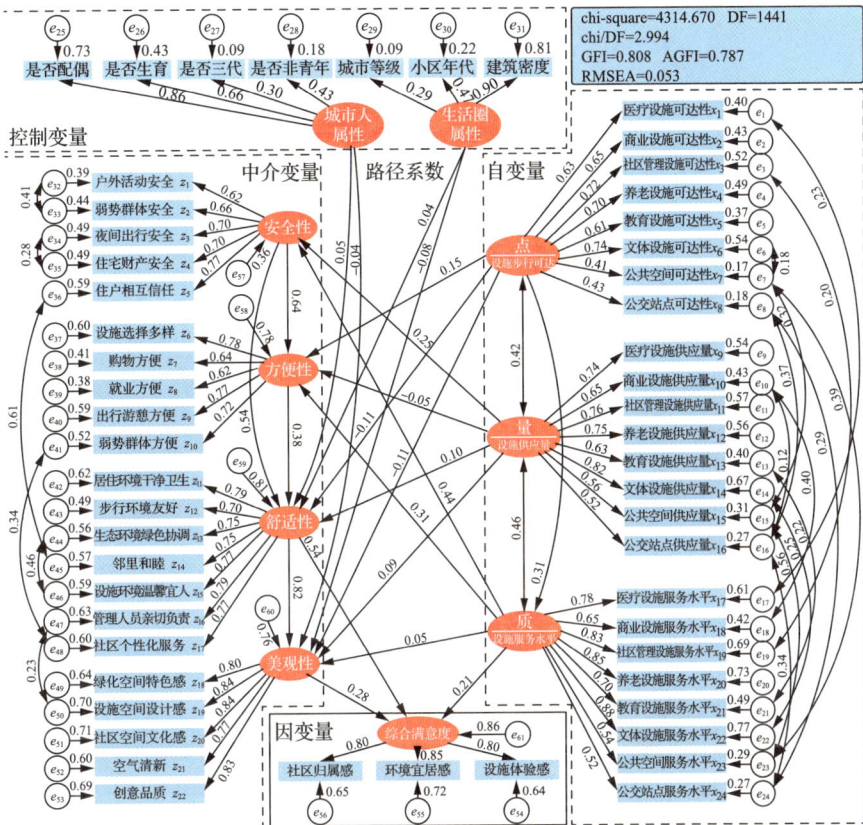

图 3-4　社区生活圈满意度影响机制模型标准化参数估计路径

（资料来源：根据 AMOS 软件的运行结果整理所得。）

（三）关键路径检验结果

标准化路径系数的大小显示了各测量变量之间的关系及各测量指标的影响程度。通过 T 检验及 P 值即可判断各测量变量之间路径系数是否显著。如表 3-4 所示，从路径系数的检验结果看，假设 H_{1a}（设施可达性对居民满意度具有直接正向影响）、H_{1b}（设施供应量对居民满意度具有直接正向影响）、H_{2b3}（设施服务水平对舒适性感知具有显著正向影响）、H_{2a1}（设施可达性对安全性感知具有显著正向影响）、H_{3c}（方便性感知对居民满意度具有显著正向影响）、H_{3d}（安全性感知对居民满意度具有显著正向影响）、H_{4a3}（安全性感知对美观性感知具有显著正向影响）、H_{4b2}（方便性感知对美观性感知具有显著正向影响）未被接受，而 H_{2a1}、H_{2b1}、H_{2c2} 显示出显著负向影响，其余假设均未被拒绝。

表3-4　路径关系检验结果

假设	路径	非标准化系数	标准误差	Z值	显著性	标准化系数	假设检验
H_{1c}	设施服务水平→居民满意度	0.211	0.032	6.499	***	0.206	是
H_{2a1}	设施可达性→美观性感知	−0.117	0.033	−3.517	***	−0.107	是
H_{2a2}	设施供应量→美观性感知	0.113	0.042	2.669	**	0.09	是
H_{2a3}	设施服务水平→美观性感知	0.058	0.039	1.491	0.136	0.05	是
H_{2b1}	设施可达性→舒适性感知	−0.115	0.032	−3.609	***	−0.109	是
H_{2b2}	设施供应量→舒适性感知	0.123	0.037	3.319	***	0.102	是
H_{2c1}	设施可达性→方便性感知	0.157	0.035	4.471	***	0.15	是
H_{2c2}	设施供应量→方便性感知	−0.065	0.044	−1.469	0.142	−0.054	是
H_{2c3}	设施服务水平→方便性感知	0.345	0.045	7.721	***	0.313	是
H_{2d2}	设施供应量→安全性感知	0.258	0.046	5.661	***	0.252	是
H_{2d3}	设施服务水平→安全性感知	0.418	0.043	9.658	***	0.444	是
H_{3a}	美观性感知→居民满意度	0.247	0.05	4.915	***	0.28	是
H_{3b}	舒适性感知→居民满意度	0.496	0.057	8.714	***	0.539	是
H_{4a1}	安全性感知→方便性感知	0.747	0.059	12.567	***	0.64	是
H_{4a2}	安全性感知→舒适性感知	0.636	0.078	8.182	***	0.54	是
H_{4b1}	方便性感知→舒适性感知	0.378	0.064	5.928	***	0.376	是
H_{4c1}	舒适性感知→美观性感知	0.853	0.049	17.292	***	0.818	是
H_{5a}	"城市人"属性→舒适性感知	0.33	0.179	1.845	0.065	0.047	是
	"城市人"属性→美观性感知	−0.304	0.203	−1.498	0.134	−0.042	是
H_{5b}	"人居"空间属性→舒适性感知	0.115	0.077	1.497	0.134	0.037	是
	"人居"空间属性→美观性感知	−0.244	0.1	−2.439	*	−0.076	是

* $P<0.05$。
** $P<0.01$。
*** $P<0.001$。

由此可见，本模型对"城市人"理论的验证性较好。

本模型证明了基本公共服务设施可达性、供应量与设施服务水平对居民满意度有显著的正向影响（H_1、H_4）。其中设施可达性对方便性感知的正向影响通过舒适性感知与美观性感知的中介作用，对综合满意度产生正向影响；设施供应量对方便性感知有一定的负向影响，但总体通过对舒适性感知、美观性感知的正向影响，对综合满意度产生正向影响；设施服务水平通过美观性感知的中介作用直接作用于综合满意度，对综合满意度产生正向影响。

本模型证明了安全性、方便性、舒适性、美观性感知层级效应，并验证了设施可达性—方便性感知、设施供应量—舒适性感知、设施供应量—美观性感知、设施服务水平—美观性感知的正向影响，以及这4个维度对居民综合满意度的正向影响（H_2、H_3）。

本模型验证了"城市人"属性对居民满意度的影响，其中性别的影响不明显，年龄的影响主要体现在幼年及中老年群体与青壮年的区别方面，生命阶段中的配偶、生育等均显著影响了居民的需求与满意程度，体现了社区人居空间应更多考虑老人与儿童的需求（H_5）。

（四）基本公共服务设施对居民满意度的影响机制分析

以下针对模型中的核心环节，即基本公共服务设施的影响机制、社区居民感知的中介效应进行展开说明。

1. 基本公共服务设施可达性、供应量与服务水平对居民满意度的影响机制

（1）设施可达性通过中介效应对居民满意度产生显著正向影响。基本公共服务设施可达性对方便性感知具有显著的正向影响，对安全性感知无显著影响，对舒适性感知和美观性感知产生负向影响。当前结果一方面说明调查问卷填写者周边基本公共服务设施的可达性普遍具有较好的水平；另一方面说明由于基本公共服务设施点较密的地区通常处于城市旧区，其风貌和设施配置模式可能对舒适性感知和美观性感知产生了较为直接的负面影响。

（2）设施供应量通过中介效应对居民满意度产生显著正向影响。设施供应量通过影响居民安全性、方便性、舒适性、美观性感知，显著影响了居民满意度。通过对"居民对设施的拥挤度的看法"进行调研可知，宽敞、舒适、人均规模较大的社区公共服务设施对居民的社区体验具有重要的影响，提升设施供应量是提升居民满意度的重要方向。

（3）设施服务水平直接对居民满意度产生显著正向影响。公共服务设施的服务水平来源于居民对各类公共服务设施的直观感受，对社区具有较

设施可达性与设施供应量更为显著的影响。同时，公共服务设施的服务水平也是较为显著地影响安全性、方便性、舒适性、美观性感知的要素。提升公共服务设施的服务水平是提升社区居民满意度最简单、最直接的手段。

2. 居民感知在社区居民满意度模型中的中介作用

假设模型中存在中介效应假设，采用 bootstrap 方法对本模型的中介效应进行检验。如表 3-5 所示，居民的物性感知与理性感知起到了部分中介作用，其中安全性感知、方便性感知主要发挥中介效应，舒适性感知在发挥中介效应的同时直接显著影响社区居民满意度，美观性感知直接对社区居民满意度有显著影响。

表 3-5　社区居民满意度影响机制模型中介效应检验表

影响机制		居属性	人属性	质	量	点	安全	方便	舒适	美观
安全性感知	直接效应	0	0	0.444	0.252	0	0	0	0	0
	间接效应	0	0	0	0	0	0	0	0	0
	总体效应	0	0	0.444	0.252	0	0	0	0	0
方便性感知	直接效应	0	0	0.313	-0.054	0.15	0.64	0	0	0
	间接效应	0	0	0.284	0.161	0	0	0	0	0
	总体效应	0	0	0.597	0.107	0.15	0.64	0	0	0
舒适性感知	直接效应	0.037	0.047	0	0.102	-0.109	0.54	0.376	0	0
	间接效应	0	0	0.464	0.176	0.057	0.24	0	0	0
	总体效应	0.037	0.047	0.464	0.278	-0.053	0.78	0.376	0	0
美观性感知	直接效应	-0.076	-0.042	0.05	0.09	-0.107	0	0	0.818	0
	间接效应	0.03	0.039	0.38	0.228	-0.043	0.638	0.307	0	0
	总体效应	-0.045	-0.003	0.43	0.318	-0.15	0.638	0.307	0.818	0
社区居民满意度	直接效应	0	0	0.206	0	0	0	0	0.539	0.28
	间接效应	0.007	0.025	0.371	0.239	-0.07	0.6	0.289	0.229	0
	总体效应	0.007	0.025	0.577	0.239	-0.07	0.6	0.289	0.768	0.28

根据"城市人"理论模型，安全性感知与方便性感知对社区居民满意度产生非线性的影响。当周边因安全水平较低、方便水平过低而使社区居民难以满足生活所需时，社区居民满意度将大幅降低；而当安全与方便水平较高时，社区居民则倾向于忽略其直接影响而关注更高维度的感知，这种非线性关系在依赖线性模型的结构方程中无法得到体现。由于本次调研区域均位于武汉主城区，调查问卷的结果显示居民所获取的安全性感知与方便性感知水平普遍偏高，社区居民的生命安全、财产安全与基本公共服

务设施可获取性普遍得到了较好的保护。在"自存"无忧的前提下，模型中的安全性感知与方便性感知不是直接对社区居民满意度产生影响，而是通过更高维度的感知作为中介变量对社区居民满意度产生影响，因此安全性感知对方便性感知、舒适性感知有显著直接正向影响，而对美观性感知与最终满意度有显著间接正向影响；而方便性感知则对舒适性感知有显著直接正向影响，对美观性感知与最终满意度有显著间接正向影响。这体现了安全与方便作为基础保障的重要性。

舒适性感知对社区居民满意度的影响极为显著，在推进以人为本的公共服务均等化、社区中的安全性与方便性基础设施基本满足需求的前提下，居住环境干净卫生、步行环境友好、生态环境绿色协调、邻里和睦、设施环境温馨宜人、管理人员亲切负责、社区个性化服务对社区居民满意度的影响最为显著。模型中的舒适性感知体现出与美观性感知有极大的相关效应，这充分说明舒适性是追求美观性的前提，提高社区舒适性建设将是未来我国城市建设的重点。

美观性感知属于四个空间接触机会属性中的最上层，是居民对美好生活的向往与追求。一方面，美观性感知对其他空间接触机会属性没有中介效应；另一方面，美观性感知逐渐显示出对社区居民满意度的直接影响。提升规划建设的审美将成为提升社区居民满意度的重要手段。

四、验证总结与讨论

（一）"城市人"视角下的社区公共服务设施规划理论验证

本模型对"城市人"理论的验证性较好，表现在以下几点。

（1）本模型验证了"城市人"基本属性对社区居民满意度的影响，其中，性别的影响不明显；年龄的影响主要体现在幼年、中老年群体与青壮年群体的区别方面；生命阶段中是否有配偶、是否生育等均影响了居民对社区的需求与满意程度。社区空间应更多考虑老人与儿童的需求。

（2）本模型验证了"人居"空间属性对社区居民满意度的影响。城市的等级、社区的规模与密度对社区居民满意度的影响较为突出。在针对社区进行实体空间划定、典型"人居"提取时，可以依据这类要素，因为其具备一定的稳定性，且其空间特征对社区居民满意度有直接与间接的影响效应。

（3）本模型验证了安全性感知、方便性感知、舒适性感知、美观性感知对社区居民满意度的影响，且验证了四个维度之间的递进效应，未来可从这四个层面入手，提取典型"人居"空间的特征属性，并形成规划指引。

（4）本模型验证了基本公共服务设施可达性、设施供应量与设施服务水平对社区居民满意度的影响，并验证了人的物性感知与理性感知在此过程中的中介效应。

（二）提升居民满意度的规划策略

（1）筑牢底线。保障居民"自存"底线，面向居民的安全性感知与方便性感知，主要关注基本公共服务设施的可达性。在规划中，要重点关注设施能否全覆盖，在居民获取设施的活动中通道与场所是否能够满足居民"以最小气力追求最大空间接触机会"的诉求，建造能够保障居民户外活动、夜间出行等行为安全的社区生活圈，并打造选择多样、易达的设施与服务，营造相互信任、对弱势群体友好的社区氛围。

（2）功能提升。促进居民"共存"协调，面向居民的舒适性感知，主要关注基本公共服务设施的供应量。在规划中，重点关注区域内各种公共服务设施所覆盖的服务范围和人口是否匹配，居民获得公共服务在空间层面是否"不拥挤"，社区空间是否安静、整洁，邻里是否和睦，提供的公共服务类型是否能够满足社区居民的个性化需求。

（3）品质优化。匹配居民"理性"追求，面向居民的美观性感知，主要关注基本公共服务设施的总体服务水平。在规划中，公共服务设施管理的专业部门应关注社区公共服务设施的服务水平管理，同时加强社区绿化水平，加强社区公共服务设施的景观设计与维护，构建高质量的生活空间。

第三节　"以人为本"的社区公共服务设施规划布局方法

基于第二节的理论解析、文献综述及模型验证，"以人为本"的社区公共服务设施规划包括三个步骤：一是辨析核心规划要素，二是明晰规划原则，三是基于合理共识推进社区公共服务设施评估、配置与优化。

一、社区公共服务设施规划要素辨析

（一）"城市人"

社区公共服务设施的研究对象有两个，分别是社区公共服务设施空间接触机会的需求方和供给方：第一组"城市人"，社区公共服务设施的需求方（社区居民）；第二组"城市人"，社区公共服务设施的供给方（公共服务设施建设者）。

（二）空间接触机会

社区公共服务设施作为典型的空间接触机会，由人的需求决定。例如，如果社区公共服务设施处于人步行可达的尺度，那么"步行可达"便成为典型的物性需求：人步行的平均速度是 4.5 千米/时，并且在短时间内不会改变。由于体能和耐力有限，通常人步行时间超过 15 分钟（空间距离是 800～1000 米）就会感觉累。800～1000 米的空间范围与国内已有的社区公共服务设施布局研究成果吻合。设施的尺度是指社区公共服务设施的服务半径和规模，设施的尺度是人的尺度的从属，而人的尺度是核心。也就是说，人的物性决定了社区公共服务设施的布局（点——服务半径）、数量（量——规模属性）。

面向社区公共服务设施，将"城市人"的需求分为个人需求、社会需求、外部需求。其中，个人需求与马斯洛需求层次理论中的生理需求、安全需求相对应，要求保障人的生命健康、基本生活，具体设施包括医疗卫生设施、商业设施、社区服务设施、养老服务设施；社会需求与马斯洛需求层次理论中的社交需求和尊重需求相对应，突出能够参与社会活动，在社会群体中找到价值，具体设施包括教育设施、文体活动设施；外部需求与马斯洛需求层次理论中的自我实现需求相对应，强调能够与外部空间联系，发挥自己的潜能并实现理想，具体设施包括开敞空间和公共交通设施。

（三）"人居"空间

人口规模、"人居"密度和发展阶段是构成典型"人居"的三个基本变量，是决定空间接触机会好坏、多寡的主要原因。①人口规模。人口规模是"人居"规模的基本变量，也是空间接触机会的基本变量。城市体现了人类聚居的现象，聚居是为了追求空间接触机会。但是人口规模是一把"双刃剑"，聚集的人越多，人口规模就越大，空间接触机会就越多，而空间接触机会越多，差异越大，关系越复杂，摩擦和矛盾也越多。因此，人口规模是划分"人居"的基础变量。②"人居"密度。在现实中，人口大量向城市集聚，城市的人口规模和用地规模均有增长，但是人口增长速度远远大于用地增长速度，单位居住空间里的人数越多，人均用地越少，"人居"密度越大。高密度导致人与人之间的物理距离缩短，增加了更多的空间接触机会，包括正、负的空间接触机会，从而影响"人居"空间。在城市规划中，"人居"密度是唯一可以被直接干预的基本属性。一般通过建筑面积和容积率的调控来影响人口密度，再间接干预人口规模和人口结构。因此，"人居"密度是典型"人居"中操作性最强的基本变量。③发展阶段。就中国的住宅的发展阶段来说，大概可以分为三个阶段：传统民居、中华人民共和国成立后的单位大院、2000年以后的商品房。各阶段的不同公共服务设施的配置情况差别较大。传统民居、单位大院所在地区比较成熟，经过多年的改造优化，配套设施逐步到位。新建地区的商品房由于需求量不大，配套设施种类和数量与成熟地区相比明显较少。

二、社区公共服务设施评估与规划原则

社区公共服务设施的评估与规划应遵循以下三大基本原则。

（1）区域全覆盖。应构建区域全覆盖型服务区，并使各设施服务区内各点到该设施距离最近。一个拥有正常理性与共通物性的人在社会生活中必然追求医疗、教育、就业等多种基本公共服务。在克氏中心地理论中，匀质空间的最高效模式为正六边形网络，实际上受到多种因素影响，如交通、人口、密度、地形等，无法形成匀质六边形网络，但其基本原则不变，即在全覆盖的服务区中，基于理性的人以最小气力追求最大空间接触机会，居民会倾向就近选择相应的社区公共服务设施，而当居民倾向"舍近求远"时，一定发生了社区公共服务设施的不均等。

（2）区域内设施数量与规模均衡。公共资源具有稀缺性，注重公平。优质的社区公共服务设施点、量配置既要满足服务区内的综合需求，也要控制公共资源分配的合理、公平。"城市人"理论强调理性的人追求自存与共存的平衡，即均衡的供需匹配关系。

（3）区域间连通性。公共服务设施体系中各服务区之间须建立相对独立、稳定的供需匹配关系，否则区域间的连通会破坏多个服务区的供需匹配关系。如图3-5所示，A服务区发生的供需不匹配使B服务区的需求增加，导致B服务区的设施承载能力超出负荷，因此需求向C、D服务区流动。不均等的本质在于A服务区的供需不匹配，而其表象被看作四个服务区的供需不匹配；若此时贸然提升B（或C、D）服务区的供给，则会导致B（或C、D）服务区的服务压力（来自周边服务区的需求流入）进一步增加，

使其他区域的可达性不能得到保障,同时降低基础性服务水平。看似提升服务水平的方式最终导致了更为不均衡的社区公共服务设施供需关系。

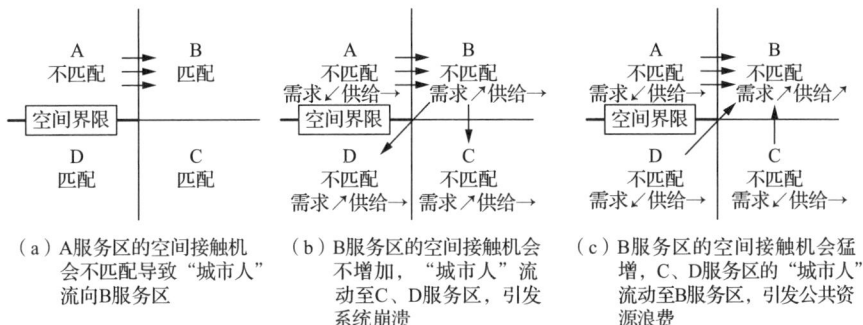

A 不匹配	B 匹配		A 不匹配 需求↓供给→	B 不匹配 需求↓供给→		A 不匹配 需求↓供给→	B 不匹配 需求↗供给↗
空间界限			空间界限			空间界限	
D 匹配	C 匹配		D 不匹配 需求↗供给→	C 不匹配 需求↗供给→		D 不匹配 需求↓供给→	C 不匹配 需求↓供给→

（a）A服务区的空间接触机会不匹配导致"城市人"流向B服务区

（b）B服务区的空间接触机会不增加,"城市人"流动至C、D服务区,引发系统崩溃

（c）B服务区的空间接触机会猛增,C、D服务区的"城市人"流动到B服务区,引发公共资源浪费

图 3-5　服务区的社区公共服务设施供需匹配关系

因此,"城市人"理论视角下的社区公共服务设施评估实质为空间基础机会（社区公共服务设施）的供需平衡评估。该评估以社区公共服务设施点、量的供需匹配为导向,其中点的供需匹配聚焦于可达性,量的供需匹配聚焦于承载力;该评估体系的核心在于服务区的构建与特征评价——以设施为中心、以最近可达为原则构建的独立服务区能够体现点的布局特征,同时也是量的评估单元。该评估体系侧重对空间特征的评估,以"以人文本"的社区公共服务设施均等化为价值导向,其评估结果可用于指导社区公共服务设施规划的空间布局、配置模式、规模大小等。

三、基于合理共识的社区公共服务设施配置

"城市人"的理性在于以最小气力追求自存/共存的最高平衡。人是自存/共存的结合体,最优化是自存/共存的最高共识。对于第一组"城市人"（社区居民）来说,从自存角度看,典型"城市人"会对社区公共服务设施的可达性做出满意度的评价;从共存角度看,典型"城市人"会从个人利益和公众利益平衡的角度思考,提出期望值。对于第二组"城市人"（公共服务设施建设者）来说,从自存角度看,典型"城市人"期望公共服务设施能够服务更多的人,期望服务半径越大越好;从共存的角度看,他们会考虑居民的步行限制,会将社区公共服务设施服务半径控制在一个合理的范围内。通过沟通和协调寻求统一的目标,努力形成共识,该共识就是两组"城市人"在自存/共存达到平衡后的合理期望值。

（一）基于供需匹配的最优空间接触机会的确定

"城市人"以最小气力追求自存/共存平衡下的最优空间接触机会，因此"最优"是指无论作为空间接触机会的需求方还是供给方，都能够达到自存/共存的最高平衡，在城市规划研究的范畴中，实现土地和空间用途在点和量上的匹配。具体可分为以下三个步骤。①调查需求方基于自存的现状可达性、承载力、现状满意度，以及基于自存/共存理想的可达性/承载力极限；调查供给方基于自存的可达性和基于共存的可达性。②辨识双方差距（基于自存的现状值、基于自存/共存的理想值、现状满意度、国家标准和地方标准指导的指标区间），选取合理的可达性/承载力的上、下限区间数值，达成自存/共存平衡。③以更多社区居民能够获取优质社区公共服务设施为目标，利用城市规划可调控的手段和方法（人口密度、"人居"规模、布局模式等），提高"城市人"与"人居"的匹配度。

（二）方法修正及对策制定

通过规划手段提升"城市人"与"人居"的匹配度，主要有两个方向：一是基于合理共识的规划指标，二是基于提升居民满意度的规划对策。

1. 制定基于合理共识的规划指标

应用两组"城市人"双方的共识区间，制定和更新对应的社区公共服务设施的指标体系，将其作为主要依据指导社区公共服务设施的配置，提升"城市人"与"人居"的匹配度，打造理想"人居"。具体指标包括街道的人口密度、路网密度等，以及社区公共服务设施的各属性指标（规模、服务半径、千人指标等）。

2. 制定基于提升居民满意度的规划对策

（1）"人居"要素对比分析。①使用"人居"模型对社区生活圈进行调查，筛选对社区生活圈公共服务设施布局综合满意度影响较大的"人居"要素变量，通过对比满意度评价较高和较低的社区生活圈，提取生活圈对应的"人居"要素（用地规模、人口密度、道路网密度、发展阶段等）和社区公共服务设施属性指标（服务半径、相对位置等）。②通过对比满意度评价较高与较低的社区生活圈在"人居"要素上的差异，寻找对空间接触机会影响较大的可调控的"人居"要素，择优调整、择劣规避，提取优秀社区生活圈的公共服务设施的布局模式，最终达到将整体居民满意度提升至期望值区间的目的,为未来社区生活圈的构建提供参考。

(2)基于经济几何法的满意度提升策略。在经济几何图示中的两个变量分别是满意度和通行时间/覆盖半径,原理是通过供求关系曲线的"移"和"转",将平衡点右移,在通行时间/覆盖半径一定的情况下,同时提升供需双方的满意度。其中,通行时间是自变量,满意度是因变量。在理想情况下,社区居民追求最优时间到达社区公共服务设施,因此社区公共服务设施服务半径越小,覆盖的人口规模越小,居民满意度越高。居民满意度会随着覆盖半径的扩大而呈现递减趋势;社区公共服务设施建设者提供最优距离内的社区公共服务设施,其覆盖的人口规模越大,居民满意度越高,居民满意度会随着社区公共服务设施服务半径的扩大而呈现递增趋势。

这两组"城市人"的供需关系如图 3-6 所示,二者会存在一个供需平衡点 A。规划希望通过调整自变量和因变量的关系,在通行时间/覆盖半径不变的条件下,提升双方满意度。①曲线的"移"。需求曲线由 1 移动到1′,表示在社区公共服务设施覆盖半径一定的情况下,增加社区公共服务设施选择或者增加到达社区公共服务设施的路线选择,会提高居民满意度;供给曲线由 2 移动到 2′,表示在社区公共服务设施覆盖半径一定的情况下,通过增加"人居"密度来增加需求方的数量,会提高居民满意度。②曲线的"转"。需求曲线由 1 转动到 1′,表示在社区公共服务设施覆盖半径一定的情况下,通过提升通行过程中的感受来提高居民满意度;供给曲线由 2 转动到 2′,表示在社区公共服务设施覆盖半径一定的情况下,采取措施来降低社区公共服务设施的运营管理难度,会提升居民满意度。

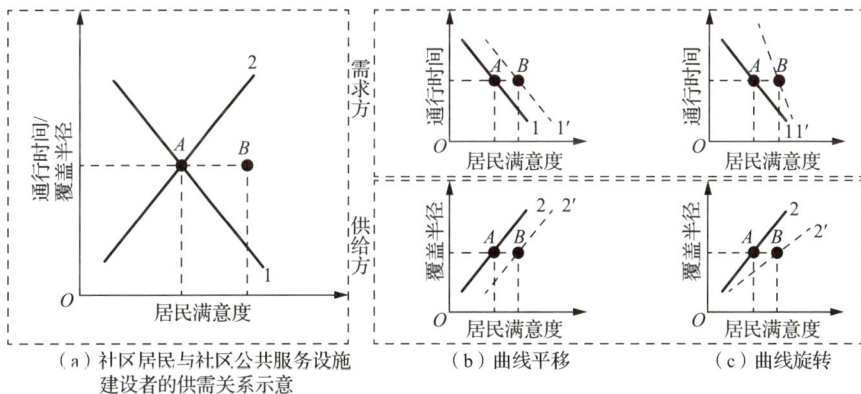

(a)社区居民与社区公共服务设施建设者的供需关系示意　(b)曲线平移　(c)曲线旋转

图 3-6　社区居民与社区公共服务设施建设者的供需关系

第四节　面向社区公共服务设施供给的 15 分钟社区生活圈的构建

2018 年发布的《城市居住区规划设计标准》（GB 50180—2018）与"人居"空间基本属性与规划决策的制定联动，同时面向空间规划改革后"以社区生活圈为单元补齐公共服务短板"的需求，为微观层面的住区规划与控规、城市设计打通了接口。15 分钟社区生活圈成为"人居"空间构建的标准尺度，其公共服务属性大于管控单元属性，其弹性边界属性大于刚性管控属性，目标是构建均等化的公共服务、人本导向的"人居"单元。基于 15 分钟社区生活圈以人为本的价值导向、基本公共服务均等化的核心内涵、"人居"空间的本质属性，面向社区公共服务设施供给构建 15 分钟社区生活圈。

一、以人为本的 15 分钟社区生活圈规划体系

（一）以人为本的价值导向——规划理性与对象感性的结合

将人的"物性""群性""理性"作为以人为本的衡量标准，指导 15 分钟社区生活圈的构建，可以有效结合规划理性与对象感性。一方面，在合适的规划框架下进行自上而下的评估研究，如研究可达性（物性）、承载力（群性）等，可减少缺漏；另一方面，在合理的价值导向（自存与共存的平衡）下推进自下而上的反馈研究，如研究满意度、归属感（理性）等，可避免没有章法的情绪宣泄。这是合国情的，契合"天下大同"的社会理想；这是合逻辑的，以人的本质需求作为核心；这是可操作的，已经形成了一定的实践经验。

（二）供需匹配空间接触机会——追求公平、保证效率

以安全性、方便性、舒适性、美观性为基本原则构建 15 分钟社区生活圈主要有两个维度：①社区生活圈规划带有强烈的公共服务属性；②社区生活圈中的一切行为都是在一定的空间支撑系统上进行的。竞争环境下的优胜劣汰会带来公共资源的浪费和社区公共服务不均衡，因此以 15 分钟社区生活圈为单元供给空间接触机会时，只有更加强调公平，才能达到更高的效率。

人是空间接触机会的需求者与供给者。在 15 分钟社区生活圈中，与

人的日常行为密切相关的空间接触机会有两个主要层面。①社区公共服务设施。社区公共服务设施针对居民基本需求，借鉴马斯洛需求层次理论，将"城市人"的需求分为个人需求、社会需求、外部需求。②空间支撑系统。在新规范指导下，将与居民出行、休闲等方面相关性较强的建筑与用地、路网肌理、基础设施、风貌控制作为空间支撑系统的组成成分（图3-7）。空间接触机会规划应有刚性的管控与弹性的引导，体现15分钟社区生活圈的基础服务功能与特色发展的可能性。

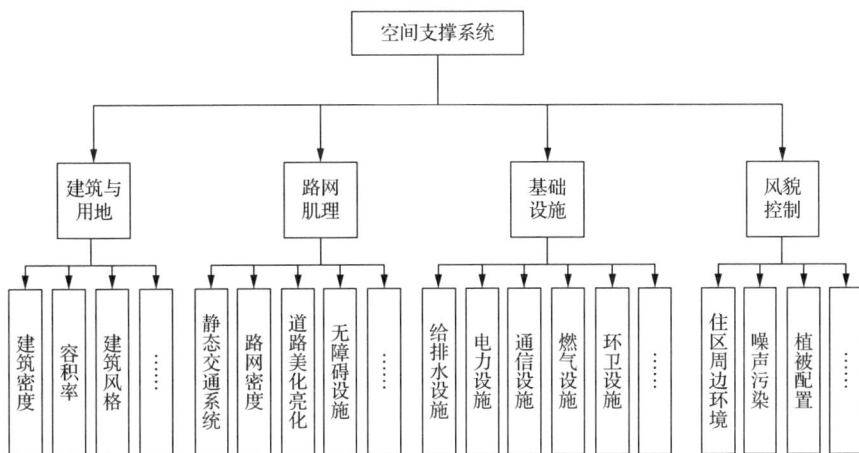

图3-7 空间支撑系统

（三）提升典型"人居"空间——从整体视角把握局部

15分钟社区生活圈作为大城市（乡村由于不满足人口密度、自然环境等基本条件，不适宜构建15分钟社区生活圈）子系统，应具备一定的条件：有一定的体量，表现为清晰边界、适量人口、自给能力等；有组织，能够自组织，也能够在城市体系中完成对应功能；能沟通，是一个相对开放的整体。在规划领域，构建15分钟社区生活圈以空间为抓手，以规模、结构、密度为核心要素。①规模。根据人的物性，要求居民可以在15分钟内步行获得各类空间接触机会，这不仅是对时间的限定，还是对步行条件提出的需求。明晰的规划导向清晰的边界，引导15分钟社区生活圈内部设施有序供给，但这种边界不限制人的自由流动和自主选择，并强调与外界沟通的便利程度。②结构。使空间与人的行为相互约束，改变人对空间接触机会的追求类型与方式，影响"城市人"对空间接触机会的满意度。道路肌理、建筑朝向、设施布置的方式等都是人与居匹配程度的一种体现，是应该被城市规划师把握的空间特征。③密度。密度是一定规模空间的内在要素特征的重要体现，包含建筑密度、容积率、人口容量等。密度作为构建15分钟社区生活圈的重要指标，指导空间氛围、各要素的规划等，从而直接或间接地影响居民的生活品质与空间感受。

二、"城市人"视角下的 15 分钟社区生活圈构建方法

"城市人"理论的核心理念在于人对空间接触机会（他人、设施等都可以称为"空间接触机会"）的追求。一个理性的人在自我保存（生存）的同时，也寻求与他人共存（空间接触机会），会主动与周围空间（承载着空间接触机会）发生联系，去寻求更能满足自身需求的空间机会。这种满足不仅是物理（人的物性）上的，还是精神（人的理性）上的。城市规划师要做的就是构建"可满足"的空间，并制定合理的空间治理策略，使人的需求与空间的供给合理匹配。在此框架下，可将构建以社区公共服务设施为导向的15分钟社区生活圈看作是为达成居民对"生活中所需的基本公共服务"的满足而进行的规划，这种满足的评价标准则成为具有理论意义的供需匹配：一方面，需要辨析不同空间、"城市人"的属性，挖掘供给与需求的内涵；另一方面，基于供需关系的理性分析，可得到以空间划定、设施供给和社区治理为主的规划方法，以指导15分钟社区生活圈的规划实践。

在"城市人"理论指导下，基于供需匹配这一基本诉求构建的15分钟社区生活圈，其核心要义在于辨析人（需求方）与空间（供给方）的不同属性与相互作用机制，并使其通过居民对社区公共服务设施的"满意"来达到匹配。提取典型"城市人"作为15分钟社区生活圈中的需求主体（以居民为主），提取典型"人居"空间作为15分钟社区生活圈的组成单元，以承载不同空间接触机会（各类公共服务设施），并决定空间接触机会的"点"（布局）、"量"（供应）、"质"（服务）。基于该理论，15分钟社区生活圈被定义为"城市居民从居住点出发，在所处的社区步行15分钟可达的范围内，能够满足安全性、舒适性、方便性、美观性的要求，并能够接触到所有基本生活所需空间要素的'人居'空间"。15分钟社区生活圈规划体系由"空间辨析—空间划定—空间优化"三部分构成（图3-8），具体如下：首先，辨析空间类型，区分不同的典型"人居"空间；其次，在典型"人居"空间的基础上，构建15分钟社区生活圈的空间单元；最后，

在供需匹配导向下，通过评价与规划对 15 分钟社区生活圈进行空间优化。

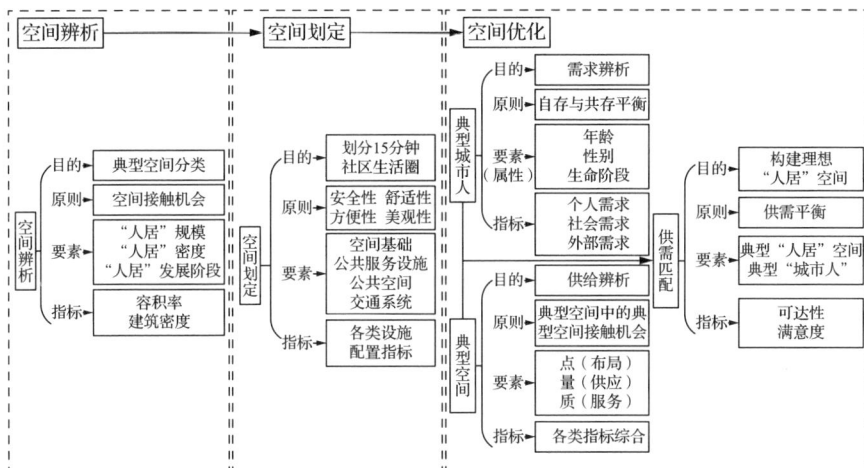

图 3-8 15 分钟社区生活圈构建框架

（一）空间辨析

空间辨析的目的是分类和概括典型"人居"空间的主要特征。在"城市人"理论指导下，将影响典型"人居"空间的要素界定为"人居"规模、"人居"密度和"人居"发展阶段。"人居"规模决定了居住空间的大小、所需的"人居"要素（主要指公共服务设施）的总量;"人居"密度决定了"人居"环境的舒适度，如"人居"建筑是否拥挤、资源环境承载力是否过大等;"人居"发展阶段体现了"人居"环境的成熟度和空间布置形态、使用方式、人口年龄结构、邻里关系融洽度、"人居"建筑布局方式等。在15 分钟社区生活圈的构建中，"人居"规模已经被限定在相对稳定的阈值内;"人居"密度与"人居"发展阶段是生活圈研究中"人居"空间的主要特征，可以用居住区容积率、户数和建筑密度、建筑年代等数据来表征，依据"人居"密度和"人居"发展阶段的表征数值进行梯度划分，将城市居住空间分为若干类别，从而更有针对性地划定生活圈的空间。

（二）空间划定

基于以人为本的"安全性、舒适性、方便性、美观性"四大空间导向，

15 分钟社区生活圈空间划定的四大基本原则如下（图 3-9）。

（1）优良的空间基础。空间连续、规模适宜是 15 分钟社区生活圈空间划定的基本要求。首先，划定生活圈时，应将城市已有的行政单元、规划底图（以控规单元为主）、街道布局和小区建设作为基底，延续其居住空间规模、管理单元；其次，应结合建筑密度、容积率划分典型"人居"空间类型，注重空间的特征差异和典型性。

（2）充足的公共服务设施。划定生活圈应联系实际，合理分配公共服务设施。基于原有的社区公共服务设施构建体系，将高级别的社区公共服务设施合理划入区位上更临近、功能上更需要、文化中更认同的生活圈；而较低级别的社区公共服务设施通常为满足既定社区居民日常生活所需，具有确定的服务范围与对象。

（3）开放包容的公共空间。公共空间在社区层面以公共绿地或小型广场来体现，具有其合理的服务范围与既定服务对象；而城市公园或大型的公共空间往往具有独立的管理机制与服务方式，并作为一个整体不可分割，因此不应将其划入某个具体生活圈中。

（4）便捷的交通系统。划定生活圈时，应兼顾生活圈内部交通体系与外部通行的安全、高效、便捷。因此，应以重要自然地理要素（河流、湖泊、生态绿楔等）与人工地理要素（铁路与城市道路）为骨架，兼顾人的尺度，遵循将重要自然要素作为边界、城市主干路不跨越的原则，主要将城市次干路、支路作为边界进行生活圈划定。

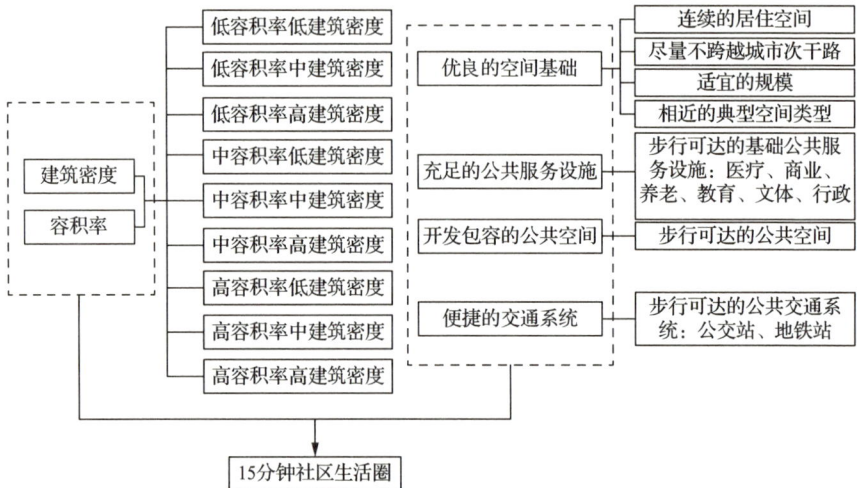

图 3-9　15 分钟社区生活圈划定框架

（三）空间优化

构建 15 分钟社区生活圈的最终目的在于满足居民对于基本公共服务的需求，实现满意、可达的供需匹配。因此，在理论层面主要分析典型"人居"空间和典型"城市人"之间的供需内涵与匹配要素，在实践层面则通过实地调研了解各类典型"人居"空间中的供需关系，通过供需匹配进行分析评价和空间优化。15 分钟社区生活圈的空间优化有三个层次：①基于典型"人居"属性，总结各类社区公共服务设施的"点""量""质"，挖掘其供给的内涵；②基于典型"城市人"属性，总结不同"城市人"的"理性""物性"需求的内涵；③构建匹配模型，即运用可达性与满意度测度供需的匹配程度，并提出相应的优化策略。

典型空间接触机会包括八大类社区公共服务设施：①医疗卫生设施，主要包括社区卫生服务中心与服务站；②商业设施，包括菜市场、小型超市、便利店及物流点等；③社区服务设施，主要包括社区服务中心或居委会；④教育设施，主要包括幼儿园与小学；⑤养老服务设施，主要包括养老院、老年公寓、托老所；⑥文体设施，主要包括文化活动站；⑦公共空间，主要包括开敞绿地空间；⑧公共交通，主要包括公共交通与轨道交通站点。

典型"城市人"寻求空间接触机会。根据需求层次论的划分方法，典型"城市人"的需求通常分为三类：①个人需求，主要包括基本公共服务中的医疗卫生设施、商业设施、社区服务设施、养老服务设施；②社会需求，主要包括基本服务设施中的教育设施、文体设施；③外部需求，主要包括开敞空间和公共交通等对外联系的设施。

空间匹配模型体现了供需平衡的内涵。供给方为典型"人居"空间，提供八大类基本公共服务要素；需求方为典型"城市人"，拥有多层次需求内涵。供需之间通过人对设施的可达性（物性）、满意度（理性）进行匹配。

下篇

实 践 篇

第四章

省域城乡基本公共服务均等化协调发展评价

【导论】区域协调与城乡融合发展是中国的重大远景战略，刻画各省域基本公共服务供给水平，发掘全国城乡基本公共服务均等化建设中出现的典型问题，是理解中国公共服务设施建设体系的重要切入点。本章构建多维度视角下的城乡基本公共服务均等化协调发展评价体系，客观全面地测度中国当前省域城乡基本公共服务均等化综合发展情况，在此基础上提出省域城乡基本公共服务均等化的提升导向，为各地区基本公共服务均等化协调发展提供参考。

第一节　城乡基本公共服务均等化的内涵及评价体系

城乡公共服务资源的合理化配置和社会公共服务资源的公平共享，是解决中国新时代社会主要矛盾的内在需求，均等化的公共服务符合"让改革发展成果更多更公平惠及全体人民"的根本理念。教育、医疗、养老、文体、社会保障等公共服务的保障水平成为影响民众整体生活幸福感与获得感的重要因素。《中华人民共和国国民经济和社会发展第十四个五年规划和2035年远景目标纲要》提出"到2025年基本公共服务均等化水平明显提高，到2035年基本公共服务实现均等化"。《"十四五"公共服务规划》就推进基本公共服务均等化提出"推进基本公共服务标准体系建设，推动区域基本公共服务缩小差距，加快城乡基本公共服务制度统筹"的发展要求。提高城乡基本公共服务均等化水平是实现经济社会高质量发展的必然要求，也是打破城乡二元结构、缩小城乡差距、促进城乡融合的重要途径。因此，客观全面地测度省域城乡基本公共服务均等化综合发展水平，明确各地区在推进城乡基本公共服务均等化过程中的重点，是推进城乡基本公共服务设施体系建设的重要切入点。

一、基本公共服务均等化的内涵

均等化是贯穿当前基本公共服务研究的主线。基本公共服务均等化是指全体公民都能公平可及地获得大致均等的基本公共服务，其核心是促进机会均等，重点是保障人民群众都能享受到基本公共服务的机会，而不是简单的平均化。现阶段中国区域间、城乡间、群体间的基本公共服务仍有差距，均等化水平有待进一步提高。基于此，国内基本公共服务均等化问题研究主要聚焦于城乡间、区域间和不同群体间三个方面。

（一）城乡间基本公共服务不均等

基本公共服务非均衡性或非均等性的主要表征是城乡之间基本公共服务水平差距较大[266]。长期以来，中国存在城乡二元结构的内在问题，城镇与农村在居民收入水平、基础设施水平、公共服务水平等方面存在较大差距。农村地区成为基本公共服务的洼地和薄弱环节，农民成为要求基本公共服务均等化呼声最高的群体。既有研究指出，城镇和农村基本公共服务在义务教育服务、医疗卫生服务、社会保障服务、养老服务、文化服务、医疗卫生服务和信息化服务等方面存在不均等现象[267]。具体而言，基本公共服务的城乡差距集中体现在资源占有、服务水平和制度体系的不均等[268,269]方面，其原因可归纳为三个方面，即城乡二元结构导致农村基本公共服务供给制度落后、公共财政制度不完善、单纯自上而下的决策体系忽略了基层的差异化需求。

（二）区域间基本公共服务不均等

不同区域间基本公共服务发展存在较大差异，这体现在东、中、西部区域内和区域间的基本公共服务存在较大差异[270]。长期以来，落后地区往往更加注重道路交通等基础设施建设，在一定程度上忽视了教育、医疗、养老等民生类公共服务的供给，直接涉及人民群众获得感的公共服务供给有待进一步提升[271]。区域间基本公共服务差距与城市化发展水平差距、经济发展水平差距关系密切[272]。由于经济社会发展非均衡性的影响和制约，与经济发展水平相适应的基本公共服务在规模、结构、质量等方面呈现出差异性。

（三）不同群体间基本公共服务不均等

不同社会身份、群体间的基本公共服务仍存在差距，如男女性别间、不同年龄段间等，其中弱势群体的基本公共服务供给问题较为明显[273]。虽然国家针对特殊群体出台了相关政策，但公共服务保障力度和覆盖范围仍然不足，经济困难群体[274]、农民工[275]、老弱病残群体[276]是基本公共服务供给较不均等的群体。近年来，随着友好城市、健康城市等理念的提出，相关研究从儿童友好、老龄化、弱势群体需求等角度探讨公共服务设施配置的优化路径[277,278]。此外，以居住空间分异为基础划分社会阶层，分析各社会阶层公共服务设施的空间分布，发现各阶层享有公共服务资源的差异，空间公正与社会公平存在"弱化"现象[279]。

二、城乡基本公共服务均等化评价体系

基本公共服务旨在保障全体人民生存和发展的基本诉求，应与经济社会发展水平相适应，是人民生活水平的重要表征。城乡基本公共服务均等化是使城乡居民公平可及地获得大致均等的基本公共服务的过程，是城镇化建设深入发展、城乡一体化建设稳步推进的实现手段，是促进社会公平、实现人民幸福的重要举措。构建城乡基本公共服务均等化协调发展评价体系，探索城乡基本公共服务均等化协调发展的内在联系，是全面检测城乡基本公共服务发展水平、制定有针对性的基本公共服务均等化策略的前提。

构建科学合理的城乡公共服务均等化协调发展评价体系是测度和衡量城乡基本公共服务均等化发展水平的重要基础。众多学者对基本公共服务评价体系测度进行了实证研究。从评价维度来看，多数学者以基本公共服务内容作为测度对象，如从基础设施、教育、公共文化、生态环境建设、公共卫生、科学技术、社会保障和就业方面，构建基本公共服务均等化指数，比较城乡基本公共服务发展差距并分析农村基本公共服务发展水平[280]；通过构建教育、卫生、环境、基础设施等基本公共服务指标体系评价城乡基本公共服务发展水平[281]；从教育服务、文化服务、医疗卫生服务、基础设施服务、社会保障服务和信息化服务等方面构建城乡基本公共服务均等化指标体系并测度全国各省城乡基本公共服务均等化程度及空间格局。建立地区基本公共服务指数测度体系并测度全国省级公共服务均等化水平[282]；基于基本公共服务供给评价指标体系探究中国基本公共服务供给水平的分布动态、地区差异及收敛性[283]；测度中国各省域基本公共服务供给指数，从而探究其均等化趋势的演进[284]。从协调评价角度，研究江苏省基本公共服务、经济发展的互动耦合机制和时空特征[285]；分析城乡经济均衡发展与基本公共服务均等化之间的发展状况与协调关系[286]；分析东部沿海地区人口城镇化与基本公共服务协调发展的空间特征及影响因素[287]；研究基本公共服务—城镇化—区域经济耦合协调发展的时空演化特征及其影响因素与驱动机制[288]。

总结现有研究如下：①已有研究的评价体系更多围绕基本公共服务内容展开，从单一维度进行测度，评价体系维度选取系统程度不足，缺乏对基本公共服务均等化发展过程的研究；②全国尺度下的基本公共服务均等化评价多直接测度各省域的基本公共服务水平，从单一指标进行测度，缺少体现城乡对比的评价指标，忽略了对"城乡差别"问题的反映；③基本公共服务均等化体系评价多侧重于经济发展、城镇化与基本公共服务的耦合协调关系，相对忽略了城乡基本公共服务均等化发展过程的内在联系和协调关系。因此，本书对城乡基本公共服务均等化评价体系的维度和指标进行一定的拓展，考虑到地方发展需求、城乡融合发展、城乡基本公共服务发展，由侧重于发展结果导向的城乡基本公共服务均等化发展水平测度转变为侧重于发展过程与发展结果导向的城乡基本公共服务均等化多维度协调发展水平测度。

（一）评价目的

（1）构建侧重于发展过程与发展结果导向的城乡基本公共服务均等化多维度协调发展评价体系。从城乡基本公共服务的内涵出发，深入探讨城乡基本公共服务均等化评价中的"城乡差别"核心问题，客观全面地刻画全国各省域城乡基本公共服务均等化协调发展水平及测度地区差距，以期为中国城乡基本公共服务均等化发展提供数据支撑。

（2）研究各地区城乡基本公共服务均等化的推进情况和成果，有利于各地区科学把握自身在全国的发展阶段，明确自身在推进城乡基本公共服务均等化协调发展过程中的优劣势，为各区域城乡基本公共服务下一阶段的发展提供思路。

（3）结合评价结果从区域层面提出城乡基本公共服务均等化的提升导向，为各地区城乡基本公共服务均等化相关政策的制定提供参考，以期为推进全国城乡基本公共服务均等化高质量协调发展提供科学决策依据。

（二）指标体系的构建

基本公共服务资源配置是城乡协调发展的核心。提高基本公共服务供给质量和促进城乡基本公共服务均等化发展是缩小城乡差距、促进城乡融合发展的实现手段。同时，社会结构变化作为基本公共服务发展的承载条件，影响着基本公共服务的供给结构、公共资源布局及覆盖人群。经济、社会、生态、基础设施是可持续发展的基础，而城乡多元要素的协调发展是推动城乡基本公共服务均等化发展的内生动力。基于此，本书构建"承载—支撑—发展"三个维度的城乡基本公共服务均等化协调发展评价指标体系，探索基本公共服务均等化协调发展的内在联系。该指标体系主要采用人均指标来进行测度，紧扣基本公共服务均等化的核心"促进机会均等"，反映城乡居民获得基本公共服务的公平性和可及性。采用该指标体系可深入探讨城乡基本公共服务均等化中的"城乡差别"核心问题，根据城乡差异选取能够反映城乡发展特征的可比性指标。

（1）承载维度。评价城乡基本公共服务均等化承载力，突出现实发展需求。城镇化、老龄化水平关系到城乡人口结构和人口年龄结构的变化，是影响基本公共服务总量和需求变化的重要因素。人口城镇化的高质量发展为城乡基本公共服务供给提供了良好的基础。从这一评价维度主要分析人口密度和人口结构对城乡基本公共服务均等化承载力的影响。

（2）支撑维度。评价城乡基本公共服务均等化支撑力，突出城乡协调发展。城乡融合的本质是在城乡要素自由流动、公平与共享基础上的城乡协调和一体化发展[289]，是城乡经济、社会及生态等子系统间的良好互动。从城乡经济、社会、生态、基础设施支撑中选取对城乡基本公共服务构建与推动有较强影响的指标。在经济支撑方面选取衡量城乡产业差距及反映城乡居民收入水平和消费总量差距、城乡居民消费结构差异的指标。社会支撑体现在教育、医疗健康、社会保障与就业、城乡社区事务的民生财政支出投入比例及衡量城乡居民生活水平差距的指标等方面。从生态和基础设施支撑角度选取反映城乡居民生活环境优良程度对比及体现城乡基础公共设施统筹水平的指标。

（3）发展维度。评价城乡基本公共服务均等化发展水平，突出均等化核心内涵。该指标体系围绕"幼有所育、学有所教、劳有所得、病有所医、老有所养、住有所居、弱有所扶、优军服务有保障、文体服务有保障"的民生保障目标，结合"十四五"时期社会发展与公共服务主要指标的内容，将评价内容划分为城乡教育资源均衡、城乡医疗卫生服务体系健全、城乡公共文体体系联动、城乡养老服务体系健全、城乡社会保障制度完善五个层面。城乡教育资源均衡指标体现了城乡教育资源差异、政府对城乡教育的投入和保障差距及全民受教育程度。城乡医疗卫生服务体系健全指标反映出城乡居民所能享有的医疗资源和医疗保障水平对比。城乡公共文体体系联动指标反映出城乡文化设施的服务程度和城乡文体设施的覆盖程度。城乡养老服务体系健全指标反映城乡养老资源差异和老年人口享有养老服务设施的可及性。城乡社会保障制度完善指标通过对比城乡最低生活保障统筹水平、城乡特困人员供养水平、社区综合服务覆盖程度和就业保障水平来反映城乡社会保障制度的状况。

最终构建由 3 个一级指标、9 个二级指标和 35 个三级指标构成的城乡基本公共服务均等化多维度评价指标体系，如表 4-1 所示。

表 4-1　城乡基本公共服务均等化多维度评价指标体系

一级指标	二级指标	三级指标		计算方式与单位	指标属性
		指标	内涵		
城乡基本公共服务均等化承载评价		X_1	人口密度	人/千米^2	适度
		X_2	城镇化率	%	正向
		X_3	老龄化率	%	负向

一级指标	二级指标	三级指标		计算方式与单位	指标属性
		指标	内涵		
城乡基本公共服务均等化支撑评价	城乡经济支撑	X_4	城乡二元对比系数	（第一产业产值/第一产业从业人员）/（第二、第三产业产值/第二、第三产业从业人员）	正向
		X_5	城乡居民人均可支配收入比	城镇居民人均可支配收入/农村居民人均可支配收入	适度
		X_6	城乡居民人均消费支出比	城镇居民人均消费支出/农村居民人均消费支出	适度
		X_7	城乡居民家庭恩格尔系数比	城镇居民家庭恩格尔系数/农村居民家庭恩格尔系数	适度
	城乡社会支撑	X_8	城乡民生财政支出强度	民生财政支出/地方财政一般预算	适度
		X_9	城乡居民交通通信消费支出比	城镇居民交通通信消费支出/农村居民交通通信消费支出	适度
		X_{10}	城乡居民文教娱乐支出比	城镇居民文教娱乐支出/农村居民文教娱乐支出	适度
		X_{11}	城乡居民医疗保健支出比	城镇居民医疗保健支出/农村居民医疗保健支出	适度
	城乡生态支撑	X_{12}	城乡人均公园绿地面积比	城镇人均公园绿地面积/农村人均公园绿地面积	适度
		X_{13}	城乡绿化覆盖率比	城镇绿化覆盖率/农村绿化覆盖率	适度
	城乡基础设施支撑	X_{14}	城乡人均道路面积比	城镇人均道路面积/农村人均道路面积	适度
		X_{15}	城乡供水普及比	城镇供水普及率/农村供水普及率	适度
		X_{16}	城乡燃气普及比	城镇燃气普及率/农村燃气普及率	适度
		X_{17}	城乡生活垃圾无害化处理率比	城镇生活垃圾无害化处理率/农村生活垃圾无害化处理率	适度
城乡基本公共服务均等化发展评价	城乡教育资源均衡	X_{18}	城乡小学师生比	城镇小学师生/农村小学师生	适度
		X_{19}	城乡初中师生比	城镇初中师生/农村初中师生	适度
		X_{20}	城乡小学生均一般公共预算教育经费比	城镇小学生均一般公共预算教育经费/农村小学生均一般公共预算教育经费	适度
		X_{21}	城乡初中生均一般公共预算教育经费比	城镇初中生均一般公共预算教育经费/农村初中生均一般公共预算教育经费	适度
		X_{22}	劳动人口平均受教育年限	年	正向
	城乡医疗卫生服务体系健全	X_{23}	城乡每千人口医疗卫生机构床位数比	城镇每千人口医疗卫生机构床位数/农村每千人口医疗卫生机构床位数	适度
		X_{24}	城乡每千人口卫生技术人员数比	城镇每千人口卫生技术人员数/农村每千人口卫生技术人员数	适度

续表

一级指标	二级指标	三级指标		计算方式与单位	指标属性
		指标	内涵		
城乡基本公共服务均等化发展评价	城乡公共文体体系联动	X_{25}	公共图书馆年流通人次	万次/万人	正向
		X_{26}	城乡每万人拥有群众文化设施建筑面积	平方米	正向
		X_{27}	城乡群众文化设施文化服务惠及人次	万次/万人	正向
		X_{28}	人均体育场地面积	平方米	正向
	城乡养老服务体系健全	X_{29}	城乡每千名老年人口拥有养老机构数比	城镇每千名老年人口拥有养老机构数/农村每千名老年人口拥有养老机构数	适度
		X_{30}	城乡每千名老年人口拥有养老床位数	张	正向
	城乡社会保障制度完善	X_{31}	城乡人均最低生活保障支出比	城镇人均最低生活保障支出/农村人均最低生活保障支出	适度
		X_{32}	城乡人均最低生活保障平均标准比	城镇人均最低生活保障平均标准/农村人均最低生活保障平均标准	适度
		X_{33}	城乡特困人员供养支出水平比	城镇特困人员供养支出水平/农村特困人员供养支出水平	适度
		X_{34}	城乡社区综合服务设施覆盖率比	城镇社区综合服务设施覆盖率/农村社区综合服务设施覆盖率	适度
		X_{35}	城乡失业保险覆盖率	参保城乡失业保险人数/常住人口（%）	正向

三、省域城乡基本公共服务均等化评价维度及指标①

（一）城乡基本公共服务均等化承载维度

评价各省域人口密度、城镇化率、老龄化率，以测度城乡基本公共服务承载力（图4-1）。

X_1人口密度为单位土地面积上的常住人口数量。人口密度在一定程度上会影响城乡基本公共服务供给的规模和成本，既影响地区公共服务的承载力水平，又影响公共服务体系的投入效率。人口密度为适度指标，取平均值为标准值，即460.19人/千米²。全国平均人口密度为460.19人/千米²。上海、北京、天津人口众多、面积小，人口密度大，其中上海人口密度远超其他各地，为3829.87人/千米²，江苏、广东、山东也相对较高。西藏、青海、新疆、内蒙古、甘肃人口数量少、面积广，人口密度低。

X_2城镇化率为城镇人口占总人口（包括农业与非农业人口）的比重。城

---

① 本书相关统计数据及资料主要来自2019年各地统计年鉴，暂缺台湾、香港和澳门的相关数据，因此仅对31个省份的相关数据进行分析。

镇化水平往往与经济发展水平呈正相关，城镇化进程越快，城乡基本公共服务供给公共资源的倾向性越明显。城镇化率为正向指标，指标值越大说明承载力越高。城镇化率较高的省份为上海、北京、天津、广东、江苏，城镇化率较低的省份为西藏、甘肃、云南、贵州、广西。全国平均城镇化率为60.85%。

X_3 老龄化率为60岁以上人口占常住人口的比重。老年人群是城乡基本公共服务体系的重点关注对象，人口老龄化程度越高，养老、医疗等公共服务体系的压力越大，城乡基本公共服务承载力越低。老龄化率为负向指标。老龄化率较高的省份为辽宁、上海、黑龙江、吉林、重庆，老龄化率较低的省份为西藏、新疆、青海、广东、宁夏。全国平均老龄化率为18.26%。

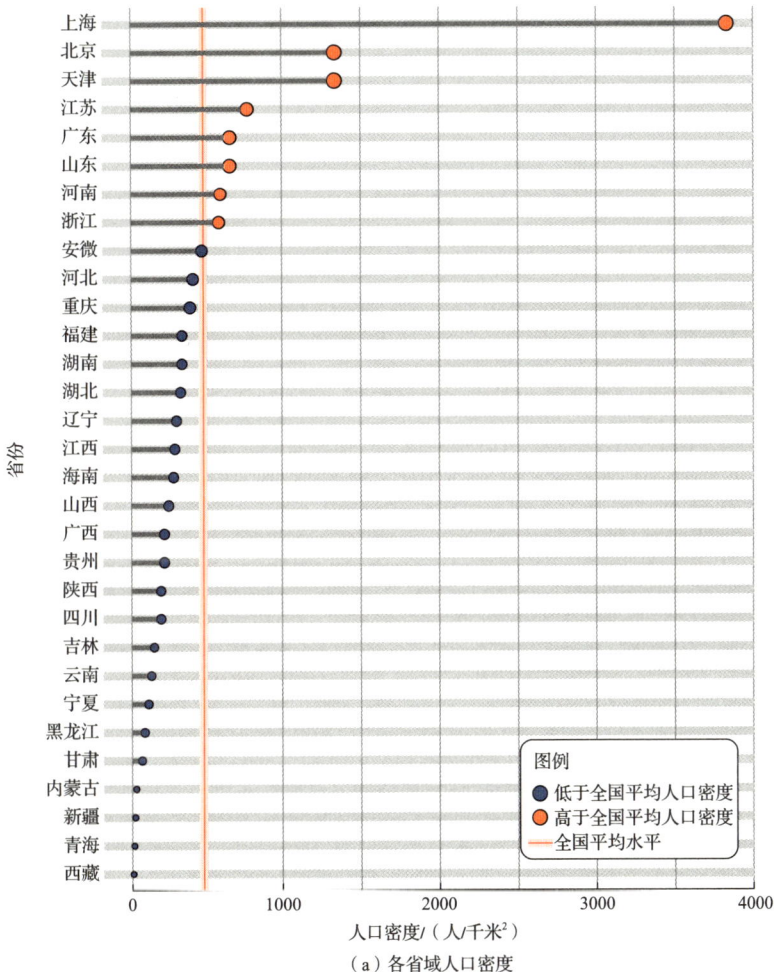

（a）各省域人口密度

图4-1 城乡基本公共服务均等化承载维度分析

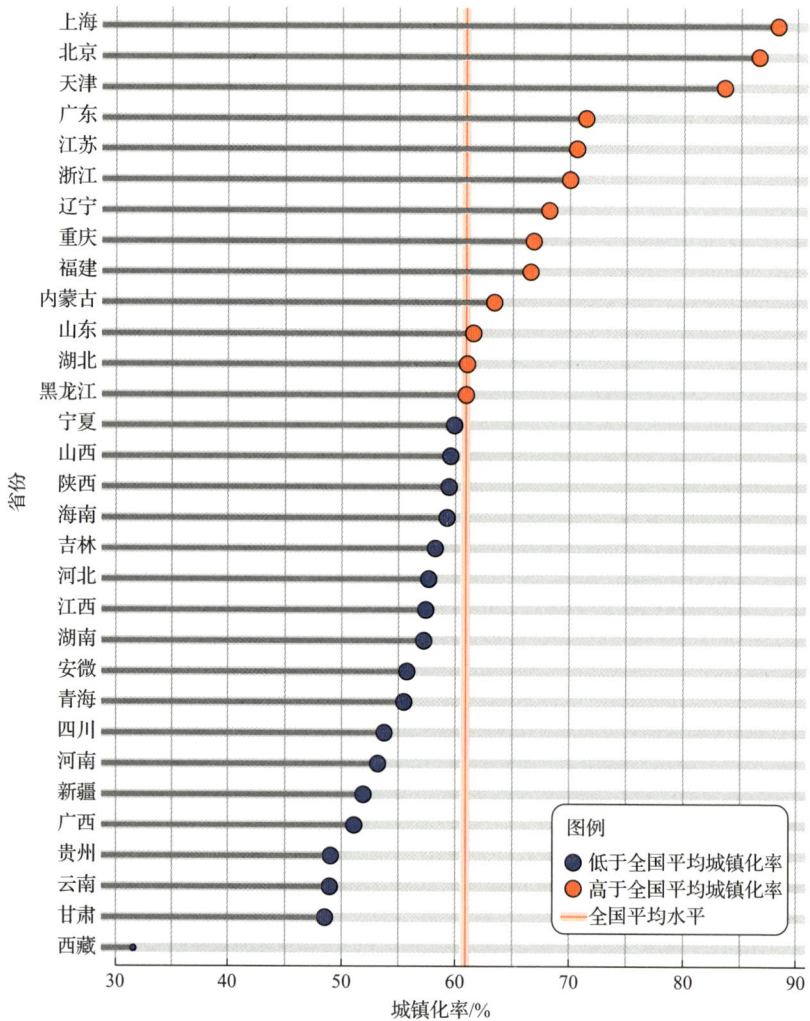

（b）各省域城镇化率

图 4-1（续）

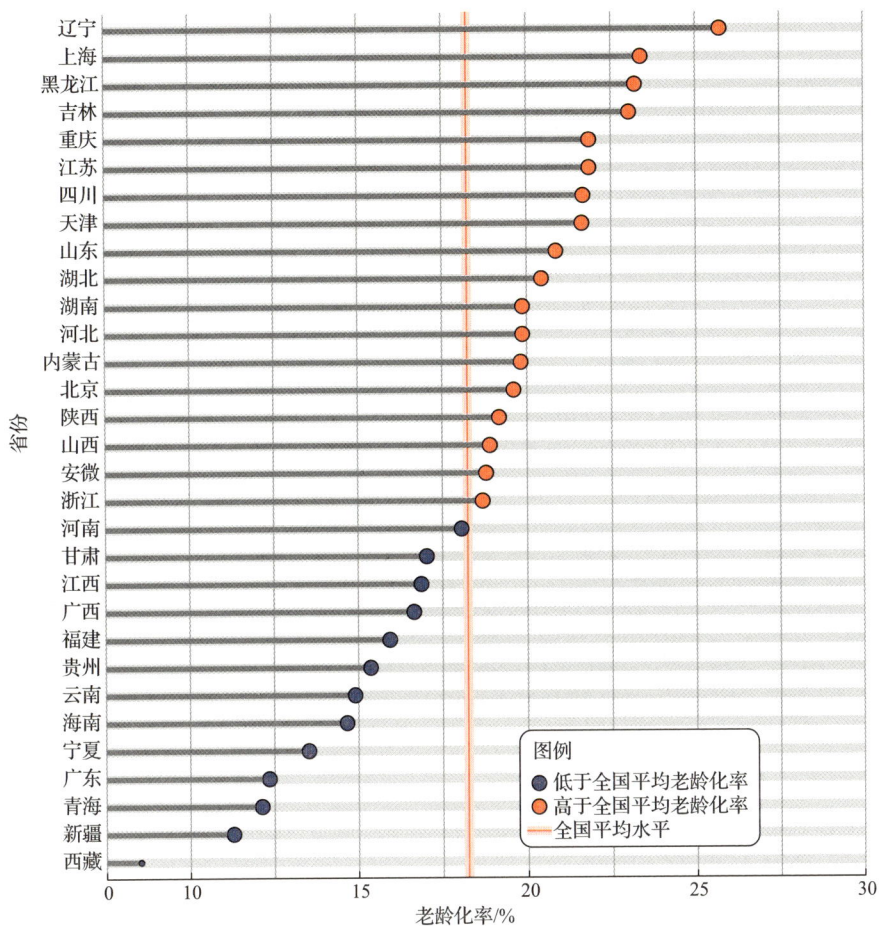

（c）各省域老龄化率

图 4-1（续）

（二）城乡基本公共服务均等化支撑维度

1. 城乡经济支撑

评价各省域城乡二元对比系数、城乡居民人均可支配收入比、城乡居民人均消费支出比、城乡居民家庭恩格尔系数比，以表征城乡经济支撑水平（图 4-2）。

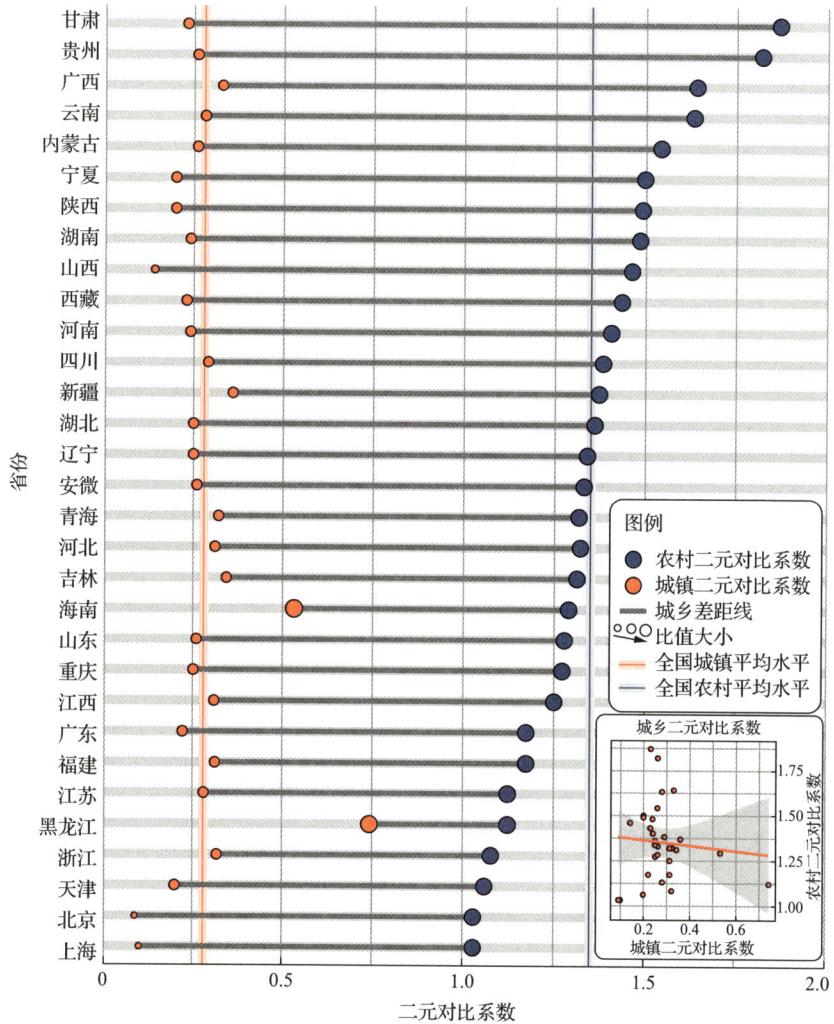

（a）各省域城乡二元对比系数

图 4-2　城乡经济支撑分析

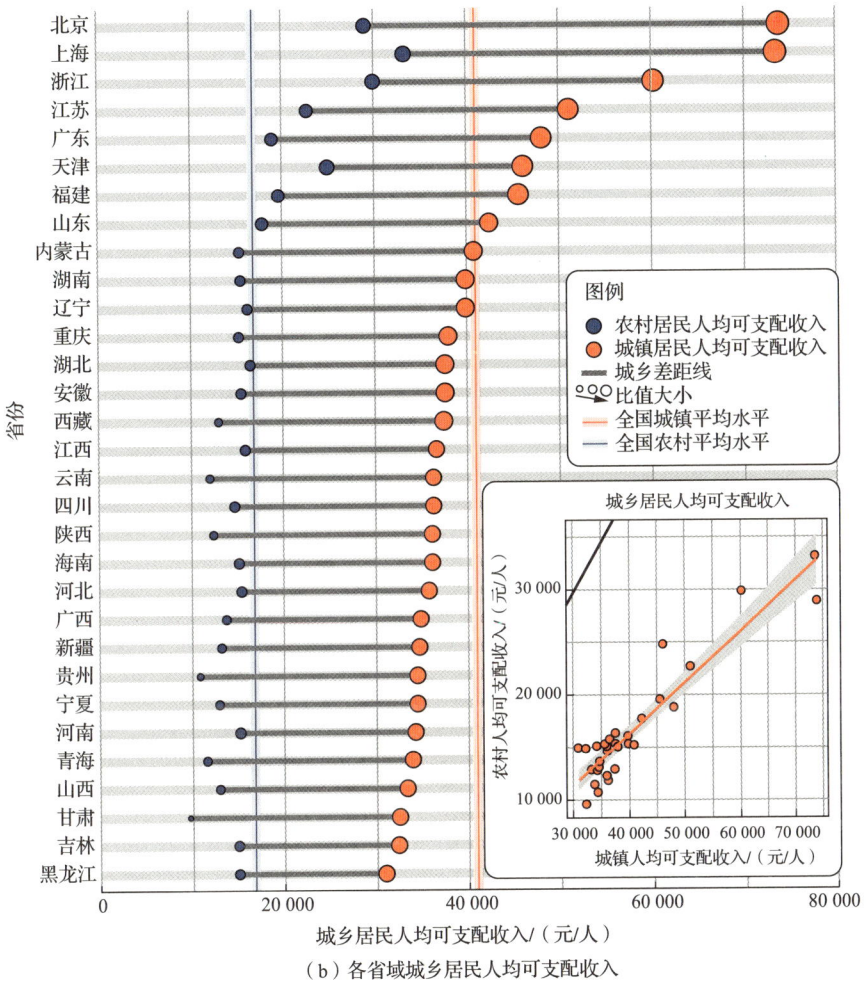

（b）各省域城乡居民人均可支配收入

图 4-2（续）

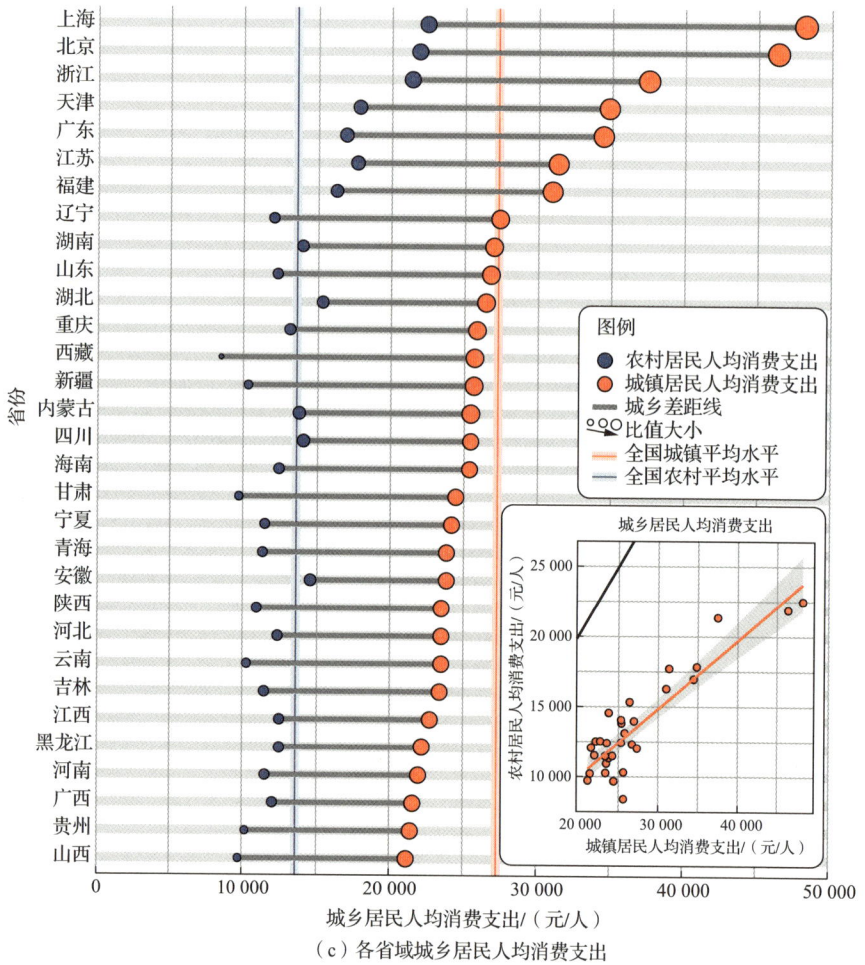

（c）各省域城乡居民人均消费支出

图 4-2（续）

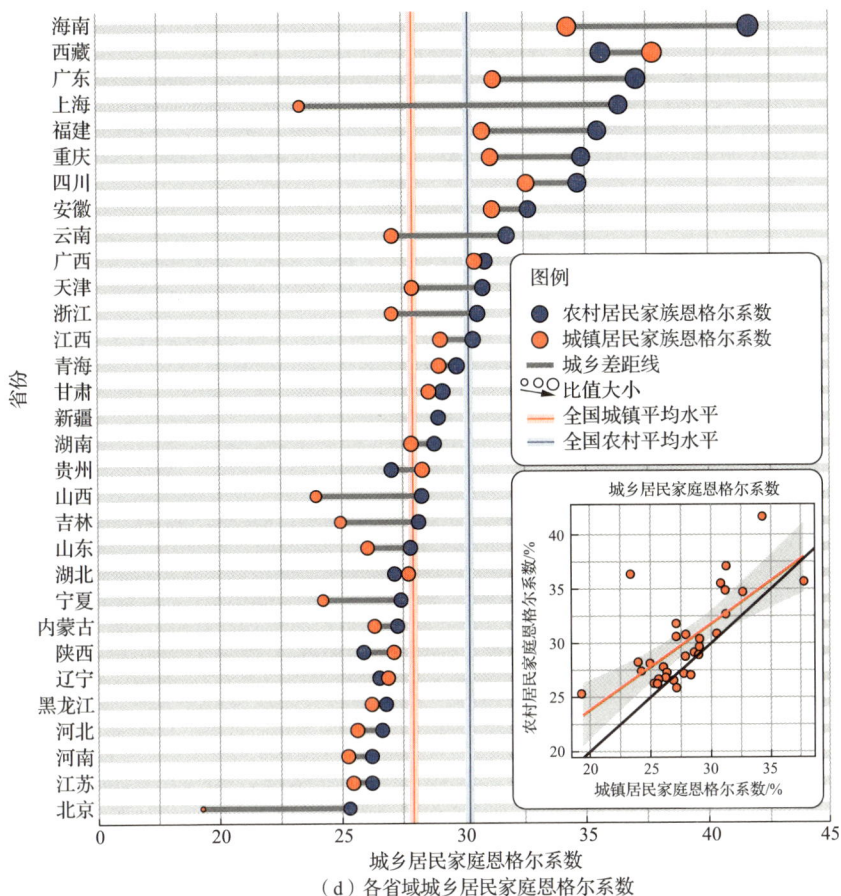

图 4-2（续）

X_4 城乡二元对比系数采用"（第一产业产值/第一产业从业人员）/（第二、第三产业产值/第二、第三产业从业人员）"进行计算。城乡二元对比系数是测度城乡产业生产率的重要指标，为正向指标，其值越小说明城乡二元经济结构越明显，城乡经济融合水平越低。全国平均二元对比系数为0.21。黑龙江、海南、浙江、福建、新疆二元对比系数较大，城乡经济融合水平较高。北京、山西、上海、甘肃二元对比系数较小。

X_5 城乡居民人均可支配收入比采用"城镇居民人均可支配收入/农村居民人均可支配收入"进行计算，反映城乡收入水平的差距，为适度指标，指标值越接近1,表明城乡居民在消费水平上的差异越小。城镇人均可支配收入排名前列的省份为北京、上海、浙江、江苏、广东;农村人均可支配收入排名前列的省份为上海、浙江、北京、天津、江苏。全国平均城乡居民人均可支配收入比为2.51。天津、浙江、黑龙江、吉林、上海的城乡人均可支配收入相对均衡,甘肃、贵州、云南、青海、陕西城乡人均可支配收入差距较大。

X_6城乡居民人均消费支出比采用"城镇居民人均消费支出/农村居民人均消费支出"进行计算,反映城乡居民在消费总量和生活质量上的差距,为适度指标,指标值越接近1,表明城乡居民在消费水平上的差异越小。城镇居民人均消费支出排名前列的省份为上海、北京、浙江、天津、广东;农村居民人均消费支出排名前列的省份为上海、北京、浙江、天津、江苏。全国平均城乡居民人均消费支出比为2.04。安徽、湖北、浙江、江苏、黑龙江的城乡居民人均消费支出相对均衡,西藏、甘肃、新疆、云南、辽宁的城乡居民人均消费支出差距较大。

X_7城乡居民家庭恩格尔系数比采用"城镇居民家庭恩格尔系数/农村居民家庭恩格尔系数"进行计算。恩格尔系数是衡量家庭富裕程度的一个基础指标,其值越小,说明食品需求在总需求中所占的比重越小,居民生活水平越高。城乡居民家庭恩格尔系数比可以在一定程度上衡量城乡居民生活水平差距和消费结构差异。该指标为适度指标,指标值越接近1,表明城乡居民在生活水平上的差距越小。城镇居民家庭恩格尔系数较低的省份为北京、上海、山西、宁夏、吉林;农村居民家庭恩格尔系数较低的省份为北京、陕西、江苏、河南、辽宁。全国平均城乡居民家庭恩格尔系数比为0.93。新疆、广西、黑龙江、甘肃、青海的城乡居民家庭恩格尔系数比较为均衡,大多数省份的城镇居民家庭恩格尔系数小于农村居民家庭恩格尔系数。

2. 城乡社会支撑

评价各省域城乡民生财政支出强度、城乡居民交通通信消费支出比、城乡居民文教娱乐支出比、城乡居民医疗保健支出比,以表征城乡社会支撑水平(图4-3)。

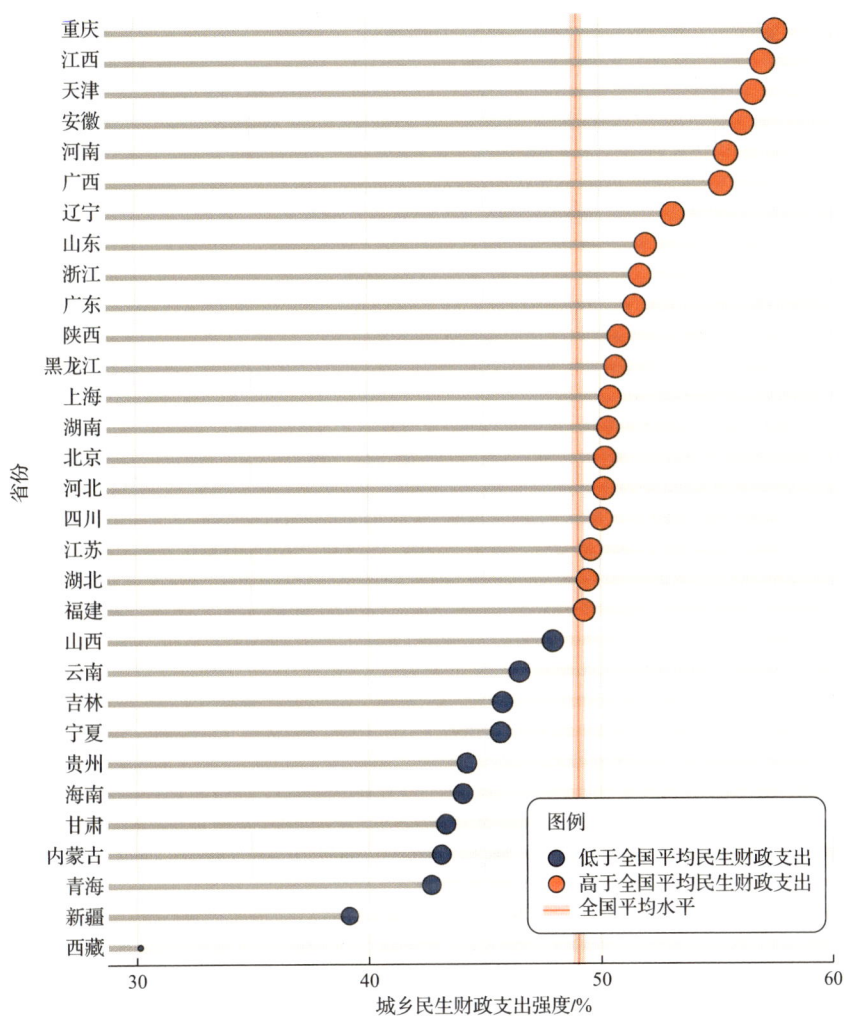

（a）各省域城乡民生财政支出强度

图 4-3　城乡社会支撑分析

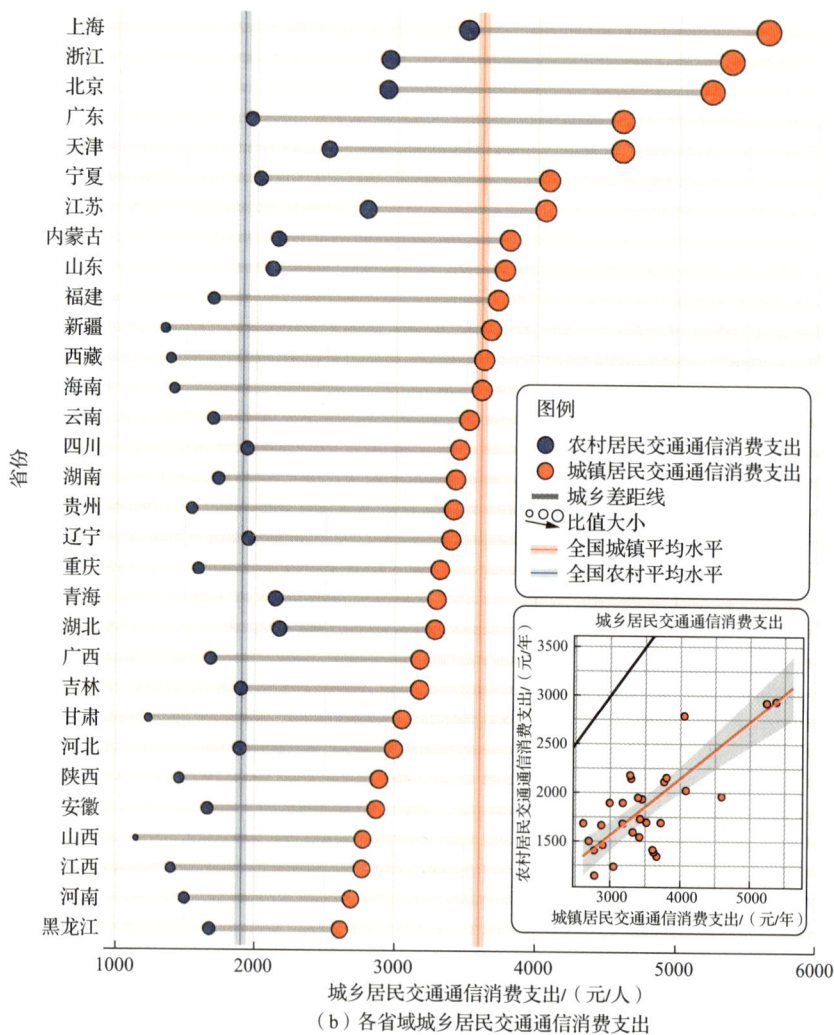

（b）各省域城乡居民交通通信消费支出

图 4-3（续）

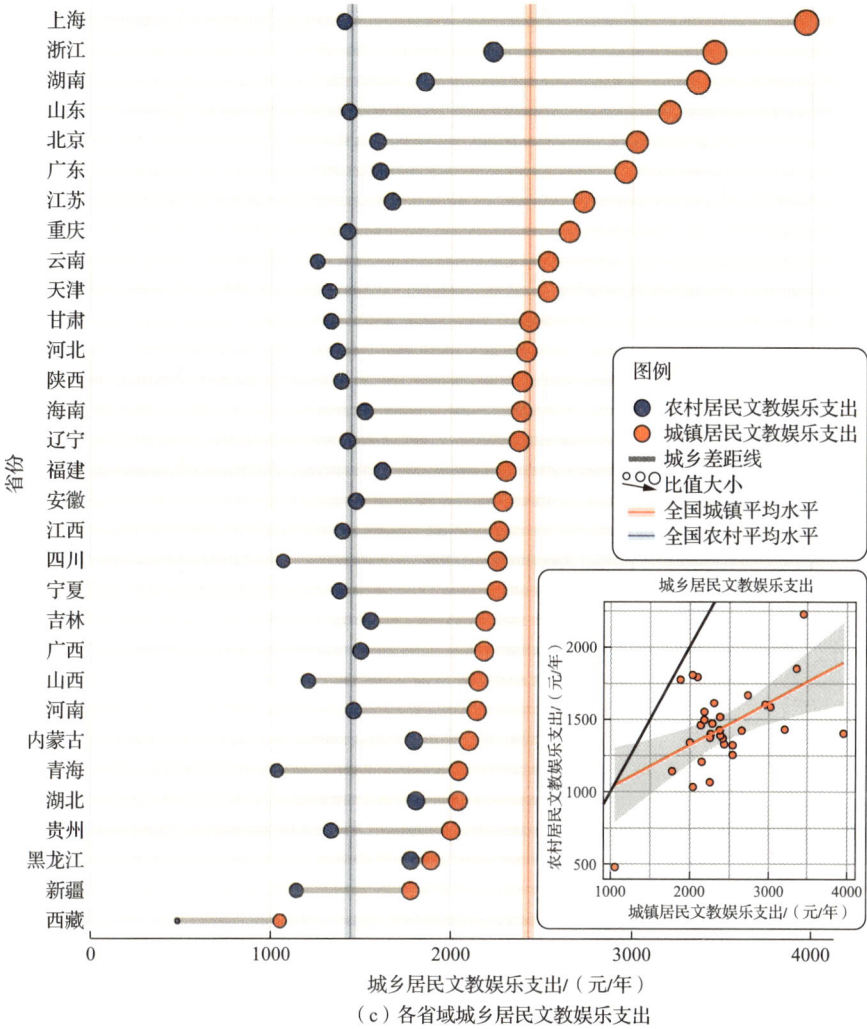

（c）各省域城乡居民文教娱乐支出

图 4-3（续）

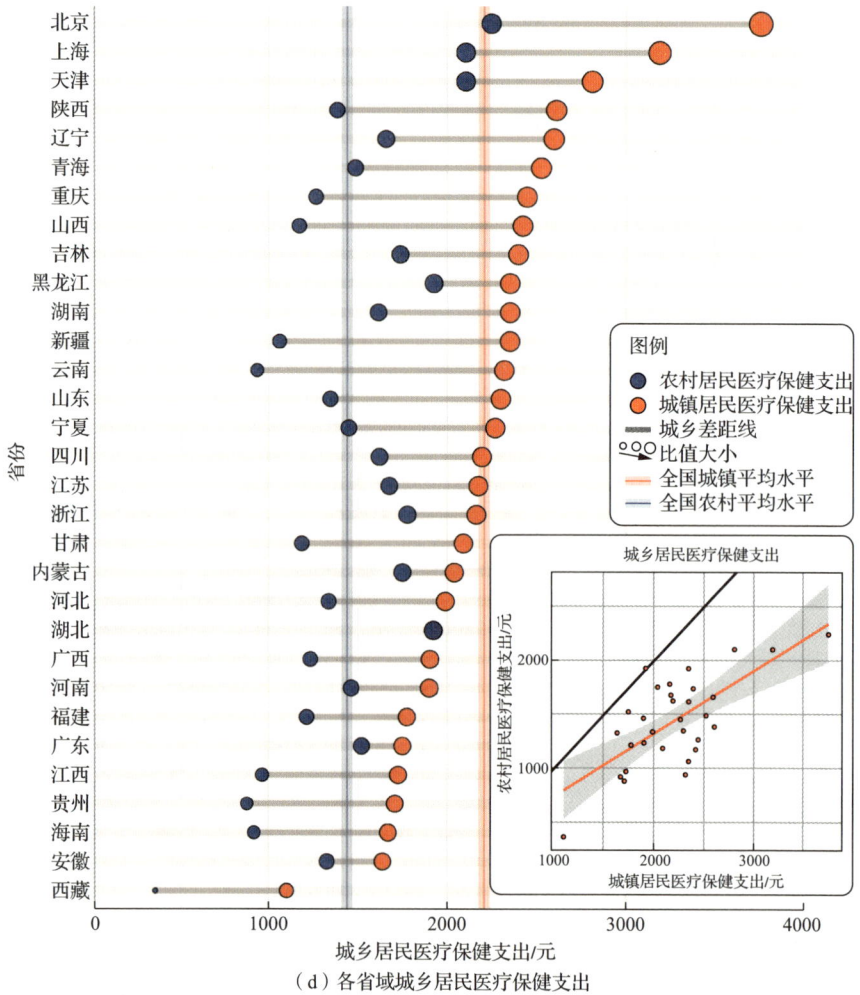

（d）各省域城乡居民医疗保健支出

图 4-3（续）

X_8 城乡民生财政支出强度采用"民生财政支出/地方财政一般预算"进行计算。城乡民生财政支出强度越高，说明城乡民生财政投入越大，社会民生发展和城乡基本公共服务均等化进程越快，为适度指标。重庆、江西、天津、安徽、河南城乡民生财政支出强度较高；城乡民生财政支出强度排名靠后的省份为西藏、新疆、青海、内蒙古、甘肃。全国平均城乡民生财政支出强度为 49.03%。

X_9 城乡居民交通通信消费支出比采用"城镇居民交通通信消费支出/农村居民交通通信消费支出"进行计算,是衡量城乡居民社会生活质量均衡程度的指标之一,为适度指标,指标值越接近 1,表明城乡居民人均交通通信消费差距越小。城镇居民交通通信消费支出排名前列的省份为上海、浙江、北京、广东、天津;农村居民交通通信消费支出排名前列的省份为上海、浙江、北京、江苏、天津。全国平均城乡居民交通通信消费支出比为 1.95。江苏、湖北、青海、黑龙江、河北城乡居民交通通信消费支出相对均衡,新疆、西藏、海南、甘肃、山西城乡居民交通通信消费支出差距较大。

X_{10} 城乡居民文教娱乐支出比采用"城镇居民文教娱乐支出/农村居民文教娱乐支出"进行计算,反映城乡家庭在文教娱乐方面的差异化支出,体现了文化活动的选择性与品质性,为适度指标,指标值越接近 1,表明城乡居民在文教娱乐方面的支出差距越小。城镇居民文教娱乐支出排名前列的省份为上海、浙江、湖南、山东、北京;农村居民文教娱乐支出排名前列的省份为浙江、湖南、湖北、内蒙古、黑龙江。全国平均城乡居民文教娱乐支出比为 1.72。黑龙江、湖北、内蒙古、吉林、福建城乡居民文教娱乐支出相对均衡,上海、山东、西藏、四川、云南城乡居民文教娱乐支出差距较大。全国各省份城镇居民文教娱乐支出均高于农村居民文教娱乐支出。

X_{11} 城乡居民医疗保健支出比采用"城镇居民医疗保健支出/农村居民医疗保健支出"进行计算,用于有效衡量城乡居民医疗卫生消费的差距,从侧面反映社会医疗服务的均等化程度,为适度指标,指标值越接近 1,表明城乡居民医疗服务均等化程度越高。城镇居民医疗保健支出排名前列的省份为北京、上海、天津、陕西、辽宁;农村居民医疗保健支出排名前列的省份为北京、天津、上海、黑龙江、湖北。全国平均城乡居民医疗保健支出比为 1.62。湖北、广东、内蒙古、浙江、黑龙江城乡居民医疗保健支出相对均衡,西藏、云南、新疆、山西、贵州城乡居民医疗保健支出差别较大。

3. 城乡生态支撑

评价各省域城乡人均公园绿地面积比和城乡绿化覆盖率比,以表征城乡生态支撑水平(图 4-4)。

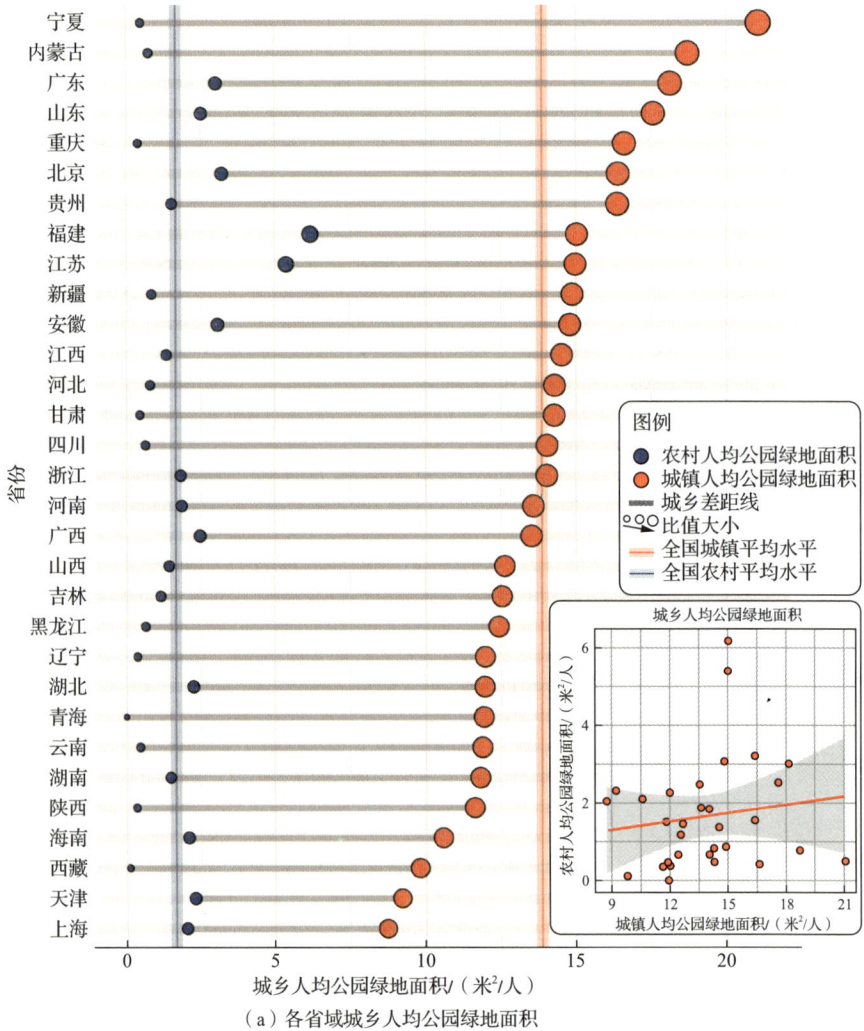

（a）各省域城乡人均公园绿地面积

图 4-4　城乡生态支撑分析

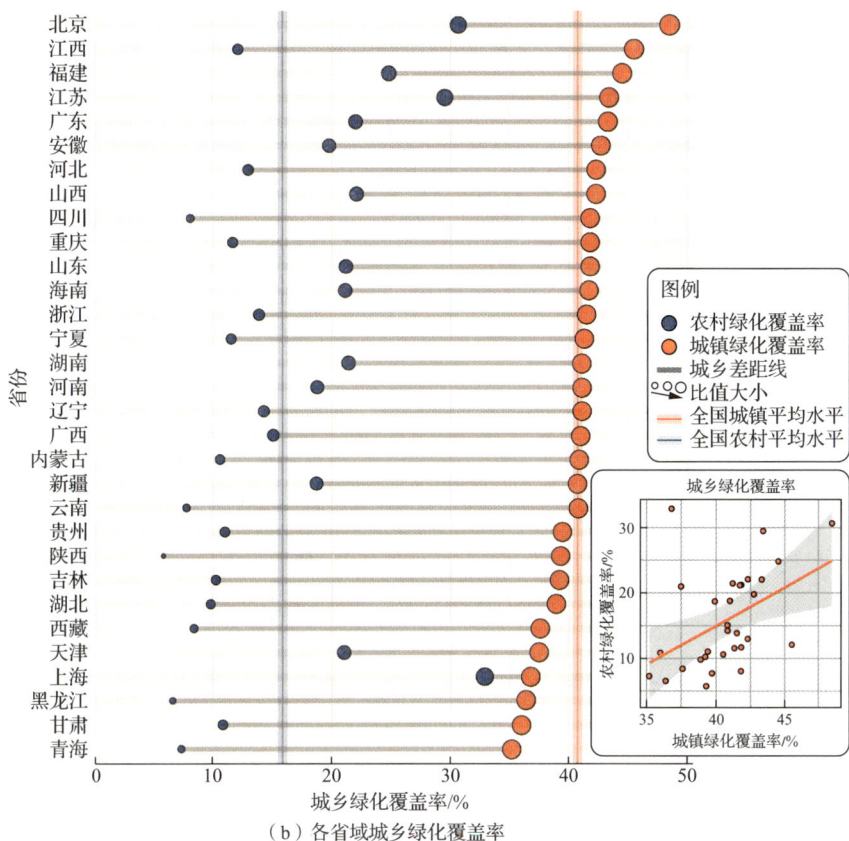

（b）各省域城乡绿化覆盖率

图 4-4（续）

X_{12} 城乡人均公园绿地面积比采用"城镇人均公园绿地面积/农村人均公园绿地面积"进行计算。城乡人均公园绿地面积越大，说明生态环境质量越好。该比值可以反映城乡生态环境质量对比，为适度指标，指标值越接近 1，表明城乡生态支撑水平差距越小。城镇人均公园绿地面积排名前列的省份为宁夏、内蒙古、广东、山东、重庆；农村人均公园绿地面积排名前列的省份为福建、江苏、北京、安徽、广东。全国平均城乡人均公园绿地面积比为16.89。福建、江苏、天津、上海、安徽城乡人均公园绿地面积差距小，西藏、宁夏、重庆、陕西、辽宁城乡人均公园绿地面积差距较大。

X_{13} 城乡绿化覆盖率比采用"城镇绿化覆盖率/农村绿化覆盖率"进行计算。绿化覆盖率越高，说明地区生态环境越好。该比值可以反映城乡居民生活环境的优良程度对比，为适度指标，指标值越接近 1，表明城乡生态支撑水平差距越小。城镇绿化覆盖率排名前列的省份为北京、江西、福建、江苏、广东；农村绿化覆盖率排名前列的省份为上海、江苏、北京、福建、山西。全国平均城乡绿化覆盖率比为3.13。上海、江苏、北京、天津、福建城乡绿化覆盖率差距较小，陕西、黑龙江、四川、云南、青海城乡绿化覆盖率差距较大。

4. 城乡基础设施支撑

评价各省域城乡人均道路面积比、城乡供水普及率比、城乡燃气普及率比和城乡生活垃圾无害化处理率比，以表征城乡基础设施统筹水平（图4-5）。

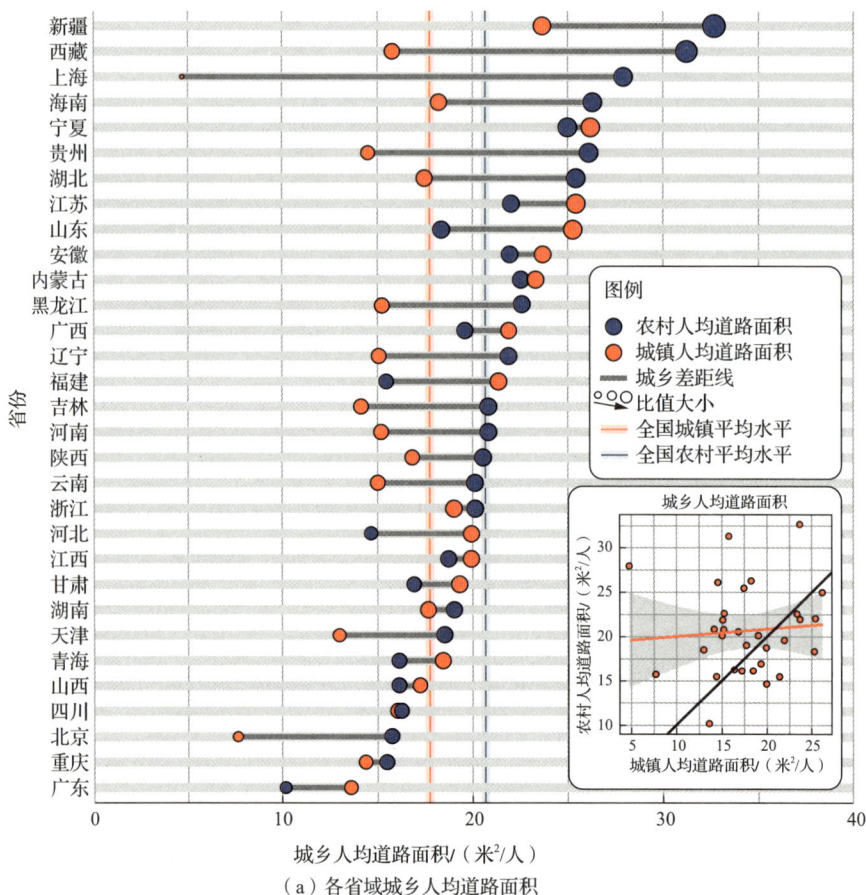

（a）各省域城乡人均道路面积

图4-5　城乡基础设施分析

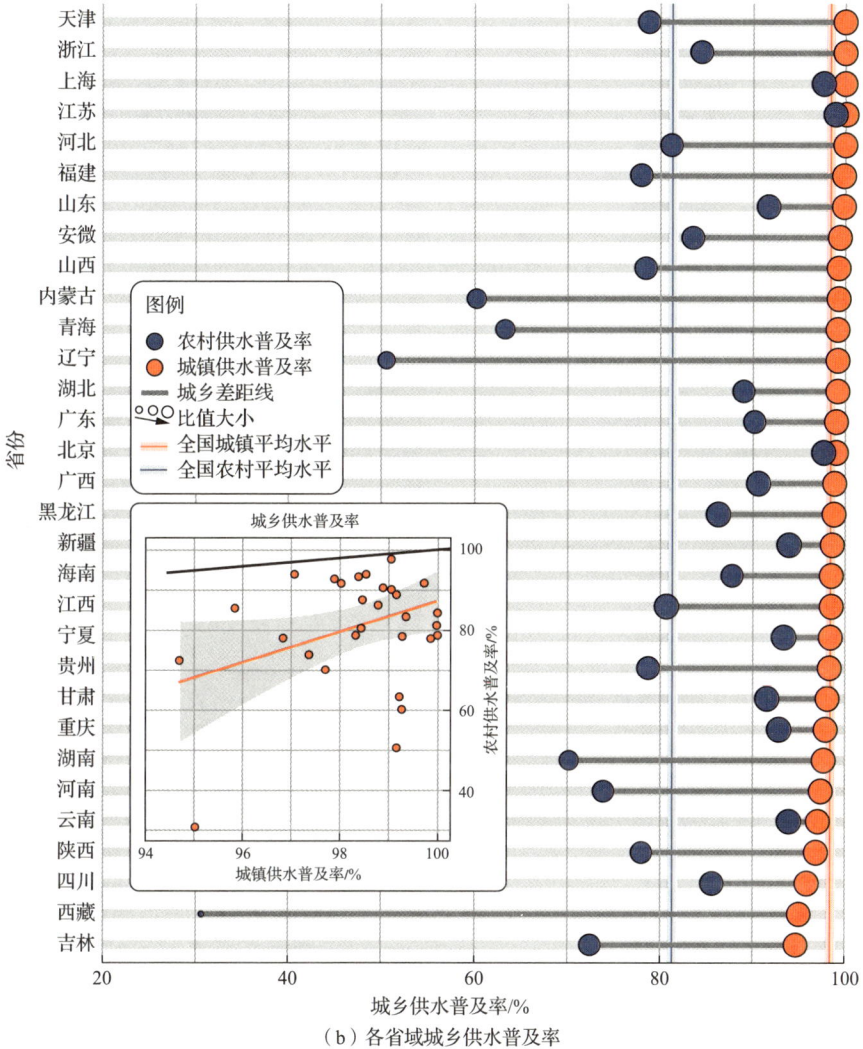

（b）各省域城乡供水普及率

图 4-5（续）

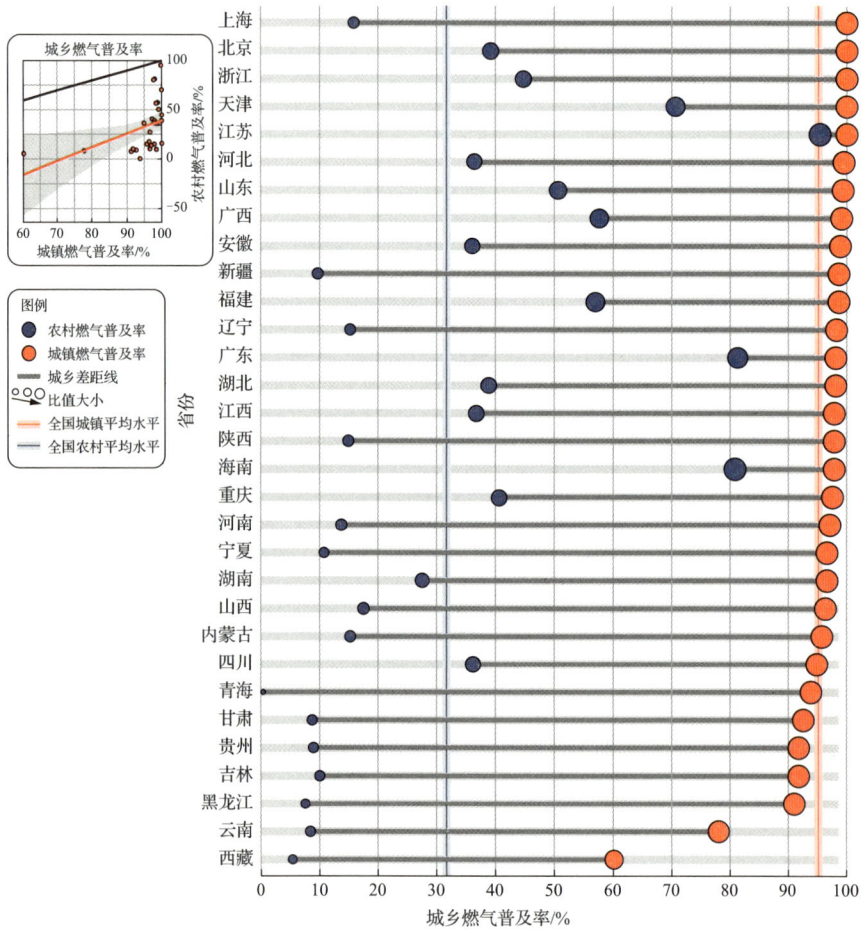

（c）各省域城乡燃气普及率

图 4-5（续）

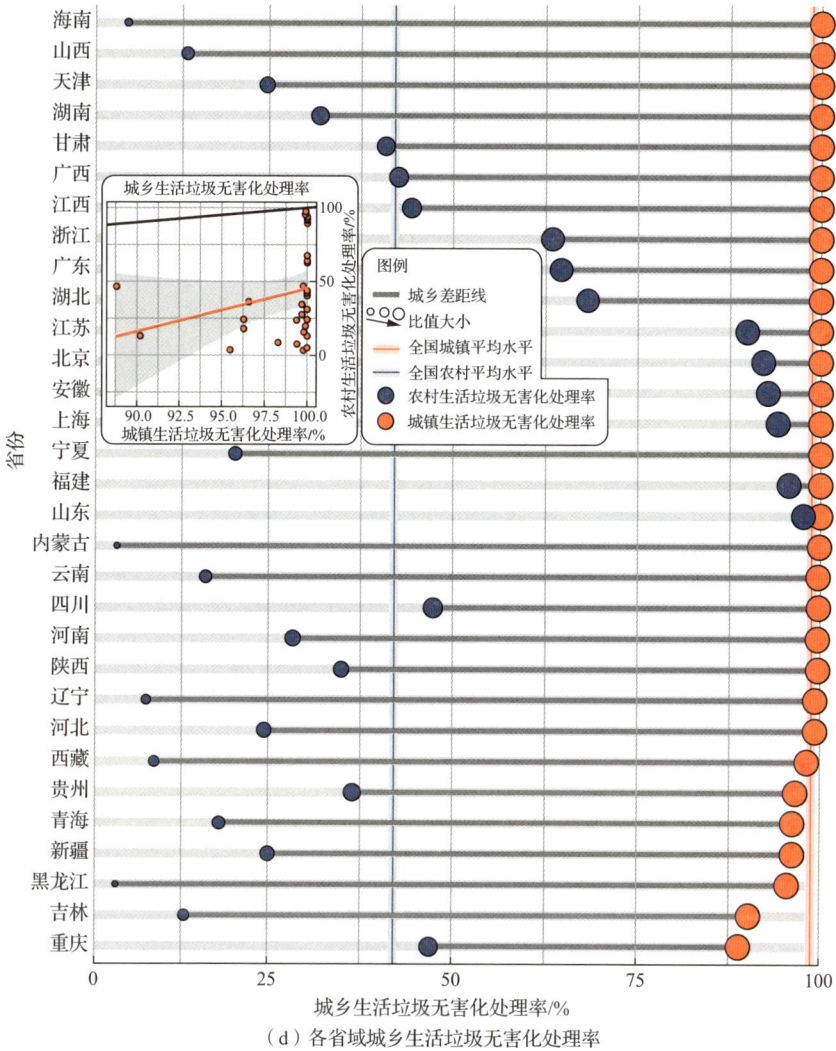

（d）各省域城乡生活垃圾无害化处理率

图 4-5（续）

X_{14} 城乡人均道路面积比采用"城镇人均道路面积 /农村人均道路面积"进行计算，反映出城乡基础设施的建设水平。城乡基础设施越完善，城乡对资源的吸引力越大，现代化水平越高。城乡人均道路面积比为适度指标，指标值越接近 1，表明城乡基础设施统筹水平差距越小。城镇人均道路面积排名前列的省份为宁夏、江苏、山东、安徽、新疆；农村人均道路面积排名前列的省份为新疆、西藏、上海、海南、贵州。全国平均城乡人均道路面积比为 0.90。四川、内蒙古、宁夏、浙江、江西城乡人均道路面积差距较小，上海、北京、西藏、贵州、黑龙江城乡人均城市道路面积差距较大。

X_{15} 城乡供水普及率比采用"城镇供水普及率/农村供水普及率"进行计算，反映城乡居民供水保障水平的对比，为适度指标，指标值越接近1，表明城乡基础设施统筹水平差距越小。自来水在城镇地区已经基本全面普及，而全国农村地区自来水普及率平均值为 81.49%。城镇自来水普及率较高的省份为天津、浙江、上海、江苏、河北；农村自来水普及率较高的省份为江苏、北京、上海、云南、新疆。江苏、北京、上海、云南、新疆城乡自来水普及率差距较小，西藏、辽宁、内蒙古、青海、湖南城乡自来水普及率差距大。

X_{16} 城乡燃气普及率比采用"城镇燃气普及率/农村燃气普及率"进行计算，反映城乡居民生活生产重要资源的有效保障程度的对比，为适度指标，指标值越接近1，表明城乡基础设施统筹水平差距越小。燃气在城镇地区已经基本全面普及，而全国农村地区燃气普及率平均值仅为 32.05%。城镇燃气普及率较高的省份为上海、北京、浙江、天津、江苏；农村燃气普及率较高的省份为江苏、广东、海南、天津、广西。江苏、广东、海南、天津、广西城乡燃气普及率差距小，青海、黑龙江、西藏、甘肃、贵州城乡燃气普及率差距大。

X_{17} 城乡生活垃圾无害化处理率比采用"城镇生活垃圾无害化处理率/农村生活垃圾无害化处理率"进行计算，反映城乡环境治理效果及宜居程度的对比，为适度指标，指标值越接近1，表明城乡基础设施统筹水平差距越小。生活垃圾无害化处理率在城镇地区较高，而全国农村平均生活垃圾无害化处理率为 41.57%。全国平均城乡生活垃圾无害化处理率比为 5.72。山东、福建、上海、安徽、北京城乡生活垃圾无害化处理率比差距小，黑龙江、内蒙古、海南、辽宁、西藏城乡生活垃圾无害化处理率比差距较大。

（三）城乡基本公共服务均等化发展维度

1. 城乡教育资源均衡

评价各省域城乡小学师生比、城乡初中师生比、城乡小学生均一般公共预算教育经费比、城乡初中生均一般公共预算教育经费比和劳动人口平均受教育年限，以表征城乡教育资源均衡程度（图4-6）。

X_{18} 城乡小学师生比采用"城镇小学师生比 / 农村小学师生比"进行计算，反映城乡教育资源的差异，是衡量城乡教育资源均等化的基本指标。该指标为适度指标，指标值越接近1，表明城乡在教育资源方面的差距越小。全国平均城乡小学师生比为0.69。黑龙江、青海、江苏、吉林、北京城乡小学师生比相对均衡，广东、辽宁、江西、山东、陕西城乡小学师生比差距较大。

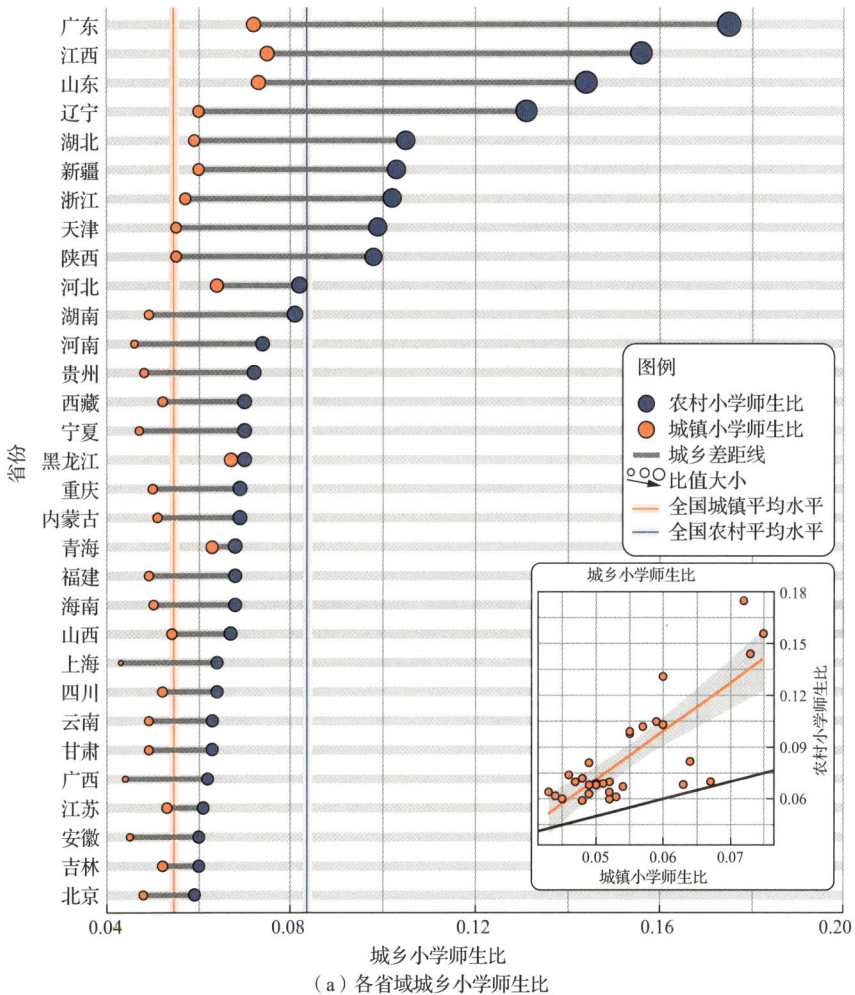

（a）各省域城乡小学师生比

图4-6 城乡教育资源分析

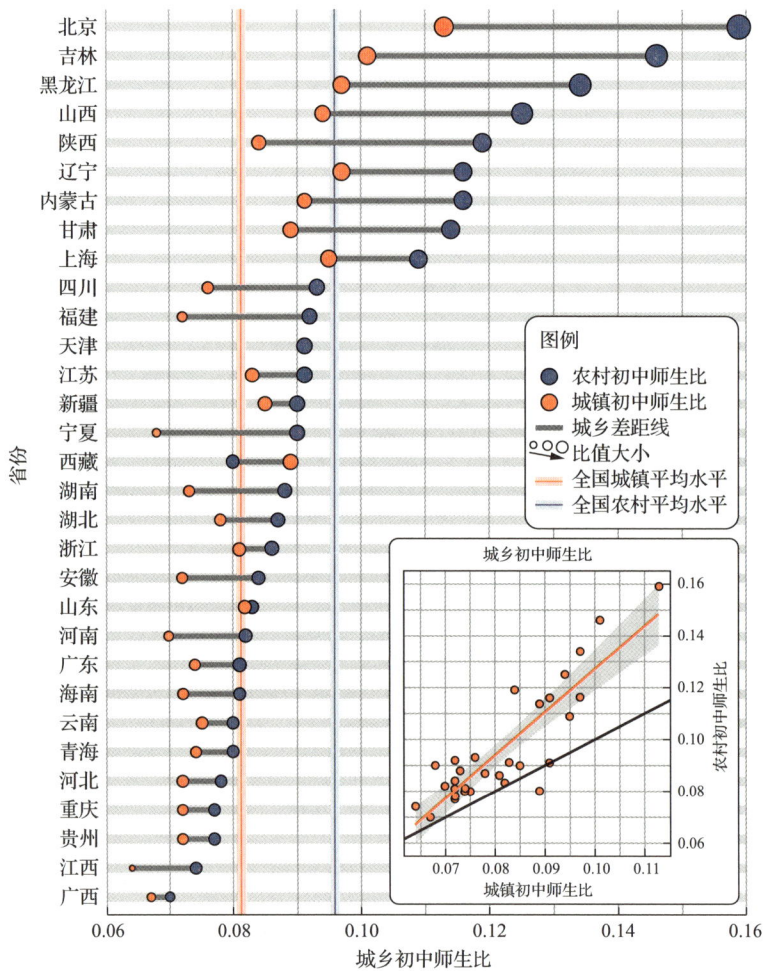

（b）各省域城乡初中师生比

图 4-6（续）

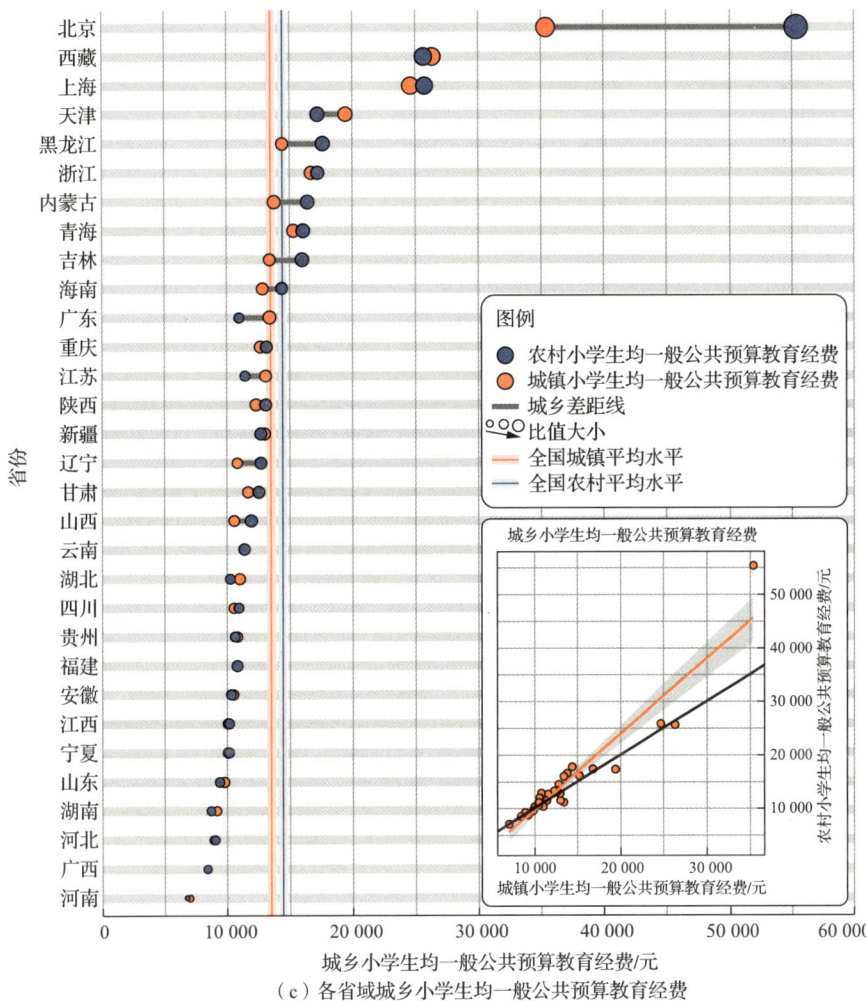

（c）各省域城乡小学生均一般公共预算教育经费

图 4-6（续）

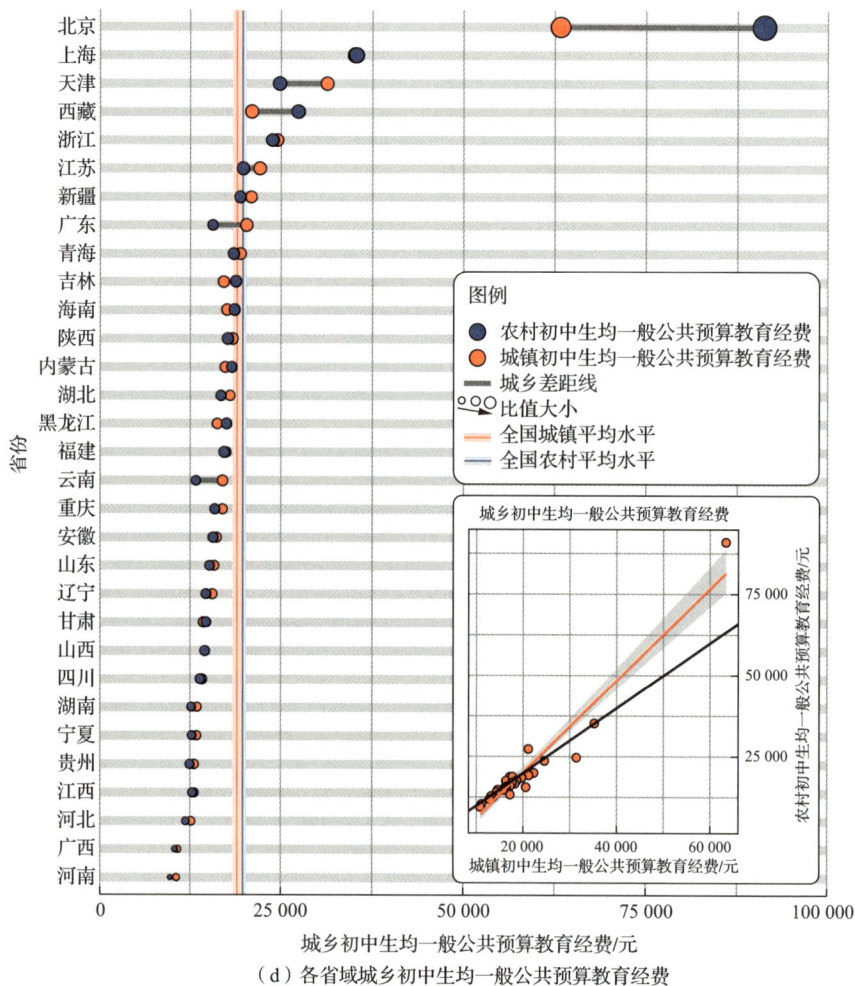

（d）各省域城乡初中生均一般公共预算教育经费

图 4-6（续）

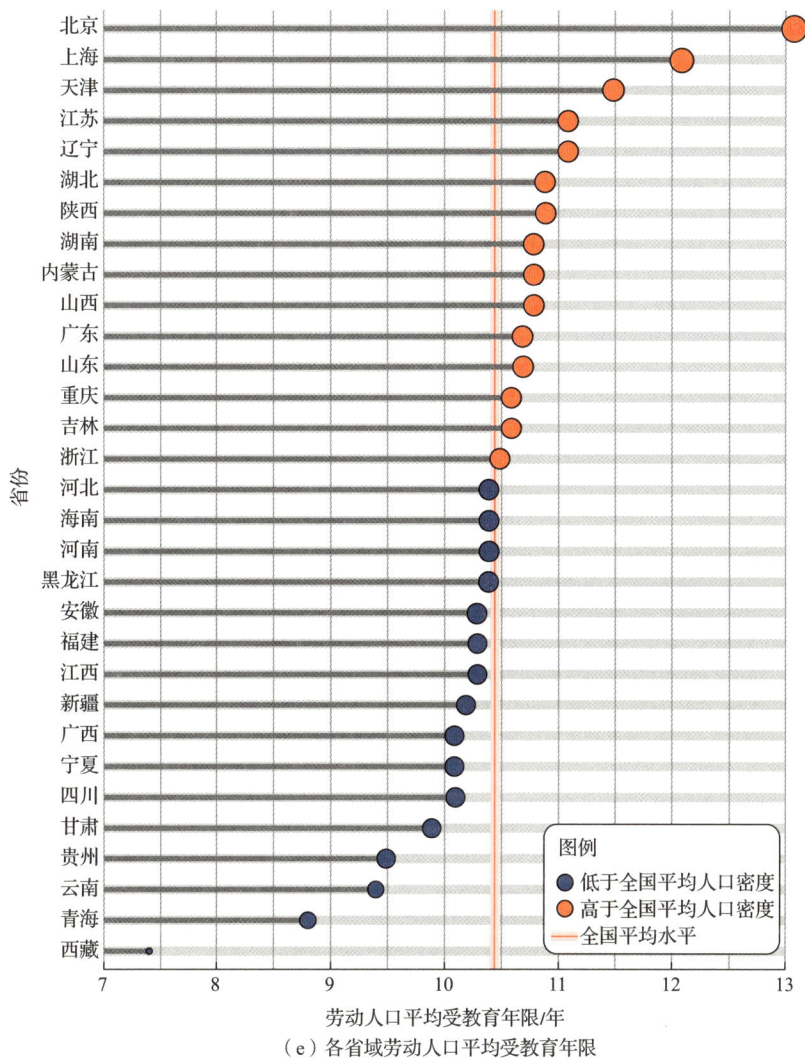

（e）各省域劳动人口平均受教育年限

图 4-6（续）

X_{19} 城乡初中师生比采用"城镇初中师生比/农村初中师生比"进行计算，反映城乡教育资源的差异，是衡量城乡教育资源均等化的基本指标。该指标为适度指标，指标值越接近1，表明城乡教育资源的差距越小。全国平均城乡初中师生比为 0.86。天津、山东、广西、重庆、新疆城乡初中师生比相对均衡，吉林、北京、陕西、黑龙江、山西城乡初中师生比差距较大。

X_{20} 城乡小学生均一般公共预算教育经费比采用"城镇小学生均一般公共预算教育经费/农村小学生均一般公共预算教育经费"进行计算，反映政府对城乡义务小学教育的投入和保障条件的差距。该指标为适度指标，指标值越接近1，表明城乡教育投入和保障条件越均等。城镇小学生均一般公共预算教育经费排名前列的省份为北京、西藏、上海、天津、浙江；农村小学生均一般公共预算教育经费排名前列的省份为北京、上海、西藏、天津、黑龙江。全国平均城乡小学生均一般公共预算教育经费比为0.94。上海、山西、福建、四川、江西城乡小学生均一般公共预算教育经费相对均衡，北京、广东、云南、天津、西藏城乡小学生均一般公共预算教育经费差距较大。

X_{21} 城乡初中生均一般公共预算教育经费比采用"城镇初中生均一般公共预算教育经费/农村初中生均一般公共预算教育经费"进行计算，反映出政府对城乡义务初中教育的投入和保障条件的差距。该指标为适度指标，指标值越接近1，表明城乡教育投入和保障条件越均等。城镇初中生均一般公共预算教育经费排名前列的省份为北京、上海、天津、浙江、江苏；农村初中生均一般公共预算教育经费排名前列的省份为北京、上海、天津、浙江、西藏。全国平均城乡初中生均一般公共预算教育经费比为0.97。福建、广西、云南、宁夏、河北城乡初中生均一般公共预算教育经费比相对均衡，北京、广东、黑龙江、吉林、内蒙古城乡初中生均一般公共预算教育经费比差距较大。

X_{22} 劳动人口平均受教育年限为劳动人口接受学历教育的年限总和的平均数，反映全民受教育程度，是体现国民素质和人力资源开发水平的综合指标，为正向指标。劳动人口平均受教育年限越高，说明公共教育服务质量和公平程度越高。全国各省份劳动人口平均受教育年限差距较大，平均年限为10.46年。其中，劳动人口平均受教育年限排名前列的省份为北京、上海、天津、江苏、辽宁。西藏、青海、云南、贵州、甘肃劳动人口平均受教育年限低于全国平均水平。

2. 城乡医疗卫生服务体系健全

评价各省域城乡每千人口医疗卫生机构床位数比、城乡每千人口卫生技术人员数比，以表征城乡医疗卫生服务体系健全程度（图4-7）。

X_{23} 城乡每千人口医疗卫生机构床位数比采用"城镇每千人口医疗卫生机构床位数/农村每千人口医疗卫生机构床位数"进行计算，反映城乡医疗资源覆盖程度和医疗发展水平的对比，体现了医疗资源的可及性。该指标为适度指标，指标值越接近1，表明城乡居民医疗资源的差距越小。城镇每千人口医疗卫生机构床位数排名前列的省份为黑龙江、湖南、内蒙古、新疆、青海；农村每千人口医疗卫生机构床位数排名前列的省份为新疆、天津、四川、重庆、湖南。全国平均城乡每千人口医疗卫生机构床位数比为2.01。天津、重庆、四川、新疆、陕西城乡每千人口医疗卫生机构床位数相对均衡，海南、黑龙江、河南、山西、内蒙古城乡每千人口医疗卫生机构床位数差距较大。全国各省域城镇每千人口医疗卫生机构床位数均高于农村每千人口医疗卫生机构床位数。

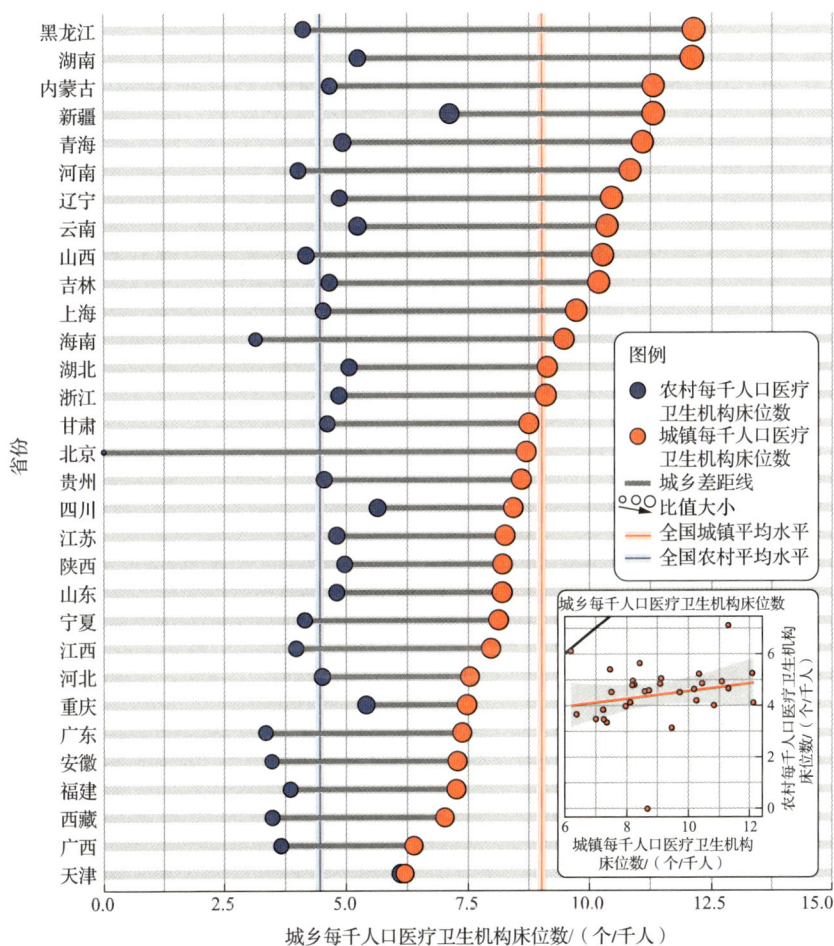

（a）各省域城乡每千人口医疗卫生机构床位数

图4-7　城乡医疗卫生服务体系分析

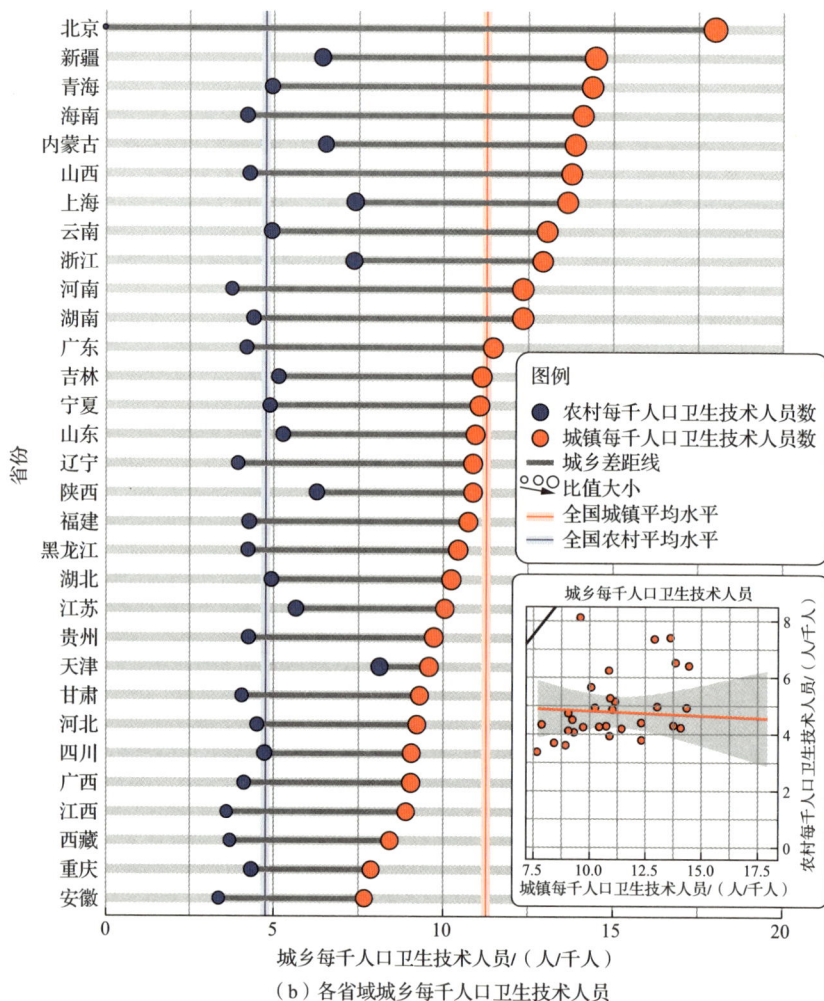

（b）各省域城乡每千人口卫生技术人员

图 4-7（续）

X_{24} 城乡每千人口卫生技术人员数比采用"城镇每千人口卫生技术人员数/农村每千人口卫生技术人员数"进行计算，反映医疗资源的城乡覆盖程度及城乡居民享受的医疗服务水平的对比。该指标为适度指标，指标值越接近 1，表明城乡居民医疗资源差距越小。城镇每千人口卫生技术人员数排名前列的省份为北京、新疆、青海、海南、内蒙古，农村每千人口卫生技术人员数排名前列的省份为天津、上海、浙江、内蒙古、新疆。全国平均城乡每千人口卫生技术人员比为2.31。天津、陕西、浙江、江苏、重庆城乡每千人拥有的卫生技术人员相对均衡，海南、河南、山西、青海、湖南城乡每千人口卫生技术人员差距较大。全国各省域城镇每千人口卫生技术人员均高于农村每千人口卫生技术人员。

3. 城乡公共文体体系联动

评价各省域公共图书馆年流通人次、城乡每万人拥有群众文化设施建筑面积、城乡群众文化设施文化服务惠及人次、人均体育场地面积，以表征城乡公共文体体系联动程度（图4-8）。

X_{25} 公共图书馆年流通人次是反映城乡公共图书馆服务程度的指标，为正向指标，指标值越大，表明城乡公共文化发展水平越高。全国各省份公共图书馆年流通人次差距较大，全国公共图书馆平均年流通人次为0.60万次/万人。其中，省域公共图书馆年流通人次排名前列的省份为浙江、上海、广东、江苏、天津，而西藏、新疆、贵州、青海、四川则排名较低。

X_{26} 城乡每万人拥有群众文化设施建筑面积反映了包括文化馆、乡镇文化站在内的城乡文化设施的覆盖程度，为正向指标，指标值越高，表明城乡公共文化体系建设越完善。全国各省份城乡每万人拥有群众文化设施建筑面积差距较大，全国平均每万人拥有群众文化设施建筑面积为349.26平方米。其中，城乡每万人拥有群众文化设施建筑面积排名前列的省份为西藏、浙江、江苏、上海、新疆，而海南、广西、河南、河北、安徽则排名较低，其城乡每万人拥有群众文化设施建筑面积远低于全国平均水平。

X_{27} 城乡群众文化设施文化服务惠及人次反映了包括文化馆、乡镇文化站在内的城乡文化设施的服务程度，为正向指标，指标值越大，表明城乡公共文化体系建设越完善。全国各省份城乡群众文化设施文化服务惠及人次差距较大，全国平均城乡群众文化设施文化服务惠及人次为0.59万次/万人。其中，城乡群众文化设施文化服务惠及人次排名前列的省份为浙江、上海、青海、西藏、北京，而辽宁、吉林、黑龙江、河北、江西则排名较低。

X_{28} 人均体育场地面积反映了地区体育设施的覆盖程度，体现了全民健身公共服务体系的建设程度，为正向指标，指标值越大，表明城乡体育设施覆盖越广及体育服务发展水平越高。全国平均人均体育场地面积为2.18平方米。其中，人均体育场地面积排名前列的省份为海南、江苏、宁夏、山东、青海，而四川、西藏、贵州、黑龙江、甘肃则排名较低。

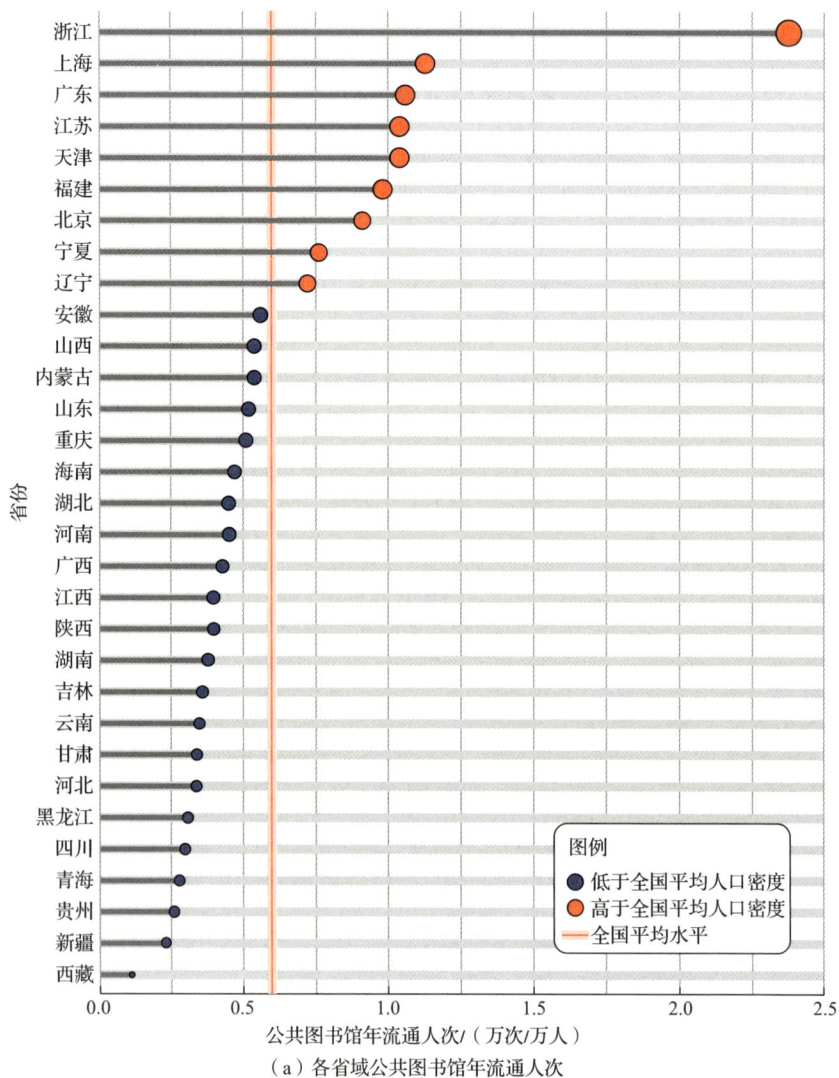

（a）各省域公共图书馆年流通人次

图 4-8　城乡公共文体服务体系分析

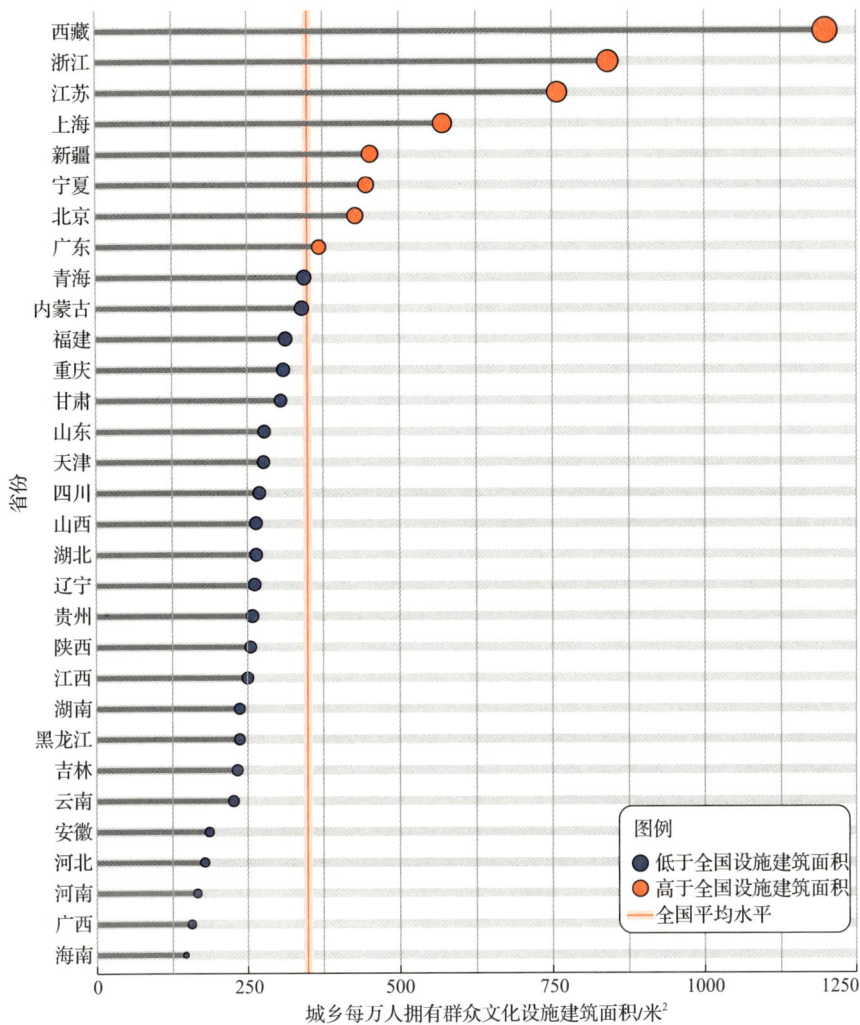

（b）各省域城乡每万人拥有群众文化设施建筑面积

图 4-8（续）

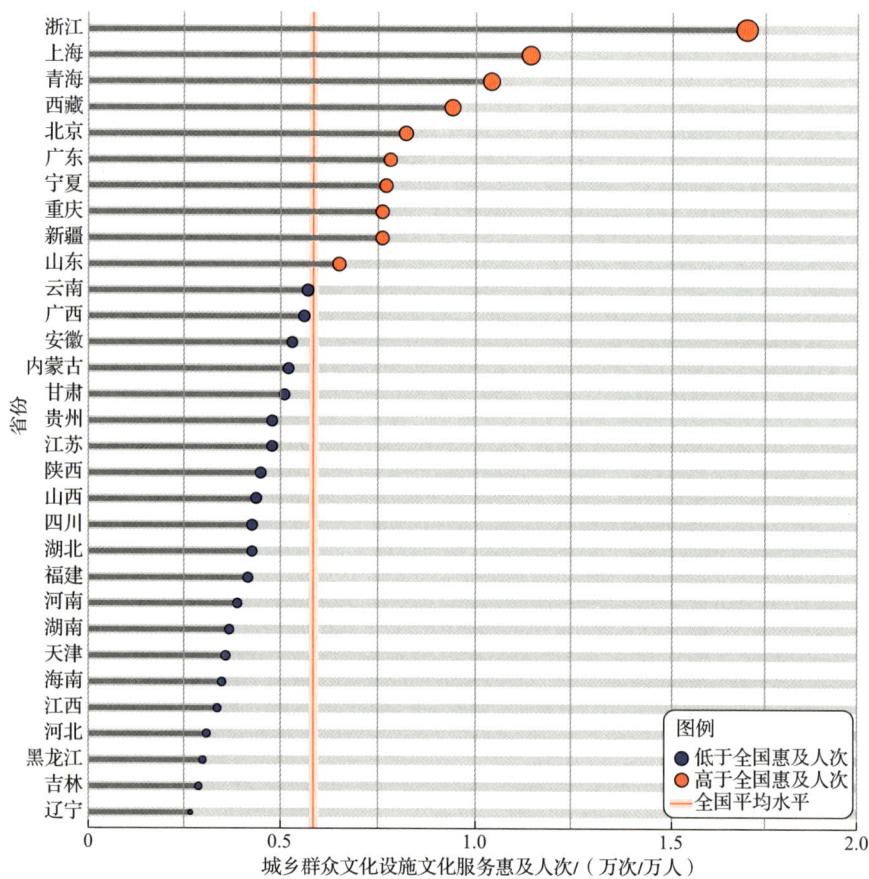

（c）各省域城乡群众文化设施文化服务惠及人次

图 4-8（续）

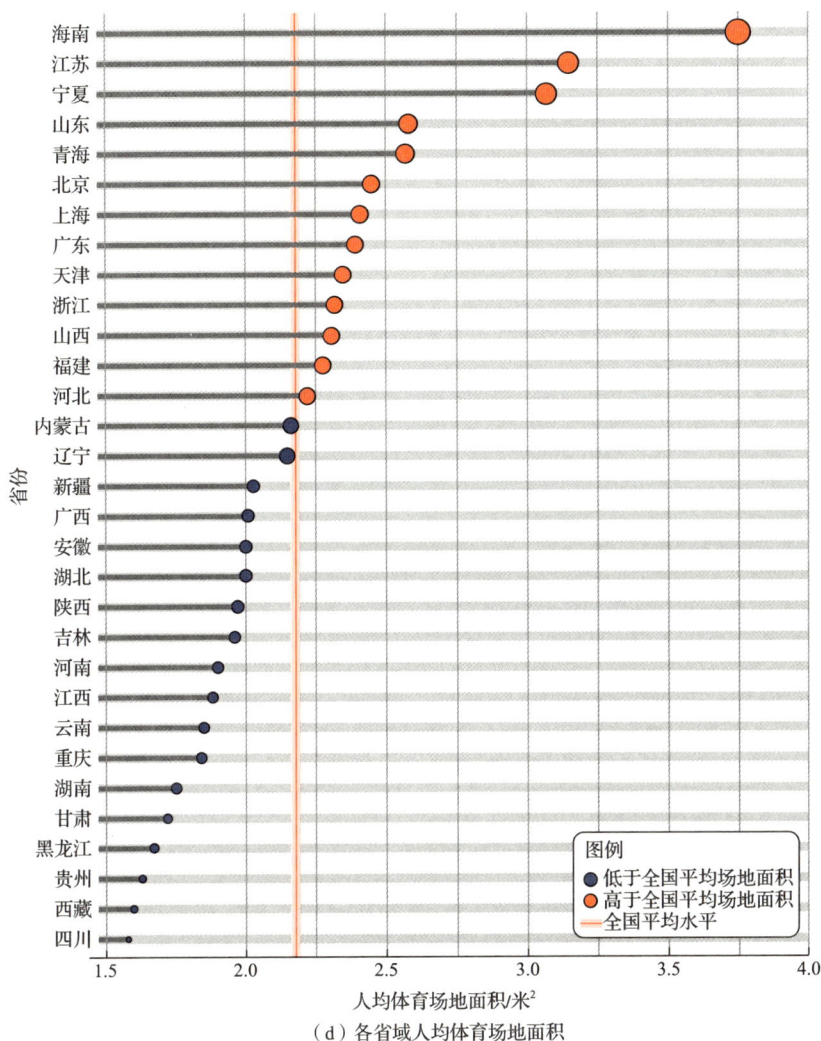

（d）各省域人均体育场地面积

图 4-8（续）

4. 城乡养老服务体系健全

评价各省域城乡每千名老年人口拥有养老机构数比、城乡每千名老年人口拥有养老床位数，以表征城乡养老服务体系健全程度（图4-9）。

X_{29} 城乡每千名老年人口拥有养老机构数比采用"城镇每千名老年人口拥有养老机构数/农村每千名老年人口拥有养老机构数"进行计算，通过城乡老年人群体所能享有的养老机构数的对比反映城乡养老资源的差异。该指标为适度指标，指标值越接近 1，表明城乡居民养老服务资源差距越小。城镇每千名老年人口拥有养老机构数排名前列的省份为吉林、黑龙江、辽宁、上海、北京；农村每千名老年人口拥有养老机构数排名前列的省份为江西、湖南、江苏、湖北、四川。全国平均城乡每千名老年人口拥有养老机构数比为 0.91。甘肃、浙江、内蒙古、山东、重庆城乡每千名老年人口拥有养老机构数相对均衡，上海、北京、海南、黑龙江、广西等城乡每千名老年人口拥有养老机构数差距较大。

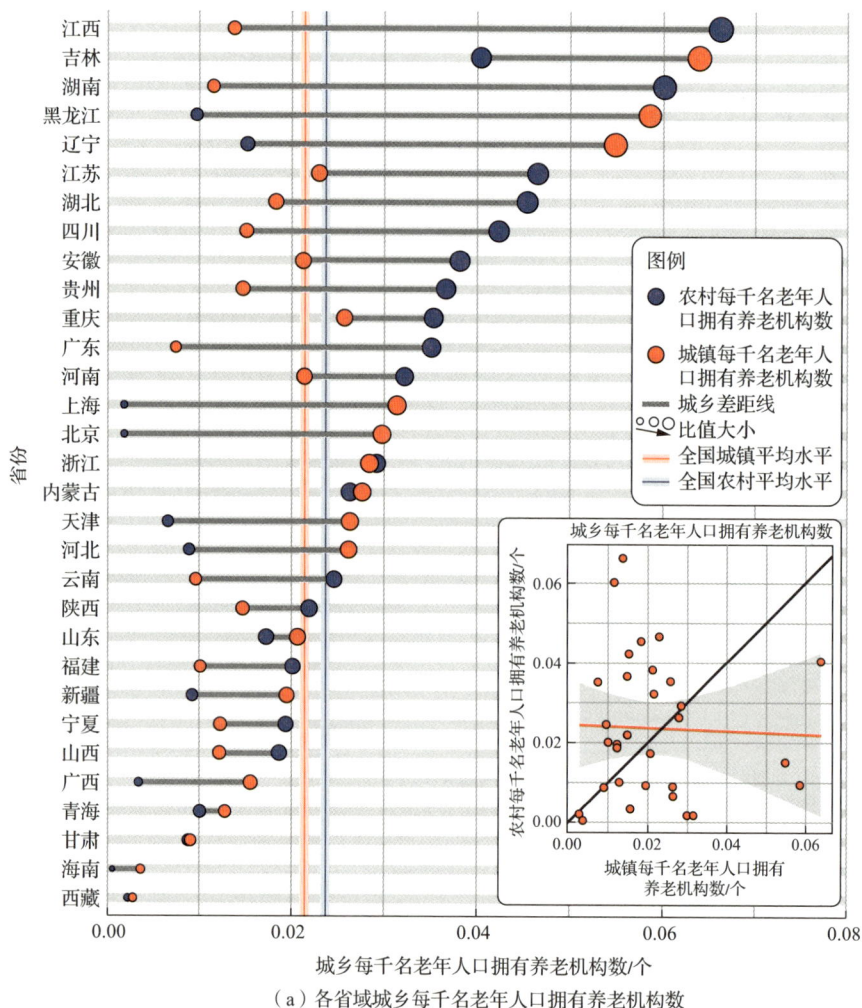

（a）各省域城乡每千名老年人口拥有养老机构数

图 4-9　城乡养老服务体系分析

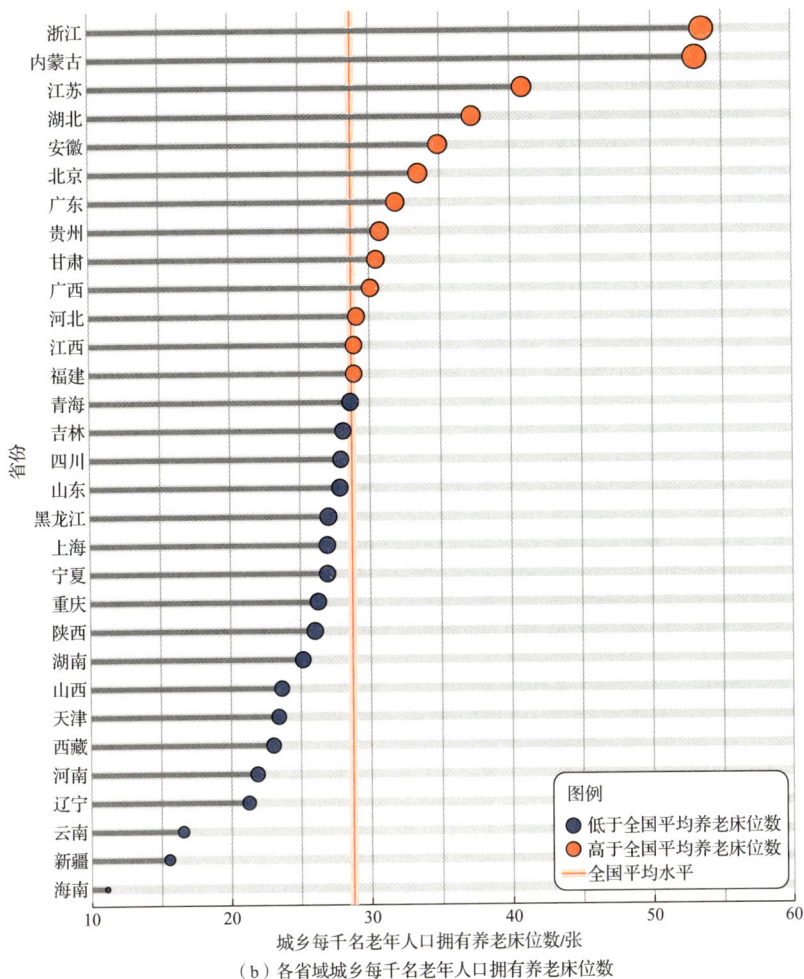

（b）各省域城乡每千名老年人口拥有养老床位数

图 4-9（续）

X_{30} 城乡每千名老年人口拥有养老床位数体现了养老服务资源的可及性，反映了老年人群体享有养老服务设施的覆盖程度。该指标为正向指标，指标值越大，表明城乡养老服务资源越丰富。全国各省份城乡每千名老年人口拥有养老床位数差距较大，全国平均城乡每千名老年人口拥有养老床位数为 28.73 张。其中，城乡每千名老年人口拥有养老床位数排名前列的省份为浙江、内蒙古、江苏、湖北、安徽，而海南、新疆、云南、辽宁、河南则排名较低。

5. 城乡社会保障制度完善

评价各省域城乡人均最低生活保障支出比、城乡人均最低生活保障平均标准比、城乡特困人员供养支出水平比、城乡社区综合服务设施覆盖率比、城乡失业保险覆盖率，以表征城乡社会保障制度完善程度（图4-10）。

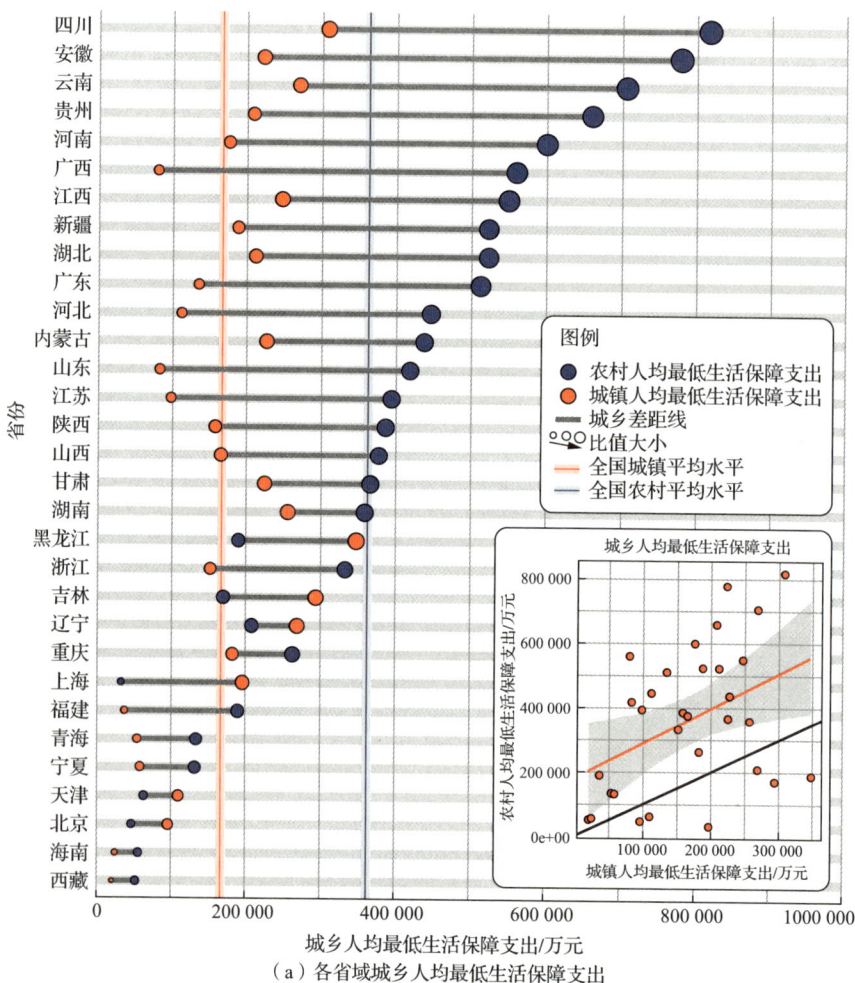

（a）各省域城乡人均最低生活保障支出

图4-10 城乡社会保障制度分析

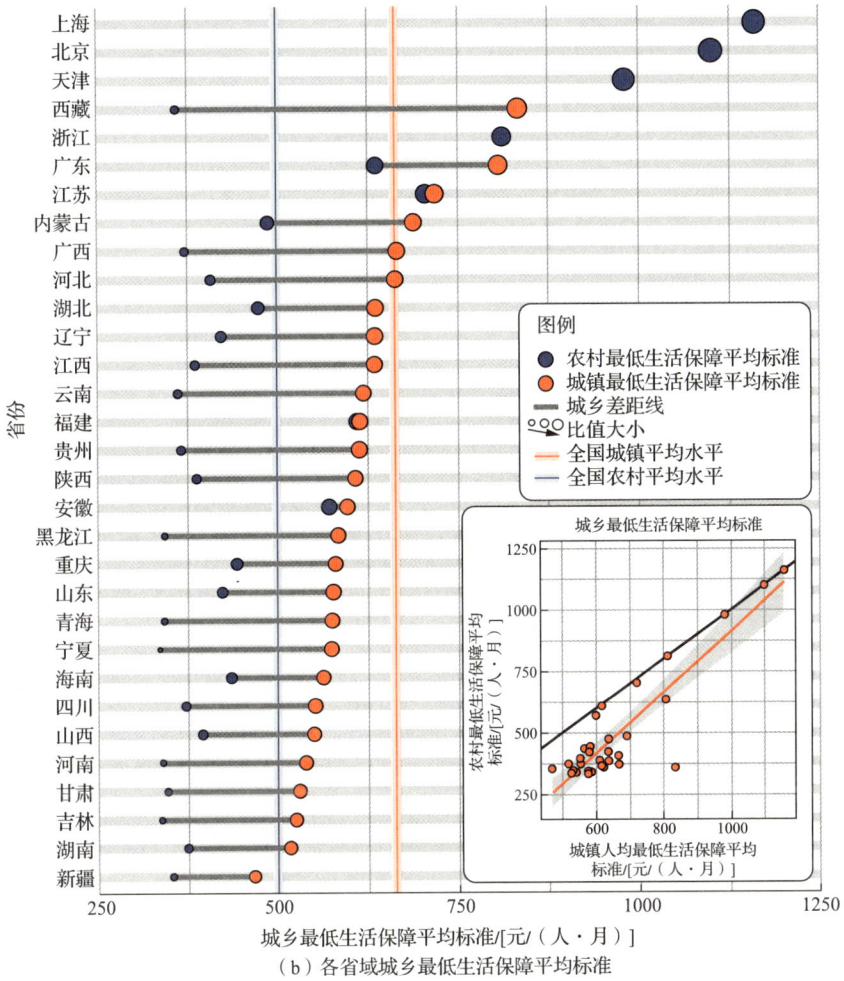

（b）各省域城乡最低生活保障平均标准

图 4-10（续）

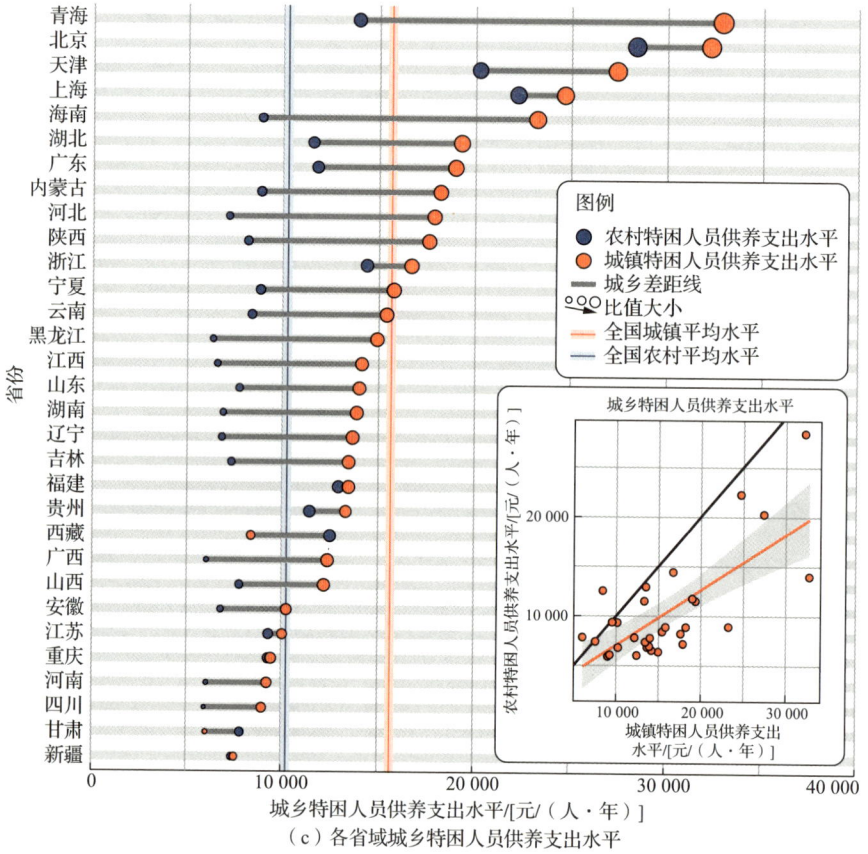

（c）各省域城乡特困人员供养支出水平

图4-10（续）

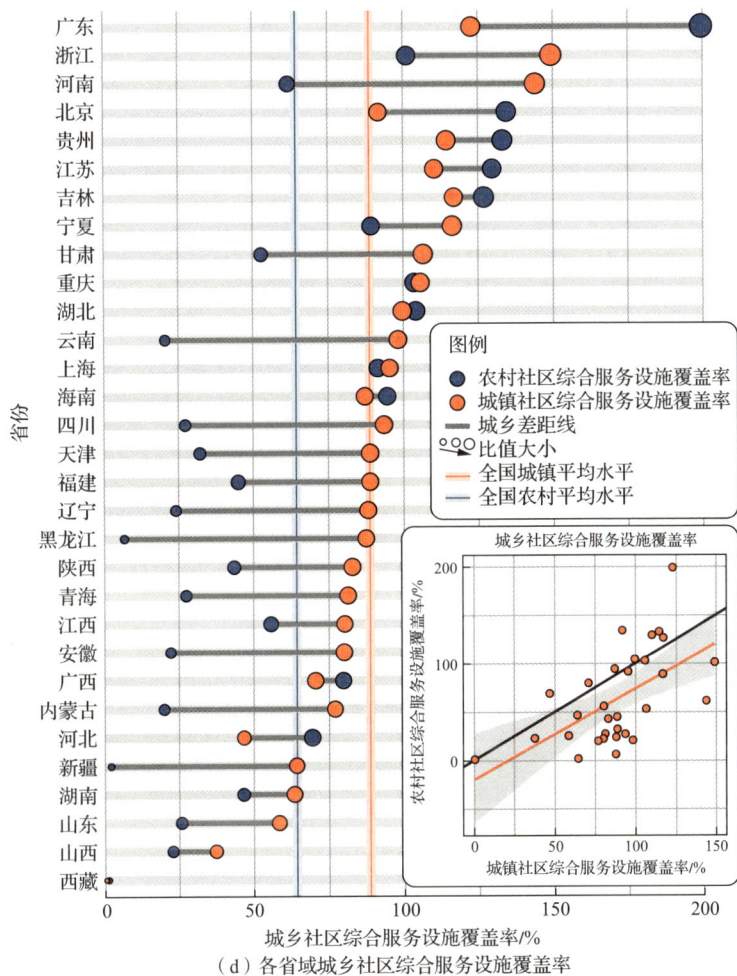

（d）各省域城乡社区综合服务设施覆盖率

图 4-10（续）

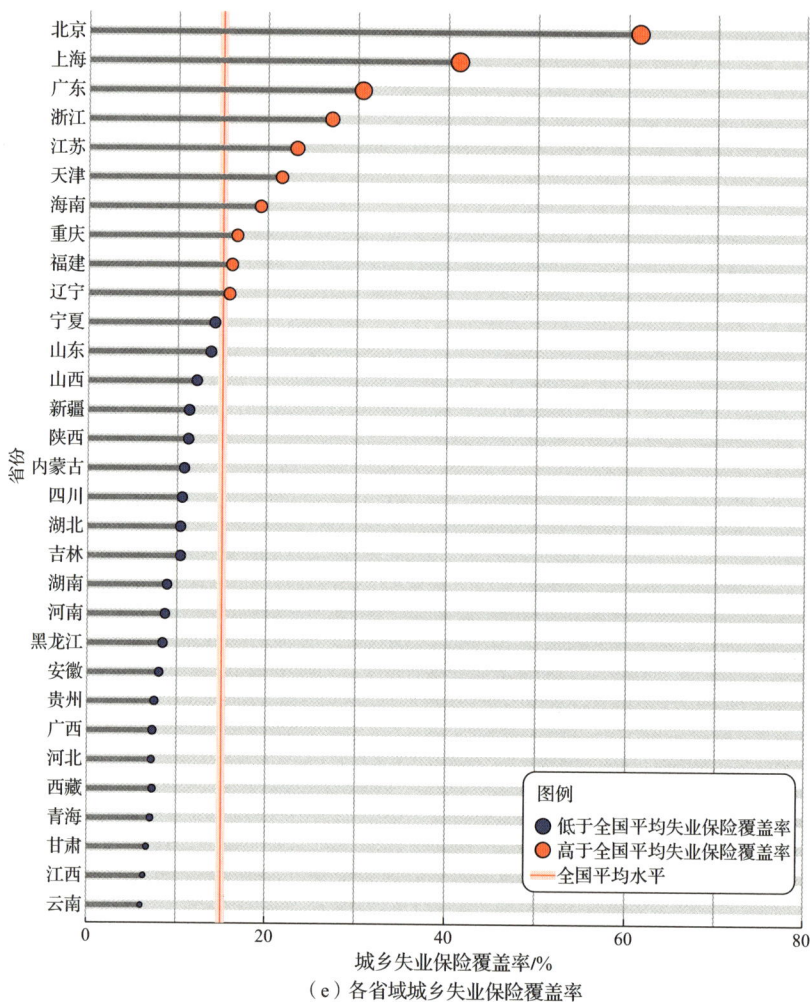

（e）各省域城乡失业保险覆盖率

图 4-10（续）

X_{31} 城乡人均最低生活保障支出比采用"城镇人均最低生活保障支出 / 农村人均最低生活保障支出"进行计算，是体现城乡社会保障水平的重要衡量指标，反映了政府对城乡困难人群保障程度的对比。该指标为适度指标，指标值越接近 1，表明城乡居民社会保障差距越小。城镇人均最低生活保障支出排名前列的省份为黑龙江、四川、吉林、云南、辽宁；农村均最低生活保障支出排名前列的省份为四川、安徽、云南、贵州、河南。全国平均城乡人均最低生活保障支出比为 1.70。浙江、广西、北京、福建、贵州城乡人均最低生活保障支出相对均衡，黑龙江、甘肃、广东、吉林、西藏城乡人均最低生活保障支出差距较大。

X_{32} 城乡最低生活保障平均标准比采用"城镇人均最低生活保障平均标准/农村人均最低生活保障平均标准"进行计算，是衡量困难群众享受最低生活保障待遇的主要依据，反映了城乡社会福利均等化的差距。该指标为适度指标，指标值越接近1，表明城乡最低生活保障统筹水平越均等。城镇最低生活保障平均标准排名前列的省份为上海、北京、天津、西藏、浙江；农村最低生活保障平均标准排名前列的省份为上海、北京、天津、浙江、江苏。全国平均城乡最低生活保障平均标准比为1.42。浙江、北京、天津、上海、福建城乡最低生活保障平均标准相对均衡，西藏、广西、云南、宁夏、黑龙江城乡最低生活保障平均标准差距较大。

X_{33} 城乡特困人员供养支出水平比采用"城镇特困人员供养支出水平/农村特困人员供养支出水平"进行计算，反映城乡社会保障水平，体现了城乡社会救助体系发展的对比。该指标为适度指标，指标值越接近1，表明城乡居民社会保障差距越小。城镇特困人员供养支出水平排名前列的省份为青海、北京、天津、上海、海南；农村特困人员供养支出水平排名前列的省份为北京、上海、天津、浙江、青海。全国平均城乡特困人员供养支出水平比为1.62。新疆、重庆、福建、江苏、上海城乡特困人员供养支出水平相对均衡，海南、河北、青海、黑龙江、江西城乡特困人员供养支出水平差别较大。

X_{34} 城乡社区综合服务设施覆盖率比采用"城镇社区综合服务设施覆盖率/农村社区综合服务设施覆盖率"进行计算，反映城乡社区服务体系完善程度的对比。该指标为适度指标，指标值越接近1，表明城乡社区服务体系发展越均等。城镇社区综合服务设施覆盖率排名前列的省份为浙江、河南、广东、吉林、宁夏；农村社区综合服务设施覆盖率排名前列的省份为广东、北京、贵州、江苏、吉林。全国平均城乡社区综合服务设施覆盖率比为3.29。重庆、上海、湖北、海南、吉林城乡社区综合服务设施覆盖率相对均衡，新疆、黑龙江、云南、内蒙古、辽宁城乡社区综合服务设施覆盖率差距较大。

X_{35} 城乡失业保险覆盖率采用"参保城乡失业保险人数/常住人口"进行计算，反映城乡就业保障水平。该指标为正向指标，指标值越大，表明城乡就业保障的覆盖率越高。全国各省份城乡失业保险覆盖率差距较大，除沿海省份和直辖市外，其他省份城乡失业保险覆盖率普遍较低，全国平均城乡失业保险覆盖率为 14.85%。其中，城乡失业保险覆盖率排名前列的省份为北京、上海、广东、浙江、江苏，而云南、江西、甘肃、青海、西藏则排名较低。

第二节　省域城乡基本公共服务均等化评价方法

本节将构建城乡基本公共服务均等化的评价方法，综合评价全国各省域的城乡基本公共服务均等化发展情况。运用逼近理想解排序法（technique for order preference by similarity to ideal solution，TOPSIS）熵权法构建均等化多维度评价模型并测度城乡基本公共服务均等化支撑力、承载力和发展水平，在此基础上构建均等化协调评价模型并刻画城乡基本公共服务均等化协调发展水平。

一、多维度评价模型

采用 TOPSIS 熵权法构建多维度评价模型，测度城乡公共服务均等化承载力、支撑力和发展水平。TOPSIS 熵权法是基于评价对象与理想化目标的差距、按接近程度进行排序的方法。该方法可对已有对象进行优劣评价，在多目标决策分析中非常有效，因此又被称为优劣解距离法[290]。该方法适用于体现各指标的有效影响。根据熵权法的特性，如果某项指标的离散程度越大，则信息熵值越小，该指标对综合评价的影响（即权重）越大；如果某项指标的值全部相等，则熵值最大，该指标在综合评价中不起作用。该方法在均等化评价中可以有效反映差别较大的指标对最终评价的影响。TOPSIS 熵权法适用于对熵权指标进行排名，其特性是使最优排名的各指标值都达到各评价指标的最优值，可以有效兼顾所有指标的影响，具有可操作性、客观性等优点。

TOPSIS 熵权法可用于多层级指标体系的排序。现有相关研究多关注绩效评价、适应性评价、资源承载力评价等方面。例如，构建土地利用绩效评价框架，采用基于熵权法的 TOPSIS 模型评价北京顺义区在 1996～2010 年的土地利用绩效状态，并分析影响土地利用绩效的重点因素[291]；基于失地农民适应性内涵构建适应能力评价指标体系，采用 TOPSIS 熵权法评价西安城市边缘区不同类型失地农民的适应能力，辨识制约失地农民适应能力提升的障碍因素[292]；以长江三角洲城市群为案例区，运用熵值 -TOPSIS 模型评价城市生态化水平的变化及差异，并探究影响城市生态化水平的主要障碍因子[293]；基于量－质－域－流内涵采用层次分析法（analytic hierarchy process，AHP）、熵权法和 TOPSIS 评价模型综合评价京津冀水资源承载力[294]。

TOPSIS 熵权法计算的流程如下：数据标准化—熵权法赋权—TOPSIS 比较排名。基于三级指标—二级指标—一级指标对各省域进行位序评价，分别得出各省域城乡基本公共服务均等化的承载力、支撑力和发展水平。具体步骤如下。

（1）对评价体系中的各项指标进行标准化处理。在城乡基本公共服务均等化多维度评价中，各指标间表现出以下特征。①各指标的度量单位（量纲）不一致。②各指标类型不一致，具体分为以下三类：正向指标，即指标值越大越好的指标；负向指标，即指标值越小越好的指标；适度指标，即指标值不应过大或过小，而是趋于一个适度值或适度区间。

正向指标极差化方法公式如下：

$$y_{ij} = \frac{x_{ij} - \min(x_j)}{\max(x_j) - \min(x_j)}(i=1,2,\cdots,n; j=1,2,\cdots,m) \qquad (4\text{-}1)$$

负向指标极差正规化法公式如下：

$$y_{ij} = \frac{\max(x_j) - x_{ij}}{\max(x_j) - \min(x_j)}(i=1,2,\cdots,n; j=1,2,\cdots,m) \qquad (4\text{-}2)$$

适度指标平均化法公式如下：

$$y_{ij} = 1 - \frac{\left|x_{ij} - x_j^*\right|}{\max\left|x_j - x_j^*\right|}(i=1,2,\cdots,n; j=1,2,\cdots,m) \qquad (4\text{-}3)$$

式中，x_j^* 为第 i 类正向/负向/适度指标中的第 j 个指标值；y_{ij} 为该指标的标准值。

因为所选指标中的适度指标为城乡间的对比指标，所以指标值越接近 1，表明城乡发展的差距越小。因此，设置标准值为 1。

（2）应用熵权法进行赋权。假设评价矩阵有 m 个比较对象（$m=$需要数据处理的省份），指标有 n 个。计算数据的比重 P_{ij}，公式如下：

$$P_{ij} = \frac{x_{ij}}{\sum_{i=1}^{m} x_{ij}} \qquad (4\text{-}4)$$

计算信息熵 R_j，公式如下：

$$R_j = -\frac{1}{\ln m}\left(\sum_{i=1}^{m} P_{ij} \ln P_{ij}\right) \qquad (4\text{-}5)$$

计算差异系数 G_j，公式如下：

$$G_j = 1 - R_j \tag{4-6}$$

计算权重 W_j，公式如下：

$$W_j = \frac{G_j}{\sum_{j=1}^{n} G_j} \tag{4-7}$$

进一步计算 TOPSIS 指标贴近度。贴近度用于表征各目标与最优方案的接近程度，贴近度越大，表明目标结果越贴近最优方案。求解指标的最优解 x_i^+ 和最劣解 x_i^-，计算指标与最优解的距离 D_i^+ 和与最劣解的距离 D_i^-，公式如下：

$$D_i^+ = \sqrt{\sum_{j=1}^{n} W_j \left(x_i - x_i^+ \right)^2} \tag{4-8}$$

$$D_i^- = \sqrt{\sum_{j=1}^{n} W_j \left(x_i - x_i^- \right)^2} \tag{4-9}$$

计算比较对象的贴近度 U_i，得出城乡基本公共服务均等化承载力 U_1、支撑力 U_2 和发展水平 U_3，并用于排序，公式如下：

$$U_i = \frac{D_i^-}{D_i^+ + D_i^-} \tag{4-10}$$

二、协调评价模型

协调发展是一种强调整体性、综合性和内生性的聚合发展，它不注重系统单个要素的增长，更强调系统多个要素在和谐一致、良性循环的基础上的综合发展[295]。鉴于城乡基本公共服务均等化过程的承载力、支撑力、发展水平存在不平衡的特征，有可能出现三个维度水平均较低但三者呈高协调性的状况，为了科学反映三个维度的实际综合情况，通过构建均等化协调评价模型来判断三个维度之间的协调程度，反映城乡基本公共服务均等化"承载—支撑—发展"之间的综合水平。

耦合协调模型可用于多系统的研究中，用以表征不同系统或要素耦合作用的协调关系，分析相互作用的影响因素和关联程度。现有相关研究广泛采用耦合协调模型进行关联度分析、协调关系评价和作用机制挖掘。例如，以黄河流域为研究区域，运用耦合协调模型从外源动力、内源动力、政府动力和市场动力四个维度测度新型城镇化协调发展水平的动力因素[296]；通过构建气候与绿色基础设施的综合评价指标体系，运用气候与绿色基础设施动态耦合协调模型，定量分析 2001 ～ 2014 年杭州市区的气候与绿色基础设施之间的耦合发展过程[297]；以云南省丽江市玉龙雪山和丽江古城双核旅游服务系统为研究对象，运用耦合协调模型揭示玉龙雪山—丽江古城双核结构及交通连接度的空间关系和内在机理[298]。

（1）计算耦合系数 C，反映系统间的相互作用，以把握城乡基本公共服务均等化各环节之间的关联程度。公式如下：

$$C = n \times \sqrt[n]{\frac{U_1 U_2 \cdots U_n}{(U_1 + U_2 + \cdots + U_n)^n}}, \quad C \in (0,1) \tag{4-11}$$

式中，$n = 3$；U_1、U_2、U_3 分别为城乡公共服务均等化承载力、支撑力、发展水平。

（2）计算综合评价指数 T，用于考察不同维度水平对整个均等化过程协调发展的贡献程度。公式如下：

$$T = W_1 U_1 + W_2 U_2 + W_3 U_3, \quad T \in (0,1) \tag{4-12}$$

式中，W_1、W_2、W_3 分别为均等化承载力、支撑力、发展水平的权重。

（3）计算协调发展水平 D，反映城乡基本公共服务均等化协调发展水平。在耦合系数的基础上进一步表现出承载—支撑—发展三个维度在总体上的发展水平，以更好地把握协调发展水平，从而更好地反映城乡基本公共服务均等化的综合发展情况。公式如下：

$$D = \sqrt{C \times T}, \quad D \in (0,1) \tag{4-13}$$

借鉴相关研究成果[299]，结合本研究的实际情况，将城乡基本公共服务均等化"承载—支撑—发展"协调发展水平划分为五个层次，如表 4-2 所示。

表 4-2　协调发展水平类别划分标准

三级指标	取值范围	协调发展水平的层次
协调发展水平	$0 < D \leqslant 0.2$	严重失调
	$0.2 < D \leqslant 0.5$	轻度失调
	$0.5 < D \leqslant 0.6$	发展调和
	$0.6 < D \leqslant 0.7$	良好协调
	$0.7 < D < 1$	优质协调

三、评价权重及位序确定

针对 35 项三级指标，运用 TOPSIS 熵权法对各类指标进行计算。中国省域城乡基本公共服务均等化多维度评价指标权重如表 4-3 所示。

表 4-3　中国省域城乡基本公共服务均等化多维度评价指标权重

二级指标	三级指标		指标权重
	指标	内涵	
	X_1	人口密度	0.4802
	X_2	城镇化率	0.1888
	X_3	老龄化率	0.3310
城乡经济支撑	X_4	城乡二元对比系数	0.5155
	X_5	城乡居民人均可支配收入比	0.2302
	X_6	城乡居民人均消费支出比	0.1268
	X_7	城乡居民家庭恩格尔系数比	0.1275
城乡社会支撑	X_8	城乡民生财政支出强度	0.2002
	X_9	城乡居民交通通信消费支出比	0.4007
	X_{10}	城乡居民文教娱乐支出比	0.2078
	X_{11}	城乡居民医疗保健支出比	0.1914
城乡生态支撑	X_{12}	城乡人均公园绿地面积比	0.2692
	X_{13}	城乡绿化覆盖率比	0.7308
城乡基础设施支撑	X_{14}	城乡人均道路面积比	0.2856
	X_{15}	城乡供水普及率比	0.1793
	X_{16}	城乡燃气普及率比	0.1501
	X_{17}	城乡生活垃圾无害化处理率比	0.3849
城乡教育资源均衡	X_{18}	城乡小学师生比	0.2558
	X_{19}	城乡初中师生比	0.3137
	X_{20}	城乡小学生均一般公共预算教育经费比	0.2177
	X_{21}	城乡初中生均一般公共预算教育经费比	0.1015
	X_{22}	劳动人口平均受教育年限	0.1112
城乡医疗卫生体系健全	X_{23}	城乡每千人口医疗卫生机构床位数比	0.4490
	X_{24}	城乡每千人口卫生技术人员数比	0.5510
城乡公共文体体系联动	X_{25}	公共图书馆年流通人次	0.2071
	X_{26}	城乡每万人拥有群众文化设施建筑面积	0.2108
	X_{27}	城乡群众文化设施文化服务惠及人次	0.3070
	X_{28}	人均体育场地面积	0.2751
城乡养老服务体系健全	X_{29}	城乡每千名老年人口拥有养老机构数比	0.3380
	X_{30}	城乡每千名老年人口拥有养老床位数	0.6620
城乡社会保障制度完善	X_{31}	城乡人均最低生活保障支出比	0.1125
	X_{32}	城乡人均最低生活保障平均标准比	0.0742
	X_{33}	城乡特困人员供养支出水平比	0.1561
	X_{34}	城乡社区综合服务设施覆盖率比	0.0373
	X_{35}	城乡失业保险覆盖率	0.6199

将三级指标贴近度作为基础数据，运用 TOPSIS 熵权法对各类指标进行计算，得出二级指标的数值和位序。中国省域城乡基本公共服务均等化多维度评价二级指标权重如表 4-4 所示，2019 年中国省域城乡基本公共服务均等化多维度评价二级指标位序如图 4-11 所示。

表 4-4　中国省域城乡基本公共服务均等化多维度评价二级指标权重

一级指标	二级指标	指标权重
城乡基本公共服务均等化支撑评价	城乡经济支撑	0.4955
	城乡社会支撑	0.1133
	城乡生态支撑	0.2236
	城乡基础设施支撑	0.1676
城乡基本公共服务均等化发展压力评价	城乡教育资源均衡	0.0992
	城乡医疗卫生服务体系健全	0.1110
	城乡公共文体体系联动	0.3085
	城乡养老服务体系健全	0.1356
	城乡社会保障制度完善	0.3456

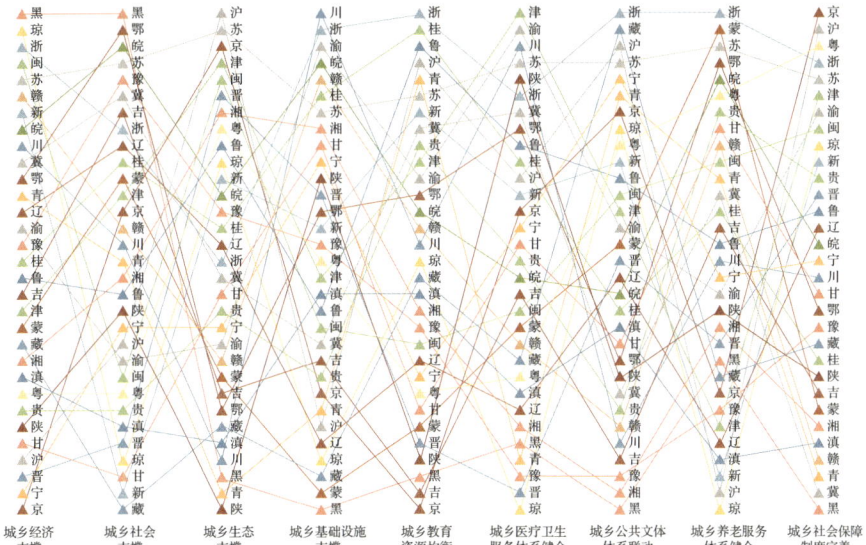

图 4-11　2019 年中国省域城乡基本公共服务均等化多维度评价二级指标位序

将二级指标贴近度作为基础数据，运用 TOPSIS 熵权法对各类指标进行计算，得出一级指标的数值和位序。2019 年中国省域城乡基本公共服务均等化多维度评价一级指标权重如表 4-5 所示，2019 年中国省域城乡基本公共服务均等化多维度评价一级指标位序如图 4-12 所示。

表4-5　2019年中国省域城乡基本公共服务均等化多维度评价一级指标权重

一级指标	指标权重
城乡基本公共服务均等化承载评价	0.2794
城乡基本公共服务均等化支撑评价	0.3267
城乡基本公共服务均等化发展评价	0.3939

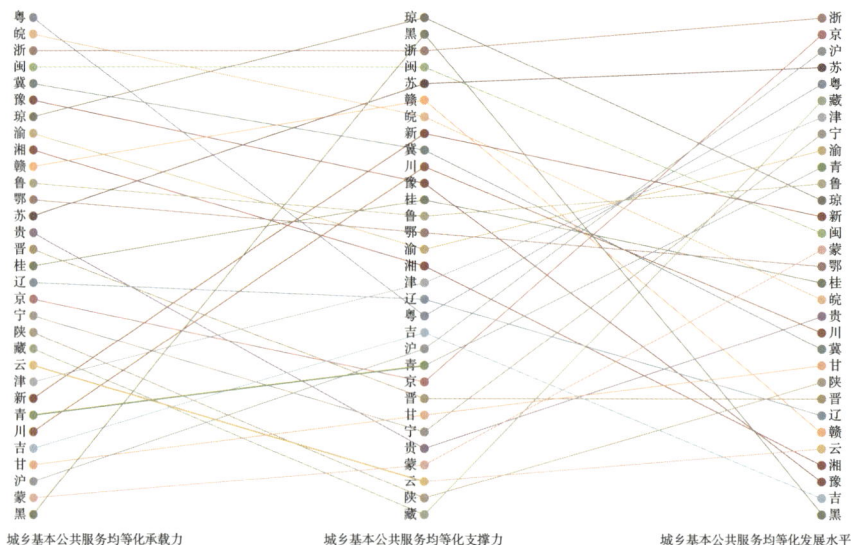

图4-12　2019年中国省域城乡基本公共服务均等化多维度评价一级指标位序

四、协调评价计算结果

根据协调评价模型，对主要结果进行梳理，可得到全国各省域承载—支撑—发展三个维度之间的协调评价结果。2019年中国省域城乡基本公共服务均等化协调评价计算结果如表4-6所示。

表4-6　2019年中国省域城乡基本公共服务均等化协调评价计算结果

省份	耦合系数 C	综合评价指数 T	协调发展水平 D	协调程度
浙江	0.996	0.885	0.939	优质协调
云南	0.878	0.181	0.399	轻度失调
新疆	0.971	0.405	0.627	良好协调
西藏	0.410	0.318	0.361	轻度失调
四川	0.969	0.308	0.547	发展调和
陕西	0.852	0.205	0.418	轻度失调
山西	0.886	0.278	0.496	轻度失调

省份	耦合系数 C	综合评价指数 T	协调发展水平 D	协调程度
山东	0.964	0.46	0.666	良好协调
青海	0.983	0.308	0.551	发展调和
宁夏	0.909	0.332	0.55	发展调和
内蒙古	0.742	0.192	0.377	轻度失调
辽宁	0.914	0.307	0.53	发展调和
江西	0.833	0.44	0.606	良好协调
吉林	0.929	0.172	0.4	轻度失调
湖南	0.791	0.346	0.523	发展调和
湖北	0.937	0.415	0.624	良好协调
黑龙江	0.156	0.274	0.206	轻度失调
河南	0.749	0.403	0.549	发展调和
北京市	0.846	0.559	0.688	良好协调
天津市	0.989	0.387	0.619	良好协调
海南	0.924	0.673	0.789	优质协调
贵州	0.873	0.287	0.501	发展调和
广西	0.974	0.374	0.603	良好协调
甘肃	0.995	0.169	0.411	轻度失调
福建	0.936	0.608	0.755	优质协调
安徽	0.888	0.536	0.69	良好协调
上海	0.735	0.476	0.592	发展调和
重庆	0.952	0.481	0.677	良好协调
江苏	0.993	0.671	0.816	优质协调
广东	0.892	0.601	0.732	优质协调
河北	0.875	0.46	0.634	良好协调

第三节　省域城乡基本公共服务均等化协调发展评价

本节将对城乡基本公共服务均等化多维度评价结果和协调评价结果进行分析，梳理全国城乡基本公共服务均等化多维度发展特征，划定城乡基本公共服务均等化协调发展水平的阶段并分析区域协调发展水平的空间特征，从而客观、全面地反映各省域城乡基本公共服务均等化的综合发展情况。

一、多维度评价结果

测度城乡基本公共服务均等化承载力、支撑力和发展水平，并运用自然断点法将各维度划分为高、较高、中等、较低和低五个等级，得出全国各省域城乡基本公共服务均等化多维度评价结果，反映城乡基本公共服务均等化三个维度的发展情况。

（一）均等化承载维度

城乡基本公共服务均等化承载力呈东高西低格局，由东至西呈阶梯式递减。承载力较高的区域集聚在华东和华中地区，承载力较低的区域集中在东北、西北和西南地区。北京、上海由于人口高度集聚及老龄化率高，其城乡基本公共服务的承载力弱。2019 年中国省域城乡基本公共服务均等化承载维度分析如图 4-13 所示。

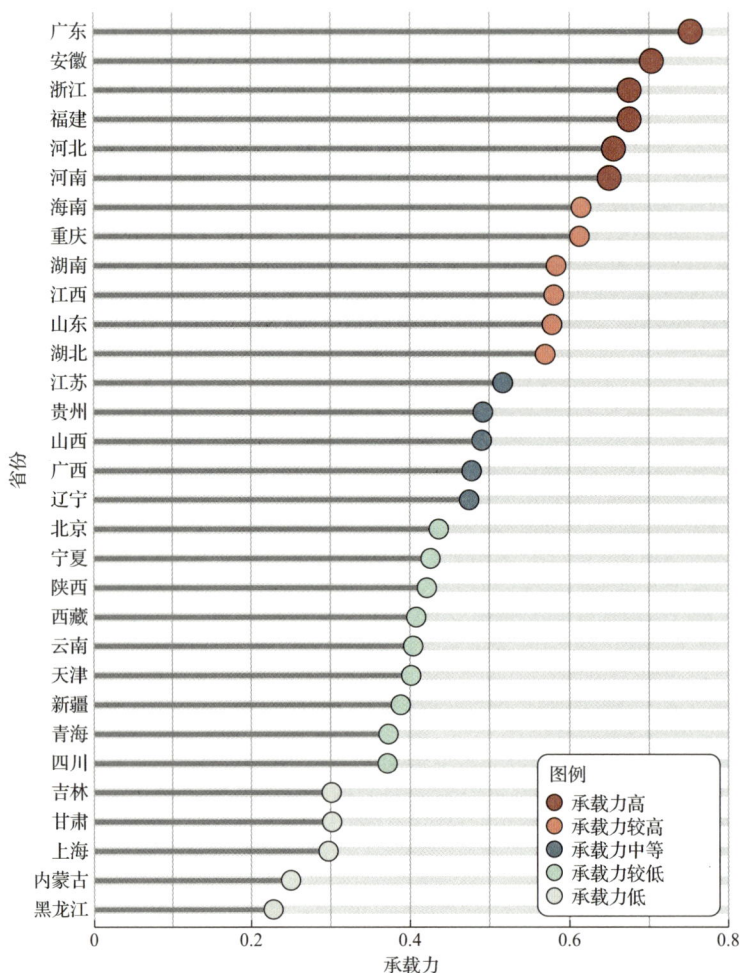

图 4-13　2019 年中国省域城乡基本公共服务均等化承载维度分析

（二）均等化支撑维度

均等化支撑维度的评价从经济、社会、生态、基础设施四个方面展开。①城乡经济协调水平在空间上形成沿长江流域的中部经济发展廊道，其差距相对较小，城乡经济协调水平由廊道向南北递减。北部甘肃、宁夏、陕西和山西成为全国城乡经济协调发展的洼地。②城乡社会协调发展水平东西差异明显。华东地区和东北地区城乡社会支撑力较强，西北地区和西南地区城乡社会发展差距相对较大。③城乡生态协调发展相对优势地区集中在东部地区及几个直辖市，其差距相对较小。其余地区生态协调发展大多呈较低水平，西南、西北地区可能受自身生态基础较为脆弱的影响，城乡生态协调发展水平相对较低。④全国整体城乡基础设施协调支撑力较强，相对优势区域集中在长三角和川渝地区。西北地区和东北地区城乡基础设施协调支撑力相对薄弱。

城乡基本公共服务均等化支撑力在空间上有明显的空间差异，由东至西呈阶梯式递减，并表征为一定的空间协同性。华东地区整体城乡基本公共服务均等化支撑力较强，城乡支撑发展差距小。西北地区和西南地区城乡基本公共服务均等化支撑力相对薄弱。

2019年中国省域城乡基本公共服务均等化支撑维度分析如图4-14所示。

（三）均等化发展维度

均等化发展维度的评价从教育、医疗、文体、养老、社会保障五个方面展开。①全国城乡教育均衡水平整体相对较高。华东、西北、西南地区各省份教育资源均等化位居全国前列，整体城乡教育水平差距较小。东北地区教育均衡水平相对较低。其中北京、吉林、黑龙江城乡教育水平差距相对较大。②全国城乡医疗卫生均衡水平以中游水平为主，高水平区域主要聚集在川渝地区，河南、山西成为城乡医疗卫生均衡发展的洼地。③全国城乡公共文体发展整体水平不高。东部沿海地区文体服务水平相对较高，中部地区和东北地区的公共文体发展相对较弱。除经济社会发展水平高的地区文体服务水平较高外，西藏、宁夏、青海等西部地区也在不断促进文体服务协同快速发展。④全国城乡养老服务水平整体趋于中等水平，城乡养老服务差距较小的区域集中在长三角地区，西藏、新疆、云南等省份的城乡养老服务水平有待提高。⑤全国社会保障体系的城乡差距相对较大。在整体上，除直辖市和东部沿海地区社会保障水平较高外，全国多数地区社会保障水平处于中下游。西藏、云南、青海、黑龙江的社会保障体系有待优化。城乡基本公共服务均等化发展水平整体上呈"中部塌陷"格局。城乡基本公共服务均等化水平较高的地区主要分布在东部沿海地区。西北地区城乡基本公共服务均等化发展相对较好，华中地区和东北地区城乡基本公共服务均等化发展相对薄弱。2019 年中国省域城乡基本公共服务均等化发展维度如图 4-15 所示。

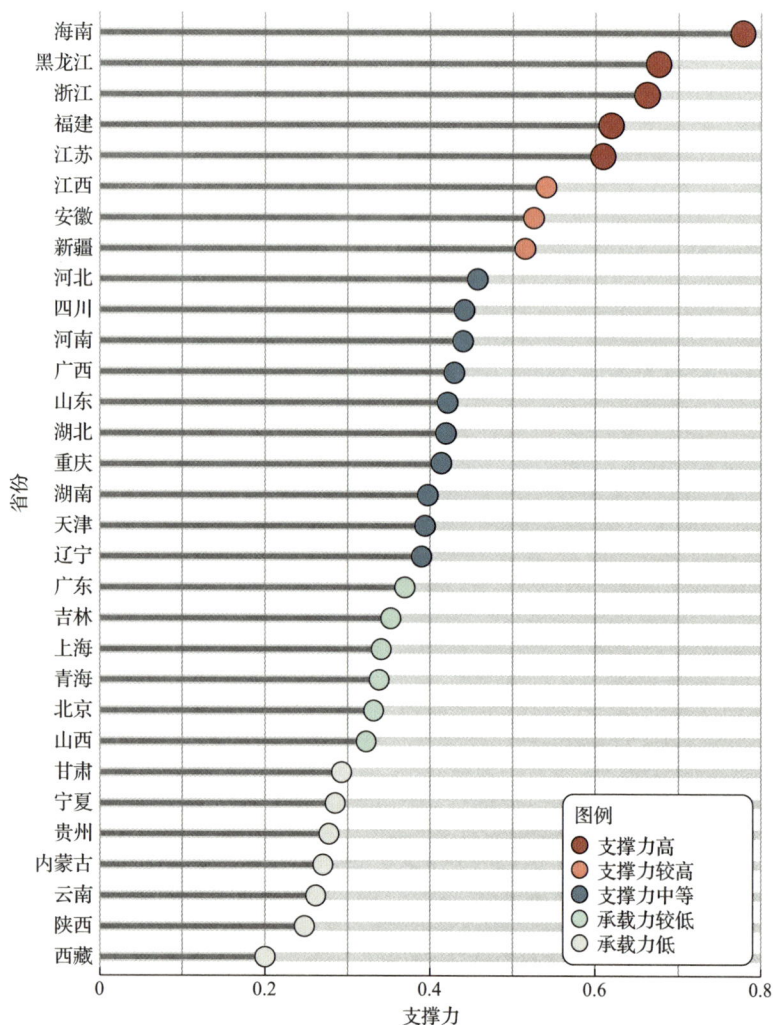

图 4-14　2019 年中国省域城乡基本公共服务均等化支撑维度分析

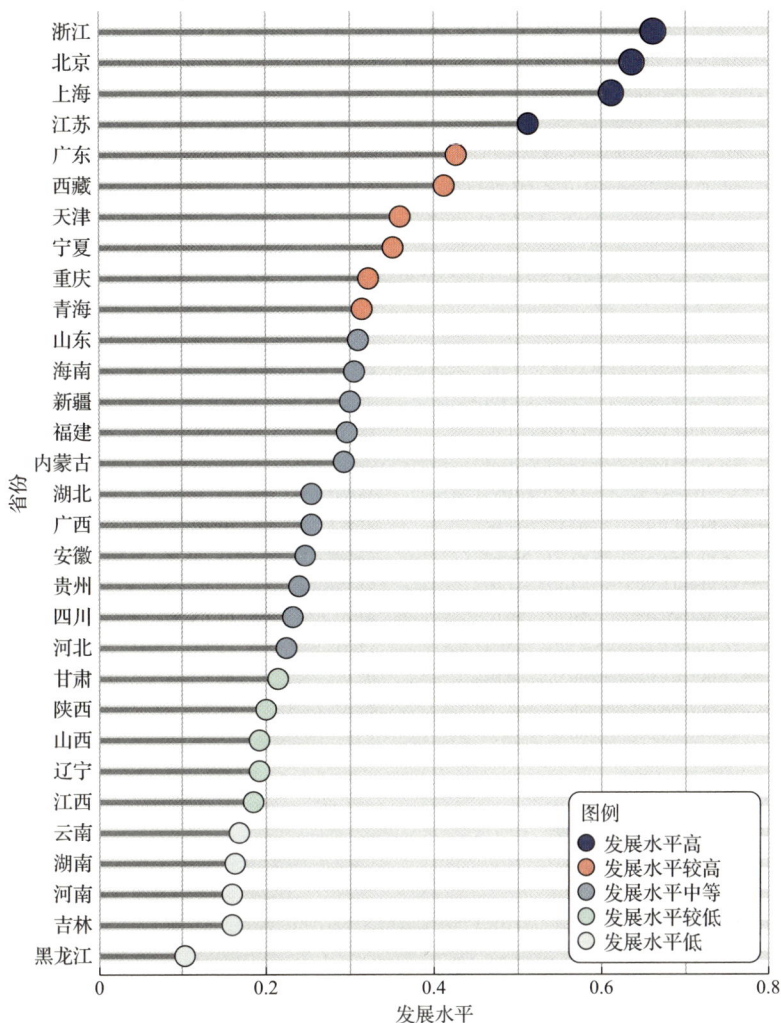

图 4-15　2019 年中国省域城乡基本公共服务均等化发展维度分析

二、协调发展评价结果

城乡基本公共服务均等化协调发展是建立在城乡融合基础上的。随着城乡基本公共服务差距的不断缩小，单一均等化水平不能完全代表城乡基本公共服务在城镇、农村的客观发展水平。因此，根据城乡基本公共服务均等化的承载力、支撑力、发展水平，得出全国各省域城乡基本公共服务均等化的协调发展水平，能更全面地反映各省域城乡基本公共服务均等化的综合水平。2019 年全国省域城乡基本公共服务均等化协调发展水平分析如图 4-16 所示。

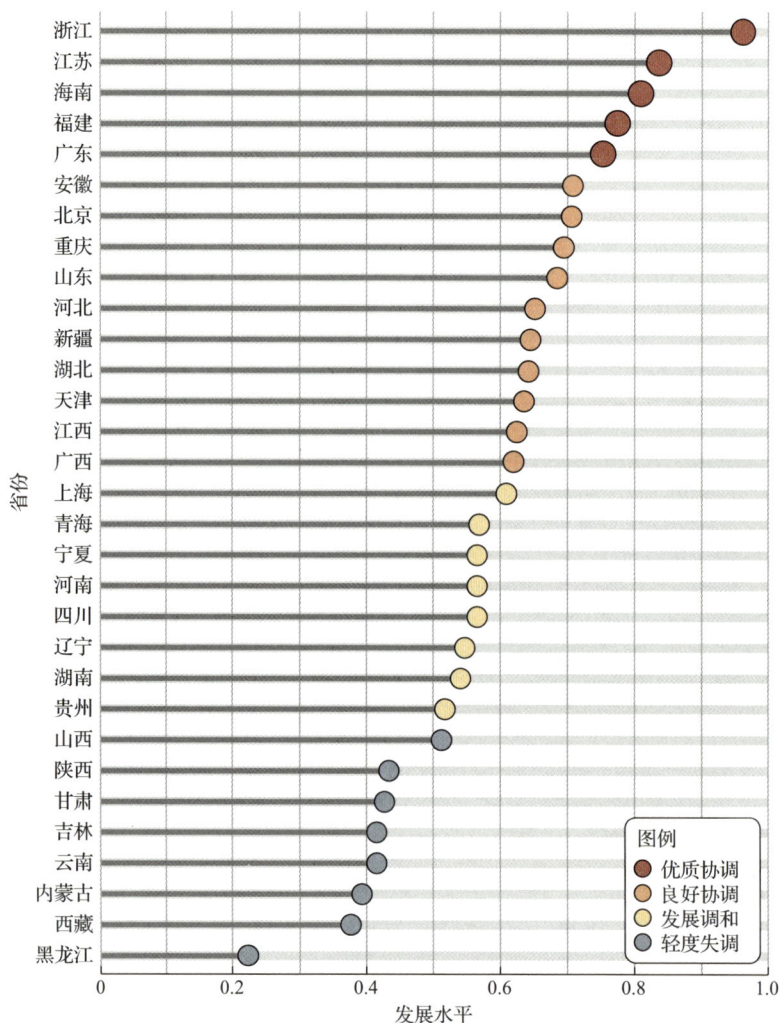

图 4-16 2019 年全国省域城乡基本公共服务均等化协调发展水平分析

（一）协调发展水平空间特征

分析国内城乡基本公共服务均等化协调发展水平的空间特征。城乡基本公共服务均等化协调发展水平包括四个阶段：优质协调、良好协调、发展调和、轻度失调。大部分省份实现了城乡基本公共服务均等化的协调发展。城乡基本公共服务均等化协调发展水平区域差异明显，其空间格局呈由沿海向内陆圈层式递减，以"胡焕庸线"为界，呈现东高西低的格局。东部沿海发达省份城乡基本公共服务协调发展水平较高，沿长江中下游经济带地区协调发展水平相对较高，西部地区与北部地区协调发展水平相对较低。

（二）区域协调发展水平

综合全国七大区域的城乡基本公共服务均等化协调发展水平来看，其特点如下。

（1）华东地区和华南地区城乡基本公共服务均等化协调发展水平相对较高，在承载—支撑—协调维度上实现了互相促进和共同发展。华东地区整体处于优质协调和良好协调阶段，区域内城乡基本公共服务发展相对均衡，其中浙江、江苏、福建三省承载力、支撑力和发展水平较高。上海由于城乡基本公共服务均等化承载力低和城乡发展差距较大，处于发展调和阶段。在华南地区，广东、海南是城乡基本公共服务均等化协调发展优质区域，广西处于良好协调阶段。

（2）华北地区、华中地区城乡基本公共服务均等化协调发展水平整体处于全国中游，但区域内部存在一定的水平差异。在华北地区，北京、天津、河北处于良好协调阶段，京津冀协同发展趋势带来了区域内城乡基本公共服务的均衡发展；山西、内蒙古处于失调阶段，其城乡基本公共服务发展与京津冀地区有一定差距。在华中地区，湖北处于良好协调阶段，河南、湖南处于发展调和阶段。

（3）东北地区、西南地区和西北地区城乡基本公共服务均等化协调发展水平相对较低。东北三省城乡基本公共服务均等化协调发展整体处于中下游水平，黑龙江、吉林城乡基本公共服务均等化协调发展水平均处于轻度失调阶段，辽宁则处于发展调和阶段。在西南地区、西北地区，除重庆、新疆处于良好协调阶段外，其余省份均低于全国平均水平，是未来要重点提升城乡基本公共服务均等化的区域。西藏、云南、甘肃、山西处于轻度失调阶段，青海、宁夏、四川、贵州处于发展调和阶段。新疆的城乡基本公共服务均等化协调发展水平良好，这说明在中央和地方的财政和政策支持下其城乡基本公共服务均等化质量有所提高。

（三）均等化失调因素分析

对处于失调发展阶段的地区进行分析，发现其内在机理存在差异。①承载—支撑维度低。西藏城镇化率低，内蒙古老龄化率高，因此其承载力水平不高，城乡基本公共服务发展虽然相对均等但城乡发展不均衡，不能表明其具有较高的公共服务综合发展水平。各省份应推进城镇化建设和优化人口结构，统筹城乡经济、社会、生态、基础设施的发展，建立健全城乡之间要素流动机制，缩小城乡差距。②承载—发展维度低。黑龙江城乡发展相对均衡，但城乡基本公共服务差距较大，下一步应更注重完善城乡基本公共服务均等化体系，优化公共服务供给路径。③支撑—发展维度低。陕西、山西、云南城乡发展不均衡且城乡基本公共服务发展水平较低，应促进城乡要素流动，统筹城乡基本公共服务设施，实现共建共享。④承载—支撑—发展维度低。甘肃整体发展状况较差，应注重推动城乡基本公共服务均等化协调发展。

三、评价总结

（1）高质量的城乡基本公共服务均等化协调发展是城乡基本公共服务均等化承载力、支撑力和发展水平共同作用的结果。只有探讨城乡基本公共服务承载力、支撑力和发展水平是否实现了互相促进和共同发展，才能更好地评价城乡基本公共服务均等化的协调发展水平。

（2）中国城乡基本公共服务均等化承载力、支撑力及发展水平评价结果具有较强的区域差异性和空间协同效应。在承载维度上，城乡基本公共服务均等化承载力较强的区域集中在华东、华中地区，城乡基本公共服务均等化承载力较弱的区域集中在东北、西北和西南地区。在支撑维度上，城乡基本公共服务均等化支撑力较强的区域集中在华东地区，该地区城乡协调发展差距小；城乡基本公共服务均等化支撑力较弱的区域集中在西北、西南地区，该地区城乡发展差距大。在发展维度上，城乡基本公共服务均等化发展水平较高的区域主要分布在东部沿海地区，且西北地区城乡基本公共服务均等化发展相对较好；城乡基本公共服务均等化发展相对薄弱的区域集中在华中、东北地区。全国城乡教育均衡发展水平整体较好，城乡医疗卫生水平和养老服务水平趋于中等。城乡公共文体服务整体发展水平不高，城乡社会保障体系差距相对较大。

（3）大部分省份实现了城乡基本公共服务均等化的协调发展。城乡基本公共服务均等化协调发展水平较高的区域集中在华东、华南地区，而华中、华北地区城乡基本公共服务均等化协调发展水平处于全国中游。城乡基本公共服务均等化协调发展相对薄弱的区域集中在东北、西南和西北地区。

（4）根据承载—支撑—发展评价维度来分析全国城乡基本公共服务均等化协调发展阶段的内在机理差异和多维度发展问题，有利于各省份从均等化承载—支撑—发展维度及协调发展水平上把握自身在全国所处的发展阶段，明确其在推进城乡基本公共服务均等化协调发展过程中的内在联系和优劣势，为各区域制定有针对性的均等化策略提供思路。

第四节　省域城乡基本公共服务均等化提升导向

本节将结合中国城乡基本公共服务的多维度评价及协调发展评价结果，从区域层面总结城乡基本公共服务多维度发展问题，提出中国分区域的城乡基本公共服务均等化提升导向，以期为推进全国城乡基本公共服务均等化高质量协调发展提供科学决策的依据。

（一）东北地区

东北地区城乡基本公共服务均等化协调发展水平较低，均等化承载力较低，地区间均等化支撑力不均衡，城乡基本公共服务发展水平差距较大（表4-7）。

表4-7　东北地区城乡基本公共服务均等化评价结果梳理

省份	评价结果			
	均等化承载力	均等化支撑力	均等化发展水平	均等化协调发展阶段
吉林	低	较低	低	轻度失调
黑龙江	低	高	低	轻度失调
辽宁	中等	中等	较低	发展调和

东北地区应协调区域经济发展水平，制定适度差别化的经济发展政策，促进基本公共服务适应人口城镇化发展的公共财政体制的建设；根据人口结构变化情况和城镇化发展趋势优化城乡基本公共服务设施布局，健全常住人口、老龄人口与公共服务供给匹配机制；建立各省域间的基本公共服务交流平台，促进公共服务参与主体的多元化，将民生类的财政支出

向落后地区倾斜；建立健全促进城乡之间要素流动的机制，缩小城乡发展差距和居民生活水平差距，推进城镇化高质量建设。

吉林、辽宁应围绕各自省份的"十四五"规划纲要中的民生保障目标，通过明确基本公共服务项目清单，加快补齐基本公共服务短板和弱项，并进一步加快基本公共服务制度统筹和资源下沉，推进基本公共服务标准体系的建设。吉林应促进城乡各要素均衡发展，缩小城乡差距，重点加强城乡教育、公共文体、养老、社会保障领域的发展。辽宁应推动城乡均衡发展，强化城乡一体化基础设施建设在城乡融合中的支撑作用，补齐教育、医疗、养老服务领域的短板，促进城乡基本公共服务均等化发展。黑龙江应依据《黑龙江省"十四五"公共服务规划》，通过加大财政转移支付，向欠发达地区、边境地区、资源型地区、老工业城市等特殊类型地区倾斜，推进基本公共服务体系的建设，完善支出保障机制，不断提高特殊类型地区基本公共服务供给水平，加大城乡公共服务领域的投入，提升城乡教育、医疗、公共文体、养老服务、社会保障各领域基本公共服务发展水平。

（二）华北地区

华北地区城乡基本公共服务均等化协调发展水平处于全国中游，区域整体均等化承载力、支撑力较弱，城乡发展差距明显。华北地区城乡基本公共服务均等化发展水平有一定的区域差异性，其中京津冀发展协同性相对良好（表4-8）。

表4-8　华北地区城乡基本公共服务均等化评价结果梳理

省份	评价结果			
	均等化承载力	均等化支撑力	均等化发展水平	均等化协调发展阶段
北京	较低	较低	高	良好协调
天津	较低	较低	较高	良好协调
河北	高	中等	中等	良好协调
山西	中等	较低	较低	轻度失调
内蒙古	低	低	较高	轻度失调

华北地区应进一步促进京津冀协同发展，促进共建共享；推动区域城镇化健康发展，促进城乡要素流动，构建完善的公共服务参与机制，协调周边农村与城市的生产、生活关系，合理布置公共服务设施，提高公共服务设施的服务能力。

北京、天津应缩小城乡发展差距，统筹城乡发展，建立健全促进城乡之间要素流动的机制。北京应依据《北京市"十四五"时期社会公共服务发展规划》，利用腾退空间补充民生设施短板，推动中心城区功能优化升级，强化城市副中心基本公共服务供给；通过统筹存量提升和增量需求，补齐生态涵养区公共服务短板，健全全民覆盖、城乡一体的基本公共服务体系；重点促进城乡教育和养老服务均等化发展。天津应依托《天津市基本公共服务标准体系建设"十四五"规划》，提高公共服务设施服务能力，优化城乡公共服务设施，统筹公共服务供给体系，重点推进养老服务体系建设。河北应依托《河北省国民经济和社会发展第十四个五年规划和二〇三五年远景目标纲要》，通过促进城乡教育资源均衡配置，推动优质教育资源城乡共享；通过打造15分钟基本医疗卫生服务圈，健全农村、城市基层公共卫生服务体系，补齐公共文体和社会保障服务领域的短板。山西应依托《山西省"十四五"公共服务和社会保障事业规划》，推动基本公共服务供给机制改革，完善公共资源与常住人口、服务半径挂钩的政策制度体系，优化资源配置效率，逐步提升基本公共服务的精准度；重点提高城乡教育、医疗、养老服务体系发展水平。内蒙古应优化配置城乡要素，促进城乡内部、城乡之间的经济、社会、环境协调发展，依据《内蒙古自治区"十四五"保障和改善公共服务规划》，以服务半径、服务人口为基本依据，打破城乡界限；统筹建设公共服务设施，推动城乡服务标准、服务质量统一衔接，提升城乡教育、医疗、社会保障领域公共服务发展水平。

（三）华东地区

华东地区城乡基本公共服务均等化协调发展程度较高，整体区域发展较为协调（表4-9）。上海虽然是经济快速发展、基本公共服务资源领先的发达地区，但也存在城乡发展不均等的问题。上海人口的过高聚集、老龄化率高致使城乡基本公共服务的承载力低，同时快速城镇化导致城乡发展差距不断拉大。江西城乡基本公共服务均等化协调发展水平较低。

表4-9　华东地区城乡基本公共服务均等化评价结果梳理

省份	评价结果			
	均等化承载力	均等化支撑力	均等化发展水平	均等化协调发展阶段
上海	低	较低	高	发展调和

续表

省份	评价结果			
	均等化承载力	均等化支撑力	均等化发展水平	均等化协调发展阶段
江苏	中等	高	高	优质协调
浙江	高	高	高	优质协调
安徽	高	较高	中等	良好协调
江西	较高	较高	较低	良好协调
山东	中等	中等	中等	良好协调
福建	高	高	较高	优质协调

华东地区应优化公共服务供给路径，推进区域公共资源配置与服务供给的协调与均衡。长三角地区应进一步推动实现高质量基本公共服务制度一体化，深化城乡要素流动机制，推动城乡均衡发展。

上海应考虑公共服务覆盖人群、覆盖范围，健全常住人口、老龄人口与公共服务供给匹配机制，优化公共服务设施布局；促进城乡社会与经济均衡发展，健全城乡融合推进机制，强化城乡基础设施建设在城乡融合中的支撑作用，缩小城乡发展差距；依托《上海市基本公共服务"十四五"规划》，推进基本公共服务资源向基层和家门口延伸、向新城和农村覆盖、向薄弱环节和重点群体倾斜，重点提升养老服务设施服务质量。江苏应依托《江苏省"十四五"公共服务规划》，以农村、欠发达地区和基层为重点，不断健全完善基本公共服务标准体系，通过优化都市圈公共服务资源配置和推进民生政策保障体系系统一，促进常住人口基本公共服务均等化。浙江应依托《浙江省公共服务"十四五"规划》，高质量发展幼儿照护服务、现代教育服务、就业创业服务、现代宜居服务、公共文化服务、公共体育服务、卫生健康服务、幸福养老服务、兜底保障服务、拥军优抚服务、生活环境服务等公共服务领域。安徽应依托《安徽省"十四五"公共服务规划》，增强医疗卫生设施服务能力和促进文体设施服务全域共享。江西应依托《江西省"十四五"公共服务规划》，推动建设政府保障基本、社会多元参与、全民共建共享的公共服务供给格局，补齐基本公共服务短板，重点推进城乡教育、医疗、公共文体服务、社会保障公共服务领域的体系建设。山东应依托《山东省"十四五"公共服务规划》，推进县城、人口特大镇公共服务设施提级扩能，增强综合承载能力及对周边农村地区的辐射服务能力，鼓励城乡共建教育共同体、医疗共同体等，推进县农村公共服务一体化和功能衔接互补，重点提升养老服务设施服务质量。福建应依托国家《"十四五"公共服务规划》，优化城乡公共服务设施，统筹公共服务供给体系，重点推动义务教育优质均衡，提高医疗服务水平。

（四）华中地区

华中地区城乡基本公共服务均等化协调发展处于中游水平，存在区域内城乡基本公共服务发展水平低、城乡基本公共服务均等化发展支撑力不高的问题（表4-10）。

表4-10　华中地区城乡基本公共服务均等化评价结果梳理

省份	评价结果			
	均等化承载力	均等化支撑力	均等化发展水平	均等化协调发展阶段
河南	高	中等	低	发展调和
湖南	较高	中等	低	发展调和
湖北	较高	中等	中等	良好协调

华中地区城乡基本公共服务水平的提高对于实现中部崛起、释放地区潜在经济活力有重大促进作用。华中地区应该发挥整体优势，以各级政府为核心主体，提高部分困难地区的基本公共服务供给能力和服务能力，缩小区域、城乡之间的基本公共服务差距；加强武汉城市群、长株潭城市群的区间合作，建立健全长江中游城市群合作机制及管理体制，补齐短板，促进基本公共服务均等化发展；鼓励和引导城镇基本公共服务资源向农村倾斜，促进城市优质服务资源向农村辐射，推动城乡均衡发展，促进城乡经济、社会、生态、基础设施各要素的流动。上级政府应将更多财力投入教育、医疗、社会保障等托底性的基本公共服务。

河南、湖南应提升城乡教育、医疗、文体服务、养老服务、社会保障领域公共服务发展水平。河南应依据《河南省国民经济和社会发展第十四个五年规划和二〇三五年远景目标纲要》，全面对接国家《"十四五"公共服务规划》，围绕公共教育、就业创业、医疗卫生、托育养老、文体服务等领域，促使基本公共服务资源向基层、农村、边远地区和困难群众倾斜，完善城乡基本公共服务建设体系。湖南应基于《湖南省国民经济和社会发展第十四个五年规划和二〇三五年远景目标纲要》，构建城乡教育联合体、城市医联体和县域医共体，逐步统筹城乡公共服务体系。湖北应依托《湖北省国民经济和社会发展第十四个五年规划和二〇三五年远景目标纲要》，推进基本公共服务均等化，加快建成疾控体系改革和公共卫生体系建设的"湖北样板",推动武汉都市圈内城市共建共享,重点促进文体设施服务全域共享,健全多层次社会保障体系。

（五）华南地区

华南地区城乡基本公共服务均等化协调发展水平整体较高（表4-11）。广东城乡基本公共服务发展差距较大。广西城乡基本公共服务发展受到社会发展阶段和人口外流等影响,在城乡基本公共服务协调发展过程中各维度有一定的提升空间。海南城乡基本公共服务整体发展水平较高。

表4-11　华南地区城乡基本公共服务均等化评价结果梳理

省份	评价结果			
	均等化承载力	均等化支撑力	均等化发展水平	均等化协调发展阶段
广东	高	较低	较高	优质协调
广西	中等	中等	中等	良好协调
海南	较高	高	较高	优质协调

华南地区应强化基本公共服务财政投入保障,制定各省域基本公共服务保障地区标准,优化财政资金不同公共服务领域的投入,平衡不同区域间的基本公共服务供给差异;以标准化推动基本公共服务均等化,建立覆盖全省域的基本公共服务标准体系;完善大湾区公共服务供给,注重公共服务建设合作,搭建区域公共服务协同机制,以实现大湾区公共服务协同发展的目标。

广东应依托《广东省公共服务"十四五"规划》,通过健全流动人口基本公共服务供给制度,逐步实现常住人口基本公共服务全覆盖;不断完善区域合作机制,统一城乡服务内容和质量;建立健全城乡公共教育体系,健全多层次医疗服务体系,缩小城乡经济社会发展差距,促进城乡高质量融合发展。广西、海南的城乡基础公共服务均等化协调发展应以国家《"十四五"公共服务规划》为指导。广西应提升公共文体服务、社会保障的发展水平。海南应补齐医疗、养老服务领域的短板,促进城乡基本公共服务均等化发展。

（六）西南地区

西南地区城乡基本公共服务均等化协调发展水平较低,除重庆均等化承载力和发展水平较高、西藏均等化发展水平较低外,其余地区均等化承载力、支撑力和发展水平都处于中下游，是未来需重点提升城乡基本公共服务均等化的区域（表 4-12）。

表 4-12 西南地区城乡基本公共服务均等化评价结果梳理

省份	评价结果			
	均等化承载力	均等化支撑力	均等化发展水平	均等化协调发展阶段
重庆	较高	中等	较高	良好协调
四川	较低	中等	中等	发展调和
贵州	中等	低	中等	发展调和
云南	较低	低	低	轻度失调
西藏	较低	低	较高	轻度失调

西南地区应优化基本公共服务资源配置结构，提高基本公共服务的供给效率和活力；建立各省域间的基本公共服务交流平台，加强各省域间的交流与协作；加强农村和城镇间的基本公共服务的转移和协作，加大对农村地区的财政投入力度；推动新型城镇化高质量发展，促进基本公共服务适应人口城镇化发展建设；同时对各省域城乡公共服务均等化支撑力进行整体提升，根据人口结构变化情况和城镇化发展趋势，优化城乡基本公共服务设施布局和供给。

重庆应依托《重庆市"十四五"公共服务规划》，逐步建立健全多层次公共服务体系，通过优化公共服务资源在区域、城乡、成渝间的布局，积极响应"一区两群"、城镇化与乡村振兴、成渝地区双城经济圈建设等重大战略，促进城乡社会生态要素均衡发展，重点推进城乡养老服务体系建设。四川、贵州、云南应以国家《"十四五"公共服务规划》为指导，不断补齐基本公共服务短板，推动基本公共服务保障与乡村振兴、新型城镇化发展相适应，扩大公共服务供给规模。四川应重点提升城乡公共文体服务、养老服务、社会保障领域发展水平。贵州应补齐医疗、公共文体服务发展的短板，推进义务教育、医疗卫生、文化体育、养老服务、社会保障各领域的全面建设。西藏囿于其城镇化发展、财政支撑等，应依托《西藏自治区基本公共服务实施标准（2021 年版）》，主要通过提升优质教育、医疗、健康养老等资源要素和平台的集聚能力，推动城乡医疗、养老、社会保障体系建设，强化城市公共服务设施对农村的辐射带动作用；建立保证城乡人口有序流动迁徙的制度，缩小城乡发展差距和居民生活水平差距，逐步实现城乡基本公共服务均等化。

（七）西北地区

西北地区城乡基本公共服务均等化协调发展水平整体较低，大多存在均等化承载力低、支撑力低、城乡基本公共服务均等但城乡整体发展水平较低的问题，是未来需重点提升城乡基本公共服务均等化的区域（表4-13）。

表4-13 西北地区城乡基本公共服务均等化评价结果梳理

省份	评价结果			
	均等化承载力	均等化支撑力	均等化发展水平	均等化协调发展阶段
陕西	较低	低	较低	轻度失调
新疆	较低	较高	较高	良好协调
甘肃	低	低	较低	轻度失调
青海	较低	较低	较高	发展调和
宁夏	较低	低	较高	发展调和

西北地区应加强与东部、中部地区经济发达省份的交流，多方面借鉴发达省份的公共服务供给经验。重视"西部大开发""一带一路"等区域发展政策，推动区域协调发展，整体设计并提供相关公共服务；改变西北地区财政基础薄弱的现状，优化财政支出结构。西北地区应建立城乡统一的公共服务体制，提高公共服务的提供效率；扩大公共财政覆盖农村的范围，发展西北地区农村公共事业，缩小西北地区的城乡差距；提升新型城镇化发展质量，促进基本公共服务设施建设；同时提升各省域城乡公共服务均等化支撑力；深化城乡要素流动机制，推动城乡均衡发展，健全城乡融合推进机制。

甘肃应促进城乡经济社会要素双向流动，缩小城乡发展差距，依托《甘肃省"十四五"公共服务规划》，推进城乡基本公共服务标准统一和制度并轨，提高城乡教育、文体、社会保障等公共服务供给水平，通过补齐城乡基本公共服务短板，提升基本公共服务质量。宁夏应促进城乡经济、社会和生态均衡发展，依托《宁夏回族自治区公共服务发展"十四五"规划》，以区域协调发展和主体功能区战略为引领，优化公共服务资源配置，推动布局、结构、质量、效益协调发展；通过加大财政支持力度，完善地方基本公共服务保障体制，逐步实现基本公共服务提档升级，缩小城乡差距；重点推动义务教育优质均衡，提升养老服务设施服务质量。陕西、青海、新疆应以国家《"十四五"公共服务规划》为指导，逐步落实"幼有所育、学有所教、劳有所得、病有所医、老有所养、住有所居、弱有所扶、优军服务保障和文体服务保障"多方面的城乡基本公共服务发展目标。陕西应促进城乡融合发展和城乡经济、生态均衡发展，促进城乡教育均等发展，实现城乡公共文体服务共建共享，推动城乡养老服务体系建设，健全多层次城乡社会保障体系。青海应促进城乡生态、基础设施的均衡发展，补齐城乡医疗、社会发展领域公共服务发展短板。新疆应重点推进城乡养老服务体系建设。

　　新时代中国基本公共服务均等化的重心已经从"缩小地区间财力差距"转向"提升人民群众获得感"。国家应抑制地方政府在基本公共服务投入中的"城市偏向"，建立促进城乡基本公共服务均等化的激励机制[300]，从而缩小城乡收入差距并实现城乡共享发展；根据人口结构变化情况和城镇化发展趋势，优化城乡基本公共服务设施布局，健全常住人口、老龄人口与公共服务供给匹配机制，促进基本公共服务适应人口城镇化发展建设；建立健全促进城乡之间要素流动的机制，缩小城乡发展差距和居民生活水平差距，推进城镇化高质量建设；结合相关区域政策推动区域协调发展，优化公共服务供给路径，推进区域公共资源配置和服务供给的协调与均衡；明确基本公共服务项目清单，推进基本公共服务标准体系建设，加快补齐基本公共服务短板，推动义务教育优质均衡，增强医疗卫生设施服务能力，提升养老服务设施质量，促进文体设施服务全域共享，健全多层次城乡社会保障体系。在空间规划上，应综合考虑地区人口密度、公共服务设施服务半径、公共服务设施质量，优化基本公共服务设施空间布局。

第五章

中国大城市基本公共服务设施供需匹配水平研究

【导论】在大城市中，保障"人人享有、公平公正"的基本公共服务设施，是中国建设"以人民为中心"的城市的关键环节，是提升大城市中心区功能的基础保障。本研究在全国各省域城乡基本公共服务均等化情况分析的基础上，进一步聚焦19个大城市的基本公共服务设施供需匹配水平，从宏观总量控制和衔接典型城市中的微观空间测度入手，探讨中国各区域、各区域中心代表城市基本公共服务设施的供需匹配水平，以期拓展基本公共服务设施供需匹配研究思路与技术方法，为提升大城市"人居"品质、促进区域协调发展提供前置性的基础评估，推动基本公共服务均等化建设。

第一节　研究对象及方法构建

为优化提升大城市中心城区功能，在大城市中保障"人人享有、公平公正"的基本公共服务设施，本研究选取综合实力领先的 15 个副省级城市和 4 个直辖市的主城区作为研究范围；参照基本公共服务设施均等化的核心理念，以与社区公共服务设施配置需求和规划密切相关的四大类基本公共服务设施为研究对象，采用 2000 年的数据，以"供需辨析—供需匹配—模式识别"为逻辑框架，建立"基础评价—叠加分析—综合聚类"的评价方法体系。

一、研究对象

选取北京、上海、天津、重庆、深圳、广州、杭州、武汉、南京、成都、厦门、青岛、宁波、大连、西安、长春、济南、沈阳、哈尔滨 19 个大城市为研究对象。这 19 个城市的城市化总体水平较高，其经济、人口、产业、交通、生态及信息共享等方面在全国各大城市中领先，在各自的城市群中核心程度较高、外向功能突出。19 个城市具有高度的地区代表性——分布在中国的六个地理区域中，覆盖全国大部分地区，在区域经济、政治、文化、交通方面发挥着重要作用。另外，此类城市的基本公共服务设施"供给+需求"的建设经验对区域内其他城市的发展具有重要的借鉴意义，在区域内部及区域之间的横向对比中具有不可替代的研究价值。

2018 年 7 月，国务院办公厅发布《关于建立健全基本公共服务标准体系的指导意见》，提出对九大类基本公共服务的质量要求。《"十四五"公共服务规划》强调应补齐义务教育、就业社保、医疗卫生等基本公共服务的短板和大力建设基层服务。因此，本研究依据《城市居住区规划设计标准》（GB 50180—2018）和《社区生活圈规划技术指南》，选取与社区公共服务设施配置需求规划标准密切相关并具有明显基础性、公益性、普惠性特征的教育设施（幼儿园、小学）、医疗卫生设施、文化设施（图书馆）、社会保障设施（养老服务设施、残疾人服务设施）进行大城市基本公共服务设施供需匹配水平评价。

二、方法构建

（一）评价体系

大城市基本公共服务设施供需匹配水平评价主要分为三个步骤（图 5-1）。①供需辨析。基本公共服务设施是城市居民日常生活中的"典型空间接触机会"。因此，基于"成本最低"原则和"机会均等"原则，将供给评价聚焦于设施可达性，关注设施的空间布局；将需求评价转译为人口承载压力，以人口为基准把握设施容量。②供需匹配。基本公共服务作为必需型服务，其面向居民的服务属性将引导本次评价的尺度落在社区层面，并在社区尺度上叠加设施可达性与人口承载压力的评价结果，以"匹配均衡"为原则，划分出典型"人居"类型。③模式识别。以"区域协调"为原则，将典型"人居"量化为可比较的核心指标，对各大城市主城区的供需匹配水平进行聚类分析并划分水平梯度，总结城市和区域层面供需匹配水平的规律，得出分类结果并提出优化策略。

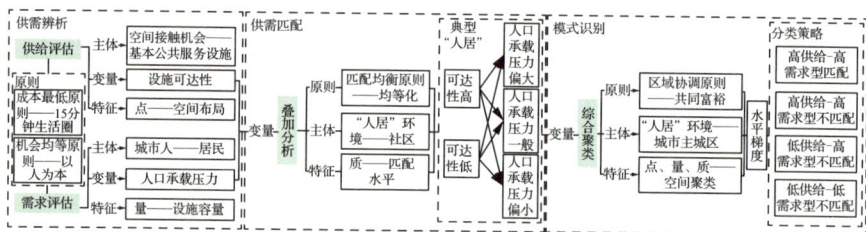

图 5-1 大城市基本公共服务设施供需匹配水平评价方法框架

（二）评价方法

依据构建的"供需辨析—供需匹配—模式识别"评价体系，建立了"基础评价—叠加分析—综合聚类"的评价方法。

1. 基础评价

基础评价包含供给评价和需求评价两个环节，通过供给评价计算得到设施的空间可达性，利用需求评价先依据空间可达性划定设施服务区，再计算人口承载压力。

（1）供给评价。基于基本公共服务设施的兴趣点（point of interest，POI）数据和城市路网数据，应用不规则三角网（triangulated irregular network，TIN）插值法计算得到全域覆盖、高精度的空间可达性栅格，将可达性结果传递至社区，依据 15 分钟生活圈的设施配置标准，以 5 分钟、10 分钟、15 分钟及 15 分钟以上的步行可达性等级为统计标准，计算每类社区的面积占比，对各类设施的平均可达性与空间均衡性进行分析。其中，平均可达性分析体现了城市各类设施的平均供给水平，空间均衡性分析体现了城市内部设施布局的空间分布特征。

（2）需求评价。基于人的刚性需求，人口的流动性和生命阶段的延续性使得稳定且异质性小的"粗略"评价实际上更优于以年龄、性别或职业等特征变量为基础的"精准"评价，因此选取人口承载压力作为设施需求评价的依据。①构建成本服务区。由于城市的土地开发强度和交通建设发展存在显著差异，均质化且等距的设施服务范围无法满足居民对基本公共服务设施的真实需求。因此，应以设施的空间可达性为范围划定依据，依据居民的获取能力确定设施的需求空间，利用成本分配法进行服务区的划分。由于每个栅格单元时所消耗的成本不同，因此在多个要素源之间划分空间时，应将每个栅格单元分配给可以以最低成本到达的要素源，从而形成最低成本消耗空间。在此次评价中，将基本公共服务设施点作为要素源，基于可达性栅格，构建每个设施的服务区。该方法本质上是在"非均质"的真实可达性空间中构建"泰森多边形"，计算形成全域覆盖、互不叠加、反映现实的设施服务范围（图 5-2）。②计算人口承载压力。首先，依据百度人口热力图（于2021 年 3 月 1 日～31 日 20:00～22:00 获取数据）反演城市人口分布，统计 19 个城市每个设施服务区内的人口规模总量，并将其作为基本公共服务设施"客观容量"的需求，从需求端体现各类设施"量"的内涵；其次，利用"自然断裂点分级法"将各类设施承载的人口规模划分为"人口承载压力偏小""人口承载压力一般""人口承载压力偏大"三个区间；最后，将服务区的区间值传递到社区边界内，对各类设施的社区人口承载压力进行针对性分析。

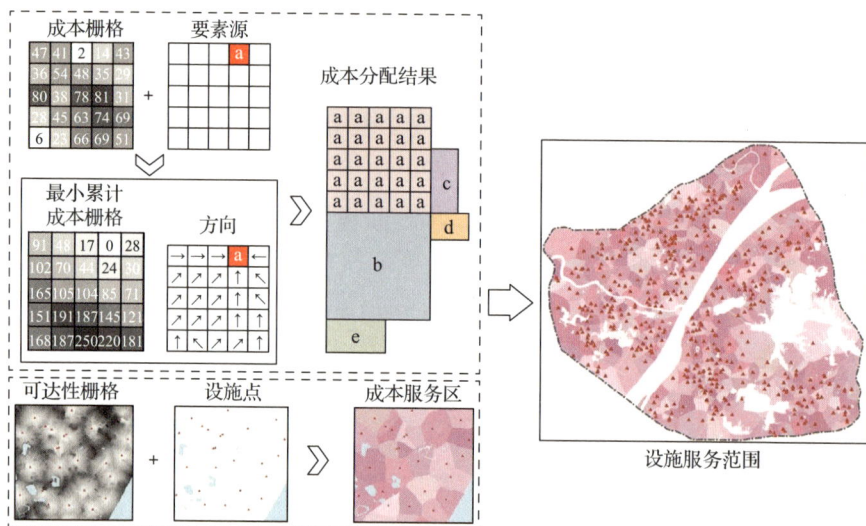

图 5-2　设施服务范围构建原理

2. 叠加分析

叠加分析包含典型"人居"分类和供需匹配水平计算两个环节。具体步骤如下：①叠加基础评价结果，形成典型"人居"分类；②依据典型"人居"的供需匹配特征确定权重，计算各类设施的供需匹配水平。

（1）典型"人居"分类。通过辨析不同类型的"人居"环境，对城市基本公共服务设施的建设现状进行评价。利用设施可达性和人口承载压力的分类值，交叉叠加划分出六类存在显著异质性的典型"人居"（为简化结论，将 5 分钟、10 分钟、15 分钟步行覆盖区归为一类）。其中，"建设模范区"的设施可达性较好，人口承载压力小，整体供需匹配程度高；"步行友好区"的设施可达性较好，人口承载压力相对偏小，供需匹配程度偏高；"步行性待提高区""人口承载压力区"分别面临供不应求、非均衡布局的问题，供需匹配程度一般；"待建设区"的设施可达性较差，人口承载压力一般，供需匹配程度偏低；"建设短板区"的设施可达性差且人口的需求量大，整体的供需匹配程度低。典型"人居"分类如表 5-1 所示。

表 5-1　典型"人居"分类

分类	人口承载压力偏小	人口承载压力一般	人口承载压力偏大
步行 15 分钟及以内	建设模范区（大）	步行友好区（偏大）	人口承载压力区（一般）
步行 15 分钟以上	步行性待提高区（一般）	待建设区（偏小）	建设短板区（小）

（2）供需匹配水平计算。①依据六类典型"人居"的供需匹配程度，运用 AHP 确定每类"人居"的指标权重。首先，采用 1～9 度标法构建判断矩阵，将两因素之间的相对重要性转化为量值，得到各类典型"人居"的优劣相对程度；其次，通过计算求解该判断矩阵的最大特征值及其对应的特征向量，采用特征向量法求得每类"人居"的指标权重；最后，为检验判断矩阵的一致性，计算一致性指标置信空间（confidence interval，CI），得到相对一致性指标组合信度（composite reliability，CR），结果显示 CR<0.1，该矩阵通过一次性检验，权重计算结果如表 5-2 所示。②计算每类设施的典型"人居"空间占比，求得每类设施"人居"空间占比与指标权重的乘积，得到各类设施的供需匹配水平和城市基本公共服务设施的综合供需匹配水平。

表 5-2　利用 AHP 判断矩阵分析及一致性检验结果

典型"人居"	AHP 判断矩阵						AHP 层次分析结果		一致性检验结果			
	建设模范区	步行友好区	人口承载压力区	步行性待提高区	待建设区	建设短板区	特征向量	权重/%	最大特征根	CI 值	RI 值	CR 值
建设模范区	1	3	5	5	7	9	4.096	45.65	6.256	0.051	1.26	0.041
步行友好区	1/3	1	3	3	5	7	2.172	24.21				
人口承载压力区	1/5	1/3	1	1	3	5	1.000	11.15				
步行性待提高区	1/5	1/3	1	1	3	5	1.000	11.15				
待建设区	1/7	1/5	1/3	1/3	1	3	0.460	5.13				
建设短板区	1/9	1/7	1/5	1/5	1/3	1	0.244	2.72				

3. 综合聚类

K 均值聚类算法是一种依据距离划分的聚类算法，即依据城市的各类基本公共服务设施供需匹配水平和综合供需匹配水平进行特征聚类，形成不同水平、不同特征的基本公共服务设施供需匹配分类体系，据此进行城市间综合匹配水平的比较，以及城市内部各类设施匹配水平的比较。

第二节　大城市基本公共服务设施供给与需求评价

基于大城市基本公共服务设施供给与需求评价方法中的基础评价环节（19 个典型大城市），重点关注以下几方面。首先，对大城市基本公共服务设施进行供给评价，统计步行 15 分钟多类区间的可达性占比，分析各类设施的供给水平，并探究各类设施供给水平的空间差异特征，分析各类设施的空间分布均衡性。其次，对大城市基本公共服务设施进行需求评价，计算各类设施服务区内的社区人口承载压力，分析各类设施的需求水平。

一、大城市基本公共服务设施供给评价

大城市基本公共服务设施可达性圈层统计结果如图 5-3 所示。教育设施和医疗卫生设施的可达性普遍较好，而文化设施和社会保障设施的可达性亟待提高。①教育设施（幼儿园和小学）的步行 15 分钟及以内可达性占比（以下统称"一类可达区间"）明显高于步行 15 分钟以上可达性占比（以下统称"二类可达区间"），且步行 15 分钟及以内的各类区间占比较为均衡，设施整体可达性较好，如北京、南京和厦门；少数城市的设施可达性有待提升，如天津、重庆和宁波。②医疗卫生设施可达性普遍较好，设施资源充足且分配均衡，如北京、成都和青岛；仅有少数城市的一类可达区间占比相对偏低，如长春、深圳和济南。③文化设施（图书馆）和社会保障设施（养老服务设施和残疾人服务设施）的两类可达区间空间占比呈两极分化，一类可达区间占比远低于二类可达区间占比，二类可达区间几乎全覆盖，设施的可达性相对较差，城市内居民获取服务的公平性较低，如重庆、成都和宁波；仅有少数城市可达性相对较好，如北京、上海和南京。

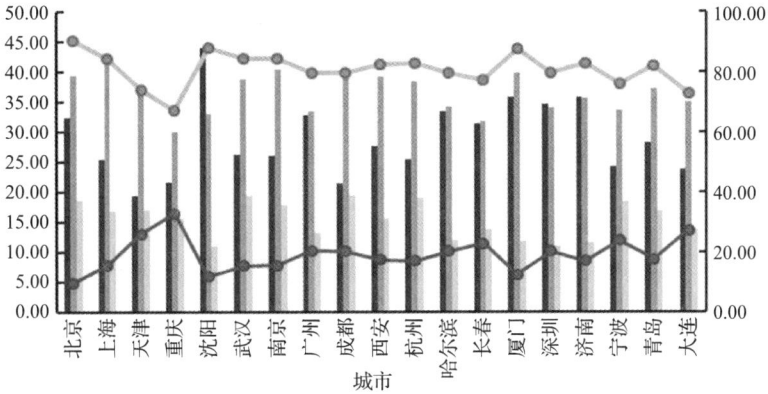

（a）幼儿园

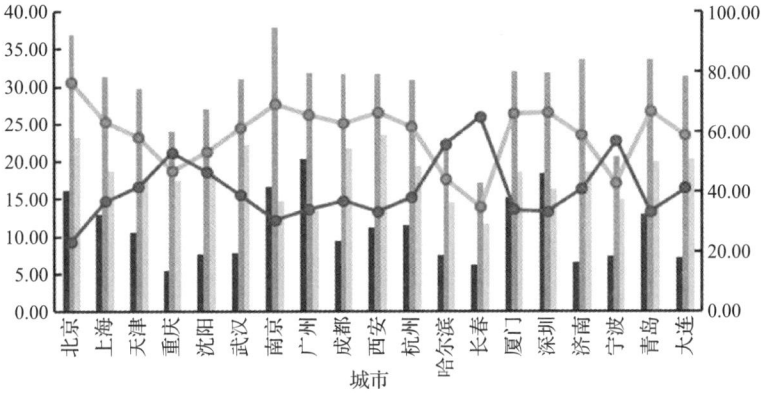

（b）小学

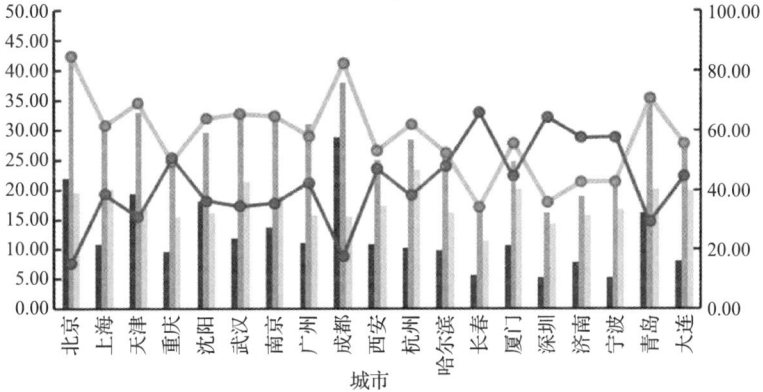

（c）医疗卫生设施

图 5-3　大城市基本公共服务设施可达性圈层统计结果

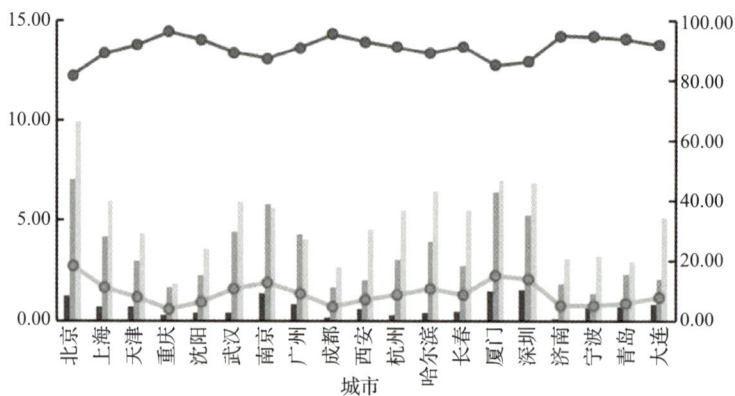

（d）图书馆

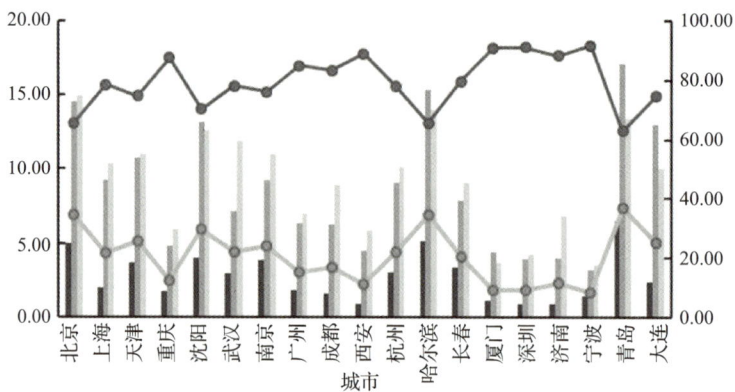

（e）养老服务设施

图 5-3（续）

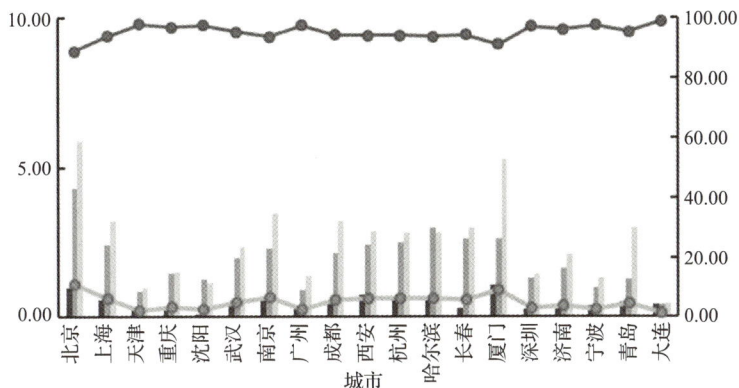

（f）残疾人服务设施

图例　■5分钟　■5~10分钟　□10~15分钟　●15分钟及以内　●15分钟以上

注：左列纵轴为可达性5分钟、5~10分钟、10~15分钟的空间占比；右列纵轴为可达性15分钟
及以内与可达性15分钟以上的空间占比（单位：%）。

图 5-3（续）

　　如图 5-4～图 5-9 所示，六类基本公共服务设施的可达性空间分布存
在明显规律，其中教育设施（幼儿园和小学）的资源空间分布相对均衡，
整体可达性较好且服务共享能力强，而文化设施（图书馆）亟待保障资源
供给，提升设施空间分布的均衡性。①幼儿园的可达性空间分布均衡，一
类可达区间紧密相连，以连片形式分布于城市中，该类设施整体的可达性
好、公平性强，如北京。小学的可达性空间分布规律可分为两种：一是设
施资源向城市中心区域集聚，而城市边缘地区得到的资源较少，一类可达
区间分布以相叠为主，空间共享能力差，如宁波；二是设施资源分布相对
均衡，一类可达区间具有明显的空间连通性，资源共享能力强，如西安。
②医疗卫生设施的可达性空间分布规律可分为两种：一是设施可达性较好，
一类可达区间以组团状分布于城市中，各组团空间连接相对紧密，空间分
布相对均衡，如成都；二是设施分布较不均衡，一类可达区间以组团状聚
集于城市某街区、片区，空间联通性相对一般，如厦门。③图书馆的可达
性空间分布不均衡，该类设施资源的匮乏导致一类可达区间空间不连通，
该类设施供给的空间公平性有待提高，如南京。④社会保障设施中的养老
服务设施的资源布局公平性有待提高，一类可达区间常聚集于某一片区，
如广州；残疾人服务设施因资源短缺而尚未形成覆盖性广的一类可达区间，
如大连。

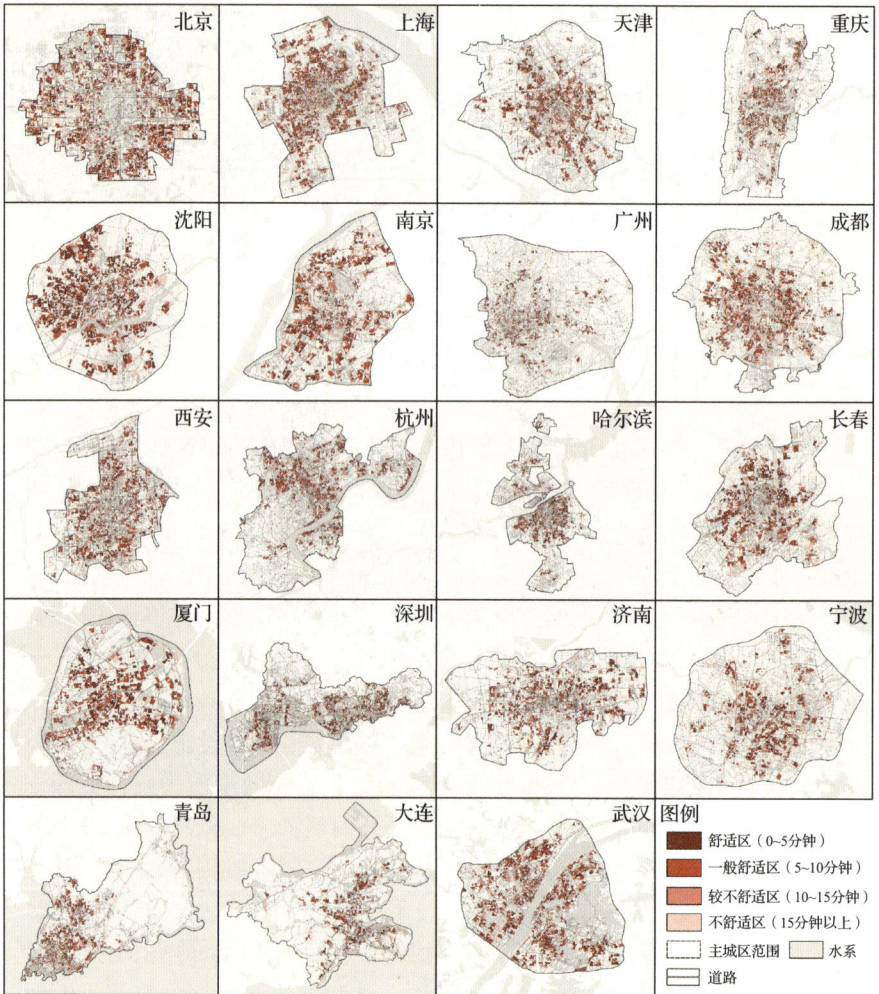

图例

■ 舒适区（0~5分钟）
■ 一般舒适区（5~10分钟）
■ 较不舒适区（10~15分钟）
□ 不舒适区（15分钟以上）
⬚ 主城区范围　　水系
▭ 道路

图 5-4　大城市幼儿园可达性空间分布结果

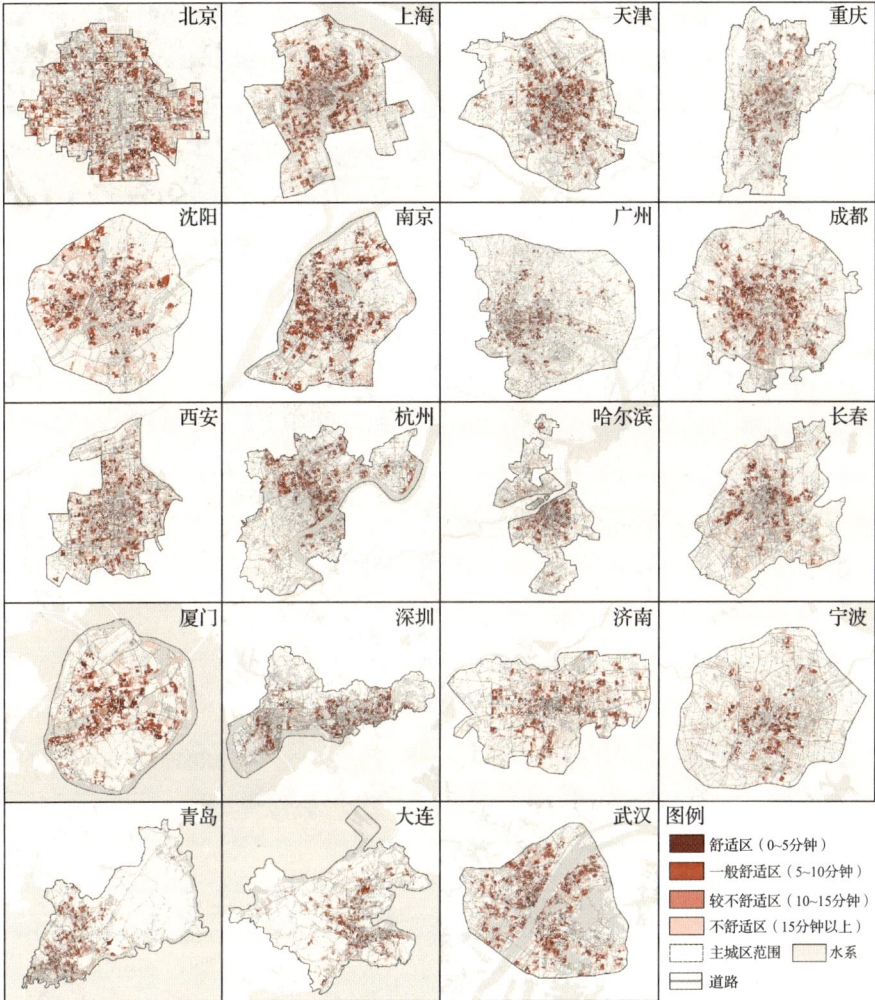

图例

- 舒适区（0~5分钟）
- 一般舒适区（5~10分钟）
- 较不舒适区（10~15分钟）
- 不舒适区（15分钟以上）
- 主城区范围
- 水系
- 道路

图 5-5　大城市小学可达性空间分布结果

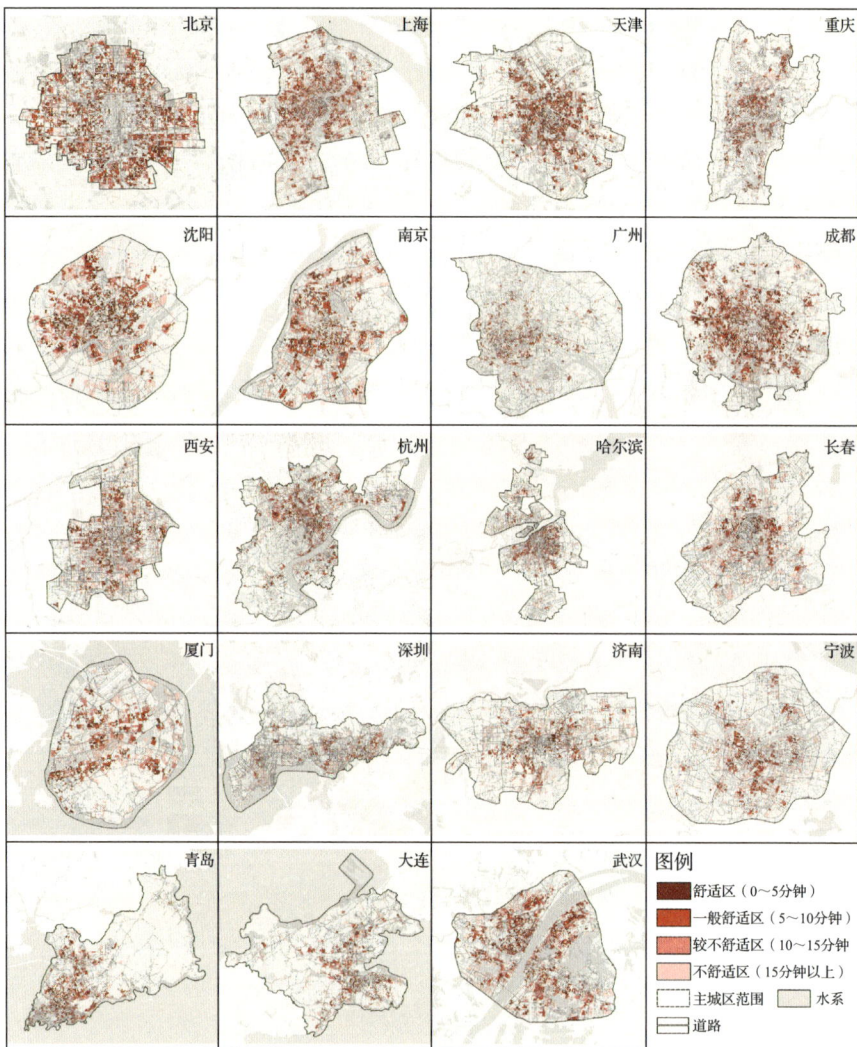

图 5-6　大城市医疗卫生设施可达性空间分布结果

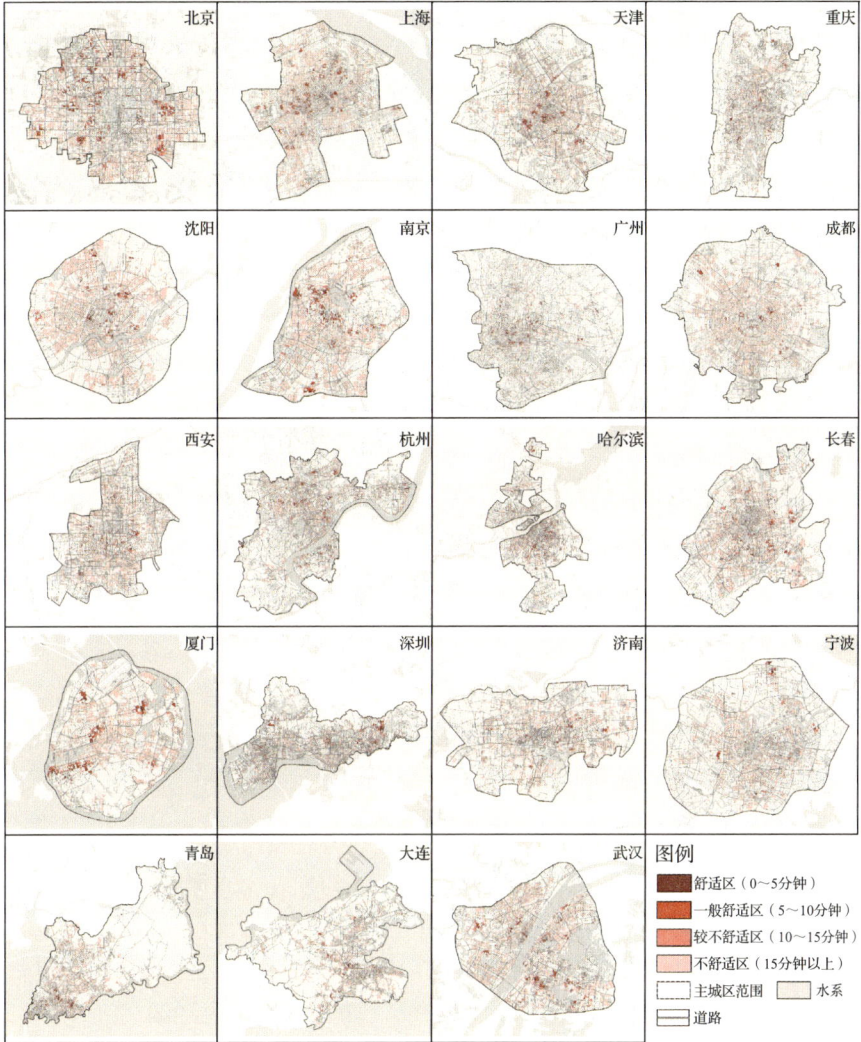

图 5-7　大城市图书馆可达性空间分布结果

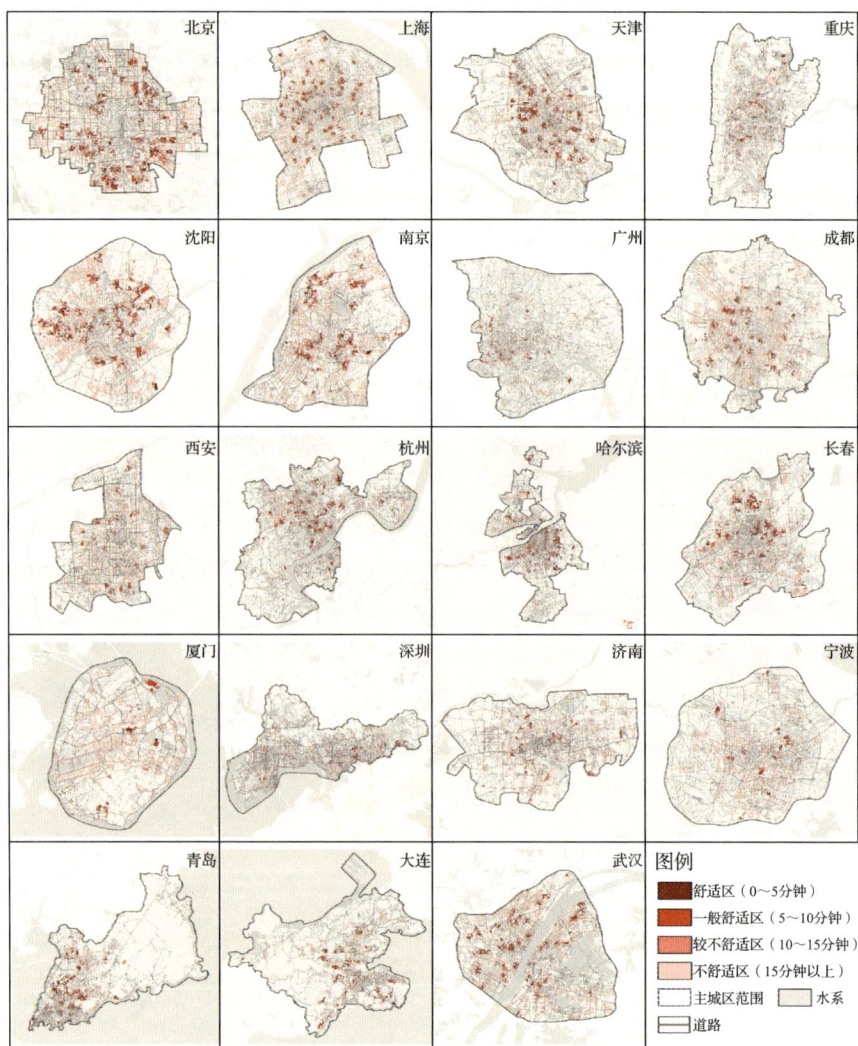

图 5-8　大城市养老服务设施可达性空间分布结果

图例

- 舒适区（0～5分钟）
- 一般舒适区（5～10分钟）
- 较不舒适区（10～15分钟）
- 不舒适区（15分钟以上）
- 主城区范围
- 水系
- 道路

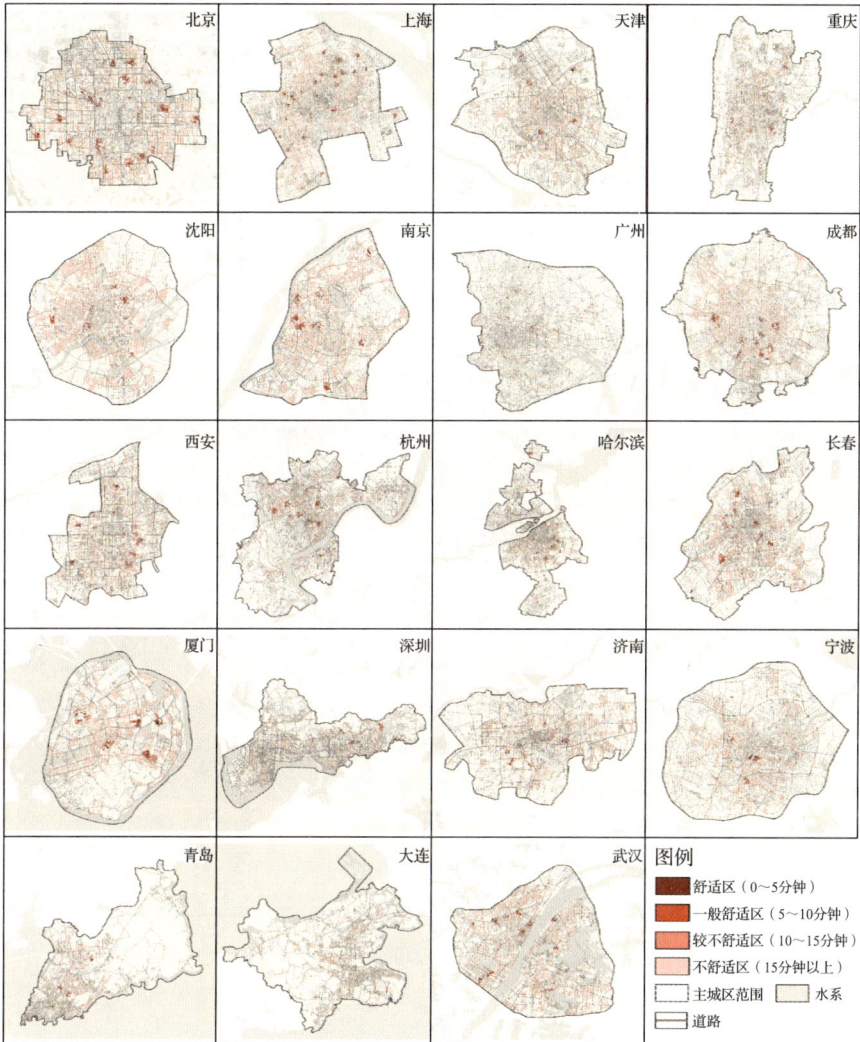

图 5-9　大城市残疾人服务设施可达性空间分布结果

二、大城市基本公共服务设施需求评价

如图 5-10 所示，教育设施（幼儿园和小学）的人口承载压力普遍偏小，设施资源充足，而文化设施（图书馆）亟待提升设施资源供给，缓解过大的人口承载压力。①小学和幼儿园的人口承载压力偏小区间占比较高，如北京、武汉和南京；少数城市小学和幼儿园的人口承载压力一般区间占比较高，如成都、天津和西安。②医疗卫生设施的需求水平差异较大，部分城市医疗卫生设施的人口承载压力偏小区间几乎达到全域覆盖，人口承载压力较小，如北京、青岛和武汉；但多数城市医疗服务设施的人口承载压力区间主体为压力一般区间，如厦门、深圳和西安。③图书馆的人口承载压力区间以一般区间为主体，北京、南京和哈尔滨，人口承载压力偏小；但整体的人口承载压力偏小区间占比低，该类设施建设水平有待提高，如成都、厦门和西安。④养老服务设施和残疾人服务设施的人口承载压力相对偏小，虽然有部分城市出现了服务区人口承载压力偏大的现象，如广州、天津和成都，但人口承载压力偏小区间达到全域覆盖的城市数量多，如北京、哈尔滨和青岛。

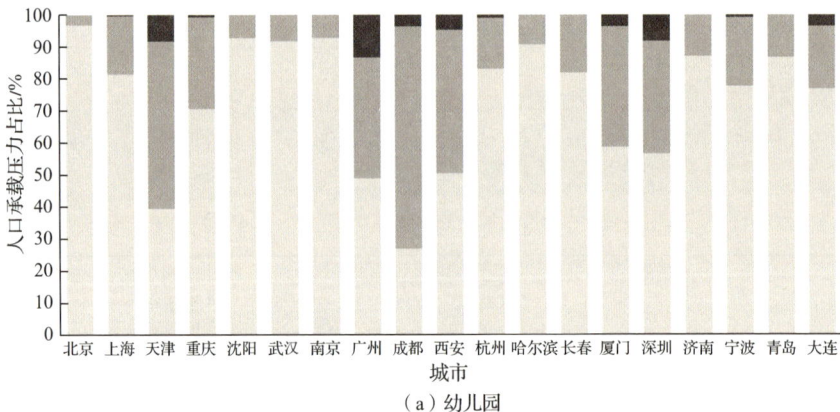

（a）幼儿园

图 5-10　大城市基本公共服务设施人口承载压力统计结果

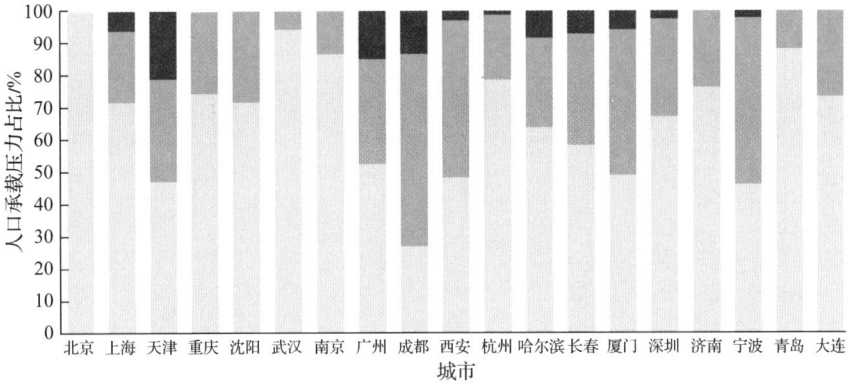

（b）小学

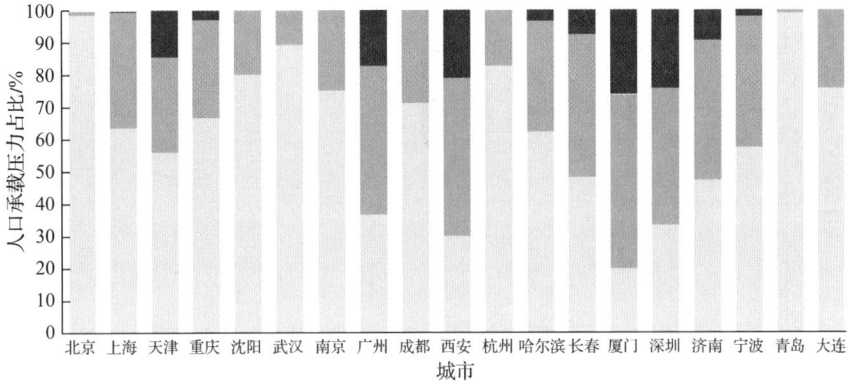

（c）医疗卫生设施

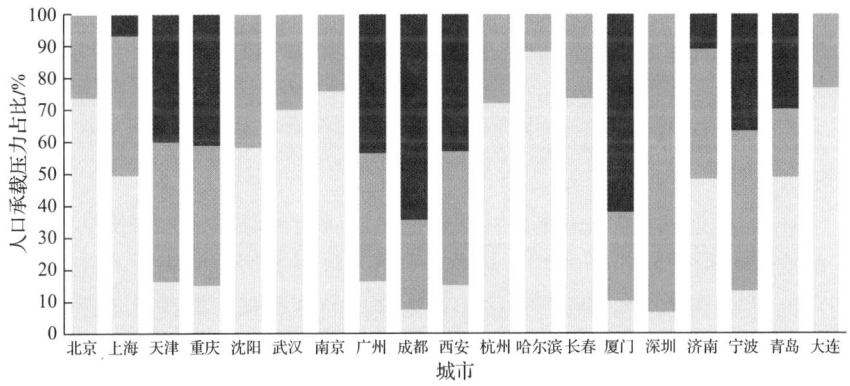

（d）图书馆

图 5-10（续）

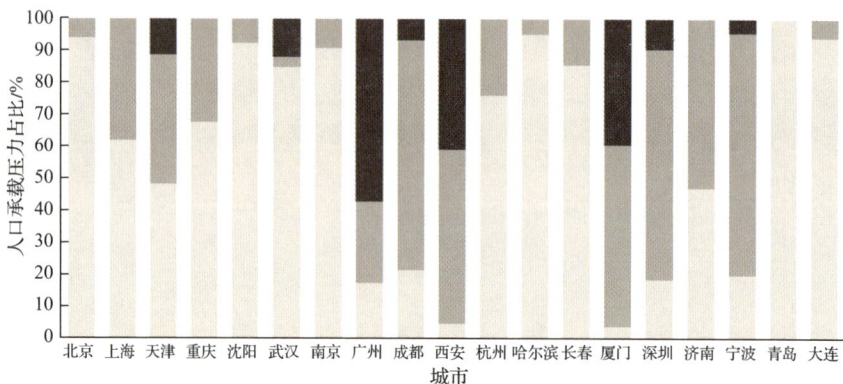

（e）养老服务设施

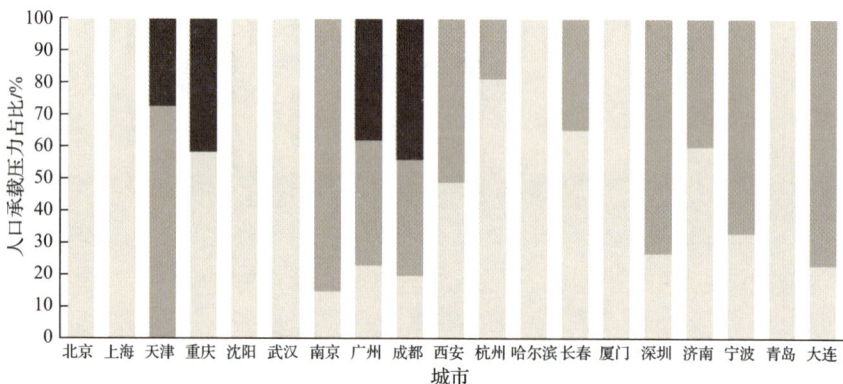

（f）残疾人服务设施

图例　▨ 人口承载压力偏小　▨ 人口承载压力一般　■ 人口承载压力偏大

图 5-10（续）

第三节　大城市基本公共服务设施供需匹配水平分析

　　在社区边界内叠加基本公共服务的供给评价结果和需求评价结果，以匹配均衡为原则，划分典型"人居"类型，依据典型"人居"的权重和空间占比得到设施的供需匹配水平。对比城市的各类基本公共服务设施供需匹配水平和综合供需匹配水平，分析总结典型"人居"空间分布特征。

一、大城市基本公共服务设施供需匹配水平对比

　　如图 5-11 所示，19 个城市的六类基本公共服务设施的供需匹配水平

存在明显的差异，均衡发展的城市相对较少，多数城市存在短板设施项，短板效应使得城市的综合供需匹配水平下降，这从侧面反映了各城市基本公共服务设施的建设重点和差异性。大城市各类基本公共服务设施的供需匹配水平存在一定差异，其中，幼儿园的供需匹配水平高且相对稳定；小学和医疗卫生设施的供需匹配水平偏高，但城市间的供需匹配水平差异较为明显；图书馆、养老服务设施和残疾人服务设施的供需匹配水平相对偏低，其中图书馆和残疾人服务设施是各城市补齐基本公共服务设施发展短板的重要领域。

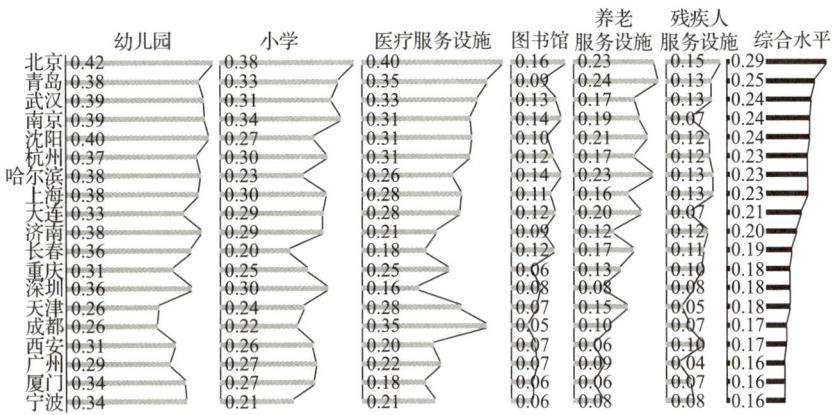

图 5-11　大城市六类基本公共服务设施供需匹配水平评价结果

二、大城市基本公共服务设施供需匹配水平空间分布特征分析

进一步将大城市基本公共服务设施供需匹配水平反映在空间上，探索六类典型"人居"的空间分布特征，并划分空间分布模式，形成具有代表性的典型"人居"空间分布类别。

（一）典型"人居"空间辨析

如图 5-12～图 5-17 所示，19 个城市的教育设施和医疗卫生设施的供需匹配水平相对较高，其典型"人居"以建设模范区为主，空间集聚性较强，而文化设施和社会保障设施亟待提升供需匹配水平的空间均衡性。①教育设施的供需匹配水平高，整体建设较好，多数城市的教育设施建设模范区成片出现在城市中心空间，占比大，空间集聚性较强，空间覆盖相对均衡，如北京、南京；部分城市虽然没有明显的短板空间，但城市整体

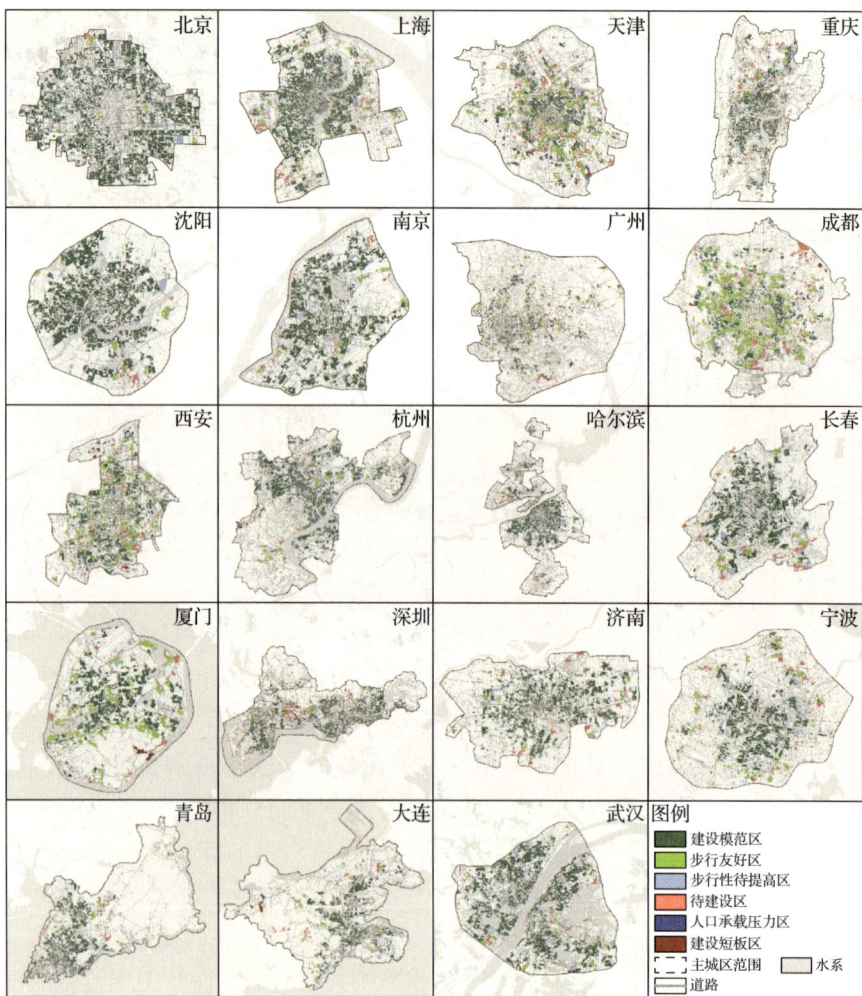

图 5-12 大城市幼儿园特色"人居"空间分布结果

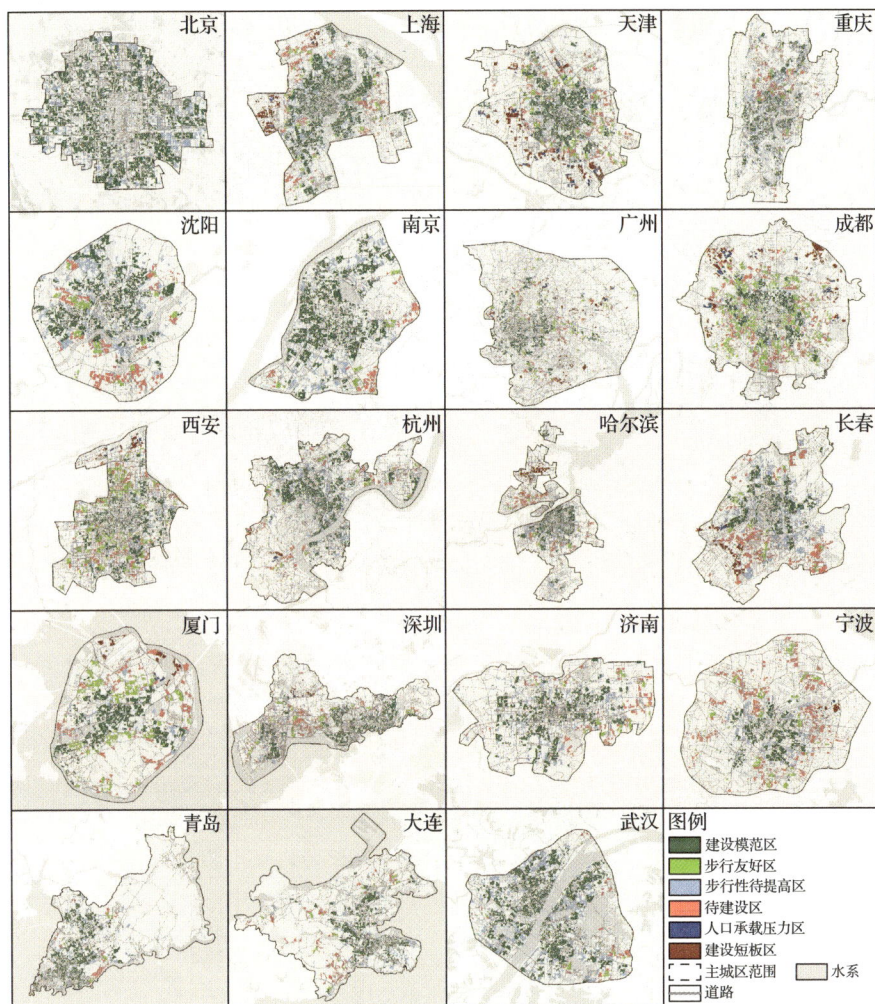

图 5-13　大城市小学特色"人居"空间分布结果

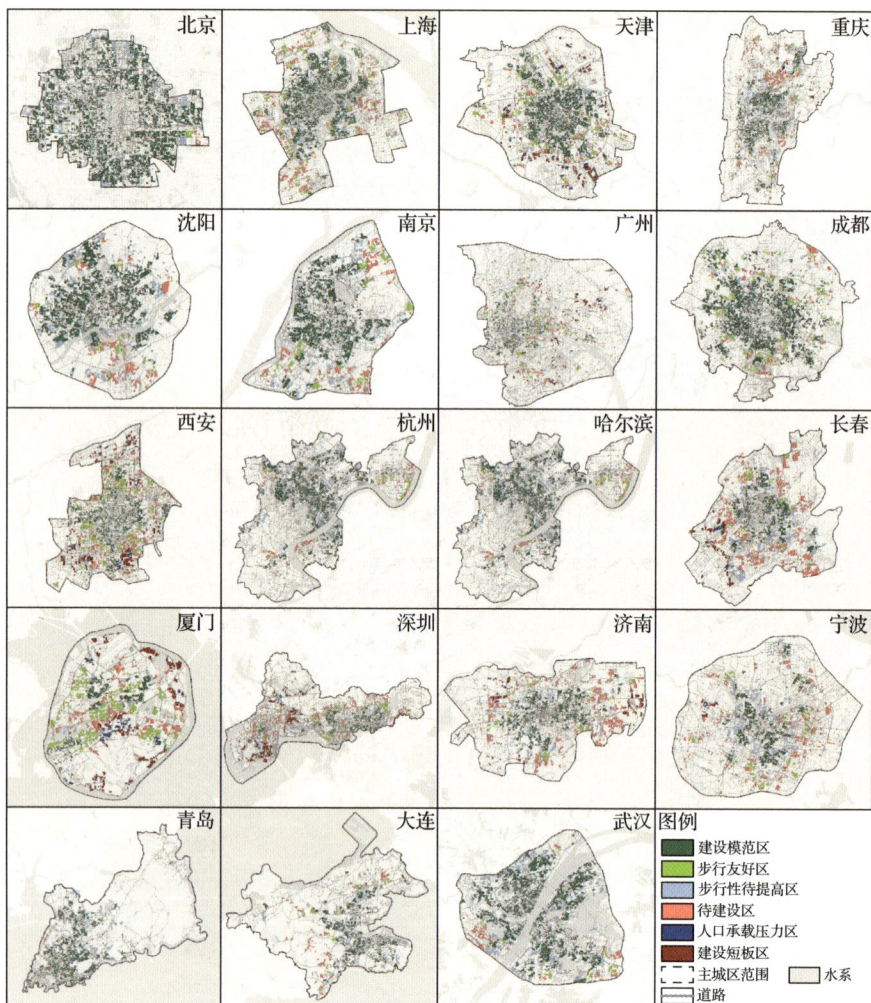

图例
建设模范区
步行友好区
步行性待提高区
待建设区
人口承载压力区
建设短板区
主城区范围
水系
道路

图 5-14　大城市医疗卫生设施特色"人居"空间分布结果

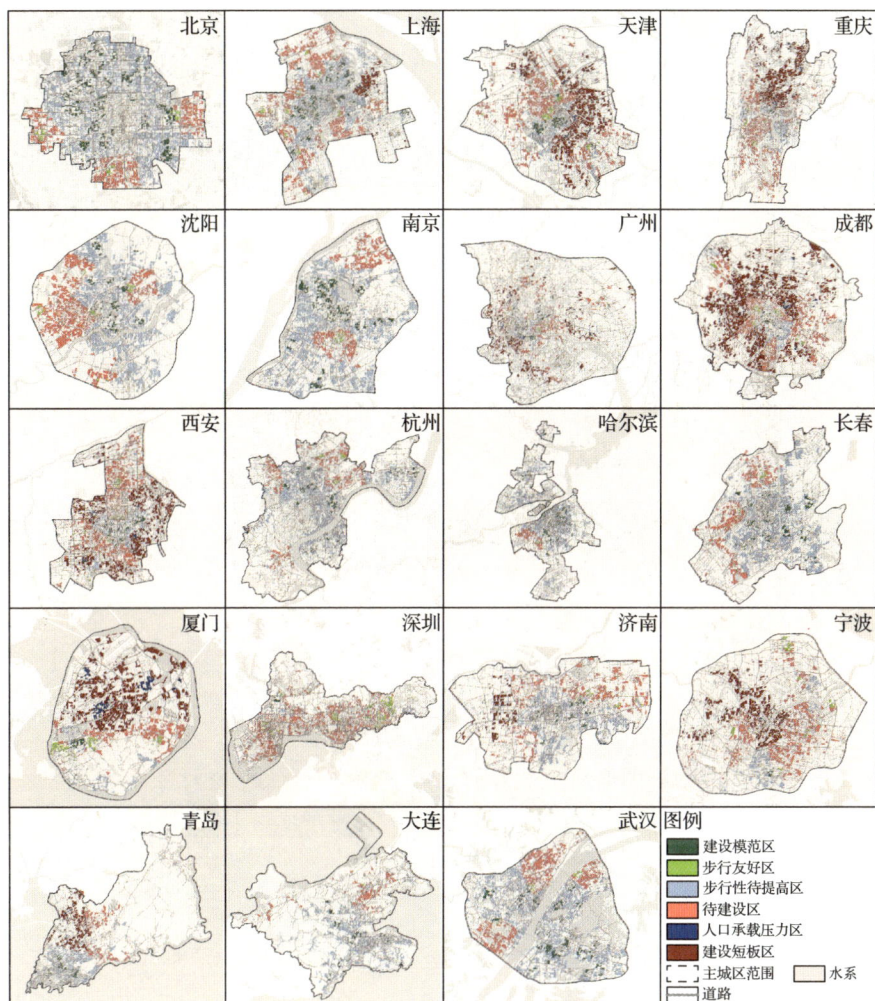

图例

- 建设模范区
- 步行友好区
- 步行性待提高区
- 待建设区
- 人口承载压力区
- 建设短板区
- 主城区范围
- 道路
- 水系

图 5-15 大城市图书馆特色"人居"空间分布结果

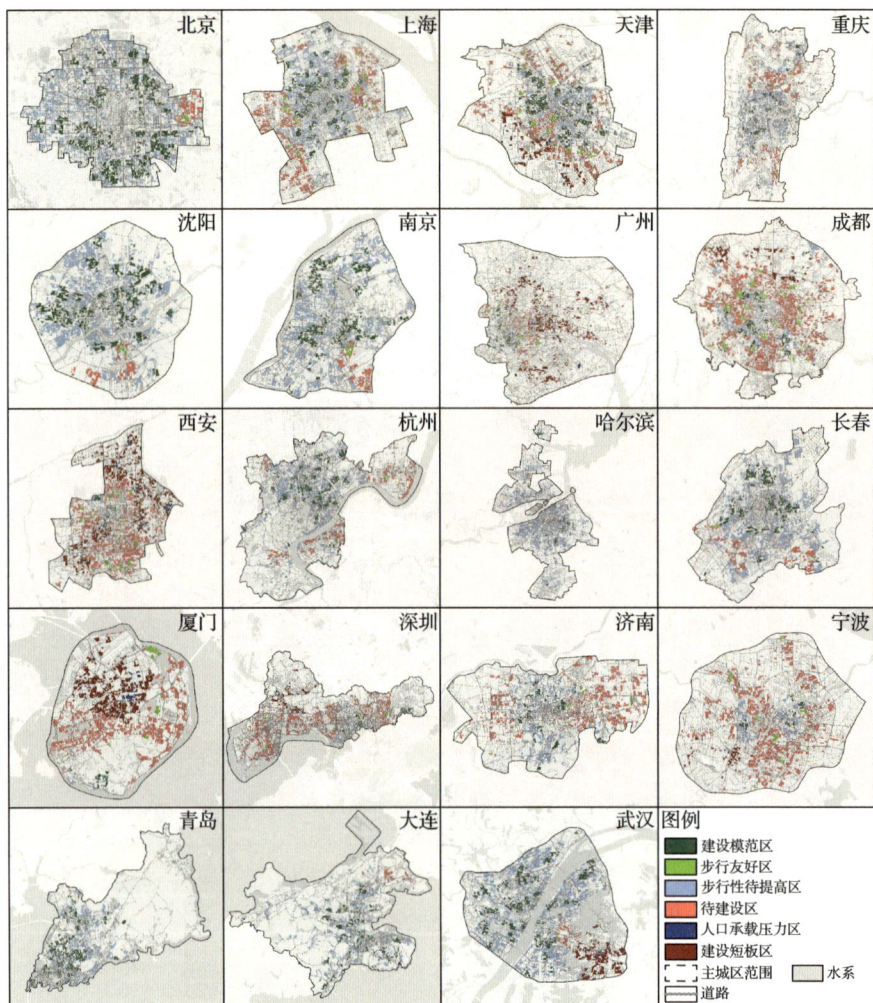

图 5-16　大城市养老服务设施特色"人居"空间分布结果

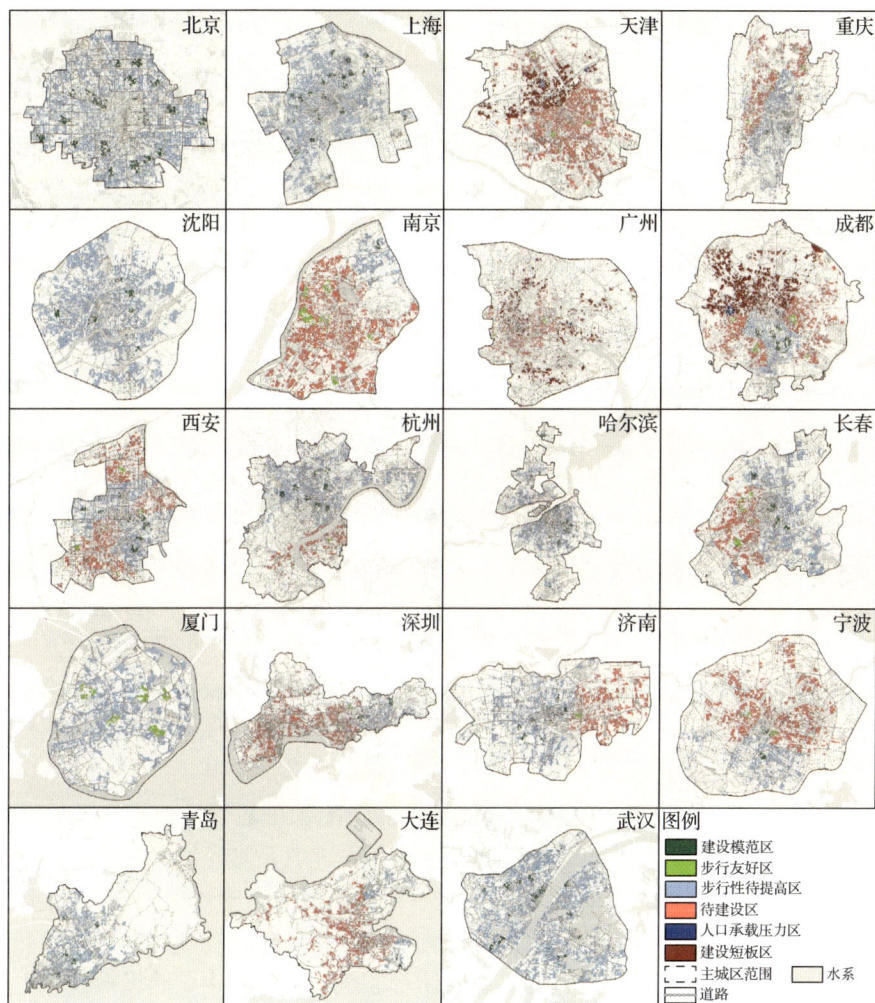

图 5-17　大城市残疾人服务设施特色"人居"空间分布结果

的教育资源并不丰富，如宁波、长春、成都和天津。②医疗卫生设施的典型"人居"空间布局差异较大，多数城市的空间布局层次性强，医疗卫生设施建设模范区集中分布，空间连通性强，设施共享率高，如南京和武汉；少数城市的医疗卫生设施可达性好，但整体的供需匹配度一般，城市中因供需不合理而存在少量的建设短板区，如厦门和深圳。③以图书馆为代表的文化设施整体供需匹配水平较低，建设模范区还未形成一定的空间规模，设施的可达性较差，尤其是在城区边缘的住区，居民的步行耗费成本过高，再加上人口承载压力过大，服务质量难以得到保障，如成都、厦门和宁波；少数城市的图书馆建设相对优质，设施资源分布均衡，可达性较强，如北京、上海和济南。④社会保障设施的模范建设区以中心性强、面积小的组团形态出现，步行性待提高区和待建设区的覆盖面广，建设短板区成片出现且主要分布在城区外围。部分城市的社会保障设施建设相对较好，建设模范区的占比较高，资源的空间分布较为均衡，未出现短板区空间，设施的服务空间和空间所承载的人口规模达到了较高的匹配水平，如北京、上海和青岛。少数城市的社会保障设施建设相对较差，建设短板区空间占比高，设施服务空间与空间所承载的人口规模无法合理匹配，设施的短缺与零散分布使得服务空间失衡，如广州、成都和厦门。

不同城市医疗卫生设施的典型"人居"空间布局形态差异较大。多数城市的医疗卫生设施空间布局层次性强，建设模范区集中分布，空间连通性强，设施共享率高，其他特色"人居"均以点状或团状分散在城市外围，如南京和武汉。部分城市的医疗卫生设施供需匹配水平高，建设模范区占比高，未出现建设短板区，空间可达性和人口承载力均在一个合理的范围内，如北京和青岛。少数城市的医疗卫生设施可达性好，但整体的供需匹配水平一般，城市中因供需不合理而存在少量的建设短板区，如厦门。还有少数城市的医疗卫生设施供需匹配水平有待提高，整体供需匹配水平较低，如深圳。

以图书馆为代表的文化设施整体供需匹配水平较低，建设模范区还未形成一定的空间规模，设施的可达性较差，尤其是城区边缘的住区，居民的步行耗费成本过高，再加上人口承载压力过大，难以保障服务质量。多数城市的图书馆以步行性待提高区为空间主体，建设模范区以点状分散于城市空间，其他典型"人居"以组团形态分布在城市中，建设短板区主要出现在城市边缘，如上海和济南。少数城市的图书馆建设相对较好，设施资源分布均衡，可达性较强，如北京。还有少数城市的图书馆建设存在明显短板，供给空间和人口承载需求无法匹配，高质量的图书馆集中在城市中心，如成都。

社会保障设施的模范建设区以中心性强、面积小的组团形态出现，步行性待提高区和待建设区的覆盖面广，建设短板区成片出现且主要分布在城区外围。部分城市的社会保障设施建设相对较好，建设模范区的空间占比较高，资源的空间分布较为均衡，未出现短板区，设施服务空间和空间所承载的人口规模达到了较高的匹配水平，如北京、上海、沈阳、青岛。少数城市的社会保障设施建设较差，建设短板区空间占比高，供给空间与人口承载需求无法合理匹配，设施的短缺与零星分布使得服务空间失衡，如广州。

（二）空间分布模式归类

在空间上，19个城市典型"人居"空间分布存在较明显的差异，可总结为五种模式（表5-3）。根据这五种模式，基于19个城市中各类设施供需匹配水平，进行空间分布模式归类（表5-4）。①教育设施中的幼儿园的空间分布以平缓下降模式为主，高供需匹配水平的典型"人居"聚集在城市中心，空间占比大且空间覆盖均衡，从城市中心到城市外围，幼儿园整体的供需匹配水平呈下降趋势，但下降趋势较为平缓，如北京、上海、武汉等城市；小学的空间分布以迂回下降模式为主，除哈尔滨和上海外的其他17个城市的小学都属于这一模式，小学教育设施供需均衡的"人居"空间大量存于这些城市的中心区，并且其供需匹配水平从城市中心向城市外围波动下降。②医疗卫生设施的供需匹配水平整体呈现从城市中心向城市外围下降的趋势。例如，北京与青岛的医疗卫生设施以平缓下降模式为主，其他城市的医疗卫生设施则以迂回下降模式为主。③以图书馆为代表的文化设施整体供需匹配水平较低，多数城市以迂回下降模式为主，而重庆、深圳和宁波为中心塌陷模式，即城市中心主要由供需匹配水平低的典型"人居"组成，图书馆的供需匹配水平从城市中心到城市外围呈上升趋势，达到峰值后下降，城市外围供需匹配水平相对于城市中心整体偏高。④社会保障设施中的养老服务设施的空间分布以迂回下降模式为主。天津、武汉和厦门由于存在局部设施短板，空间分布表现为单臂塌陷模式，即城市中心主要聚集着供需匹配水平高的建设模范区，从城市中心向外，供需匹配水平迂回式下降，到城市外围出现断崖式下降，出现大面积的建设短板区。残疾人服务设施在各城市的空间分布呈现差异性分布特征，表现为除单臂塌陷模式外的各类分布模式，其中，以稳定平铺模式为主，如北京、沈阳和武汉。具体而言，残疾人服务设施从这些城市的城市中心到城市外围，以非优质的典型"人居"为主体，整体的供需匹配水平偏低。

表 5-3　大城市典型"人居"空间分布模式

模式类型	模式特征
稳定平铺模式	同类型的典型"人居"为空间占比主体，从城市中心向城市外围平铺；其他类型的典型"人居"以组团形态分布其中，整体的供需匹配水平较为平稳
平缓下降模式	供需匹配水平高的典型"人居"聚集在城市中心，空间占比大且空间覆盖均衡，从城市中心到城市外围，整体的供需匹配水平呈下降趋势，但下降趋势较为平缓
迂回下降模式	城市中心主要聚集着建设模范区，多类典型"人居"穿插分布于城市中心外围，设施的供需匹配水平以迂回、曲折的模式变化，但整体呈下降趋势
中心塌陷模式	城市中心主要由供需匹配水平低的典型"人居"组成，从城市中心到城市外围分布着多类典型"人居"，供需匹配水平呈上升趋势，达到峰值后下降，城市外围供需匹配水平相对于城市中心整体偏高
单臂塌陷模式	城市中心主要聚集着供需匹配水平高的建设模范区，从城市中心向外，供需匹配水平迂回式下降，到城市外围出现断崖式下降，出现大面积的建设短板区

表 5-4　大城市典型"人居"空间分布模式归类结果

城市	幼儿园	小学	医疗卫生设施	图书馆	养老服务设施	残疾人服务设施
北京	●	○	●	○	○	◎
上海	●	△	○	△	○	◎
天津	○	○	○	○	△	●
重庆	○	○	○	▲	○	●
沈阳	●	○	○	○	○	◎
武汉	●	○	○	○	△	◎
南京	●	○	○	○	○	▲
广州	○	○	○	○	○	○
成都	▲	○	○	○	○	▲
西安	○	○	○	○	○	○
杭州	●	○	○	○	○	○
深圳	○	○	○	▲	○	▲
哈尔滨	●	△	○	△	○	◎
长春	●	○	○	○	○	○
厦门	○	○	○	○	△	◎
济南	●	○	○	○	○	○
宁波	●	○	○	▲	▲	○
青岛	●	○	●	△	○	◎
大连	●	○	○	○	○	▲

注：◎为稳定平铺模式；●为平缓下降模式；○为迂回下降模式；▲为中心塌陷模式；△为单臂塌陷模式。

第四节　大城市基本公共服务设施供需匹配水平聚类分析

基于"设施—城市—区域"的分析路径，对大城市基本公共服务设施供需匹配水平展开聚类分析，以实现从微观层面至宏观层面的全面研究。具体而言，依据城市的各类基本公共服务设施供需匹配水平和综合供需匹配水平进行特征聚类，形成不同水平、不同特征的基本公共服务设施供需匹配城市分类体系，进行城市间的综合供需匹配水平的横向比较，并对各类设施的供需匹配水平展开纵向比较，以城市的供需匹配水平总结区域空间特征。

一、设施维度供需匹配水平分析

依据大城市基本公共服务设施供需匹配水平结果，采用 K 均值聚类算法，在 2 与 $\sqrt{N}$ 之间逐步递增 K 值进行聚类计算（N 为数据点总数），通过权衡计算量和分类效果，最终得出最优值 4，将 19 个城市各类设施供需匹配水平划分为四个梯度，如表 5-5 所示。①在教育设施中，幼儿园聚类的 1 类区间占比最大，整体资源禀赋高，发展稳健，供需匹配性强；小学聚类结果中的多数城市聚集于 2、3 类区间，设施供需匹配水平存在一定差异。②医疗卫生设施的聚类出现了断层现象，仅有北京位于 1 类区间，位于 2、3、4 类区间的城市占比大，设施整体发展水平差异化明显。③图书馆各聚类区间的城市数量分配相对平均，城市间的文化设施供需匹配水平差距较小。④在社会保障设施中，位于养老服务设施 2 类区间的城市占比最大，但各梯度内的城市数量差距较小，城市间的设施供需匹配水平相近；在残疾人服务设施聚类结果中，多数城市均衡分布于 1、2、3 类区间，城市间的供需匹配水平差距较小，但整体供需匹配水平较低。

表 5-5　大城市各类基本公共服务设施聚类分类结果

设施	聚类分类	最小值	最大值	均值	标准偏差	城市
幼儿园	1 类	0.3710	0.4171	0.3883	0.0148	北京、上海、沈阳、武汉、南京、杭州、哈尔滨、济南、青岛
	2 类	0.3327	0.3557	0.3444	0.0105	深圳、长春、厦门、宁波、大连
	3 类	0.2947	0.3086	0.3032	0.0075	重庆、广州、西安
	4 类	0.2574	0.2611	0.2592	0.0026	天津、成都
小学	1 类	0.3762	0.3762	0.3762		北京
	2 类	0.2887	0.3388	0.3082	0.0190	上海、武汉、南京、杭州、深圳、济南、青岛、大连
	3 类	0.2345	0.2714	0.2546	0.0150	天津、重庆、沈阳、广州、西安、哈尔滨、厦门
	4 类	0.1957	0.2176	0.2062	0.0110	成都、长春、宁波

续表

设施	聚类分类	最小值	最大值	均值	标准偏差	城市
医疗卫生设施	1类	0.4009	0.4009	0.4009		北京
	2类	0.3052	0.3544	0.3256	0.0224	沈阳、武汉、南京、成都、杭州、青岛
	3类	0.2494	0.2824	0.2697	0.0152	上海、天津、重庆、哈尔滨、大连
	4类	0.1620	0.2224	0.1959	0.0213	广州、西安、深圳、长春、厦门、济南、宁波
图书馆	1类	0.1402	0.1561	0.1463	0.0086	北京、南京、哈尔滨
	2类	0.1046	0.1290	0.1197	0.0090	上海、沈阳、武汉、杭州、长春、大连
	3类	0.0716	0.0925	0.0824	0.0100	天津、广州、深圳、济南、青岛
	4类	0.0484	0.0672	0.0598	0.0073	重庆、成都、西安、厦门、宁波
养老服务设施	1类	0.2080	0.2395	0.2251	0.0129	北京、沈阳、哈尔滨、青岛
	2类	0.1542	0.1955	0.1732	0.0149	上海、天津、武汉、南京、杭州、长春、大连
	3类	0.1048	0.1324	0.1175	0.0139	重庆、成都、济南
	4类	0.0606	0.0851	0.0748	0.0123	广州、西安、深圳、宁波、厦门
残疾人服务设施	1类	0.1279	0.1503	0.1346	0.0092	北京、上海、武汉、哈尔滨、青岛
	2类	0.0958	0.1205	0.1101	0.0113	重庆、沈阳、西安、杭州、长春、济南
	3类	0.0663	0.0782	0.0719	0.0050	南京、成都、深圳、厦门、宁波、大连
	4类	0.0400	0.0479	0.0440	0.0056	天津、广州

二、城市维度供需匹配水平分析

以各项基本公共服务设施的供需匹配水平评价结果和综合供需匹配水平评价结果为变量，对 19 个城市进行水平聚类，最终划分为四类水平区间，如表5-6所示。19 个城市的基本公共服务设施供需匹配水平在地域空间上和城市规模上都没有明显的相关性，一个城市的综合供需匹配水平往往受限于某类短板设施项，四类水平区间的比值为 1∶7∶3∶8，存在较为明显的断层现象。

表5-6 大城市基本公共服务设施综合聚类分类结果

聚类分类	变量分类	最小值	最大值	均值	标准偏差	城市
1类	小学匹配水平	0.3762	0.3762	0.3762		北京
	幼儿园匹配水平	0.4171	0.4171	0.4171		
	医疗卫生设施匹配水平	0.4009	0.4009	0.4009		
	图书馆匹配水平	0.1561	0.1561	0.1561		
	养老服务设施匹配水平	0.2259	0.2259	0.2259		
	残疾人服务设施匹配水平	0.1503	0.1503	0.1503		
	综合匹配水平	1.7264	1.7264	1.7264		

聚类分类	变量分类	最小值	最大值	均值	标准偏差	城市
2类	小学匹配水平	0.2345	0.3388	0.2977	0.0371	上海、沈阳、武汉、南京、杭州、哈尔滨、青岛
	幼儿园匹配水平	0.3710	0.4041	0.3852	0.0117	
	医疗卫生设施匹配水平	0.2577	0.3544	0.3061	0.0307	
	图书馆匹配水平	0.0920	0.1427	0.1206	0.0186	
	养老服务设施匹配水平	0.1569	0.2395	0.1951	0.0306	
	残疾人服务设施匹配水平	0.0734	0.1340	0.1195	0.0211	
	综合匹配水平	1.3599	1.5249	1.4242	0.0569	
3类	小学匹配水平	0.1957	0.2890	0.2578	0.0538	大连、济南、长春
	幼儿园匹配水平	0.3327	0.3817	0.3565	0.0245	
	医疗卫生设施匹配水平	0.1829	0.2767	0.2233	0.0483	
	图书馆匹配水平	0.0925	0.1243	0.1137	0.0183	
	养老服务设施匹配水平	0.1153	0.1955	0.1608	0.0412	
	残疾人服务设施匹配水平	0.0677	0.1191	0.0977	0.0268	
	综合匹配水平	1.1358	1.2856	1.2098	0.0749	
4类	小学匹配水平	0.2051	0.3033	0.2511	0.0314	天津、重庆、广州、成都、西安、深圳、厦门、宁波
	幼儿园匹配水平	0.2574	0.3557	0.3078	0.0362	
	医疗卫生设施匹配水平	0.1620	0.3513	0.2327	0.0610	
	图书馆匹配水平	0.0484	0.0830	0.0658	0.0105	
	养老服务设施匹配水平	0.0606	0.1542	0.0956	0.0330	
	残疾人服务设施匹配水平	0.0400	0.0986	0.0716	0.0206	
	综合匹配水平	0.9797	1.0870	1.0245	0.0431	

　　通过分析发现，城市维度供需匹配主要模式有以下几种。①高供给－高需求型匹配。该类城市以北京为代表，基本公共服务设施供给充足、分布均衡，是优质供需匹配城市。②高供给－高需求型不匹配。以广州为代表的国际化大都市具有较优质的供给能力，但城市对人口吸引力较强，设施需求量过大，导致城市内部未能及时调节资源配置，出现设施供需匹配失衡的现象。③低供给－高需求型不匹配。以深圳、成都为代表的快速发展城市具有较强的人口吸引力，但基本公共服务设施供给相对滞后，在经济社会发展较好的情况下呈现出较低的供需匹配水平。④低供给－低需求型假性匹配。以沈阳、哈尔滨为代表的一般省会城市人口需求程度较低、设施供给水平一般，呈现出较高的设施供需匹配水平，实际上是因为较低的人口吸引力使得需求转移，最终形成了低水平的假性设施供需匹配现象。

　　在城市层面，城市中设施服务空间存在明显的不均衡现象，设施资源会在城市中出现空间聚集倾向，供给水平高的城市，其设施空间分布不一定均衡，居民享受服务的公平性会受到约束。基于人的理性选择，人会自由追求优质的公共服务，同时跨区域的人口流动将会传导需求压力，导致相应空间需求压力偏高或偏低，造成设施供需不匹配或假性设施供需匹配现象，最终出现设施供不应求、资源浪费的状况。

针对三类不匹配城市分别提出以下优化策略。①高供给－高需求型不匹配。该类城市总体呈现较强的设施供给能力，未来应有序整合空间、优化人口分布，遵循分级配置、基层均等导向原则，在高密度区域提高设施的复合化利用率，大力推进社区发展，从基层设施建设开始由点成片形成串联体系，创造邻里服务空间，提升居民对生活空间的获得感和归属感。②低供给－高需求型不匹配。该类城市呈现出较强的城市活力，基本公共服务设施建设紧迫性较强，应先整合现有的基本公共服务设施资源，通过以改建、扩建为主的配置策略挖掘空间潜力，提升城市建设活力并增加设施建设机会；依据人口指标因地制宜地增加设施资源，从而提升服务空间覆盖率，缩小设施服务区的面积，在人人共享设施资源的基础上，缓解人口带来的压力，保证设施能在适度的需求下正常运行。③低供给－低需求型不匹配。该类城市存在一定的发展滞后现象，但作为区域中心城市应进一步提高服务水平，吸引更多区域人口集聚，缓解超大型城市压力，提高区域竞争力；加快完善城市交通网络，保障人的步行出行，增加设施供应，同时优化提升城市综合实力。

三、区域维度供需匹配水平分析

在区域层面，大城市基本公共服务设施供需匹配水平空间差异化明显。东南沿海快速城镇化地区、西部待发展地区的设施供需匹配水平有待提升；长江中下游宜居地区、东北及环渤海稳定地区的供需匹配水平相对较高；环京塌陷地区城市间的供需匹配水平差距较大，亟待加强区域协调发展。

如表 5-7 所示，区域供需匹配水平特征模式主要分为以下几类。①东北及环渤海稳定地区。以哈尔滨、长春、沈阳、大连、济南、青岛为代表的东北及环渤海地区呈现较稳定的设施供需匹配水平。②长江中下游宜居地区。以武汉、南京、杭州、上海、宁波为代表的长江中下游地区，其整体的设施供需匹配水平较高。③环京塌陷地区。以北京、天津为代表的环京地区，出现了城市外围设施供需匹配水平低而城市中心设施供需匹配水平高的空间格局。④西部待发展地区。以西安、成都、重庆为代表的西部地区呈现偏低的供需匹配水平，基本公共服务设施的资源配置相对滞后。⑤东南沿海快速城镇化地区。以广州、深圳、厦门为代表的东南沿海地区，主要由快速城镇化的城市组成，城市的快速发展和人口的大量流入，使该地区出现设施供需匹配失衡的现象。

表5-7　区域供需匹配水平特征模式分析结果

区域	城市	聚类分类数量				特征模式
		1类	2类	3类	4类	
东北及环渤海地区	哈尔滨、长春、沈阳、大连、济南、青岛	0	3	3	0	东北及环渤海稳定地区
环京地区	北京、天津	1	0	0	1	环京塌陷地区
长江中下游地区	武汉、南京、杭州、上海、宁波	0	4	0	1	长江中下游宜居地区
西部地区	西安、成都、重庆	0	0	0	3	西部待发展地区
东南沿海地区	广州、深圳、厦门	0	0	0	3	东南沿海快速城镇化地区

针对区域水平特征，提出相应的优化策略。快速城镇化地区须加强设施资源和人口的协调关系，提高设施服务质量；待发展地区应合理增加设施资源，加强设施的配置能力；塌陷地区应着力推进区域协调工作，缩小区域间的差距，达到区域平衡。在未来，各地区、城市应进一步保障基础供给，补齐短板设施项，挖掘自身优势，以人为本，构建长远的城市发展规划。

第六章

面向 15 分钟生活圈的武汉基本公共服务设施评估与优化

【导论】本章构建了自上而下与自下而上相结合的生活圈公共服务设施评估与优化布局研究体系，针对宏观的省域及大城市尺度、中观的城区尺度和微观的 15 分钟生活圈尺度逐层展开研究。本章以武汉作为中、微观尺度研究对象，从武汉基本公共服务设施整体评估、武汉 15 分钟生活圈划定、武汉典型生活圈基本公共服务设施评估、武汉 15 分钟生活圈基本公共服务设施配置方法、武汉 15 分钟生活圈规划引导策略、武汉社区公共服务设施优化策略六个方面开展实证研究，探索面向大城市中心城区的基本公共服务设施评估方法及社区公共服务设施规划的"武汉样板"，为城镇化转型阶段的中国大城市"人居"单元改造提供"以人为本"的规划典型示范。

第一节　武汉基本公共服务设施整体评估

《国家新型城镇化综合试点总体实施方案》《武汉市城市总体规划（2010—2020年）》，以及各类设施专项规划对武汉基本公共服务设施提出地域全覆盖、服务质量全面提升等要求，并指出保证高质量的"人居"空间发展是武汉实现新型城镇化战略的重要手段。面向基本公共服务设施空间配置的整体评估作为基本公共服务设施规划的重要前置环节，是从空间层面对城市整体基本公共服务设施配置的合理性进行把握的，是实现基本公共服务设施均衡配置的重要前提条件。

一、评估体系构建

（一）评估对象

基于"城市人"理论视角下典型"城市人"的物性与理性需求，结合国家基本公共服务供给制度框架，选取与基本公共服务密切相关的空间设施并以此为核心开展评估，具体包括教育设施、医疗卫生设施、文化设施、体育设施、养老服务设施、社区服务设施、商业设施、公共空间、公共交通设施。

（二）评估内容

基于"城市人"理论视角下典型"空间接触机会"的规划模式，面向典型"人居"空间特征和典型"城市人"需求开展评估。

（1）典型"人居"空间特征的评估是从自上而下的角度，关注城市尺度下不同空间设施分布的公平性与多样性。评估公平性以空间中同类设施的距离作为评估对象，采用最近邻指数方法，量化测度不同区域之间设施分布的覆盖公平性差距；评估多样性采用香农－威纳指数［一种基于信息理论、用于调查植物群落区域生境内多样性（α）的指数］，量化测度同一空间中不同设施的种类和数量，分析不同区域之间基本公共服务设施供给的多样性差异。

（2）典型"城市人"需求的评估是从自下而上的角度，在"以最小气力获取最大空间接触机会"原则下，关注基本公共服务设施的服务范围与承载压力均等。评估基本公共服务设施服务范围是以基本公共服务设施位置的分布为出发点，基于出行"就近"原则将城市空间划分为对应的设施服务区，衡量服务区范围与人的物性匹配；评估承载压力均等是基于人口分布数据，进一步测度设施服务区服务的总人口数量差异，衡量不同区域设施供给与人口承载需求的匹配度。

（三）主要方法

1. 基于最近邻指数的公平性测算

从城市整体空间角度看，基本公共服务设施作为点状要素，在空间分布中有聚集、分散或随机的状态特征。最近邻指数是通过对比所有样本点要素在空间范围内的实际平均最近邻距离与假设平均最近邻距离，测度不同基本公共服务设施在空间上的分布格局，从而评定其均等公平性。具体计算公式为

$$\mathrm{NNI} = \frac{\overline{d_0}}{\mathrm{dE}} = \frac{\overline{d_0}}{\dfrac{1}{2\sqrt{\dfrac{N}{A}}}} = 2\overline{d_0}\sqrt{\dfrac{N}{A}} \tag{6-1}$$

式中，NNI 表示最近邻指数；$\overline{d_0}$ 表示实际数据的平均最邻近距离；dE 表示随机分布状态下的平均预期距离；N 表示样本数量；A 表示研究区域面积。

当最近邻指数 NNI=1 时，表示设施点在研究区域随机分布；当 NNI>1 时，表示设施点的分布模式趋向于离散；当 NNI<1，表示设施点的分布模式趋向于聚集；NNI 越接近 1，随机的概率越大。

2. 基于香农－威纳指数的多样性测算

获得多元化的公共服务是城市居民的基本需求，基本公共服务设施的多样性测度核心在于衡量其功能混合程度。因此，利用香农－威纳指数测度基本公共服务设施的空间分布和空间多样性特征，其计算公式为

$$H_j = -\sum P_{ij}\ln P_{ij} \tag{6-2}$$

式中，H_j 表示设施多样性指数，即 j 单元内各类基本公共服务设施的多样性指数，其值域为 [0,ln29]；P_{ij} 表示 j 单元内第 i 种基本公共服务设施数量占该单元内设施数量的比例。

3. 基于泰森多边形的服务区测算

"以最小气力获取最大空间接触机会"是"城市人"理论的核心理念，利用泰森（Thiessen）多边形内部任一点的位置与多边形样点的距离最近的特性，将武汉分割为与每类公共服务设施一一对应且互不交叉重叠的基本公共服务设施服务区，以泰森多边形的形态信息衡量设施可达性，以服务区内部的人口数量衡量设施服务人口压力。

（四）评估结论

基于典型"人居"空间特征和典型"城市人"需求的评估结果，分析城市尺度下基本公共服务设施布局的公平性和多样性，以及"城市人"需求视角下各类基本公共服务设施的可达性及承载人口，进一步挖掘城市基本公共服务设施的布局特征，为选取典型空间提供依据，为确定优化方案提供支撑。

二、数据评估

评估使用的数据包括2020年基本公共服务设施点位数据和空间底图数据，其中，各类公共服务设施点位（POI）数据来源于互联网地图开放应用程序编程接口（application programming interface，API），经过去重、筛选、空间裁剪后，保留有效数据25 175条。其中，幼儿园包括公立幼儿园与私营幼儿园，数据为1063条；小学数据为729条；医疗卫生设施包括社区医疗卫生服务站、社区医疗卫生服务中心、其他全科诊所，数据为1399条；文化设施包括社区文化服务中心、其他可用于文化活动的场所，数据为212条；体育设施数据为424条；养老服务设施包括社区养老服务中心、其他养老服务设施，数据为131条；社区服务设施包括居委会、社区服务中心，数据为1715条；便利店数据为5072条；菜市场数据为799条；物流点数据为1339条；公共空间包括绿地、广场，数据为424条；公交站点数据为11 626条，地铁站点数据为242条。空间底图数据包括武汉市边界红线数据、人口公里格网数据、街道边界数据、水域分布地理空间数据等。通过GIS软件对数据坐标进行转换和叠加，构成了本章评估研究的数据基础（图6-1）。

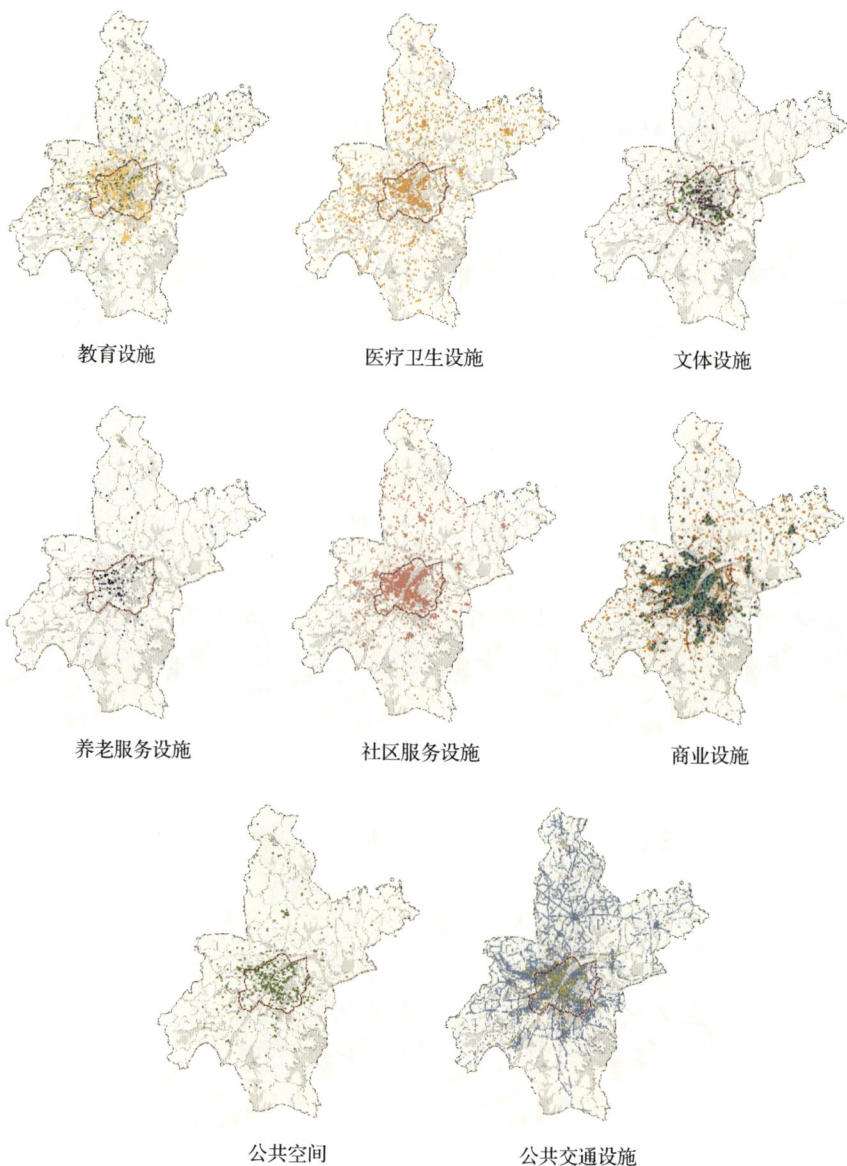

教育设施　　　　　　医疗卫生设施　　　　　文体设施

养老服务设施　　　　社区服务设施　　　　　商业设施

公共空间　　　　　　公共交通设施

图例

● 幼儿园　● 小学　● 医疗卫生设施　● 文化设施　● 体育设施　● 养老设施　● 社区服务设施　● 便利店
● 公共空间　● 菜市场　● 物流点　● 公交站　● 地铁站　[···] 市域　[···] 中心城区边界
　　　　　　　[ ] 街道边界　　　　[ ] 水系

图 6-1　武汉基本公共服务设施 POI 空间分布

三、空间分布格局评估

在城市尺度下，通过空间分布数量及聚集特征评估与设施多样性空间配置评估，分析不同空间设施分布的公平性与多样性。本节所指的武汉市主城区包含江岸区、江汉区、硚口区、汉阳区、武昌区、青山区、洪山区七个区。

（一）空间分布数量及聚集特征评估

1．教育设施

武汉除汉南区和硚口区外，其他各辖区的幼儿园 NNI 均小于 1，其空间分布呈现聚集状态；但不同辖区的幼儿园聚集程度差异较大，幼儿园聚集程度较高的辖区均为主城区以外的区域，包括东西湖区、黄陂区、江夏区、蔡甸区；主城区内幼儿园空间分布也呈现聚集状态，但相对较为均衡（表 6-1）。

表 6-1　武汉各辖区幼儿园数量及其空间聚集特征

辖区	设施总数/个	平均邻近距离/米	NNI	z 得分	P 值
汉南区	14	1121.89	1.17	1.19	0.23
硚口区	42	502.68	1.00	−0.03	0.97
江汉区	46	390.02	0.96	−0.53	0.60
青山区	28	745.22	0.90	−0.99	0.32
武昌区	85	524.59	0.87	−2.37	0.02
新洲区	56	2028.45	0.82	−2.64	0.01
汉阳区	94	416.04	0.81	−3.44	0.00
江岸区	90	355.61	0.71	−5.22	0.00
洪山区	162	713.97	0.60	−9.68	0.00
东西湖区	79	743.06	0.59	−6.90	0.00
江夏区	141	984.91	0.53	−10.69	0.00
黄陂区	124	1163.25	0.52	−10.22	0.00
蔡甸区	102	901.97	0.51	−9.47	0.00

武汉大多数辖区小学的 NNI 接近 1，均衡特征较为明显；部分辖区的小学空间分布较为聚集，如主城区以外的东西湖区、黄陂区、江夏区、蔡甸区，其小学分布情况与幼儿园类似；主城区内小学离散程度比主城区外更高，设施分布更加均衡（表 6-2）。

表 6-2　武汉各辖区小学数量及其空间聚集特征

辖区	设施总数/个	平均邻近距离/米	NNI	z 得分	P 值
江岸区	43	681.64	1.06	0.78	0.43
汉阳区	36	830.13	1.01	0.09	0.93
武昌区	55	602.97	1.00	−0.02	0.99
青山区	22	1208.81	0.97	−0.26	0.80
新洲区	80	2059.59	0.97	−0.53	0.60
江汉区	25	549.25	0.97	−0.31	0.76
硚口区	36	503.25	0.95	−0.57	0.57
汉南区	18	2036.40	0.92	−0.62	0.53
洪山区	66	1570.57	0.90	−1.60	0.11
东西湖区	40	1645.55	0.84	−1.94	0.05
黄陂区	137	1814.72	0.81	−4.15	0.00
江夏区	75	2099.36	0.73	−4.41	0.00
蔡甸区	96	1283.79	0.64	−6.78	0.00

2. 医疗卫生设施

武汉各辖区的医疗卫生设施 NNI 均远小于 1（离散程度最高的新洲区 NNI 仅为 0.77），表现出很强的聚集性；不同辖区的医疗卫生设施空间分布聚集程度略有差别（表 6-3）。

表 6-3　武汉各辖区医疗卫生设施数量及其空间聚集特征

辖区	设施总数/个	平均邻近距离/米	NNI	z 得分	P 值
新洲区	188	1172.64	0.77	−6.09	0.00
硚口区	77	223.83	0.75	−4.28	0.00
江夏区	138	1431.27	0.70	−6.81	0.00
汉阳区	42	507.24	0.67	−4.15	0.00
黄陂区	297	1000.17	0.65	−11.68	0.00
东西湖区	55	1031.08	0.65	−4.99	0.00
江汉区	59	247.78	0.63	−5.42	0.00
江岸区	74	301.31	0.58	−6.89	0.00
洪山区	116	761.76	0.56	−9.00	0.00
蔡甸区	167	845.52	0.56	−11.00	0.00
汉南区	29	980.11	0.54	−4.76	0.00
武昌区	118	233.40	0.54	−9.57	0.00
青山区	39	308.81	0.43	−6.82	0.00

3．文化设施

武汉各辖区的文化设施NNI大部分大于1，其中汉南区的文化设施NNI远大于1（该辖区文化设施数量少）；仅洪山区的文化设施NNI小于1，呈现聚集状态；空间分布整体呈现离散状态，且离散特征相对明显；除洪山区外，各辖区的文化设施空间分布都表现出很强的离散性，但不同辖区的文化设施空间分布离散程度略有差异；主城区内的文化设施离散程度比主城区外更低，设施分布更不均衡（表6-4）。

表6-4　武汉各辖区文化设施数量及其空间聚集特征

辖区	设施总数/个	平均邻近距离/米	NNI	z得分	P值
汉南区	2	1329.72	73.22	195.38	0.00
硚口区	8	1270.20	1.57	3.06	0.00
东西湖区	9	4745.71	1.56	3.19	0.00
青山区	7	2214.95	1.52	2.66	0.01
江汉区	7	802.55	1.50	2.53	0.01
黄陂区	16	6922.22	1.31	2.38	0.02
江岸区	17	817.01	1.28	2.22	0.03
江夏区	22	3996.82	1.22	2.00	0.05
汉阳区	12	932.48	1.11	0.73	0.47
蔡甸区	18	2843.58	1.10	0.84	0.40
新洲区	10	4884.48	1.07	0.41	0.68
武昌区	33	694.18	1.03	0.33	0.74
洪山区	51	1416.51	0.79	-2.86	0.00

4．体育设施

武汉各辖区的体育设施NNI大部分小于1，汉南区、新洲区、青山区、江汉区、汉阳区的体育设施NNI大于1，其中汉南区的体育设施NNI远大于1（该辖区体育设施数量少）；总体上，武汉各辖区体育设施空间分布呈现聚集状态，表现出一定的聚集性；主城区外体育设施的空间分布呈现离散状态，表现出一定的离散性；不同辖区的体育设施空间分布聚集程度和离散程度略有差异；主城区内体育设施离散程度比主城区外更高，设施分布更为均衡（表6-5）。

表 6-5　武汉各辖区体育设施数量及其空间聚集特征

市辖区	设施总数/个	平均邻近距离/米	NNI	z 得分	P 值
汉南区	2	3234.13	114.64	307.45	0.00
新洲区	6	5636.21	1.87	4.07	0.00
青山区	82	1503.00	1.73	3.97	0.00
江汉区	10	769.92	1.43	2.59	0.01
汉阳区	20	1008.97	1.33	2.83	0.00
江岸区	22	752.64	0.99	-0.05	0.96
东西湖区	18	930.37	0.88	-0.98	0.33
硚口区	20	357.85	0.79	-1.83	0.07
武昌区	62	421.69	0.73	-4.12	0.00
蔡甸区	23	777.63	0.55	-4.13	0.00
黄陂区	8	1785.57	0.52	-2.60	0.01
江夏区	43	767.58	0.50	-6.27	0.00
洪山区	182	335.96	0.36	-16.62	0.00

5. 养老服务设施

武汉各辖区的养老服务设施空间分布差异较大，江岸区、硚口区、汉阳区的养老服务设施空间分布离散程度很高，NNI 最高为 1.80，设施数量较少；蔡甸区的养老服务设施空间分布聚集程度高，NNI 为 0.62；主城区内的养老服务设施空间分布离散程度比主城区外更高（表 6-6）。

表 6-6　武汉各辖区养老服务设施数量及其空间聚集特征

辖区	设施总数/个	平均邻近距离/米	NNI	z 得分	P 值
江岸区	7	1199.78	1.80	4.03	0.00
硚口区	8	5470.68	1.62	3.35	0.00
汉阳区	8	5840.90	1.59	3.21	0.00
江汉区	7	3552.34	1.55	2.80	0.01
东西湖区	7	5354.77	1.36	1.80	0.07
新洲区	8	5012.85	1.27	1.48	0.14
江夏区	9	1492.09	1.18	1.02	0.31
武昌区	16	891.96	1.17	1.27	0.20
青山区	16	4370.19	0.98	-0.15	0.88
汉南区	15	823.67	0.91	-0.63	0.53
洪山区	20	636.54	0.90	-0.84	0.40
蔡甸区	10	673.27	0.62	-2.27	0.02

6．社区服务设施

武汉各辖区的社区服务设施 NNI 均小于 1，空间分布呈现聚集状态，表现出很强的聚集性，但不同辖区的社区服务设施空间分布聚集程度略有差别；主城区内社区服务设施离散程度比主城区外更高，设施分布更为均衡（表 6-7）。

表 6-7　武汉各辖区社区服务设施数量及其空间聚集特征

辖区	设施总数/个	平均邻近距离/米	NNI	z 得分	P 值
江岸区	164	233.67	0.76	-5.79	0.00
硚口区	136	209.00	0.71	-6.43	0.00
江汉区	133	176.03	0.69	-6.74	0.00
新洲区	67	1412.95	0.68	-4.96	0.00
汉阳区	154	248.35	0.65	-8.24	0.00
武昌区	172	241.51	0.64	-8.93	0.00
东西湖区	63	942.29	0.63	-5.56	0.00
青山区	96	330.70	0.58	-7.90	0.00
黄陂区	238	966.38	0.55	-13.25	0.00
蔡甸区	127	681.97	0.51	-10.51	0.00
洪山区	239	430.82	0.49	-15.21	0.00
汉南区	23	554.76	0.39	-5.60	0.00
江夏区	103	728.96	0.37	-12.25	0.00

7．商业设施

武汉各辖区的便利店 NNI 均小于 1，空间分布呈现聚集状态，表现出很强的聚集性，但不同辖区的便利店空间分布聚集程度略有差异；主城区内便利店离散程度比主城区外更高，设施分布更为均衡（表 6-8）。

武汉各辖区的菜市场 NNI 大部分小于 1（只有汉南区菜市场 NNI 大于 1），其空间分布整体呈现聚集状态，整体表现出很强的聚集性，但不同辖区的菜市场空间分布聚集程度略有差别；主城区内菜市场离散程度比主城区外更高，设施分布更为均衡（表 6-9）。

武汉各辖区的物流点 NNI 大部分小于 1（汉南区物流点 NNI 大于 1，江汉区物流点 NNI 等于 1），空间分布整体呈现聚集状态，表现出很强的聚集性，但不同辖区的物流点空间分布聚集程度略有差异；主城区内物流点离散程度比主城区外更高，设施分布更为均衡（表 6-10）。

表 6-8　武汉各辖区便利店数量及其空间聚集特征

辖区	设施总数/个	平均邻近距离/米	NNI	z 得分	P 值
江汉区	218	164.26	0.75	−7.10	0.00
硚口区	235	171.53	0.72	−8.31	0.00
江岸区	311	177.70	0.64	−12.10	0.00
武昌区	342	180.35	0.64	−12.83	0.00
汉阳区	371	176.81	0.63	−13.53	0.00
汉南区	77	490.97	0.44	−9.40	0.00
青山区	208	172.51	0.44	−15.48	0.00
东西湖区	409	259.80	0.42	−22.46	0.00
洪山区	741	249.88	0.42	−30.44	0.00
新洲区	484	374.43	0.39	−25.62	0.00
蔡甸区	496	313.26	0.35	−27.50	0.00
黄陂区	682	332.01	0.33	−33.55	0.00
江夏区	498	324.60	0.30	−29.73	0.00

表 6-9　武汉各辖区菜市场数量及其空间聚集特征

辖区	设施总数/个	平均邻近距离/米	NNI	z 得分	P 值
汉南区	10	3491.68	1.39	2.37	0.02
汉阳区	72	511.25	0.91	−1.47	0.14
江岸区	47	495.40	0.85	−1.91	0.06
江汉区	32	348.23	0.79	−2.25	0.02
硚口区	42	357.57	0.72	−3.49	0.00
武昌区	67	364.34	0.72	−4.46	0.00
蔡甸区	60	1589.91	0.67	−4.90	0.00
东西湖区	50	860.64	0.56	−5.99	0.00
青山区	33	442.08	0.55	−4.94	0.00
新洲区	52	1406.27	0.54	−6.36	0.00
洪山区	142	602.65	0.51	−11.19	0.00
江夏区	71	1197.02	0.46	−8.74	0.00
黄陂区	121	847.06	0.39	−12.74	0.00

表 6-10　武汉各辖区物流点数量及其空间聚集特征

辖区	设施总数/个	平均邻近距离/米	NNI	z 得分	P 值
汉南区	8	456.00	1.49	2.63	0.01
江汉区	52	416.78	1.00	0.05	0.96
硚口区	66	378.32	0.85	−2.31	0.02
汉阳区	93	370.07	0.75	−4.58	0.00

辖区	设施总数/个	平均邻近距离/米	NNI	z 得分	P 值
蔡甸区	101	886.92	0.73	−5.18	0.00
武昌区	102	355.41	0.72	−5.47	0.00
江岸区	99	340.99	0.69	−5.84	0.00
东西湖区	104	642.11	0.61	−7.58	0.00
新洲区	81	1211.41	0.56	−7.60	0.00
青山区	54	341.38	0.53	−6.62	0.00
黄陂区	132	946.56	0.50	−10.94	0.00
洪山区	300	427.21	0.47	−17.45	0.00
江夏区	147	682.92	0.37	−14.64	0.00

8. 公共空间

武汉市多数辖区的公共空间 NNI 小于 1，空间分布呈现聚集状态，但是汉南区的公共空间总数仅为 4 个，数量严重不足；其他辖区公共空间分布聚集程度略有差异；主城区内外的公共空间分布分别呈现聚集化和均衡化的特征（表 6-11）。

表 6-11　武汉各辖区公共空间数量及其空间聚集特征

辖区	设施总数/个	平均邻近距离/米	NNI	z 得分	P 值
汉南区	4	577.98	2.25	4.80	0.00
新洲区	24	3800.30	1.03	0.25	0.80
汉阳区	28	734.28	1.01	0.13	0.90
武昌区	56	520.62	0.90	−1.40	0.16
硚口区	17	684.81	0.82	−1.45	0.15
江夏区	27	2878.85	0.82	−1.80	0.07
蔡甸区	32	1777.60	0.80	−2.19	0.03
江岸区	33	595.90	0.76	−2.67	0.01
青山区	22	699.86	0.73	−2.42	0.02
江汉区	20	439.38	0.71	−2.48	0.01
东西湖区	41	1079.41	0.69	−3.74	0.00
洪山区	79	857.56	0.69	−5.19	0.00
黄陂区	41	2305.10	0.64	−4.41	0.00

9. 公共交通设施

武汉各辖区的公交站点 NNI 都远小于 1，空间分布呈现聚集状态且聚集特征非常明显。公交站点聚集程度最低的辖区（江汉区）NNI 为 0.58，公交站点聚集程度最高的辖区（江夏区）NNI 为 0.20；各辖区的公交站点空间分布均表现出很强的聚集性，但不同辖区的公交站点空间分布聚集程度略有差异；主城区内公交站点离散程度比主城区外更高，设施分布更为均衡（表 6-12）。

表 6-12　武汉各辖区公交站点数量及其空间聚集特征

辖区	设施总数/个	平均邻近距离/米	NNI	z 得分	P 值
江汉区	315	111.18	0.58	-14.13	0.00
江岸区	486	121.59	0.54	-19.23	0.00
硚口区	308	111.71	0.48	-17.44	0.00
武昌区	447	139.09	0.42	-23.63	0.00
汉阳区	588	113.78	0.40	-27.69	0.00
青山区	315	113.75	0.34	-22.24	0.00
黄陂区	3011	168.41	0.33	-69.88	0.00
洪山区	1233	140.79	0.29	-47.79	0.00
东西湖区	1283	107.23	0.28	-49.21	0.00
汉南区	245	166.20	0.25	-22.45	0.00
新洲区	852	173.71	0.25	-42.02	0.00
蔡甸区	1263	143.57	0.24	-51.61	0.00
江夏区	1280	141.26	0.20	-54.98	0.00

武汉各辖区的地铁站点 NNI 大部分大于 1（只有洪山区和蔡甸区地铁站点 NNI 小于 1），空间分布呈现离散状态且离散特征明显；各辖区地铁站点的空间分布整体表现出很强的离散性，但不同辖区的地铁站点空间分布离散程度略有差别；主城区内地铁站点离散程度比主城区外更高，设施分布更为均衡（表 6-13）。

表 6-13　武汉各辖区地铁站点数量及其空间聚集特征

辖区	设施总数/个	平均邻近距离/米	NNI	z 得分	P 值
汉南区	5	1973.56	3.63	11.25	0.00
青山区	5	1441.95	2.12	4.80	0.00
江汉区	23	762.26	1.37	3.43	0.00
硚口区	15	855.10	1.35	2.60	0.01
新洲区	8	1720.53	1.28	1.51	0.13
武昌区	31	876.67	1.28	2.93	0.00
江岸区	24	998.01	1.27	2.54	0.01
黄陂区	16	2976.10	1.11	0.87	0.38

辖区	设施总数/个	平均邻近距离/米	NNI	z 得分	P 值
汉阳区	23	1125.28	1.10	0.93	0.35
东西湖区	16	1232.78	1.07	0.56	0.57
江夏区	12	2679.82	1.04	0.29	0.77
洪山区	47	1346.17	0.77	-2.95	0.00
蔡甸区	17	1648.66	0.76	-1.90	0.06

（二）设施多样性空间配置评估

以武汉 13 个辖区的社区与村镇边界为空间统计单元，对各辖区的设施多样性指数进行统计分析。结果显示，武昌区的设施多样性指数均值最大，新洲区的设施多样性指数均值最小，且各辖区的设施多样性指数均值、最大值、最小值相差较大，这说明武汉各辖区的设施多样性两极分化现象明显（表 6-14 和表 6-15）。

表 6-14　武汉各辖区社区设施多样性评估结果

行政区	多样性指数最小值	多样性指数最大值	多样性指数均值	多样性指数标准差
武昌区	0.0001	0.98	0.61	0.22
汉阳区	0.0001	0.90	0.60	0.15
洪山区	0.0001	0.91	0.57	0.18
江岸区	0.0001	0.90	0.54	0.19
硚口区	0.0001	0.85	0.50	0.23
江汉区	0.0001	0.85	0.49	0.21
青山区	0.0001	0.86	0.43	0.24
汉南区	0.0001	0.86	0.40	0.25
东西湖区	0.0001	0.82	0.38	0.24
蔡甸区	0.0001	0.82	0.24	0.25
黄陂区	0.0001	0.86	0.22	0.23
江夏区	0.0001	0.85	0.20	0.26
新洲区	0.0001	0.83	0.15	0.23

表 6-15　武汉各辖区社区设施多样性指数分类结果

辖区	低多样性指数社区		较低多样性指数社区		中多样性指数社区		较高多样性指数社区		高多样性指数社区		社区总数
	数量/个	占比/%	数量/个	占比/%	数量/个	占比/%	数量/个	占比/%	数量/个	占比/%	
武昌区	8	1.47	10	1.84	72	13.26	188	34.62	265	48.80	543
汉阳区	2	0.44	12	2.62	66	14.41	208	45.41	170	37.12	458
江岸区	8	1.47	26	4.78	102	18.75	248	45.59	160	29.41	544

续表

辖区	低多样性指数社区		较低多样性指数社区		中多样性指数社区		较高多样性指数社区		高多样性指数社区		社区总数
	数量/个	占比/%	数量/个	占比/%	数量/个	占比/%	数量/个	占比/%	数量/个	占比/%	
硚口区	14	3.18	32	7.27	81	18.41	188	42.73	125	28.41	440
青山区	1	0.47	8	3.76	48	22.54	96	45.07	60	28.17	213
洪山区	52	4.81	98	9.06	207	19.13	440	40.67	285	26.34	1082
江汉区	9	2.45	36	9.78	84	22.83	144	39.13	95	25.82	368
江夏区	231	23.72	142	14.58	195	20.02	256	26.28	150	15.40	974
汉南区	19	14.39	22	16.67	36	27.27	40	30.30	15	11.36	132
蔡甸区	147	18.06	136	16.71	213	26.17	228	28.01	90	11.06	814
黄陂区	281	20.13	462	33.09	258	18.48	260	18.62	135	9.67	1396
东西湖区	28	7.12	66	16.79	96	24.43	168	42.75	35	8.91	393
新洲区	439	38.54	170	14.93	246	21.60	184	16.15	100	8.78	1139

采用自然间断分级法将各单元综合多样性指数进行可视化。将各单元按综合多样性指数分为低多样性指数社区、较低多样性指数社区、中多样性指数社区、较高多样性指数社区和高多样性指数社区（图 6-2）。其中，武昌区社的设施多样性指数最大，较高多样性指数社区与高多样性指数社区占比达到 83.4%；新洲区社区的设施多样性指数最小，较低多样性指数社区与低多样性指数社区占比达到 53.4%；武汉市主城区内的其他区域（如汉阳区、江岸区、硚口区、青山区、洪山区、江汉区）的高多样性指数社区和较高多样性指数社区占比较大，集中于 (0.6,0.8) 范围；主城区外的区域（如江夏区、汉南区、蔡甸区、黄陂区、新洲区）的较低多样性指数社区与低多样性指数社区占比较大，集中于 (0.2,0.5)。这说明武汉主城区内设施多样性配置优于主城区外。

四、供需水平评估

在分析武汉基本公共服务设施空间分布特征及影响因素的基础上，通过定量测度基本公共服务设施供需水平，识别设施的供需匹配关系。基本公共服务设施作为典型的空间接触机会，其布局（点）、规模（量）、服务质量（质）应能够满足人的物性与理性需求。因此，评估基本公共服务设施水平着重于三个方面：获取距离是否可达且均等、承载压力是否合理且均衡、服务品质是否优质且均享——可达（点）、合理（量）、优质（质）。依据基本公共服务设施水平评估方法，从可达性与承载力两个角度对武汉基本公共服务设施的供需水平进行实证研究。

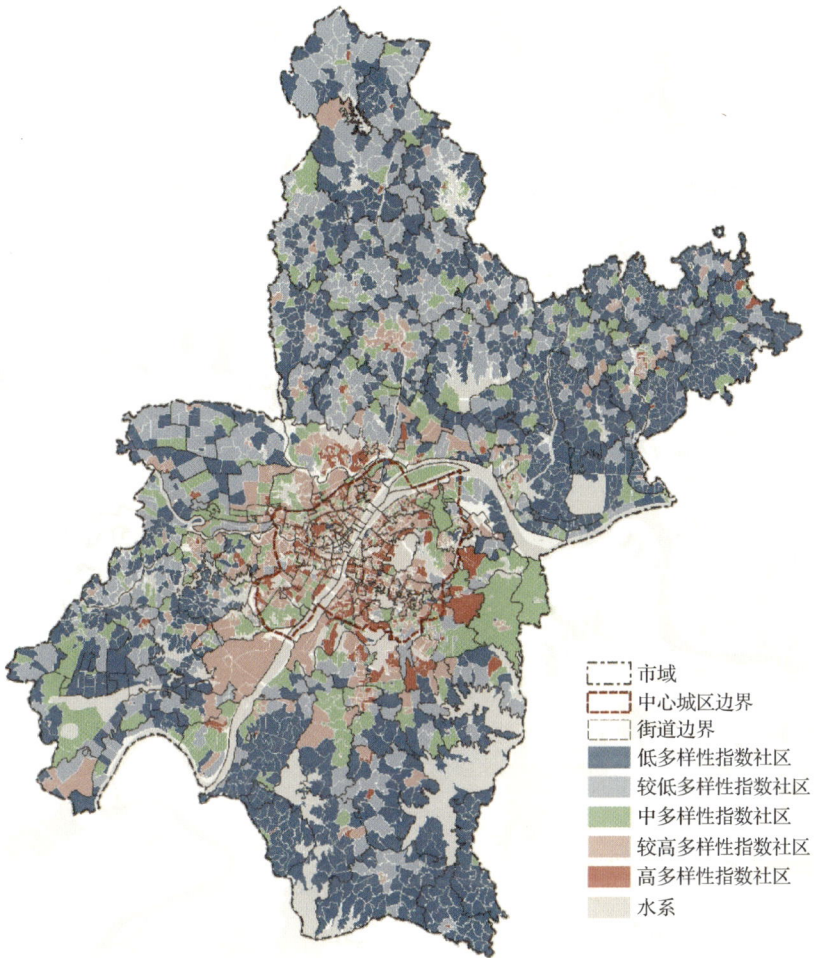

图 6-2　武汉不同等级设施多样性社区分布

（一）可达性评估

基于地理空间基础数据库，利用泰森多边形内的任何位置离该多边形的样点（设施点）距离最近的属性，划分武汉各类基本公共服务设施的服务网格。根据构建的服务区计算各类设施覆盖范围的均值，求解各服务区中最远距离的居民到达设施中心步行所需的时间。以人的步行速度为 4 千米/时为基准,将服务区分为可达舒适区(0 ～ 15 分钟)、可达一般区(15 ～ 30 分钟)、可达较不舒适区(30 ～ 45 分钟)和可达不舒适区(45 分钟以上),并评价其服务范围的可达性(图 6-3)。

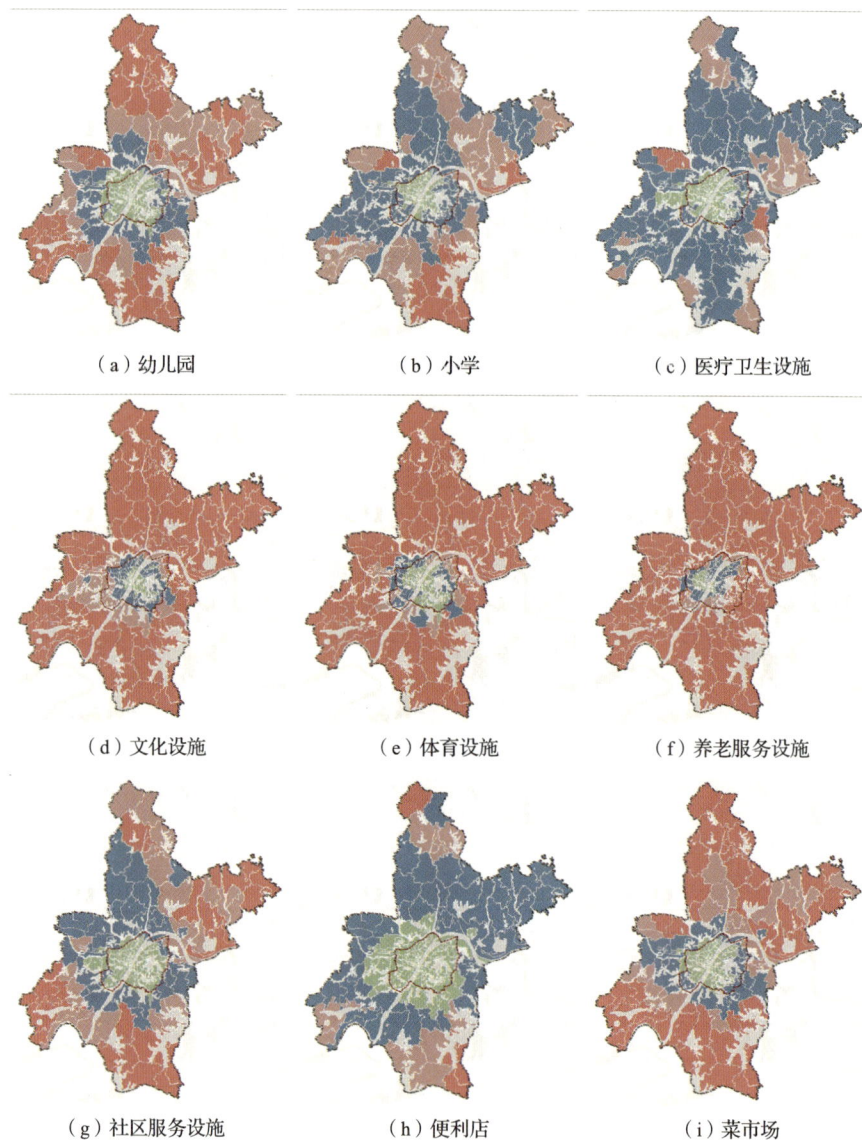

(a)幼儿园　　　　　　　　(b)小学　　　　　　　(c)医疗卫生设施

(d)文化设施　　　　　　(e)体育设施　　　　　(f)养老服务设施

(g)社区服务设施　　　　　(h)便利店　　　　　　(i)菜市场

图 6-3　武汉基本公共服务设施可达性评价

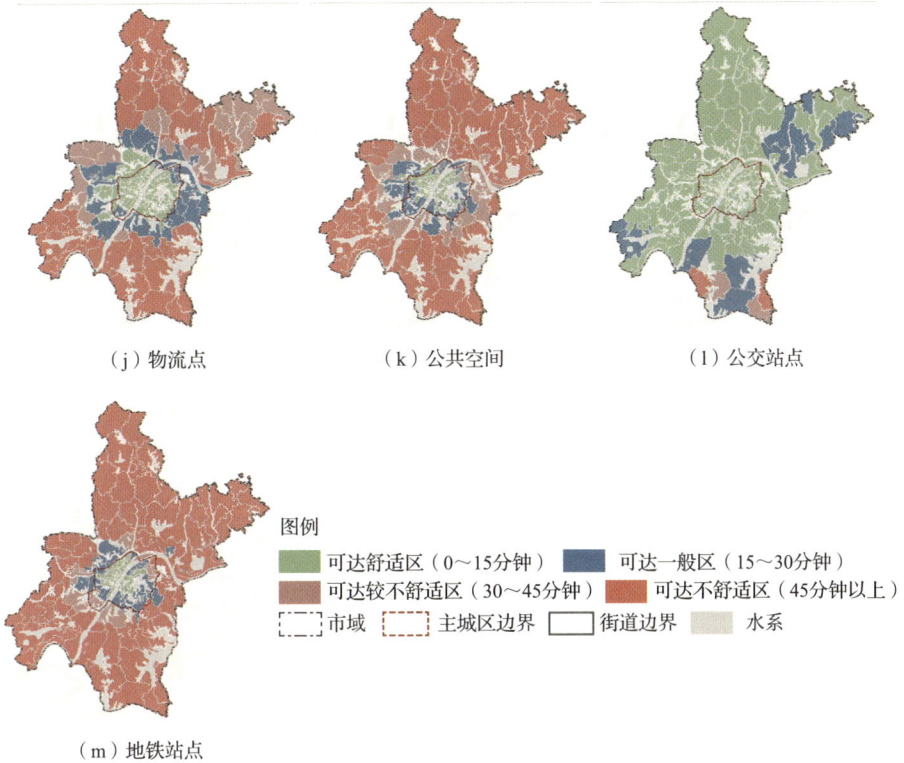

（j）物流点　　　　　　　（k）公共空间　　　　　　　（l）公交站点

图例

■ 可达舒适区（0～15分钟）　　■ 可达一般区（15～30分钟）
■ 可达较不舒适区（30～45分钟）　■ 可达不舒适区（45分钟以上）
⌐ ¬ 市域　　⌐ ¬ 主城区边界　　▭ 街道边界　　■ 水系

（m）地铁站点

图 6-3（续）

（二）承载力评估

结合人口公里格网数据，针对基础教育设施（幼儿园、小学）、医疗卫生设施、文化设施、体育设施、养老服务设施、社区服务设施、商业设施（便利店、菜市场、物流点）、公共空间、公共交通设施（地铁站点、公交站点）形成的服务网格，对人口进行叠加统计，计算出每网格（设施）所承载的人口，探查每类设施的服务压力和均等化水平。采用自然间断分级法对各类设施承载人口进行可视化（图6-4），将设施人口承载压力的情况分为承载极低、承载一般、承载较高和承载极高。

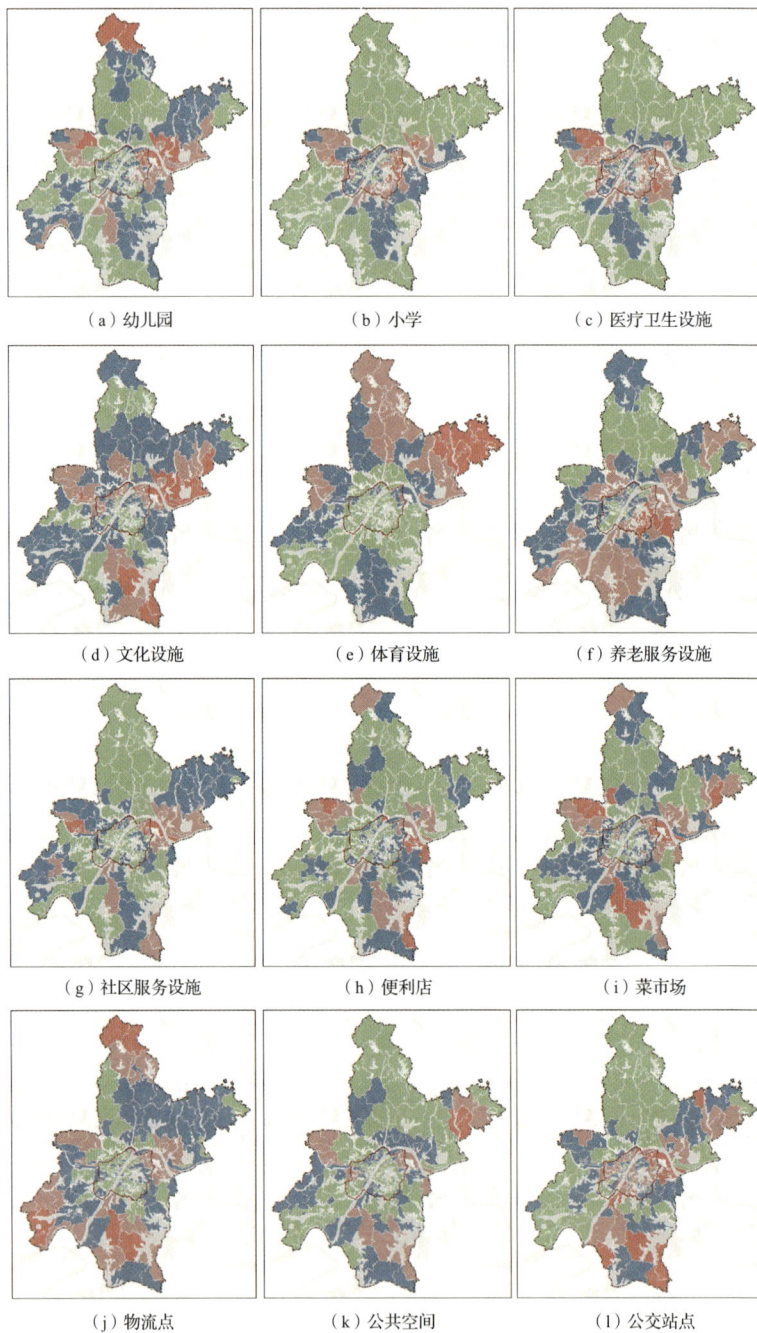

（a）幼儿园　　　　　　　　（b）小学　　　　　　　　（c）医疗卫生设施

（d）文化设施　　　　　　　（e）体育设施　　　　　　　（f）养老服务设施

（g）社区服务设施　　　　　　（h）便利店　　　　　　　　（i）菜市场

（j）物流点　　　　　　　　（k）公共空间　　　　　　　（l）公交站点

图 6-4　武汉基本公共服务设施承载力评价

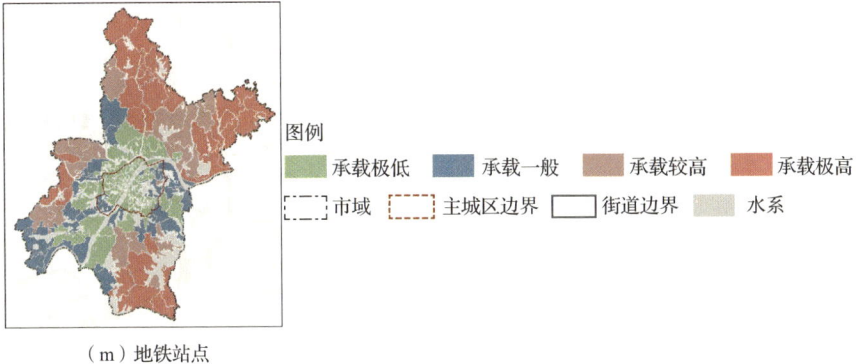

图例

承载极低　　承载一般　　承载较高　　承载极高

⌐ ⌐市域　　⌐ ⌐主城区边界　　□街道边界　　水系

（m）地铁站点

图 6-4（续）

（三）街道服务等级划分

叠加可达性评价与承载力评价结果，将武汉基本公共服务设施的街道空间划分为"模范街道""基准街道""覆盖不足街道""压力承载街道""待发展街道"五类（图 6-5）。①模范街道。将各类设施可达性评价与人口承载压力评价中任一评价高于"一般"（不同时高于"一般"）的街道，划定为模范社区。②基准街道。将各类设施可达性评价与人口承载压力评价均为"一般"的街道，划定为基准街道。③覆盖不足街道。将各类设施可达性评价低于"一般"，人口承载压力评价高于或等于"一般"的街道，划定为覆盖不足街道。④压力承载街道。将各类设施可达性评价高于或等于"一般"、人口承载压力评价低于"一般"的街道，划定为压力承载街道。⑤待发展街道。将各类设施可达性评价与人口承载压力评价均低于"一般"的街道，划定为待发展街道。

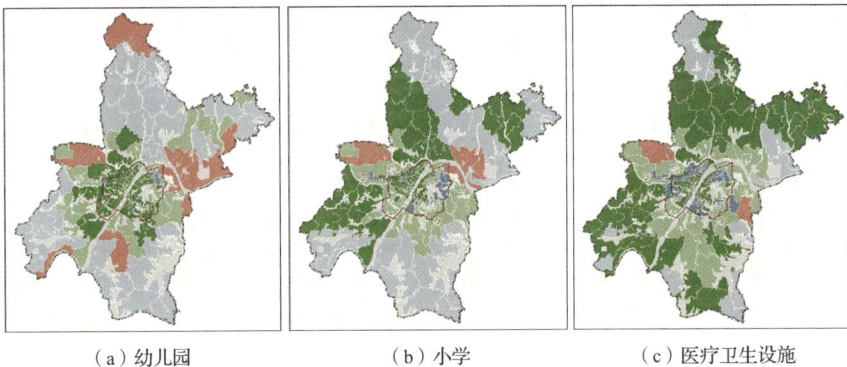

（a）幼儿园　　　　　　　（b）小学　　　　　　　（c）医疗卫生设施

图 6-5　武汉基本公共服务设施街道服务等级划分

261

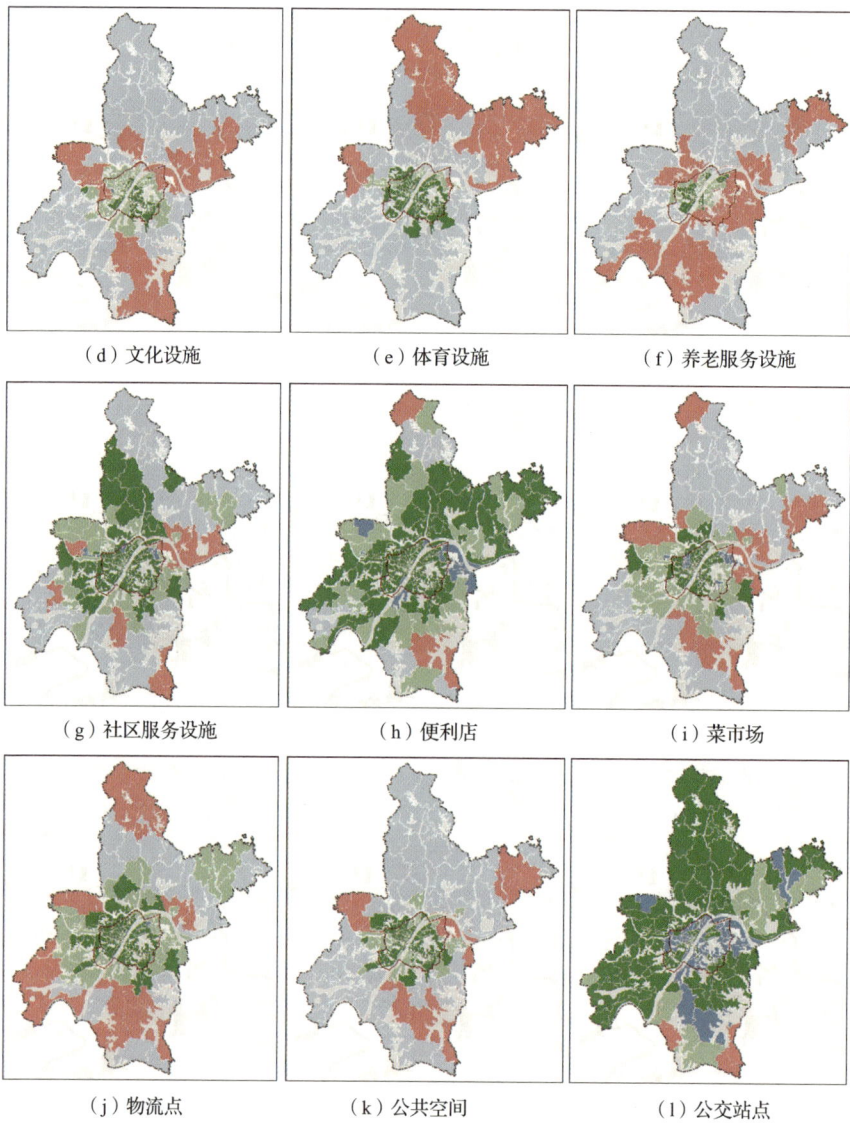

（d）文化设施　　　　　　　（e）体育设施　　　　　　（f）养老服务设施

（g）社区服务设施　　　　　　（h）便利店　　　　　　　（i）菜市场

（j）物流点　　　　　　　　（k）公共空间　　　　　　（l）公交站点

图 6-5（续）

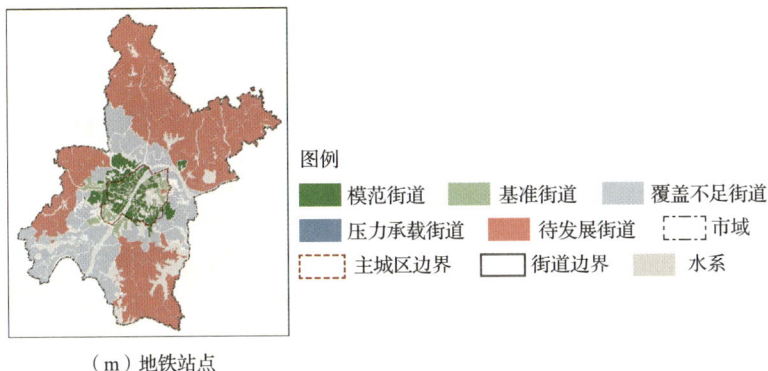

（m）地铁站点

图 6-5（续）

1. 幼儿园

在幼儿园中占比最高的是模范街道（99 个，占 50.77%），主要分布在城区中心及其周边地区；占比最低的是压力承载街道（7 个，占 3.59%），主要分布在主城区中的青山区；覆盖不足街道（41 个，占 21.03%）、基准街道（31 个，占 15.90%）、待发展街道（17 个，占 8.72%）较少。总体上，幼儿园在设施可达性与设施供应量方面城乡差异较大，在设施人口承载压力方面城乡较为一致。未来应进一步提升武汉幼儿园布局的城乡均衡性。

2. 小学

在小学中占比最高的是模范街道（101 个，占 51.79%），主要分布在主城区的江汉区、江岸区、硚口区、武昌区及黄陂区西南部、新洲区中部和蔡甸区；占比最低的是待发展街道（9 个，占 4.62%），主要分布在新洲区南部沿长江一带及东西湖区；基准街道（36 个，占 18.46%）、覆盖不足街道（34 个，占 17.44%）、压力承载街道（15 个，占 7.69%）较少。总体上，对于小学设施而言，城市地区在设施可达性方面优于农村地区，但农村地区在设施人口承载压力方面优于城市地区。未来应进一步提升武汉城市地区小学的承载力，提升小学布局的均衡性。

3. 医疗卫生设施

在医疗卫生设施中占比最高的是模范街道（107 个，占 54.87%），主要分布在主城区沿江地区及黄陂区、蔡甸区、汉南区和新洲区北部；占比最低的是待发展街道（4个，占2.05%），主要分布在东西湖区与江夏区；基准街道（37个，占18.97%）、压力承载街道（34个，占17.44%）、覆盖不足街道（13个，占6.67%）较少。总体上，医疗卫生设施在人口承载压力方面城乡差异较大，在设施可达性方面城乡较为一致。未来应进一步提升武汉中心城区医疗卫生设施的设施规模与服务能力。

4. 文化设施

在文化设施中占比最高的是覆盖不足街道（58个，占29.75%），主要分布在东西湖区、新洲区及江夏区；占比最低的是压力承载街道（1个，占0.51%），主要分布在汉阳区沿江地区；模范街道（50个，占25.64%）、基准街道（46个，占23.59%）、待发展街道（40个，占20.51%）较少。总体上，文化设施在设施可达性方面城乡差异较大，在设施人口承载压力方面城乡较为一致。未来应进一步提文化设施布局的城乡均衡性。

5. 体育设施

在体育设施中占比最高的是模范街道（84个，占43.08%），主要分布在主城区；占比最低的是基准街道（18个，占9.23%），主要分布在主城区北部地区；覆盖不足街道（64个，占32.82%）、待发展街道（29个，占14.87%）较少。总体上，体育设施在设施可达性与设施人口承载压力方面城乡差异较大。未来应进一步提升体育设施布局的城乡均衡性。

6. 养老服务设施

在养老服务设施中占比最高的是覆盖不足街道（63个，占32.31%），主要分布在江夏区东南部地区、东西湖区西部、蔡甸区及黄陂区和新洲区；占比最低的是基准街道（37个，占18.97%），主要分布在汉口和武昌；待发展街道（55个，占28.21%）较多、模范街道（40个，占20.51%）较少。总体上，养老服务设施在设施可达性与设施供应量方面城乡差异较大，在设施人口承载压力方面城乡较为一致。未来应进一步提升养老服务设施布局的城乡均衡性。

7. 社区服务设施

在社区服务设施中占比最高的是模范街道（111个，占56.92%），主要分布在主城区及黄陂区西南部和蔡甸区北部；占比最低的是压力承载街道（6个，占3.07%），主要分布在青山区；覆盖不足街道（34个，占

17.44%)、基准街道（31个，占15.90%）、待发展街道（13个，占6.67%）较少。总体上，社区服务设施在设施可达性方面城乡差异较大，在设施人口承载压力方面城乡较为一致。未来应进一步提升社区服务设施布局的城乡均衡性。

8. 商业设施

对于便利店而言，占比最高的是模范街道（145个，占74.36%），主要分布在主城区及武汉东北与西南的大部分地区；占比最低的是待发展街道（4个，占2.05%），主要分布在江夏区的东南部；基准街道（25个，占12.82%）、压力承载街道（11个，占5.64%）、覆盖不足街道（10个，占5.13%）较少。总体上，便利店在设施可达性与设施人口承载压力方面城乡较为一致。

对于菜市场而言，占比最高的是模范街道（82个，占42.05%），主要分布在主城区；占比最低的是压力承载街道（16个，占8.20%），主要分布在江汉区与青山区；覆盖不足街道（41个，占21.03%）、基准街道（35个，占17.95%）、待发展街道（21个，占10.77%）较少。总体上，菜市场在设施可达性与设施供应量方面城乡差异较大，在设施人口承载压力方面城乡较为一致。

对于物流点而言，占比最高的是模范街道（102个，占52.31%），主要分布在主城区与周边地区；占比最低的是压力承载街道（6个，占3.08%），主要分布在青山区；基准街道（37个，占18.97%）、待发展街道（27个，占13.85%）、覆盖不足街道（23个，占11.79%）较少。总体上，物流点在设施可达性与设施人口承载压力方面城乡差异较大。

商业设施中，便利店可达性较为均等、承载压力较小。未来应进一步提升菜市场与物流点布局的城乡均衡性。

9. 公共空间

在公共空间中占比最高的是模范街道（88个，占45.13%），主要分布在主城区；占比最低的是待发展街道（23个，占11.79%），主要分布在黄陂区北部和武汉市南部的蔡甸区、汉南区、江夏区；覆盖不足街道（58个，占29.75%）、基准街道（26个，占13.33%）较少。总体上，社区公共空间在设施可达性与设施供应量方面城乡差异较大，在设施人口承载压力方面城乡较为一致。未来应进一步提升社区公共空间布局的城乡均衡性。

10．公共交通设施

对于公交站点而言，占比最高的是模范街道（122 个，占 62.56%），主要分布在武汉长江以西地区及江夏区北部；占比最低的是待发展街道（4 个，占 2.05%），主要分布在江夏区南部；压力承载街道（60 个，占 30.77%）、基准街道（9 个，占 4.62%）较少。公交站点在设施人口承载压力方面城乡差异较大，在设施可达性方面城乡较为一致。总体上，公交站点可达性较为均等，人口承载压力横向与其他设施相比差异不大。未来应进一步提升武汉主城区的公交站点的服务水平。

对于地铁站点而言，占比最高的是模范街道（92 个，占 47.18%），主要分布在武汉主城区及其周边区域；占比最低的是基准街道（15 个，占 7.69%），主要分布在主城区东北的青山区与西南部的汉阳区；待发展街道（49 个，占 25.13%）、覆盖不足街道（39 个，占 20.00%）较少。总体上，地铁站点在设施可达性与设施人口承载压力方面城乡差异较大。未来应进一步提升武汉整体地铁站点的布局均衡性。

五、小结

由各类基本公共服务设施空间分布的数量特征和多样性特征评估结果可得出如下结论。①从各类基本公共服务设施空间分布的数量及聚集特征来看，除小学、文化设施、养老服务设施、地铁站点这四类设施在空间分布方面整体表现出离散性外，其他设施在空间分布上表现出较强的聚集性，分布较不均衡，有违公共服务设施空间布局的均衡性和公平性原则，这降低了其使用效率与可达性。在区域分布层面，主城区内的江汉区、江岸区、硚口区、汉阳区、武昌区、洪山区及青山区内的设施相较于主城区外的设施分布较为均衡。主城区外由于居民分布较为集中，设施在空间分布上聚集于居民点。②从设施空间分布多样性评估结果来看，设施多样性指数表现为典型的核心–边缘结构。核心与边缘的分界线大概为武汉主城区边界线：主城区内的基本公共服务设施的多样性水平较高，且主城区内的较高多样性指数社区与高多样性指数社区占比均高于主城区外；而主城区外的基本公共服务设施多样性水平明显较低。进一步考察主城区内可以发现，武昌区的高多样性指数社区占比最大，且大多位于武汉天地和汉街一带。同时，就各辖区分别来看，基本公共服务设施多样性水平较高的区域分布在各辖区相对中心的地段，即对居民日常生活具有较大影响力且居民日常消费购物较为集中的区域，如武昌区的汉街、洪山区的光谷广场及街道口周边等区域。

　　由各类基本公共服务设施供需水平评估结果可得出如下结论。①在可达性评估方面，幼儿园、小学、文化设施、体育设施、养老服务设施、社区服务设施、菜市场、物流点、公共空间和地铁站点在设施可达性与设施供应量方面城乡差异较大。主城区内因道路密度高、设施供应量较多且分布均匀而可达性高，居民日常的服务需求和设施的空间供给之间达到了相对平衡；而主城区外因设施供给不足且分布过于聚集而可达性较低。医疗卫生设施、便利店及公交站点由于设施供应量多且空间分布呈离散性，分布较为均匀，可达性较好，在城乡之间分布较为均衡。②在承载力评估方面，幼儿园、社区服务设施、便利店、菜市场、公共空间的设施承载压力较小，且城乡分布较为均衡；而文化设施、养老服务设施由于设施供给不足，整体承载压力较大；体育设施、物流点和地铁站点在空间分布上过于聚集于主城区内，在城郊区域供给不足，因此主城区内设施承载压力较小，而城郊区的设施承载压力较大；由于主城区人口密度较大，小学、医疗卫生设施和公交站点的承载压力反而较城郊区更大。未来应进一步提升主城区该类设施的设施供应量与服务能力。③从综合评估结果来看，教育设施、医疗卫生设施、体育设施、社区服务设施、商业设施、公共空间和公共交通设施的评估结果均为模范街道占比最大，且占比均在40%以上，这说明此类设施整体供需匹配水平较高，但模范街道主要分布在主城区及周边区域内，主城区与城郊区的设施供需匹配水平分布不均衡。文化设施与养老服务设施的评估结果均为覆盖不足街道占比最大，且占比达到30%左右，这说明此类设施供给不足，普遍缺乏设施布点。

第二节　武汉15分钟生活圈的研究与划定

　　推进和建设15分钟生活圈，是一种提升城市"人居"品质和促进城市"人居"建设的手段，是武汉构建国际性大都市的重要内容，是实现人的基本生存保障和构建统一社区精神的重要实践，是提升吸引、聚集、服务不同层次人口的城市包容性的重要措施。在对武汉整体基本公共服务设施的分布特征及供需水平进行测度的基础上，以武汉主城区为对象，构建15分钟生活圈，将人的尺度和体验作为重新认识社区、改造社区和重塑社区标准的规划导向，开展更深入的社区公共服务设施配置研究，并提出优化引导策略。这不仅有助于完善城市基本公共服务设施布局，还有助于建立有效的社区治理机制与良好的社会秩序。

一、城市生活圈研究体系构建

构建规模适宜、密度适中、结构完善、服务均等的城市生活圈是实现"以人为本"城市建设的重点，是推进基本公共服务设施均等化布局的基本"人居"单元，也是验证"城市人"理论价值理念和方法体系的主要空间单元。"城市人"理论关注城市生活圈的系统性、稳定性和多元性，覆盖从宏观到微观的城市尺度、生活圈尺度、社区尺度。聚焦城市15分钟生活圈的划分、空间接触机会的评估和典型生活圈的改造规划，以武汉中心城区为例，实践"城市人"理论视角下的15分钟生活圈划定。

（一）"城市人"视角下的城市15分钟生活圈的特性

城市15分钟生活圈具有系统性、稳定性、多样性三个主要特性。

（1）系统性是15分钟生活圈的基本特征。"城市人"视角下的15分钟生活圈由典型"城市人"、典型"人居"、典型空间接触机会3个子系统构成。其中，典型"城市人"是空间接触机会的供给者和需求者，典型"城市人"遵从自身物性和理性；典型"人居"是城市内部的自然与人工环境，承载典型城市的行为和典型空间接触机会；典型空间接触机会是典型"城市人"为满足生活所需而追求的基本公共服务。三者的关系可以概括为：在典型"人居"的承载下，典型"城市人"与典型空间接触机会产生动态匹配。

（2）稳定性体现为典型"城市人"、典型"人居"、典型空间接触机会之间具有固定的匹配方式。典型"城市人"存在共通的群性、物性和理性，是城市规划的依据和基础；典型"人居"的地形地貌、区位环境、社会结构在不受征迁、历史事件等外力影响下长期稳定，是城市规划的限制条件；典型空间接触机会受典型"城市人"稳定特征的影响，是城市规划的关键对象。

（3）多样性是高水平实现"人人享有城市"的基础。"城市人"视角下的15分钟生活圈规划，必须建立在保障典型"城市人"物性与群性基础需求的基础之上，进而关注"城市人"的个性化需求，在保障城市社区居民基本生存权均等化的同时，避免"人居"空间品质单调、功能单一。

（二）"城市人"视角下15分钟生活圈的研究尺度

基于城市15分钟生活圈的主要特征开展研究时，应从城市与生活圈两个尺度开展多层级、系统性研究。城市尺度是研究15分钟生活圈的"所处之地"，关注城市的自然环境、气候特征、地形地貌等因素对"城市人"生产、生活方式的影响，重视城市规模、等级、类型等因素对典型空间接触机会的类别与形式产生的引导作用，以及城市内部区位变化对生活圈规模、密度、发展阶段产生的影响。15分钟生活圈由一个或多个社区构成，是兼顾公平与效率的公共服务设施，内部包含典型"城市人"在"从出生到死亡"过程中的各类典型空间接触机会。城市居民能够依据自身特质在不同生活圈中获取服务。相对固定的生活圈边界，有利于管理部门和研究者推进设施配置与评估工作，实现全域均等的基本公共服务空间。社区是行政管理的基本单元和15分钟生活圈规划的实施重点，社区公共服务设施的布点、规模与质量影响着居民对生活圈的满意度。以人为本和平衡配置是基于社区尺度的规划与研究的基本原则。研究者既要关注典型"城市人"安全性、方便性、舒适性、美观性的空间需求，又要平衡各类设施配置的公平与效率。

（三）武汉15分钟生活圈的内涵

通过总结与分析城市生活圈的相关实践和案例，以及"城市人"理论方法，对武汉15分钟生活圈概念做出如下界定。

15分钟生活圈是指居民从居住点出发，在步行15分钟可达的范围内，能够得到安全性、舒适性、方便性、美观性等方面的满足，并能够接触到所有基本生活所需空间要素的"人居"空间。

其中，以人的需求为出发点，构建生活圈的第一要义是安全性。城市是人聚居之地，居住更是城市最基本的功能。人追求与他人、自然环境、人工环境的最大接触机会的前提是保证人自身的安全。构建生活圈的核心是方便性。"城市人"往往追求以最小气力去争取实质的空间接触或接触机会，并据此营造"人居"结构的形状和选择网络路线的布局。在15分钟生活圈中，方便性有两个方面的含义：①具有充足的"城市人"基本生活所需的要素；②保证这些要素的步行可达性。舒适性与美观性是基本要求。人往往以自身尺度去丈量空间，过或不及均会给人带来不适感，因此要以适当距离去营造最优的生活空间，提高舒适性；美观性是人的理性诉求，在本质上体现了以符合理性的秩序去营造人与周围环境的优质关系。

（四）"城市人"视角下 15 分钟生活圈的研究与实践路径

1. 空间划分

划分生活圈是进行生活圈研究的第一步，其重点包括梳理城市住区规模、密度、结构、发展历程，刻画典型"人居"类型，确定主要空间接触机会，并依据安全性、方便性、舒适性、美观性的规则，对"人居"空间进行有效划分，形成合理的生活圈边界，支撑后续的评估分析、典型提取与规划提升。

2. 空间评估

"城市人"理论确立了从典型提取到典型分析的基本研究路径。空间评估是选取典型生活圈的重要方法。空间评估的目的是通过评价"城市人"与空间接触机会的互动关系，找出城市内部几种典型匹配的生活圈和社区，按照典型特征提取生活圈属性，提出相应规划提升策略，并形成可推广的规划模式。

3. 规划引导

基于空间评估选取典型生活圈，面向典型生活圈展开可达性、承载力及满意度评估，从教育、医疗、养老、文体、商业、社区服务、公共空间及公共交通设施等基本服务角度，分类型制定 15 分钟生活圈规划和建设的标准，指导社区规划研究和编制工作，提高居民社区生活的幸福指数。

二、武汉主城区典型"人居"空间辨析

武汉的筑城起源可追溯至 3500 年前的盘龙城。因其"九省通衢"的天然军事及经济区位优势，几千年来围绕武昌、汉阳及汉口三镇的建设活动从未停歇，并在近代水运和商业带动下加速扩张。1927 年，当时的中华民国政府决定将武汉三镇合并，虽因时局动荡历经波折，但总体格局基本确立，三镇于中华人民共和国成立后正式合并，命名为"武汉"。近代以来，武汉历经开埠、洋务运动、设租界区、20 世纪 50 年代工业城市发展，在 20 世纪 90 年代后成为国家综合改革试点城市、长江经济带核心城

市及国际化大都市。武汉城市建设的历程成为中国社会变革与发展的一个缩影，其住区风格也留下了不同历史时期的印记，形成了丰富的典型"人居"空间类型，具体表现在建筑建设时间跨度大、建筑风格中西贯通、住区肌理丰富多元及城市结构有机交融。因此，研究武汉典型"人居"空间及其公共服务配置，对提升全国"人居"空间品质具有一定的示范作用。从"人居"空间本身的固有属性上看，武汉"人居"规模、密度、结构、发展阶段均有一定的特色；从偶有属性上看，武汉涵盖如历史空间、老旧社区、产业空间等多种特定"人居"空间类型。

在中国大城市城乡公共服务均等化评估结果中可以看到：一方面，武汉整体基本公共服务设施建设较为完善，在中部地区城市中具有较高的公共服务水平；另一方面，在"两江三镇百湖"的总体格局下，武汉不同片区存在一定的公共服务水平非均等化现象。武汉在应对未来老龄化、满足人才竞争等发展需求时的功能存在明显不足，在公共服务设施建设方面表现为部分类别的设施在"点""量""质"上存在不足，同时辖区之间的公共服务均等化水平较差，不符合公共资源的高效与公平使用原则。因此，应基于以人为本的基本公共服务设施理论与方法体系，辨析武汉典型"人居"空间，划定武汉 15 分钟生活圈空间范围，为下一阶段社区公共服务设施的评估与布局提供空间基础。

（一）武汉主城区居住空间分布特征

依据《武汉市城市总体规划（2010—2020 年）》《武汉市新型城镇化规划（2014—2020 年）》《武汉 2049》对于武汉市主城区的划定，确定研究区域为武汉主城区，即以三环线以内的区域为主，包括局部外延的沌口、庙山和武汉钢铁（集团）公司地区，总面积为 695 平方千米，占市域面积的 11% 左右。主城区依托"两江交汇、三镇鼎立"的自然格局，以长江、汉江及东西向山系为纽带，形成汉口、武昌、汉阳相对独立完整的城市功能体系，在此基础上构建三镇一体化发展的总体格局。《武汉市城市总体规划（2010—2020 年）》定位汉口地区主要发展服务中部地区、面向全国的金融贸易和商业服务；定位汉阳地区主要发展先进制造业、会展博览、文化旅游、生态住区等；定位武昌地区主要发展科教文化、高新技术、金融商务和省级行政中心。

以"人居"空间为核心，提取武汉主城区居住用地数据，建立居住用地数据库，如图 6-6 所示。统计出武汉主城区居住用地面积约为 155 平方千米，占武汉主城区面积的 22%。

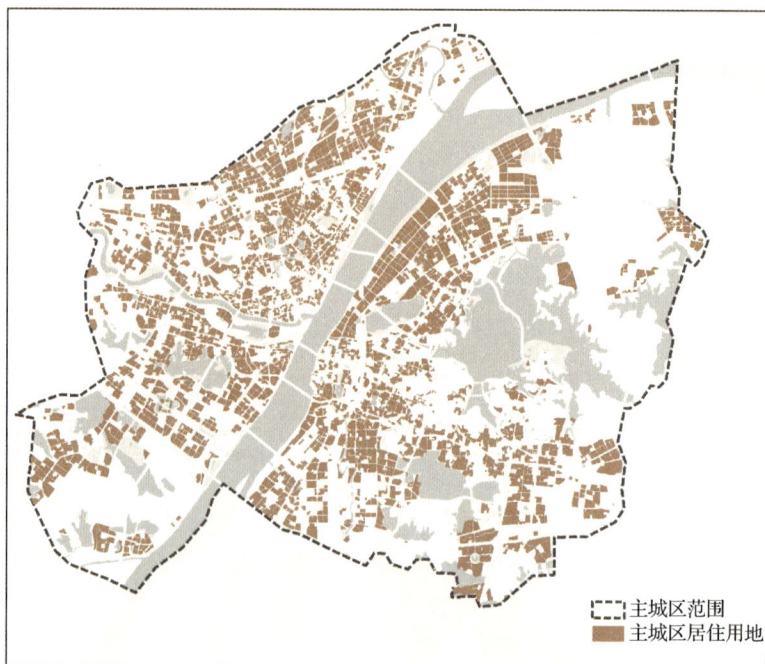

图 6-6　武汉主城区居住空间分布

　　武汉居住空间分布具有典型的轴向发展、圈层布局、多组团发展的特征。长江为主要的发展纵轴，汉江及武汉长江大桥形成的横向交通干道为主要的发展横轴；同时以主要的交通环线为依托，呈圈层向外发展；依托武汉多湖、片状开发的空间形态，使居住空间呈现沿湖，围绕重大基础设施、高新科技园区、商务区等形成居住组团的特征。

　　此处所指的武汉主城区范围完整包含武汉辖区中的江汉区、江岸区、硚口区、武昌区及青山区，部分包含汉阳区、洪山区、江夏区、蔡甸区及黄陂区。统计出的主城区内部各区居住用地比例如表 6-16 所示。可以看出，不同辖区间的居住空间占比具有一定差异：江汉区、江岸区、硚口区、武昌区居住用地占比均超过 25%，这四区是发展较早、较为成熟的武汉主要城区，土地开发较为完整，公共服务、基础公共服务设施建设较为完善，且具有多样化典型生活圈；青山区、汉阳区（部分）居住用地占比约为 20%，相对较小，其中汉阳区包含古城区、工业片区、拓展新区等多类型"人居"空间，青山区则以工业企业单位社区为核心，具有一定的典型性；洪山区（部分）居住用地面积较大，环绕在武昌区外围，在二环线与三环线之间，"人居"类型丰富；江夏区（部分）、蔡甸区（部分）、黄陂区（部分）居住用地面积较小，分布在主城区近郊边缘，江夏区（部分）居住用地占比较大，体现了武汉向东、向南发展的战略导向，蔡甸区（部分）、黄陂区（部分）在主城区中的占比较小，三区均呈现出沿主要交通干线、优质景观要素点片式开发的特征。

表 6-16　武汉主城区各区居住用地比例

行政区划分区	居住用地面积/千米²	居住用地比例/%
江汉区	10.96	38.62
江岸区	21.50	29.24
硚口区	12.14	31.83
武昌区	24.18	26.99
青山区	9.29	19.50
汉阳区（部分）	21.78	24.39
洪山区（部分）	47.35	20.23
江夏区（部分）	9.85	31.27
蔡甸区（部分）	9.95	16.83
黄陂区（部分）	0.90	20.92

（二）武汉主城区居住空间分类

居住空间形态与城市空间形态和宜居环境建设息息相关，其长期以来的增长与演化呈现出一定的规律性，是地理学和城乡规划学学者研究的重要课题之一。对土地空间的使用做出决策是城市规划师的工作本质，而决策的依据则体现了城市规划师的专业价值与判断能力。人具有固有的追求，即通过聚居，以最小气力追求最大空间接触机会。在一定的时空条件下，"人居"规模、"人居"密度、"人居"结构影响人追求空间接触机会的方式。"人居"规模的核心是人口规模，它决定了一定密度与结构条件下空间规模的大小、所需的"人居"要素的总量，如各类基本公共服务设施的总体供应；"人居"密度的核心是人口密度，它决定了一定规模与结构下"人居"环境的舒适性，如资源环境承载压力是否过大、设施供应是否充足；"人居"结构的核心是人口结构，它决定了一定规模与密度下"人居"环境的多元化，如幼儿园的供应、养老服务设施的供应等。在实际典型"人居"的提取中，三类基本属性的结构往往具有一定的流动性。

在居住用地尺度下，规模、密度的差异化表达可以在物理空间中得到体现，如建筑的高度、密度等；同时，类比人的基本属性（年龄、性别、生命阶段），应考虑"人居"空间的发展阶段，它体现了"人居"环境的成熟度和空间布置形态，如邻里关系是否融洽、"人居"建筑布局方式等，蕴含了一定的人口结构属性，以及更多的空间特质。因此，综合理论分析与实际规划经验，将"人居"发展阶段抽象为建筑密度，将"人居"密度抽象为容积率，以这两类指标为主要的"人居"典型指标进行典型"人居"的提取。

1. 建筑密度

建筑密度是项目用地范围内所有建筑的基底总面积与规划建设用地面积之比，它可以反映一定用地范围内的空地率和建筑密集程度。近代以来，武汉居住空间的发展大致分为三个阶段，即租界时期的住房、中华人民共和国成立后的单位制住房和新时期的多元化住房。

（1）租界时期的住房。近代汉口划定租界区后，居住空间按照社会阶层分化，主要包括两种类型：第一类为外国领事使馆成员、旧政府的达官贵人居住的别墅、连排式公寓；第二类为中产阶级聚居的低层建筑群和普通市民、工人居住的在旧城区内的低层建筑群。这一时期的住区建设集中在汉口租界区、武昌及汉阳老城区等区域，以满足人的基本需求为主，建筑密度较大。

（2）中华人民共和国成立后的单位制住房。中华人民共和国成立后，武汉成为重要的工业城市。武汉居住用地开始以单位制为主体，围绕工业项目选址进行配套建设，形成"单位大院"集体居住形式。这一时期居住空间有了规划，配套设施、公共空间较为完善，建筑密度较为适中。

（3）新时期的多元化住房。改革开放以来，随着市场经济的发展，武汉住区建设开始由政府计划主导、投资型居住组团建设，转为以市场为主导、由社会投资、小规模商品居住社区建设，形成了不同等级的别墅、公寓、经济适用房、普通商品房社区。这一时期，人们逐渐关注居住环境的舒适性。规划部门对建筑密度的管控加强，使社区绿化率逐渐提高、建筑密度进一步降低。

可以看到，建筑密度与建设年代关系密切，在本节研究中以建筑密度体现空间发展阶段，在一定程度上反映了居住空间本身的密度。因此，提取武汉主城区居住用地建筑数据，计算建筑基底面积与居住用地总面积之比，得到居住用地的建筑密度。为便于统计和分析，根据《武汉市主城区用地建设强度管理规定》，将居住空间建筑密度分为高、中、低三类，其中高建筑密度为25%以上，中建筑密度为20%～25%，低建筑密度为20%以下，如图6-7所示。除部分建筑用地已批未建外，三类建筑密度"人居"类型面积分别为53.52平方千米、53.98平方千米、46.85平方千米，占比相近。其中，中建筑密度类型占比最大，约为34.80%；低建筑密度类型占比最小，约为30.21%。这表明主城区内新时期多元化住房较多，原因是武汉近年来开展大规模住房建设、旧城改造及居民的自主住房搬迁。

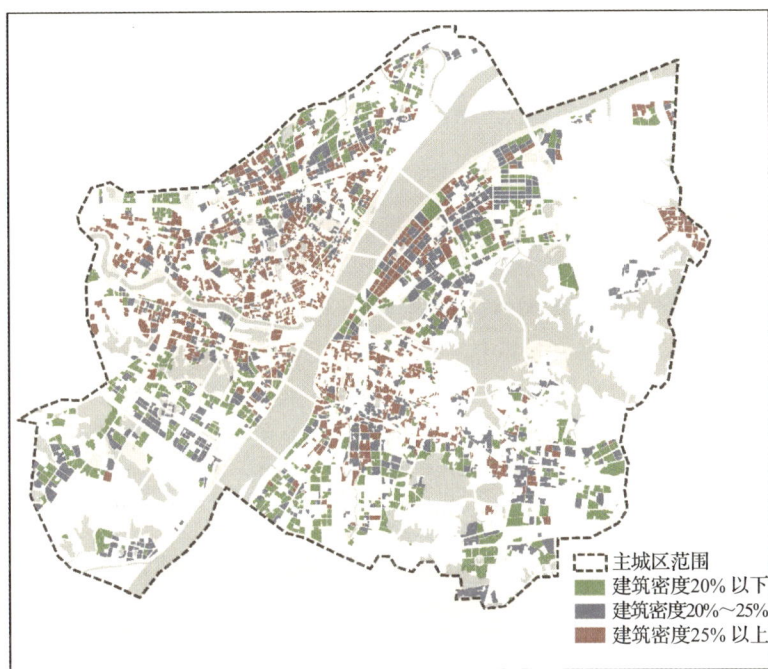

图6-7　武汉主城区居住用地建筑密度分类

（1）低建筑密度类型"人居"分布较为分散，建设年代较新，多为别墅区、高级高层公寓区与中高档住宅区。别墅区呈点状格局分布，主要分布在沿湖、远离老城区等环境较为优美的地区；高级高层公寓则大多位于武汉中心城区经济商业核心地带，具有完善的基础服务设施；中高档住宅区主要分布在近郊区内沿三环线、主城区交通干道沿线、高科技产业区、高校教育聚集区等。

（2）中建筑密度类型"人居"呈带状分布，主要包括建设年代较老的单位大院、老城区、中低档住宅区，主要分布在青山区、武昌区沿友谊大道两侧、洪山区沿雄楚大道和高新大道两侧、汉口及汉阳沿二环线地区。最典型的中建筑密度类型"人居"是以青山等大型工业区为核心的单位配套社区，发展较为完善，但整体品质亟待提升。新时期中低档住宅区规模较大，基本公共服务设施不太完善。

（3）高建筑密度类型"人居"整体呈组团状和带状分布，建设年代老，多为老城区、城中村、底层居民住宅或商业街道区域，主要分布在汉口二环线区域内、汉阳沿二环线两侧、武昌环梅家山立交区域。部分高建筑密度类型"人居"具有较强的历史文化价值，如汉口租界区、武昌老城区等，服务较为完善；部分高建筑密度类型"人居"已进行更新及修复；部分则老化严重，急需更新改造，如城中村等。

2. 容积率

容积率是指某一基地范围内，地面以上各类建筑的建筑面积总和与基地面积的比值，可以直观反映"人居"空间的密度情况，并能在一定程度上反映"人居"规模属性。根据学术研究与实际经验，容积率与居住社区建筑形式息息相关。其中，独立别墅、联排别墅的容积率小于0.7，6层以下多层住宅容积率为0.8～1.2，11层小高层住宅容积率为1.5～2.0，18层高层住宅容积率为1.8～2.5，19层以上住宅容积率大于2.5。以武汉建筑高度数据进行换算，结合楼层层数与楼层底面积计算居住建筑总面积，并以此计算各居住用地的容积率。

为便于统计和分析，将武汉居住用地容积率分为低、中、高三类，其中低容积率为小于1.5，中容积率为1.5～2.5，高容积率大于2.5，如图6-8所示。除部分建筑用地已批未建外，低、中、高三类容积率类型"人居"面积分别为10.67平方千米、47.26平方千米、96.43平方千米，占比差距较大。其中，高容积率占比最大，约为62.16%；低容积率占比最小，约为6.88%。这表明武汉主城区高容积率居住空间较多、建设开发较活跃。

（1）低容积率类型"人居"分布较为分散，建设年代较新，多为别墅或多层建筑，零星分布在沿东湖、沿西湖、汤逊湖区域等环境较好的地区。

（2）中容积率类型"人居"在建设较成熟的区域均有分布，且呈组团状分布，建设年代较多元，多为小高层、高层建筑。汉口主要分布点有沿二环线外侧地区；武昌主要分布点有武昌古城内、沿南湖地区、青山区沿二环线地区；汉阳主要分布点有沿墨水湖地区、沌口地区。

（3）高容积率类型"人居"在建设较成熟的区域均有分布，呈环状、带状和组团状分布，建筑年代较多元，多为高层建筑。在汉口主要沿二环线内侧、三环线内侧和沿长江呈环状分布；在武昌主要沿长江和雄楚大道两侧呈带状分布；在汉阳主要沿墨水湖呈组团状分布。

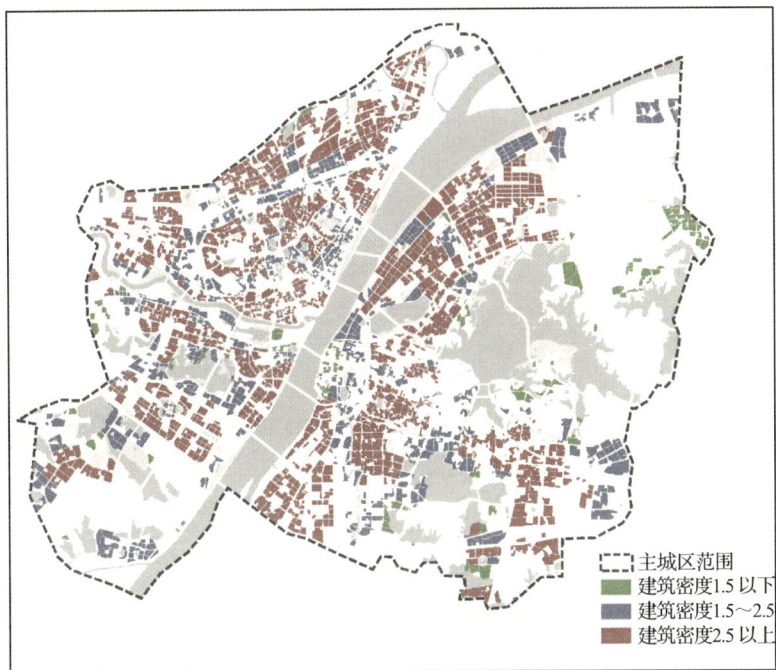

图6-8 武汉主城区居住用地容积率分类

（三）基于"城市人"理论的武汉主城区居住空间辨析

根据上述分类方式，将建筑密度与容积率两两结合，可得到九种类型的典型"人居"，如图6-9所示，即低容积率低建筑密度（简称低容低建）、低容积率中建筑密度（简称低容中建）、低容积率高建筑密度（简称低容高建）、中容积率低建筑密度（简称中容低建）、中容积率中建筑密度（简称中容中建）、中容积率高建筑密度（简称中容高建）、高容积率低建筑密度（简称高容低建）、高容积率中建筑密度（简称高容中建）、高容积率高建筑密度（简称高容高建）。

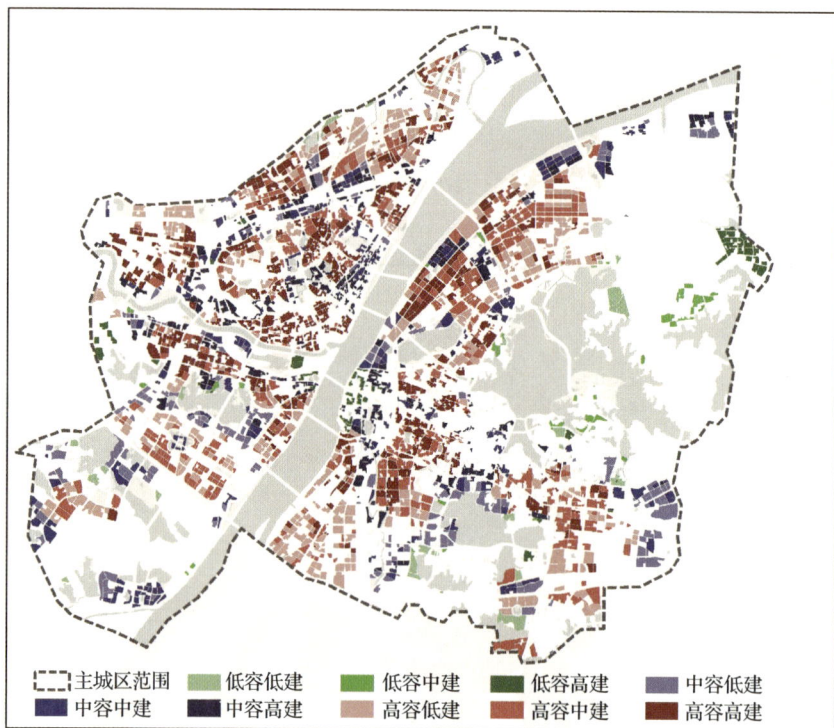

图 6-9　武汉主城区典型"人居"空间分布

1. 低容低建类居住用地

低容低建类居住用地主要建筑形式为别墅区及零星城中村待改造区域，总面积为 4.36 平方千米，占武汉主城区居住用地比例较小（2.81%）。别墅用地在近 20 年已属于城市建设用地严禁供地类型，目前主要为政策执行前已批或已建的留存别墅建设用地，主要分布在沿东湖、沿西湖、汤逊湖区域等环境较好的地区。本类居住用地与用地政策和城市住区发展方向不符，因此本书将其划分为非典型"人居"空间，不作为研究重点。

2. 低容中建类居住用地

低容中建类居住用地主要建筑形式为多层住宅，建设时间主要为 20 世纪 50～90 年代，总面积为 2.50 平方千米，占比极小（1.61%），主要分布在近城郊地区。因为本类居住用地与用地政策和城市住区发展方向不符，且占武汉主城区居住用地比例较小，因此本书将其划分为非典型"人居"空间，不作为研究重点。

3. 低容高建类居住用地

低容高建类居住用地建筑形式为低层或多层住宅，建筑密集，绿化率低，开敞空间较少，建设时间多在2000年以前，总面积为3.81平方千米，占武汉主城区居住用地比例较小（2.45%），主要分布在南岸嘴附近、武昌老城及城郊，属于待提升的典型"人居"空间。

4. 中容低建类居住用地

中容低建类居住用地主要建筑形式为高层住宅与多层、低层、别墅混合，建设时间大多在2015年以后，总面积为16.91平方千米，占武汉主城区居住用地比例为10.90%。本类"人居"空间呈小组团状、点状分布，集中在环墨水湖、环南湖、光谷东等区域，居住环境质量较好，居住与设施建设较新，属于品质较高的典型"人居"空间。

5. 中容中建类居住用地

中容中建类居住用地主要建筑形式为多层和高层住宅，建设时间大多在2000年左右，总面积为16.54平方千米，占武汉主城区居住用地比例为10.66%。本类"人居"空间呈分散分布，较为集中的片区主要在青山区沿江、汉口二环沿线等区域，建设品质较好，但建设时间相对较早，属于需要更新优化的典型"人居"空间。

6. 中容高建类居住用地

中容高建类居住用地主要建筑形式为多层住宅，建筑密集，建设时间多在20世纪90年代以前，总面积为13.80平方千米，占武汉主城区居住用地比例为8.90%。本类"人居"空间在汉口沿江带状分布，以武汉里份社区为主，部分沿二环线带状分布，属于较有历史文化价值、需要优化提升的典型"人居"空间。

7. 高容低建类居住用地

高容低建类居住用地主要建筑形式为高层住宅，大多为新建，建设时间多在2010年以后，总面积为32.25平方千米，占武汉主城区居住用地比例为20.79%。本类"人居"空间在中心区呈组团式分布，是在武汉主城区内占比较高、品质较高的典型"人居"空间。

8．高容中建类居住用地

高容中建类居住用地建筑形式包含多层、高层住宅，建筑密度较大，建筑时间在 2000 年左右，总面积为 34.94 平方千米，占武汉主城区居住用地比例为 22.52%。本类"人居"空间以青山区钢都花园为典型代表，主要在三环周边呈带状、环状分布，属于较有历史文化价值、需要部分提升空间品质的典型"人居"空间。

9．高容高建类居住用地

高容高建类居住用地建筑形式包含多层、高层住宅，建筑密度大，人口密度大，开敞空间较少，建设时间较多元，既有 2000 年以前建设的居住片区，也有 2000 年后建设的新建居住片区，总面积为 29.24 平方千米，占武汉主城区居住用地比例为 18.85%。其中多层住宅以汉正街为代表，建筑密度极高，建设时间较早，几乎没有绿化公共空间，"人居"环境较差；新建社区以点式高层为主，建筑排布较为密集，绿地率极低，属于需要重点提升空间品质的典型"人居"空间。

三、武汉 15 分钟生活圈的空间划定

基于 15 分钟生活圈安全性、舒适性、方便性、美观性的空间导向，提出 15 分钟生活圈空间划定的三大基本原则。以控规单元为基底、城市道路为骨架，综合典型"人居"空间的分类，将武汉主城区划分为 428 个 15 分钟生活圈。

（一）武汉市 15 分钟生活圈划分原则

（1）以控规单元为基底。根据《武汉市控制性详细规划导则编制规程》，在划分控规单元时，应保证其功能相对完整，以次干道或明确的地物（包括快速路、主次干路、湖泊沟渠等）为界线，按照中央活动区约 50 公顷、综合组团约 100 公顷划定管理单元。对控规单元按照"单元—街区—地块"进行分层控制，以街区为基本单位分解落实。因此，15 分钟生活圈在构建规模、管理方式方面与控规单元类似，可将控规单元作为生活圈划分的基底与参照要素。

（2）以城市道路为骨架。自然地理要素与人工地理要素在地域分割中起到了重要作用。在武汉主城区 15 分钟生活圈的划分中，自然地理

要素有河流、湖泊、生态绿楔等；人工地理要素有铁路与城市道路。《城市道路交通规划设计规范》对城市道路进行了分类，即快速路（间距为 1500～2500 米）、主干路（间距为 700～1200 米）、次干路（间距为 350～500 米）、支路（间距为 150～250 米）。基于人的尺度与舒适性要求，将主、次干路作为 15 分钟生活圈的边界，有利于营造富有活力的街区界面。基于安全性要求，15 分钟生活圈原则上不得跨越主干路。

（3）综合典型"人居"空间的分类。"人居"空间分类的主要依据是"人居"基本变量——发展阶段与"人居"密度。在一定的经济模式、社会结构和政治体制下，"人居"基本变量决定了空间接触机会的质与量。"物以类聚，人以群分"，聚居在同一空间的人具有相同的需求，追求类似的空间接触机会，因此"人居"空间的分类是 15 分钟生活圈划分的重要标准。

（二）武汉主城区 15 分钟生活圈划分结果

如图 6-10 所示，将武汉主城区划分为 428 个 15 分钟生活圈。

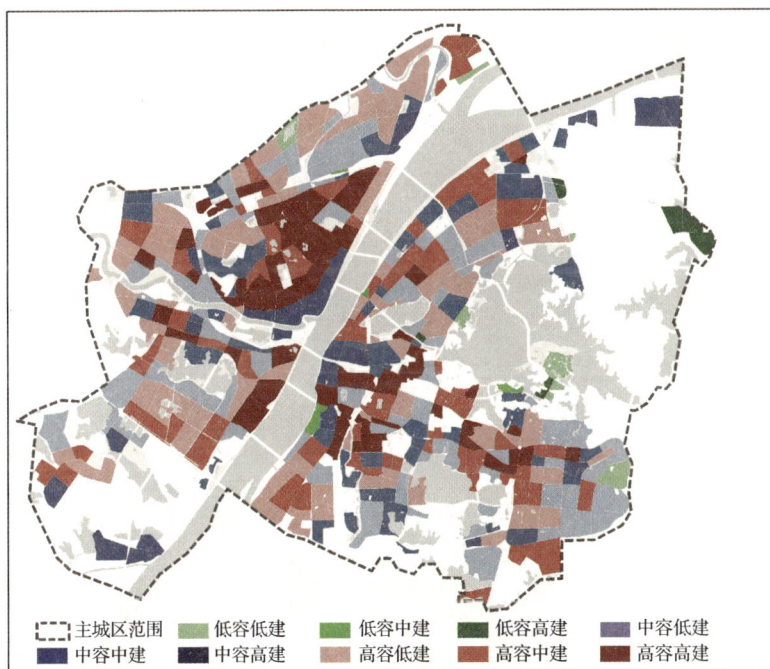

图 6-10　武汉主城区 15 分钟生活圈最终划分

从生活圈的类型来看，中容低建、高容低建、高容中建三类生活圈为主要类型，其比例分别达到21.26%、20.33%、17.52%。其中，中容低建生活圈以组团形式成片分布在城市多中心周边地段，大多为新建的较高品质小区。高容低建、高容中建生活圈的分布状态呈现多种形式，包括组团形成的片状、沿铁路线及江河形成的带状等多种状态，集中分布在武昌、汉口、汉阳大面积新建城市区域。高容高建、中容中建生活圈也占有较大比例，分别达到16.12%、13.32%，其中，高容高建生活圈主要集中分布在汉口沿江商业空间内侧、武昌旧城区、光谷地区，中容中建生活圈分布较为广泛。中容高建、低容高建生活圈数量较少，其占比分别为7.24%和1.40%，主要在老城区、城中村等地区分布。低容低建与低容中建生活圈不列入典型生活圈讨论范围。总体来看，划分得出的生活圈空间分布形态与典型"人居"空间形态基本保持一致。

从服务范围、人口规模、人口密度三个角度对生活圈进行分析（图6-11、图6-12、图6-13），具体如下。

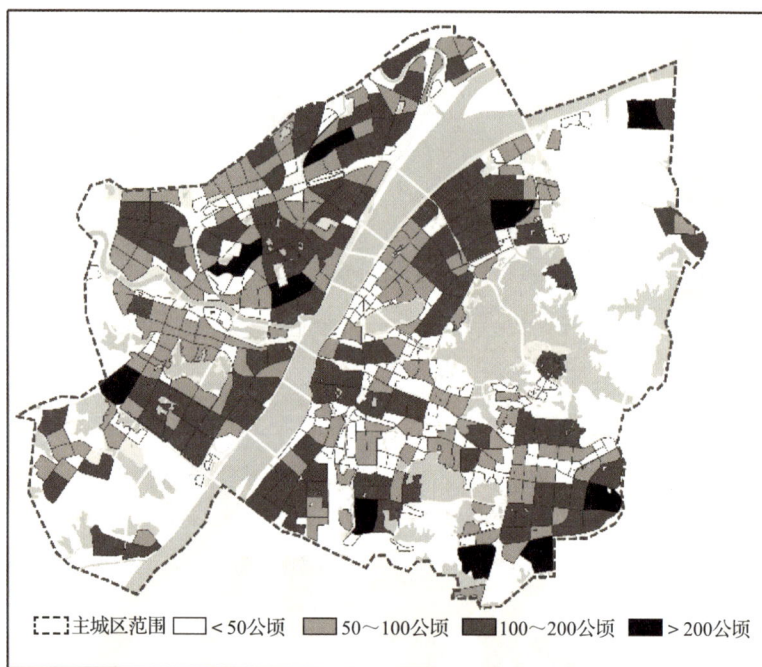

图6-11 武汉主城区15分钟生活圈服务范围

图例：主城区范围 | < 10 000人 | 10 000~20 000人 | 20 000~30 000人 | > 30 000人

图 6-12 武汉主城区 15 分钟生活圈人口规模

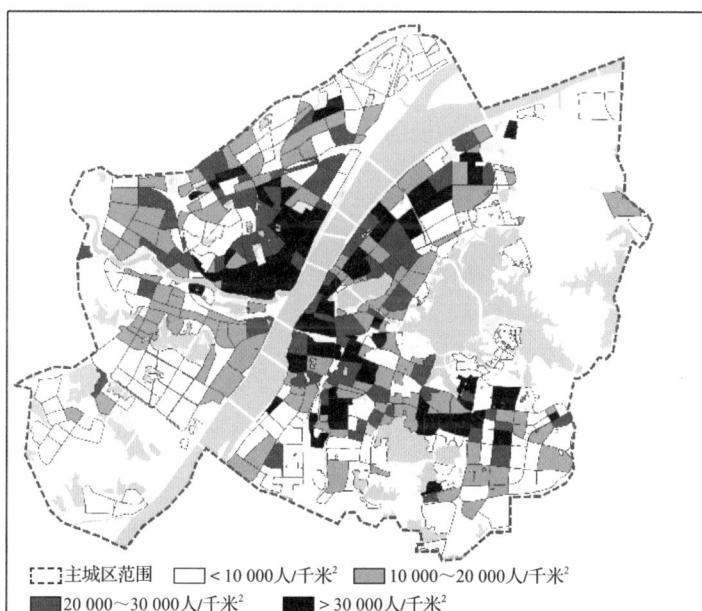

图例：主城区范围 | < 10 000人/千米² | 10 000~20 000人/千米² | 20 000~30 000人/千米² | > 30 000人/千米²

图 6-13 武汉主城区 15 分钟生活圈人口密度

从服务范围来看，每个生活圈的面积在 10.5 ～ 264 公顷之间，平均面积为 77.38 公顷左右。其中，面积在 50 ～ 100 公顷之间的生活圈（160 个）占比最高，为 37.78%；面积小于 50 公顷的生活圈（147 个）与面积在 100 ～ 200 公顷的生活圈（111 个）占比相近，分别为 34.35%、25.93%；面积大于 200 公顷的生活圈（10 个）占比最低，为 2.34%。生活圈边界以交通组织与自然边界为依托，总体呈现中心较小、边缘较大的趋势。

从生活圈的人口规模来看，人口规模小于 10 000 人的生活圈（243 个）及人口规模在 10 000 ～ 20 000 人之间的生活圈（99 个）占比较高，分别为 56.78%、23.13%；人口规模在 20 000 ～ 30 000 人之间的生活圈（45 个）及人口规模在 30 000 人以上的生活圈（41 个）占比较低，分别为 10.51%、9.58%，呈现沿汉口、武昌老城区、青山老工业住区等中心向外扩散的空间形态。生活圈人口规模总体平均值在 15 000 人左右。结合武汉未来中心城市的发展导向，设定武汉生活圈人口规模在 20 000 人左右。

从生活圈的人口密度来看，人口密度小于 10 000 人/平米^2 的生活圈（149 个，34.81%）及人口密度在 10 000 ～ 20 000 人/千米^2 之间的生活圈（131 个，30.61%）数量多、占比较高；人口密度在 20 000 ～ 30 000 人/千米^2 之间的生活圈（74 个，17.29%）和人口密度在 30 000 人/千米^2 以上的生活圈（74 个，17.29%）数量较少，呈现由汉口沿江片区、武昌老城区、光谷中心区等城市中心向外扩散的空间形态。结合武汉未来中心城市的发展导向，设定武汉生活圈人口密度在 20 000 人/千米^2 左右。

第三节　武汉典型生活圈基本公共服务设施评估

一、武汉典型生活圈提取

基于"城市人"理论的武汉 15 分钟生活圈划分结果，从七类典型空间中，每类选取 1 ～ 2 个生活圈进行深入调查研究，选取与生活圈规划相关性较高的教育、医疗卫生、文化、体育、养老服务、社区服务、商业、公共空间及公共交通设施九大类公共服务设施，进行有针对性的分析与规划指引。

　　选取典型生活圈的主要原则如下：①选取能代表武汉一定时期社区发展建设特点的"人居"空间，如代表租界时期住区特点的江汉路周边生活圈、代表工业单位大院的钢都花园生活圈、代表高品质新建居住小区特点的万达公馆、江南明珠园生活圈等；②选取在国内具有典型性、示范性的居住社区，如百步亭社区生活圈；③所选生活圈空间分布较为分散，覆盖性全，异质性强。具体生活圈选取结果和基本公共服务设施分布情况如表 6-17 和图 6-14 所示。

表 6-17　武汉典型生活圈选取一览表

社区类型	编号	社区名称	容积率	用地规模/公顷	建筑密度/%	人口密度/(人/千米²)	路网密度/(千米/千米²)
低容高建	1	桥梁生活圈	0.94	41.85	27.36	209	20.30
	2	新磨山生活圈	0.96	25.11	27.89	362	25.63
中容低建	3	城投瀚城—名都花园生活圈	2.12	57.31	19.40	978	32.80
	4	东湖景园生活圈	1.80	121.35	19.83	288	33.33
中容中建	5	百步亭生活圈	1.80	120.68	23.13	355	35.60
	6	钢都花园 121-125-126 生活圈	2.14	127.66	19.53	357	33.86
中容高建	7	昙华林胭脂路生活圈	2.32	197.73	31.60	458	42.30
	8	同兴及周边生活圈	2.36	95.60	37.09	1618	50.60
高容低建	9	绿地金融城生活圈	3.86	39.28	14.40	576	28.82
	10	万达公馆—江南明珠园生活圈	3.00	17.70	19.30	629	50.17
高容中建	11	保利城—美林青城生活圈	2.79	77.07	25.00	465	32.66
	12	金地格林生活圈	2.72	41.87	23.20	726	31.76
高容高建	13	张家湾生活圈	2.76	59.54	29.51	688	34.09
	14	首义生活圈	3.60	33.97	34.60	1720	43.89

图 6-14　武汉典型生活圈及现状设施分布

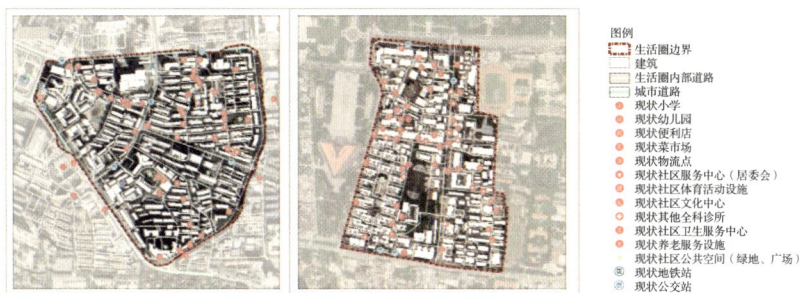

图 6-14（续）

注：排列顺序为从左向右、从上到下，依次为 1～14 号生活圈。

二、社区基本公共服务设施布局要求

（一）教育设施

1．幼儿园

按照创办主体和资金来源的不同，可将幼儿园分为四种类型：一是公办园，二是集体或单位创办的公办性质幼儿园，三是提供普惠性服务的民办园，四是其他民办园。前三种类型的幼儿园统称为普惠性幼儿园。幼儿园作为学前教育设施的主要形式，在《城市居住区规划设计标准》（GB 50180—2018）中被纳入社区服务设施。

2．小学

小学具有全民性、义务性、全面性的基本特征。《城市居住区规划设计标准》（GB 50180—2018）要求小学作为 10 分钟生活圈居住区内配建的项目，应独立占地。

（二）医疗卫生设施

医疗卫生设施是为社区居民提供预防疾病、保健、健康教育、计划生育和医疗、康复等服务的综合性基层卫生服务机构，具有重要的基础支撑和服务作用。社区卫生服务体系的框架是以社区卫生服务中心为主，以社区卫生服务站为辅，以医疗诊所、医务室为补充。《城市居住区规划设计标准》（GB 50180—2018）将社区卫生服务中心、门诊部作为 15 分钟生活圈构建的配套设施。武汉以街道为单位设置社区卫生服务中心，以社区为单位设置社区卫生服务站，将私营诊所作为基层医疗服务体系的必要补充。

（三）文化设施

社区文化活动中心作为基层文化设施，以满足社区群众基本精神文化需求为服务导向，具有多功能、综合性与公益性等特征。《城市居住区规划设计标准》（GB 50180—2018）要求 15 分钟生活圈配置社区文化活动中心，5 分钟生活圈配置社区文化活动站，可联合建设。按照国家基层综合性文化服务中心建设要求，社区文化活动中心应提供文艺演出、读书看报、广播电视、电影放映、文体活动、展览展示、教育培训等公共文化服务。

（四）体育设施

体育设施以满足社区居民对体育生活的需要为服务导向，具有安全性、差异性、适用性、环保性与综合性等特征。《城市居住区规划设计标准》（GB 50180—2018）要求 15 分钟生活圈配置大型多功能运动场地，10 分钟生活圈配置中型多功能运动场地，5 分钟生活圈配置小型多功能（球类）运动场地，按照国家公共体育服务设施建设要求，应满足全民健身、休闲娱乐等需求。

（五）养老服务设施

养老服务设施是服务于老年群体，提供饮食起居、医疗卫生、生活护理和文化娱乐等多种服务的社会福利性设施。根据设施的服务对象、特点和主要功能，养老服务设施分为养老院、老年养护院、老年公寓、养老服务中心、托老所等各类子设施。《城市居住区规划设计标准》（GB 50180—2018）要求 15 分钟生活圈配置养老院与老年养护院，5 分钟生活圈配置老年人日间照料中心（托老所）。

（六）社区服务设施

社区服务设施以需求导向、人才保障、项目载体为服务方式，具有非营利性质，不直接参与市场经营活动，对社区内的便利服务更多起到组织协调的作用。《城市居住区规划设计标准》（GB 50180—2018）要求 15

分钟生活圈配置社区服务中心（街道级）及街道办事处、司法所等，5 分钟生活圈配置社区服务站（含居委会、治安联防站、残疾人康复室）。社区服务设施是功能综合、体现基层组织与服务能力的重要设施。

（七）商业设施

1. 菜市场

菜市场类设施是承载就近消费需求的典型商业设施，广义的"菜市场"包括狭义的专业菜市场及其他蔬菜零售设施，具有"城市典型公共空间""城市经济重要组成部分""公益性配套服务设施""商品交易场所"等多重属性。《城市居住区规划设计标准》（GB 50180—2018）要求在 10 分钟生活圈中配置菜市场，使其与便利店、小型超市、水果店等联合构建居民生活模式。

2. 便利店

便利店是满足顾客便利性需求的零售业态，具有即时消费性、小容量、应急性等特征，其服务往往是全天候的。生活圈的区位、人口、交通、土地价格、规划模式等都对便利店的类型、盈利模式、空间布局有较强的影响，新型零售业态与居民消费行为之间具有较强的互动关系。《城市居住区规划设计标准》（GB 50180—2018）要求 5 分钟生活圈配置社区商业网点。便利店基本可以满足这一标准的需求。

3. 物流点

物流点被归为商业设施范畴之内，承担着社区内部的物流服务功能。在《城市居住区规划设计标准》（GB 5018—2018）中，社区物流点被统称为快递营业设施或快件送达设施，为社区配套设施中的应配建项目。在不影响居民正常公共空间活动的前提下，结合物业管理设施或在社区人流出入便捷的地段设置物流点，设置类型可结合实际情况选择智能快递箱、智能信包箱或与其他类型设施共同设置。

（八）公共空间

公共空间主要以公园绿地与开敞空间形式存在。作为城市绿地系统中重要的点状组成要素，公共空间是社区居民开展公共空间活动的重要场所，为社区居民提供交流、漫步、文娱、观景、集体活动等所需要的开敞空间。《城市居住区规划设计标准》（GB 50180—2018）提出了 15 分钟、10 分钟及 5 分钟生活圈中的居住区公园人均面积、最小规模及公共绿地指标。

（九）公共交通设施

1. 公交站点

公共汽车路线灵活多变，可将其站点均匀设置在生活圈周边。但相对于轨道交通来说，公共汽车客容量低，受地面交通条件和天气的影响较大。公交站点作为社区与外部环境连接的重要方式，对土地开发利用有突出影响，体现于公共交通导向的开发模式。公交站点强调可达性的公平、全面、均衡，在老城区布局更细、服务更便捷。《城市居住区规划设计标准》（GB 50180—2018）要求在 10 分钟生活圈中配置公交站点。

2. 地铁站点

轨道交通客运容量高，不受地面交通条件和天气的影响，速度快、时间可控，但造价高，往往被设置在城市交通量大的线路上，利用大运量竖向立体交通模式，减缓地面交通的压力。地铁站点强调快速、大运量。公共汽车与地铁的结合能促进公共交通一体化发展。《城市居住区规划设计标准》（GB 50180—2018）建议在 15 分钟生活圈中按需配建地铁站点。

三、设施可达性分析

根据上述研究，除美观性与安全性两大综合因素外，体现方便原则的可达性是决定生活圈满意度的因素。本节中针对选取的典型生活圈提取主要设施点，分别对每类设施划定 0 ~ 350 米、350 ~ 700 米、700 ~ 1000 米三个步行圈层，分别对应步行 5 分钟、10 分钟、15 分钟可达的三个圈层，通过网络地图识别及实地调研，基于生活圈内部的步行路网，基于 GIS 空间网络分析，面向实际路网构建空间可达性分析模型，分析 15 分钟生活圈内各类设施 5 分钟、10 分钟、15 分钟的覆盖率，对设施可达性进行客观评价。

（一）教育设施

1. 幼儿园

在武汉各类典型生活圈中，幼儿园的平均可达性在 5 分钟时段呈现出较强的差异性，在 10 分钟时段也具有一定差异性，在建筑密度较低的生活圈中可达性较高。社区容积率的提升带动了幼儿园可达性的提升。总体上，幼儿园可达性较好的生活圈是高容低建生活圈和中容中建生活圈，这两类生活圈建设时间较晚、规划较完善，对幼儿园建设重视程度较高；而低容高建生活圈和高容高建生活圈的幼儿园可达性较差，这两类生活圈成片成团分布且以老城区居多，周围包含大量非居住用地，因此幼儿园建设相对缺乏（图 6-15 和表 6-18）。

图 6-15 典型生活圈幼儿园可达性分析

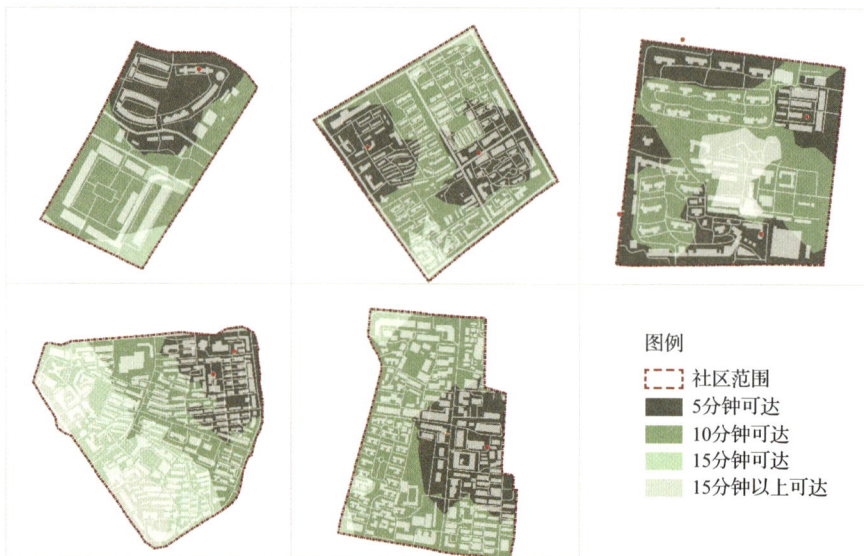

图 6-15（续）

注：排列顺序为从左向右、从上到下，依次为 1～14 号生活圈。

表 6-18　幼儿园可达性统计数据汇总

生活圈类型	平均可达性/%						
	低容高建	中容低建	中容中建	中容高建	高容低建	高容中建	高容高建
5 分钟生活圈	18.72	33.19	42.25	36.02	49.27	40.86	21.10
10 分钟生活圈	51.58	81.41	90.44	77.84	95.22	91.84	51.56
15 分钟生活圈	69.35	96.43	99.84	91.05	100	100	85.20

2．小学

在武汉各类典型生活圈中，小学的平均可达性在 5 分钟时段呈现出较强的差异性，在 10 分钟、15 分钟时段也具有一定差异性。从总体上看，小学布局局限性较大，因此许多生活圈（如低容高建生活圈和高容低建生活圈）很难在不跨域主干路的基础上获取小学资源；但小学总体布局、数量供应比较充足。对于小学布局，需要从市级层面进行统筹协调，并完善道路交通特别是步行系统（图 6-16 和表 6-19）。

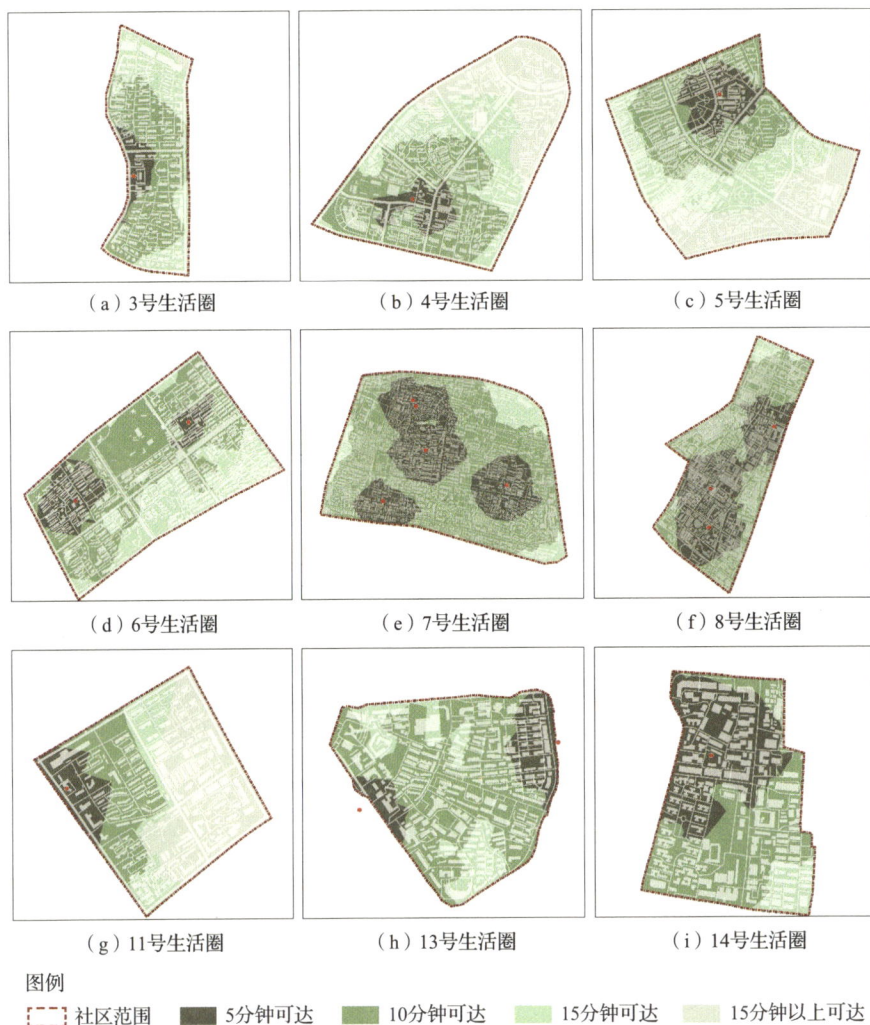

（a）3号生活圈　　　　　　　　（b）4号生活圈　　　　　　　　（c）5号生活圈

（d）6号生活圈　　　　　　　　（e）7号生活圈　　　　　　　　（f）8号生活圈

（g）11号生活圈　　　　　　　（h）13号生活圈　　　　　　　（i）14号生活圈

图例

┌┄┄┐ 社区范围　　■ 5分钟可达　　■ 10分钟可达　　■ 15分钟可达　　■ 15分钟以上可达

图6-16　典型生活圈小学可达性分析

表6-19　小学可达性统计数据汇总

生活圈类型	平均可达性/%					
	低容高建	中容低建	中容中建	中容高建	高容低建	高容中建	高容高建
5分钟生活圈		8.83	13.78	41.14		11.94	42
10分钟生活圈		56.39	49.55	93.88		37.98	92
15分钟生活圈		84.63	85.33	100		52.81	100

293

（二）医疗卫生设施

在武汉各类典型生活圈中，医疗卫生设施的平均可达性在 5 分钟和
10 分钟时段呈现出较明显的差异性，当建筑密度较高时，设施总体可达
性较好；在位于主城区、建成时间较早、较为成熟的生活圈中，医疗卫生
设施发展更成熟，服务能力更强（图 6-17 和表 6-20）。

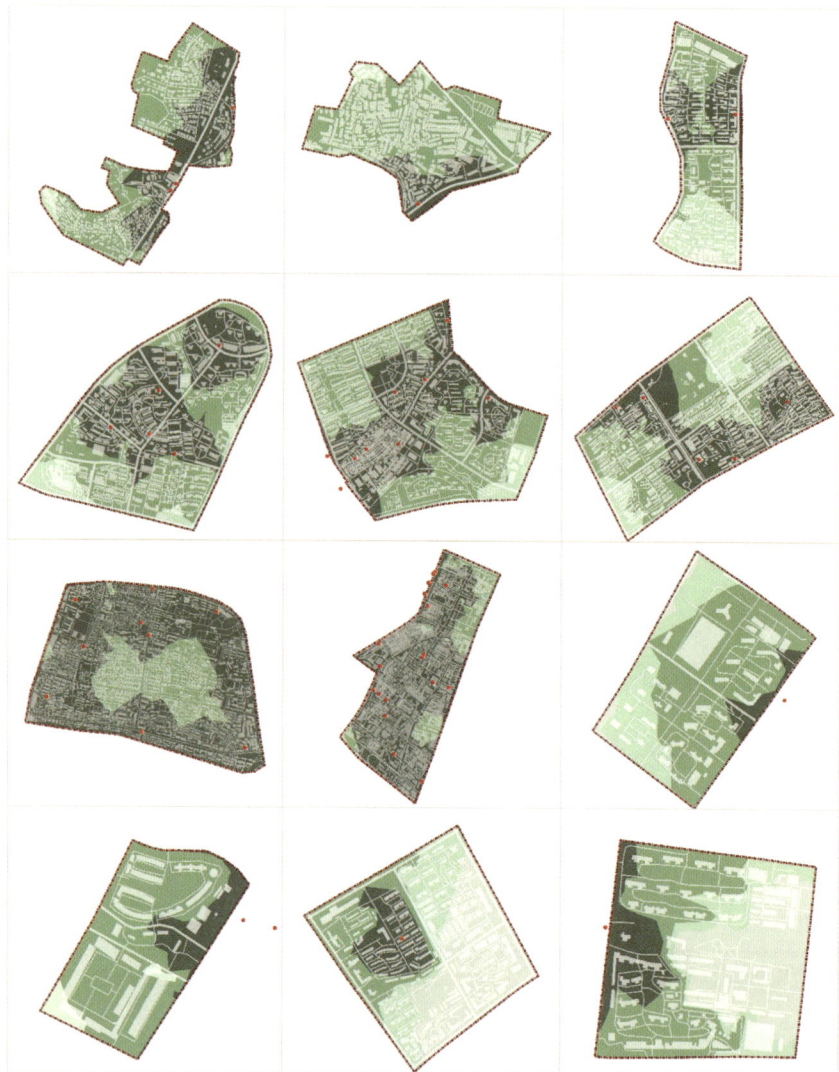

图 6-17　典型生活圈医疗卫生设施可达性分析

图例
- 🔲 社区范围
- ⬛ 5分钟可达
- 🟩 10分钟可达
- 🟩 15分钟可达
- 🟩 15分钟以上可达

图 6-17（续）

注：排列顺序为从左向右、从上到下，依次为 1～14 号生活圈。

表 6-20　医疗卫生设施可达性统计数据汇总

生活圈类型	平均可达性/%						
	低容高建	中容低建	中容中建	中容高建	高容低建	高容中建	高容高建
5 分钟生活圈	44.42	37.84	44.63	79.57	11.08	15.42	35.92
10 分钟生活圈	97.76	82.25	89.56	100	83.22	36.40	75.62
15 分钟生活圈	100	98.5	100	100	98.66	58.55	82.37

（三）文化设施

在武汉各类典型生活圈中，文化设施 15 分钟可达性总体较好，部分社区文化活动中心与其他设施联合配置。从总体上看，每个社区服务中心都挂牌社区文化活动中心，但其利用率不高、服务能力不足、服务功能单一的问题较为突出（图 6-18 和表 6-21）。

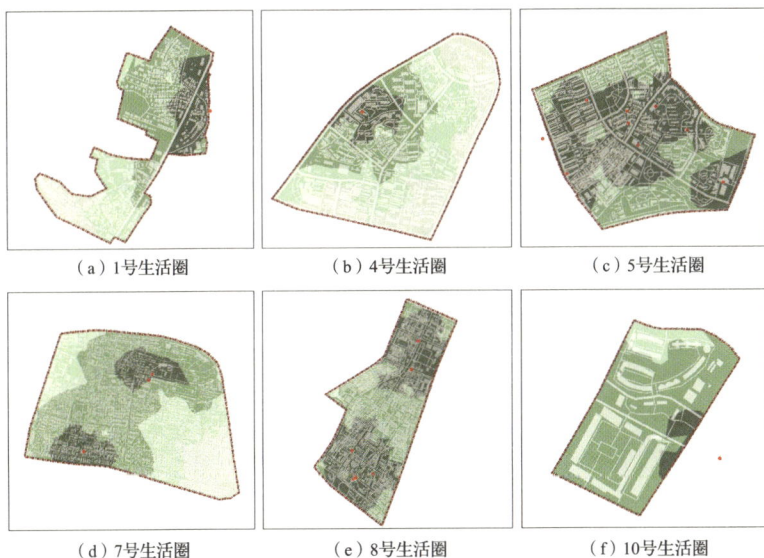

（a）1号生活圈　　（b）4号生活圈　　（c）5号生活圈

（d）7号生活圈　　（e）8号生活圈　　（f）10号生活圈

图 6-18　典型生活圈文化设施可达性分析

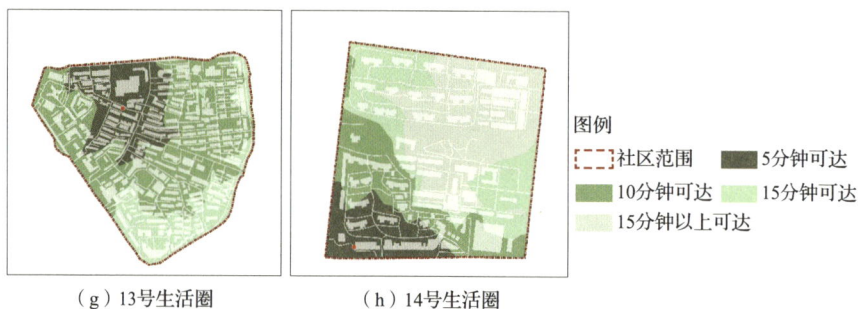

（g）13号生活圈　　　　　　　（h）14号生活圈

图 6-18（续）

表 6-21　文化设施可达性统计数据汇总

生活圈类型	平均可达性/%					
	低容高建	中容低建	中容中建	中容高建	高容低建	高容中建	高容高建
5 分钟生活圈	21.61	9.02	60.44	37.51	84.26		14.31
10 分钟生活圈	63.32	27.81	99.72	81.30	93.98		35.69
15 分钟生活圈	86.67	67.59	100	94.03	100		60.70

（四）体育设施

在武汉各类典型生活圈中，体育设施 15 分钟可达性较好，但社区级体育活动场地多在室外，平均面积较小，且传统社区体育设施容易忽略不同性别、年龄居民和不同活动的需求，形式较为单一、种类不齐全、差异化不强、管理不规范等问题较突出，总量不足与资源浪费问题并存，致使整体效益不高（图 6-19 和表 6-22）。

图 6-19　典型生活圈体育设施可达性分析

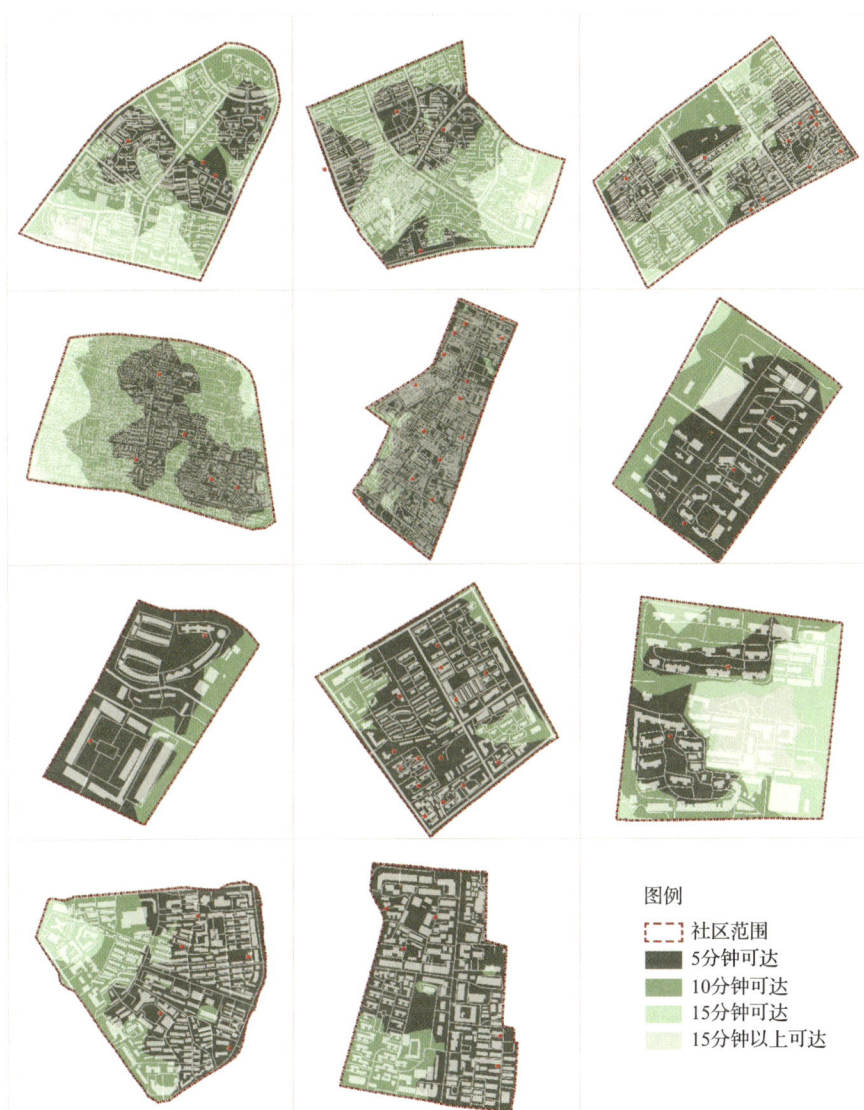

图例
- 社区范围
- 5分钟可达
- 10分钟可达
- 15分钟可达
- 15分钟以上可达

图 6-19（续）

注：排列顺序为从左向右、从上到下，依次为1～14号生活圈。

表 6-22　体育设施可达性统计数据汇总

生活圈类型	平均可达性/%						
	低容高建	中容低建	中容中建	中容高建	高容低建	高容中建	高容高建
5 分钟生活圈	29.62	39.22	54.12	66.21	73.08	81.90	80.56
10 分钟生活圈	65.51	78.82	88.49	91.55	98.69	100	98.67
15 分钟生活圈	88.51	97.97	98.66	99.47	100	100	100

（五）养老服务设施

在武汉各类典型生活圈中，养老服务设施在较为成熟的生活圈中数量更多、服务更完善，但总体上数量较少，且功能欠缺，当前主要作为老年人娱乐、交往的空间（图 6-20 和表 6-23）。

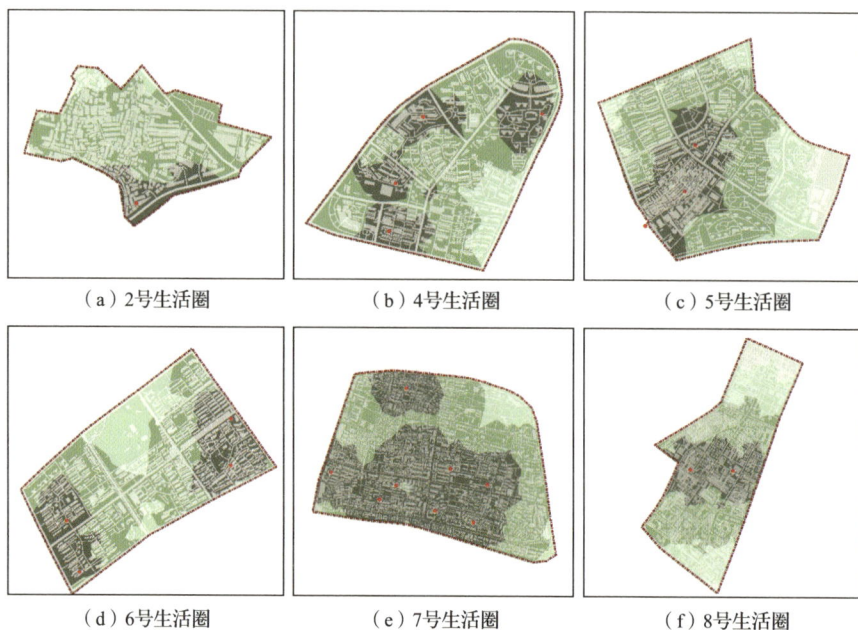

（a）2号生活圈　　　　（b）4号生活圈　　　　（c）5号生活圈

（d）6号生活圈　　　　（e）7号生活圈　　　　（f）8号生活圈

图 6-20　典型生活圈养老服务设施可达性分析

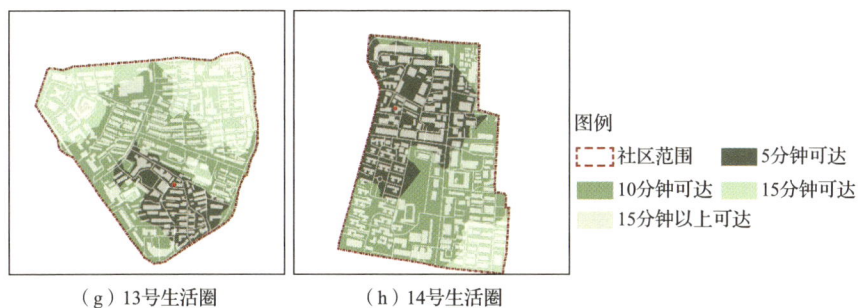

图例
- 社区范围
- 5分钟可达
- 10分钟可达
- 15分钟可达
- 15分钟以上可达

（g）13号生活圈　　　（h）14号生活圈

图 6-20（续）

表 6-23　养老服务设施可达性统计数据汇总

生活圈类型	平均可达性/%					
	低容高建	中容低建	中容中建	中容高建	高容低建	高容中建	高容高建
5 分钟生活圈		30.85	42.63	41.89		5.94	40
10 分钟生活圈		86.66	57.59	81.42		17.59	92.10
15 分钟生活圈		100	96.59	96.61		39.9	100

（六）社区服务设施

在武汉各类典型生活圈中，社区服务设施可达性总体较好，且在各类生活圈中差异较小，总体布局较为合理，特别是在一些新建的生活圈中，与文化、养老、娱乐及物业管理服务等具有一定的空间相关性，能够为居民提供有效的社区服务（图 6-21 和表 6-24）。

图 6-21　典型生活圈社区服务设施可达性分析

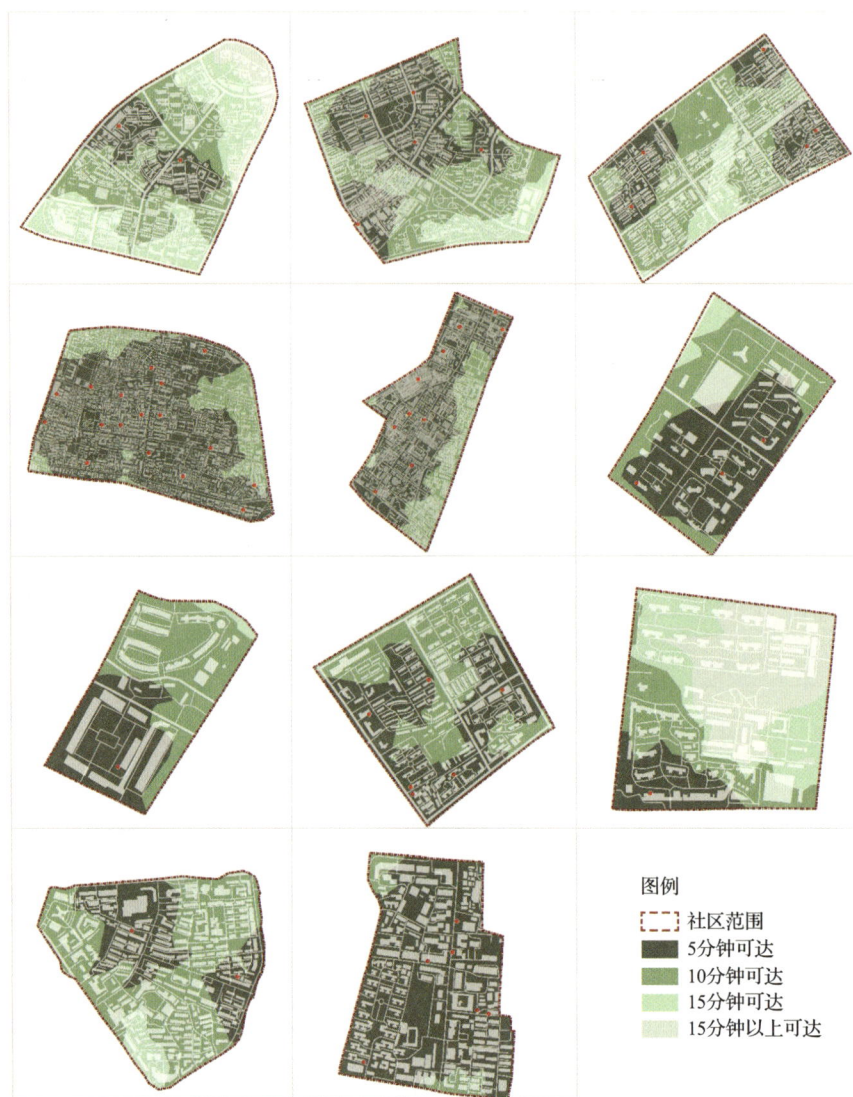

图 6-21（续）

注：排列顺序为从左向右、从上到下，依次为 1 ~ 14 号生活圈。

图例

[---] 社区范围
■ 5分钟可达
■ 10分钟可达
■ 15分钟可达
□ 15分钟以上可达

表6-24　社区服务设施可达性统计数据汇总

生活圈类型	平均可达性/%						
	低容高建	中容低建	中容中建	中容高建	高容低建	高容中建	高容高建
5分钟生活圈	32.51	22.43	46.70	75.75	55.96	53.84	53.66
10分钟生活圈	70.22	60.04	88.24	99.98	95.21	99.71	67.85
15分钟生活圈	98.45	90.66	99.64	100	100	100	80.42

（七）商业设施

1. 菜市场

在武汉各类典型生活圈中，菜市场作为商业设施，追求盈利、参与市场竞争，总体布局较为合理，能够为生活圈中的居民提供相应服务；但在部分新建的生活圈周围由于市场氛围不浓厚，存在一定的服务缺口（图6-22和表6-25）。

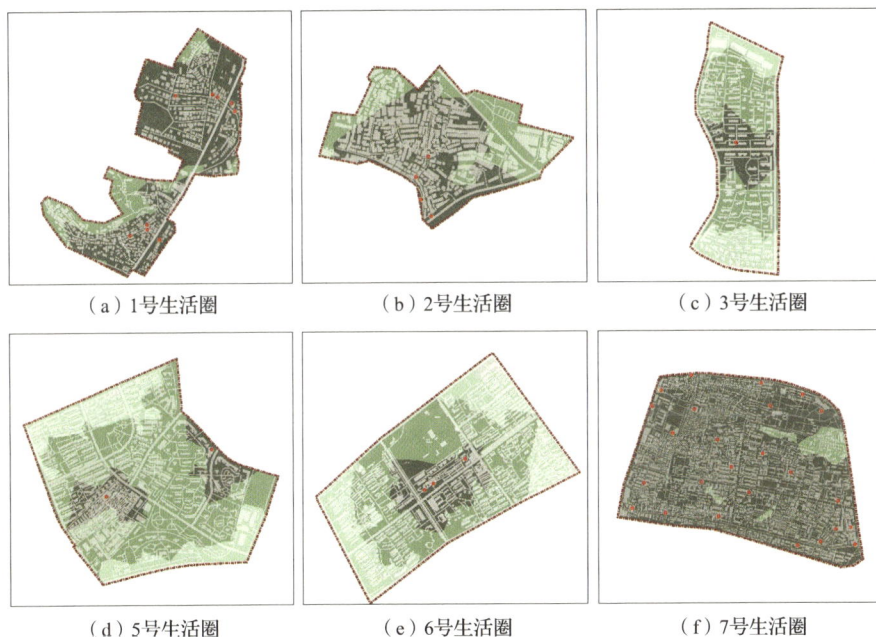

（a）1号生活圈　　　　　　（b）2号生活圈　　　　　　（c）3号生活圈

（d）5号生活圈　　　　　　（e）6号生活圈　　　　　　（f）7号生活圈

图6-22　典型生活圈菜市场可达性分析

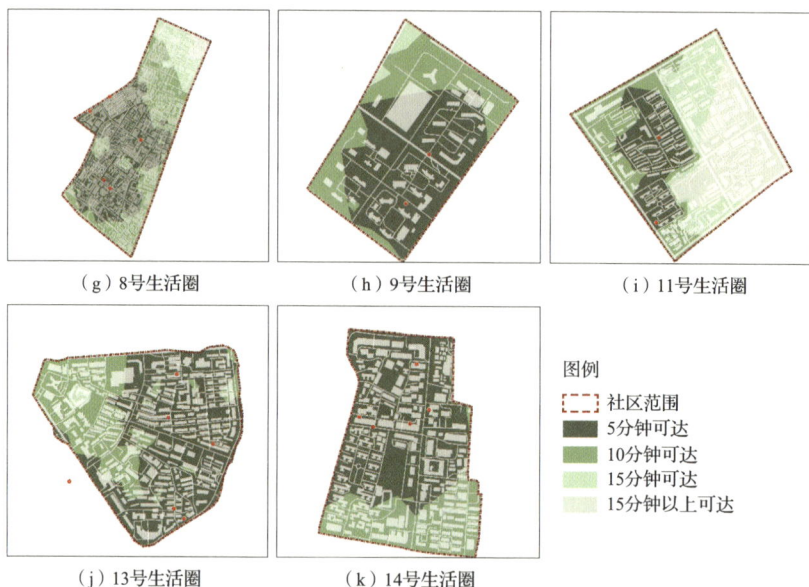

（g）8号生活圈　　　　　（h）9号生活圈　　　　　（i）11号生活圈

图例
- ⌐⌐⌐⌐ 社区范围
- ■ 5分钟可达
- ■ 10分钟可达
- ■ 15分钟可达
- ■ 15分钟以上可达

（j）13号生活圈　　　　　（k）14号生活圈

图 6-22（续）

表 6-25　菜市场可达性统计数据汇总

生活圈类型	平均可达性/%					
	低容高建	中容低建	中容中建	中容高建	高容低建	高容中建	高容高建
5 分钟生活圈		22.23	16.04	72.91	62.98	23.26	70.12
10 分钟生活圈		73.15	63.13	93.49	96.93	45.93	100
15 分钟生活圈		99.20	64.86	98.81	100	66.98	100

2．便利店

在武汉各类典型生活圈中，便利店总体可达性较好，能够满足居民需求，但在服务内容与质量上差异较大（图 6-23 和表 6-26）。

图 6-23　典型生活圈便利店可达性分析

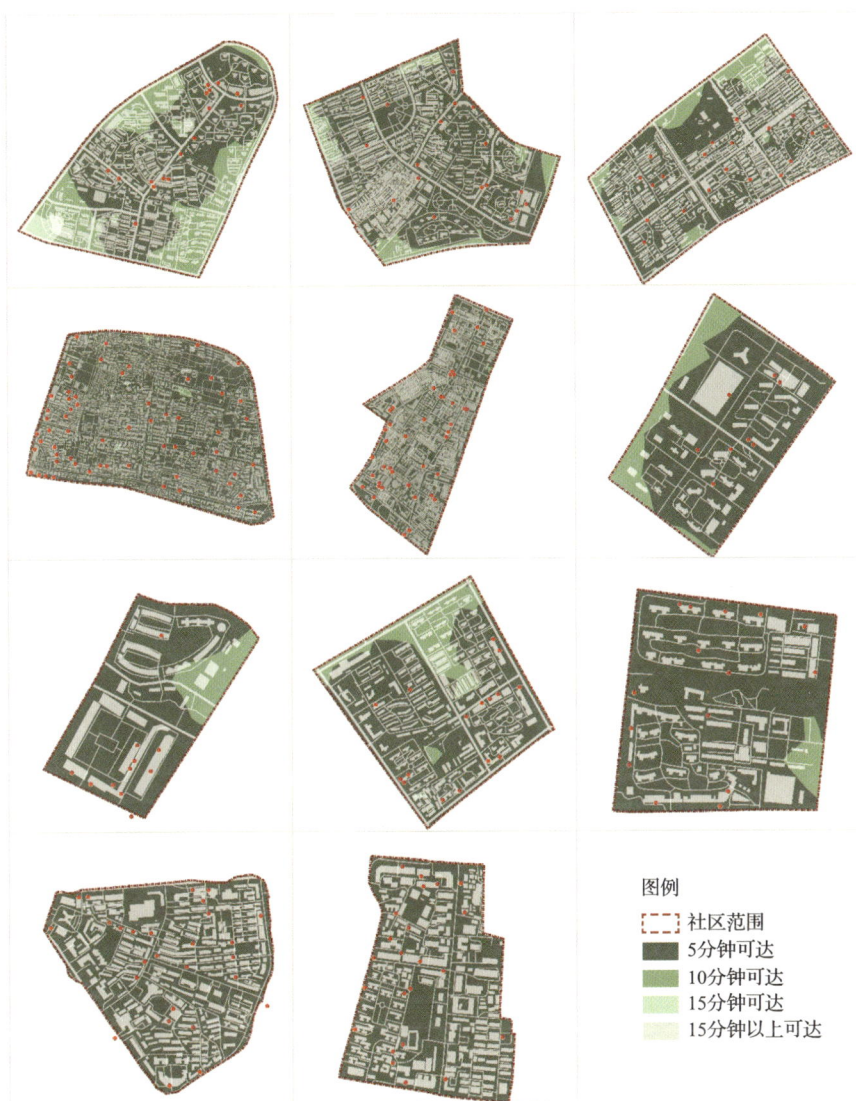

图例

☐ 社区范围
■ 5分钟可达
■ 10分钟可达
■ 15分钟可达
☐ 15分钟以上可达

图 6-23（续）

注：排列顺序为从左向右、从上到下，依次为1～14号生活圈。

表 6-26　便利店可达性统计数据汇总

生活圈类型	平均可达性/%						
	低容高建	中容低建	中容中建	中容高建	高容低建	高容中建	高容高建
5 分钟生活圈	94.95	73.91	88.70	99.59	85.38	81.55	97.95
10 分钟生活圈	100	98.61	100	100	99.96	100	100
15 分钟生活圈	100	100	100	100	100	100	100

3. 物流点

在武汉各类典型生活圈中，整体上社区类型对社区内部物流点可达性产生影响，且随可达时间区间的增大，影响逐渐减弱。物流点平均可达性在 5 分钟与 10 分钟时段都显示了较强的差异性，在 15 分钟时段具有差异性但明显减弱。在一定的容积率（1.6～2.4）及建筑密度（25%～32%）区间内，物流点在 5 分钟与 10 分钟时段具有较高的可达性（图 6-24 和表 6-27）。

图 6-24　典型生活圈物流点可达性分析

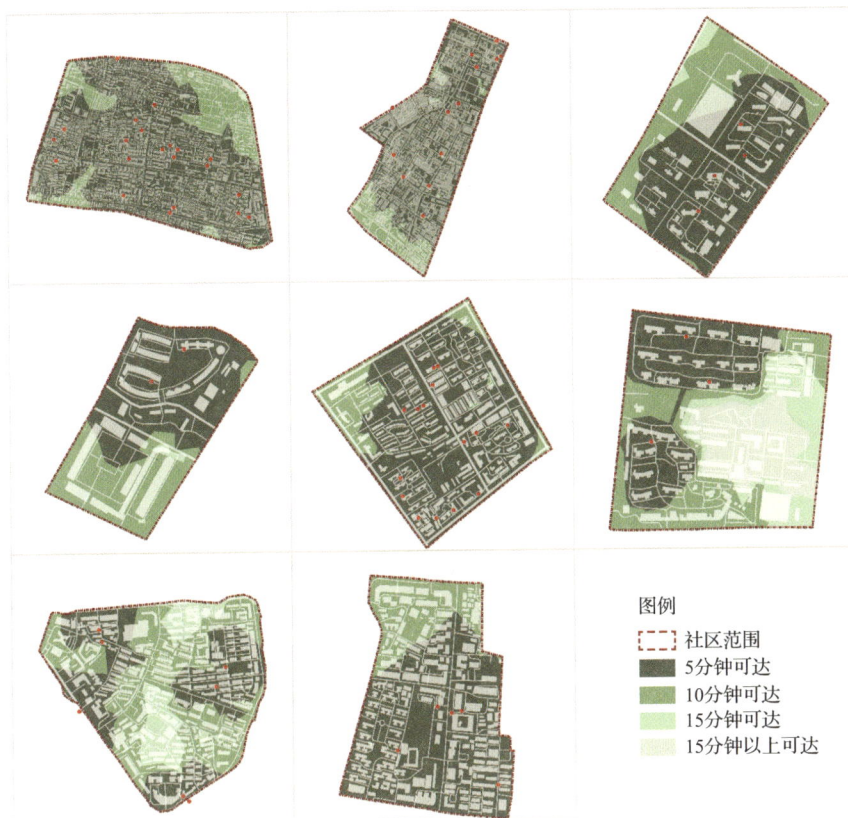

图例

[空] 社区范围

■ 5分钟可达

■ 10分钟可达

■ 15分钟可达

□ 15分钟以上可达

图 6-24（续）

注：排列顺序为从左向右、从上到下，依次为 1 ～ 14 号生活圈。

表 6-27　物流点可达性统计数据汇总

生活圈类型	平均可达性/%						
	低容高建	中容低建	中容中建	中容高建	高容低建	高容中建	高容高建
5 分钟生活圈	51.23	52.25	61.47	82.12	64.79	85.32	57.15
10 分钟生活圈	99.38	77.90	99.06	99.84	98.04	100	81.63
15 分钟生活圈	100	90	100	100	100	100	89.71

（八）公共空间

在武汉各类典型生活圈中，中高建筑密度会降低绿地的可达性，使绿地规模更小、服务功能更弱。由于城市公园体系的建设，部分生活圈的居民能够较快到达就近的城市公园（如同兴生活圈的江滩公园、城投瀚城生活圈的南湖公园等），但距离"300米见绿、500米见园"的倡议还有一定差距，且绿地的精细化程度、参与性设施建设还有较大不足（图6-25和表6-28）。

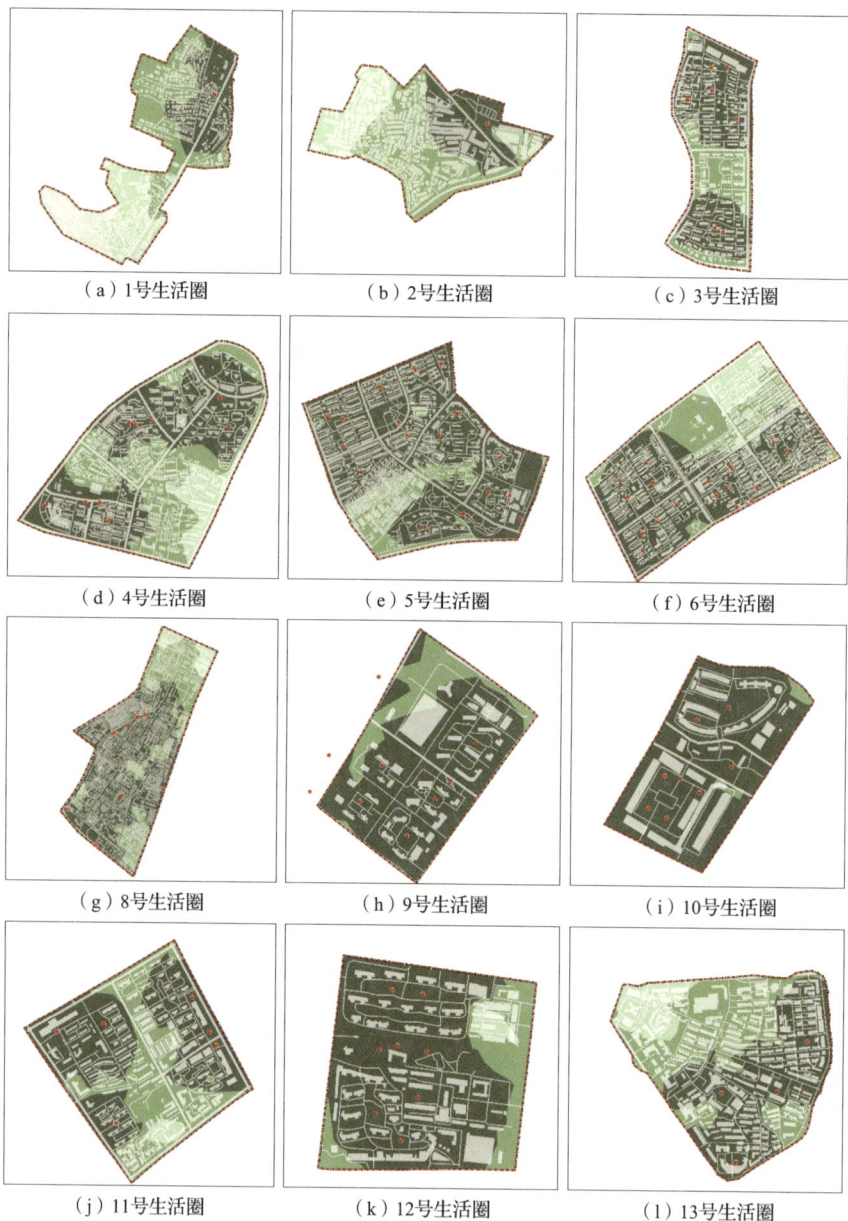

（a）1号生活圈 （b）2号生活圈 （c）3号生活圈

（d）4号生活圈 （e）5号生活圈 （f）6号生活圈

（g）8号生活圈 （h）9号生活圈 （i）10号生活圈

（j）11号生活圈 （k）12号生活圈 （l）13号生活圈

图6-25　典型生活圈社区绿地可达性分析

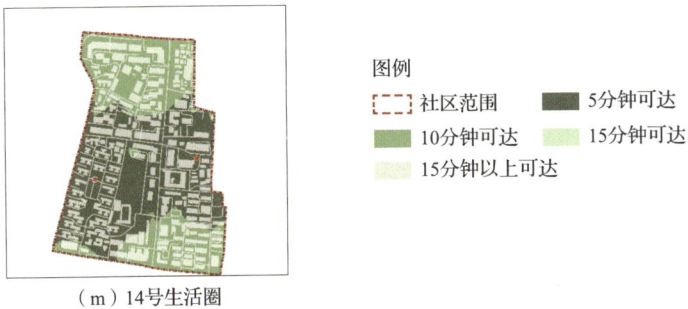

图例

- - - - 社区范围 ■ 5分钟可达
■ 10分钟可达 ■ 15分钟可达
■ 15分钟以上可达

（m）14号生活圈

图 6-25（续）

表 6-28　社区绿地可达性统计数据汇总

生活圈类型	平均可达性/%						
	低容高建	中容低建	中容中建	中容高建	高容低建	高容中建	高容高建
5分钟生活圈	60	70.56	83.14	65.80	80.96	58.64	57
10分钟生活圈	78.2	100	99.93	95.48	100	97.33	100
15分钟生活圈	98.8	100	100	100	100	100	100

（九）公共交通设施

1. 公交站点

在武汉各类典型生活圈中，公交站点可达性在 10 分钟时段大多接近
100%，在 5 分钟时段有所差异，表现为低容高建、高容低建、高容中建生活
圈可达性较差，而中容高建、中容中建生活圈可达性较好。这与生活圈的成
熟度有关，也与其在城市中的相对区位关系密切（图 6-26 和表 6-29）。

图 6-26　典型生活圈公交站点可达性分析

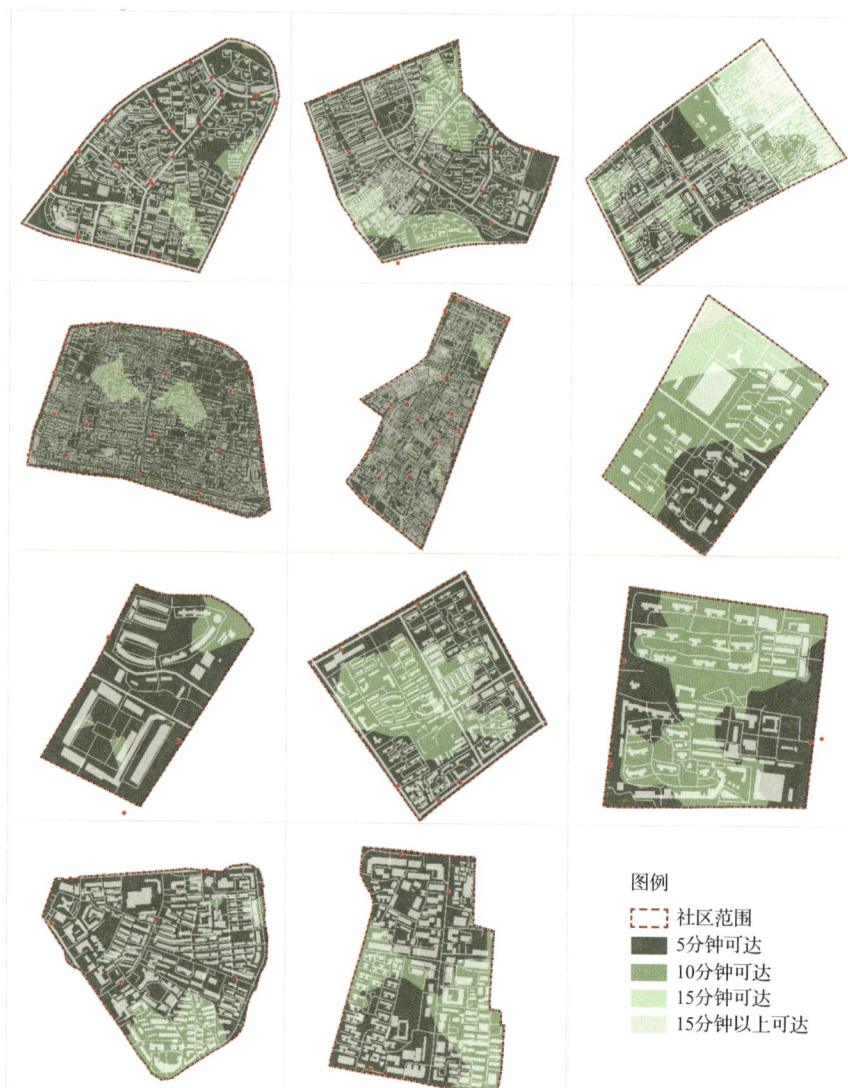

图 6-26（续）

注：排列顺序为从左向右、从上到下，依次为 1 ～ 14 号生活圈。

表 6-29 公交站点可达性统计数据汇总

生活圈类型	平均可达性 /%						
	低容高建	中容低建	中容中建	中容高建	高容低建	高容中建	高容高建
5 分钟生活圈	57.72	76.39	60.11	93.60	57.54	57.39	51.64
10 分钟生活圈	100	100	88.51	100	90.11	99.44	99.72
15 分钟生活圈	100	100	96.84	100	98.55	100	100

2．地铁站点

在武汉各类典型生活圈中，从公交站点和地铁站点两者的数据比较可以看出，公交站点可达性明显优于地铁站点。大部分生活圈的公交站点可达时间在 10 分钟内；而生活圈间地铁站点的可达性差距较大，大部分生活圈的地铁站点可达时间大于 15 分钟（图 6-27 和表 6-30）。

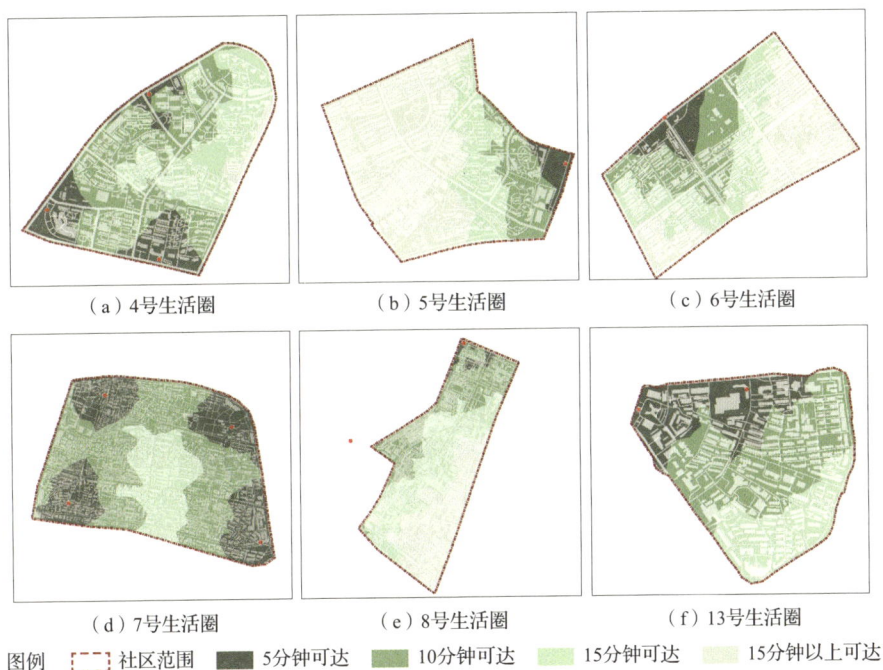

（a）4号生活圈   （b）5号生活圈   （c）6号生活圈

（d）7号生活圈   （e）8号生活圈   （f）13号生活圈

图例 [ ] 社区范围   ■ 5分钟可达   ■ 10分钟可达   ■ 15分钟可达   ■ 15分钟以上可达

图 6-27 典型生活圈地铁站点可达性分析

表 6-30　地铁站点可达性统计数据汇总

生活圈类型	平均可达性/%					
	低容高建	中容低建	中容中建	中容高建	高容低建	高容中建	高容高建
5 分钟生活圈		27.68	4.19	18.96		
10 分钟生活圈		71.68	18.93	56.13		
15 分钟生活圈		97.26	38.61	83.15		

四、设施承载力分析

面向武汉典型生活圈，提取每类生活圈的各设施点，基于实际路网对每类设施划定服务区，从服务区平均承载人口和最远可达距离两个方面对各类典型生活圈的设施承载力进行分析。需要注意的是，某生活圈如果只有一个设施点，则整个生活圈处于一个设施点的服务区范围内，此处省略其承载范围分析图。

（一）教育设施

1. 幼儿园

在武汉各类典型生活圈中，都会配备一个或多个幼儿园。生活圈的幼儿园数量决定了服务区的平均承载力。承载人口与容积率有较密切的关系，但最远可达距离基本维持在 1500 米以内，各社区的幼儿园服务范围基本能保证居民 15 分钟步行可达（图 6-28 和表 6-31）。

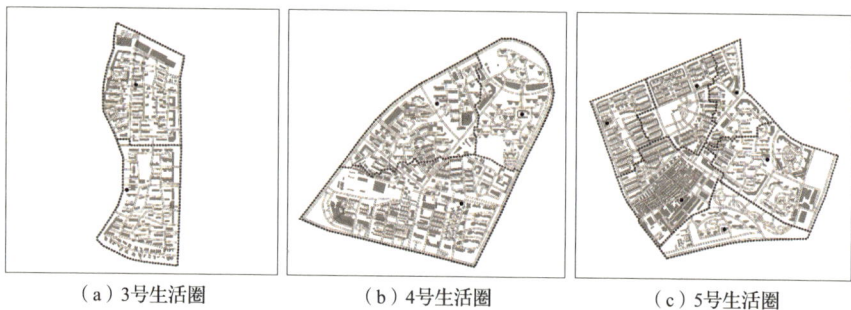

（a）3 号生活圈　　　　（b）4 号生活圈　　　　（c）5 号生活圈

图 6-28　典型生活圈幼儿园承载力分析

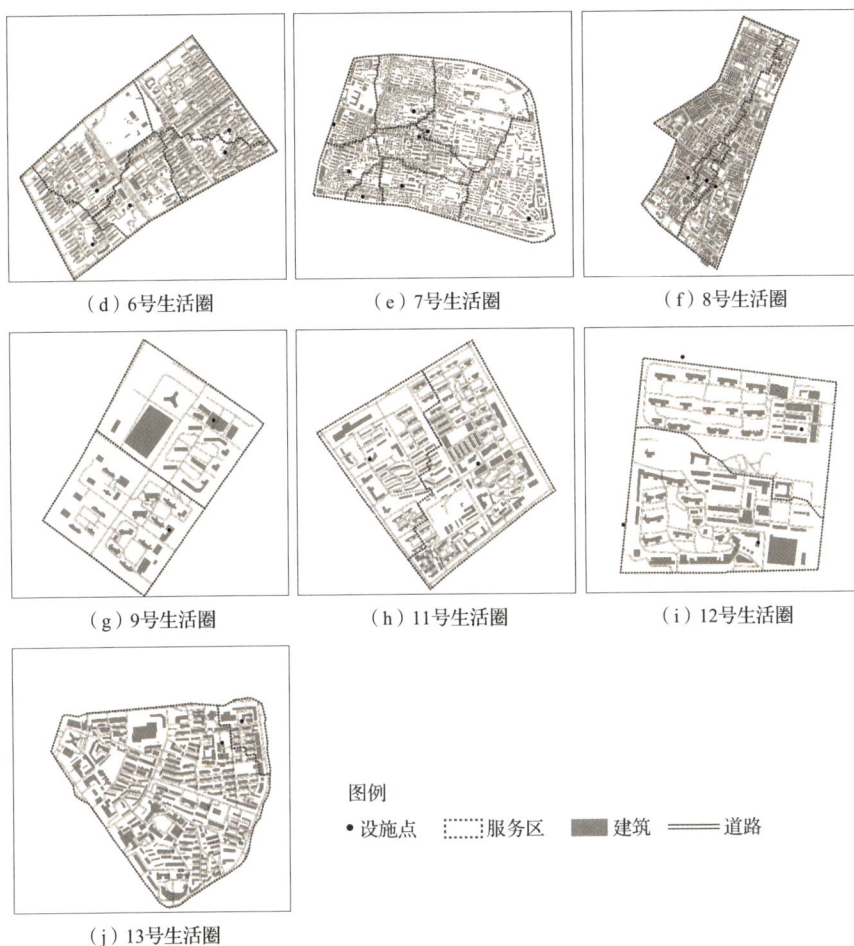

（d）6号生活圈

（e）7号生活圈

（f）8号生活圈

（g）9号生活圈

（h）11号生活圈

（i）12号生活圈

（j）13号生活圈

图例

• 设施点　[::::::]服务区　■建筑　——道路

图 6-28（续）

表 6-31　幼儿园服务区平均承载人口及最远可达距离

生活圈类型		低容高建	中容低建	中容中建	中容高建	高容低建	高容中建	高容高建
服务区平均承载力	平均承载人口/人	9 318	20 326	8 137	36 028	11 228	16 557	39 457
	最远可达距离/米	1 526	1 031	983	1 264	1 263	1 434	1 850

2. 小学

在武汉各类典型生活圈中，小学数量相对较少，服务区平均承载人

311

口较多，其中承载人口最少的为中容中建类生活圈，最多的为中容低建类生活圈。在服务区最远可达距离上，除中容高建类生活圈小学服务区最远可达距离不超过 1000 米以外，其他各类生活圈的小学服务区最远可达距离基本维持在 1400 ～ 1700 米（图 6-29 和表 6-32）。

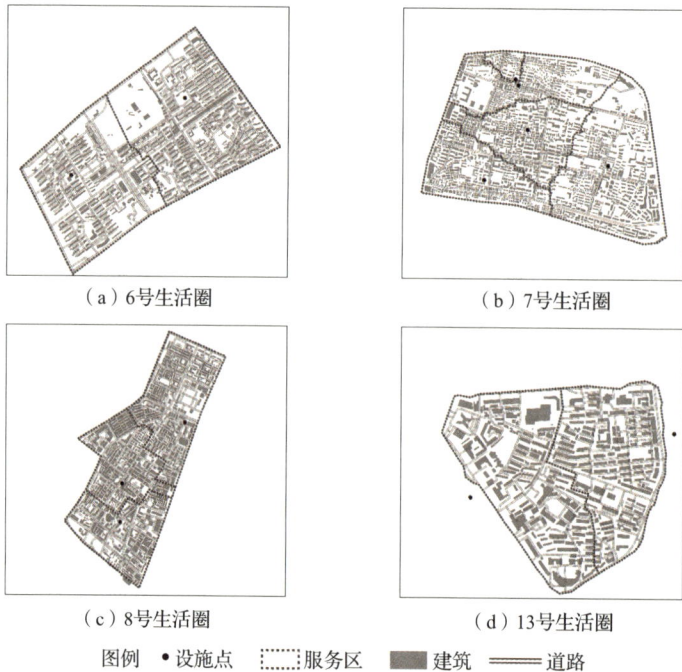

（a）6号生活圈　　　　　　　　　（b）7号生活圈

（c）8号生活圈　　　　　　　　　（d）13号生活圈

图例　•设施点　┊┄┊服务区　■建筑　══道路

图 6-29　典型生活圈小学承载力分析

表 6-32　小学服务区承载人口及最远可达距离

生活圈类型		低容高建	中容低建	中容中建	中容高建	高容低建	高容中建	高容高建
服务区平均承载力	平均承载人口/人		45 464	32 861	40 825		35 830	39 457
	最远可达距离/米		1 484	1 347	944		1 671	1 654

（二）医疗卫生设施

在武汉各类典型生活圈中，中容高建、高容中建类生活圈承载人口量较大，高容积率生活圈最远可达距离较远，难以保障 15 分钟生活圈内的医疗卫生设施的可达性（图 6-30 和表 6-33）。

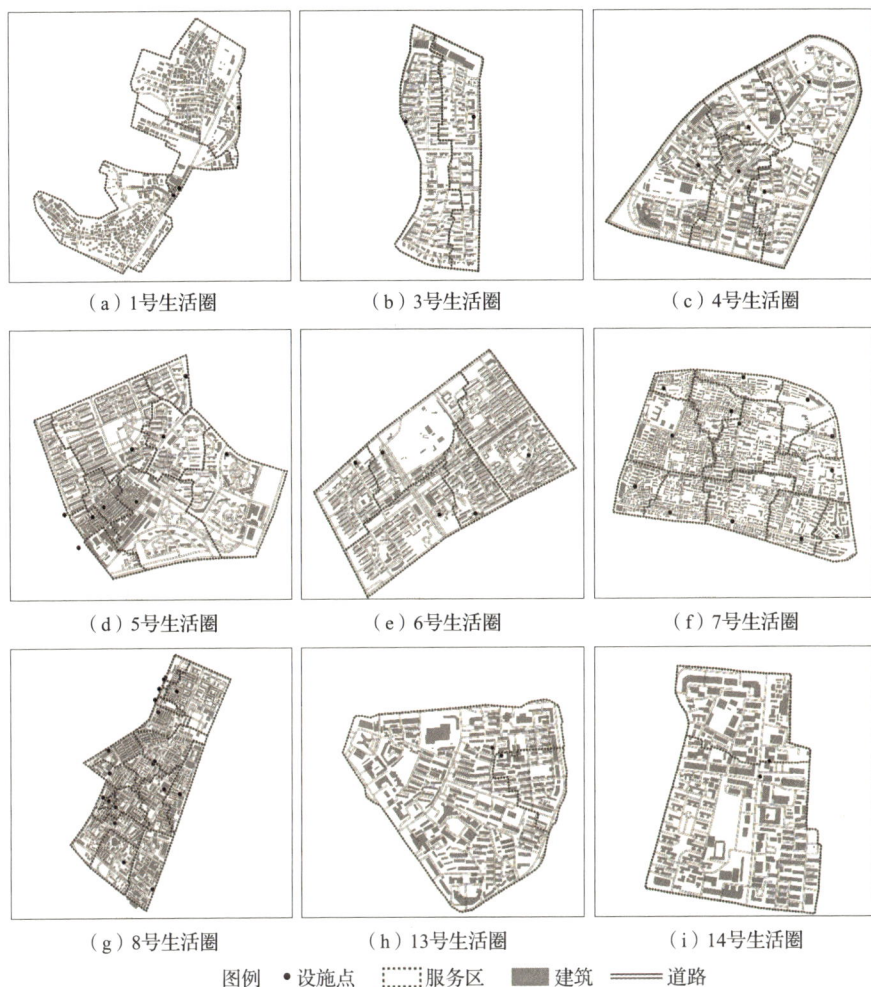

（a）1 号生活圈　　　（b）3 号生活圈　　　（c）4 号生活圈

（d）5 号生活圈　　　（e）6 号生活圈　　　（f）7 号生活圈

（g）8 号生活圈　　　（h）13 号生活圈　　　（i）14 号生活圈

图例　•设施点　::::服务区　■建筑　══道路

图 6-30　典型生活圈医疗卫生设施承载力分析

表 6-33　医疗卫生设施服务区承载人口及最远可达距离

生活圈类型		低容高建	中容低建	中容中建	中容高建	高容低建	高容中建	高容高建
服务区平均承载力	平均承载人口/人	1 919	12 084	6 945	49 425	16 888	33 113	24 852
	最远可达距离/米	1 356	953	961	643	1 452	2 153	2 040

（三）文化设施

在武汉各类典型生活圈中，文化设施服务区所承载的平均人口与社区容积率和建筑密度的关系不大，但在最远可达距离上，文化设施在中低容积率条件下的社区最远可达距离基本小于 1800 米，在高容积率条件下的社区最远可达距离则超过 2500 米，其可达性降低较为显著（图 6-31 和表 6-34）。

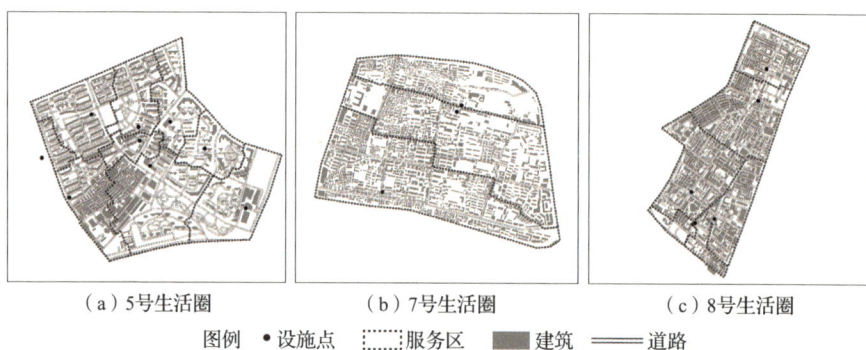

(a) 5号生活圈　　　　　(b) 7号生活圈　　　　　(c) 8号生活圈

图例　●设施点　⋮⋮服务区　▇建筑　══道路

图 6-31　典型生活圈文化设施承载力分析

表 6-34　文化设施服务区承载人口及最远可达距离

生活圈类型		低容高建	中容低建	中容中建	中容高建	高容低建	高容中建	高容高建
服务区平均承载力	平均承载人口/人	9 318	35 000	4 769	58 020	11 136	30 397	
	最远可达距离/米	1 342	1 740	800	1 166	1 742	2 583	

（四）体育设施

在武汉各类典型生活圈中，高容高建类生活圈服务人口较多；在最远可达距离上，各类生活圈平均最远可达距离基本小于 1400 米，甚至多类生活圈平均最远可达距离小于 1000 米，体育设施可达性和承载力较好（图 6-32 和表 6-35）。

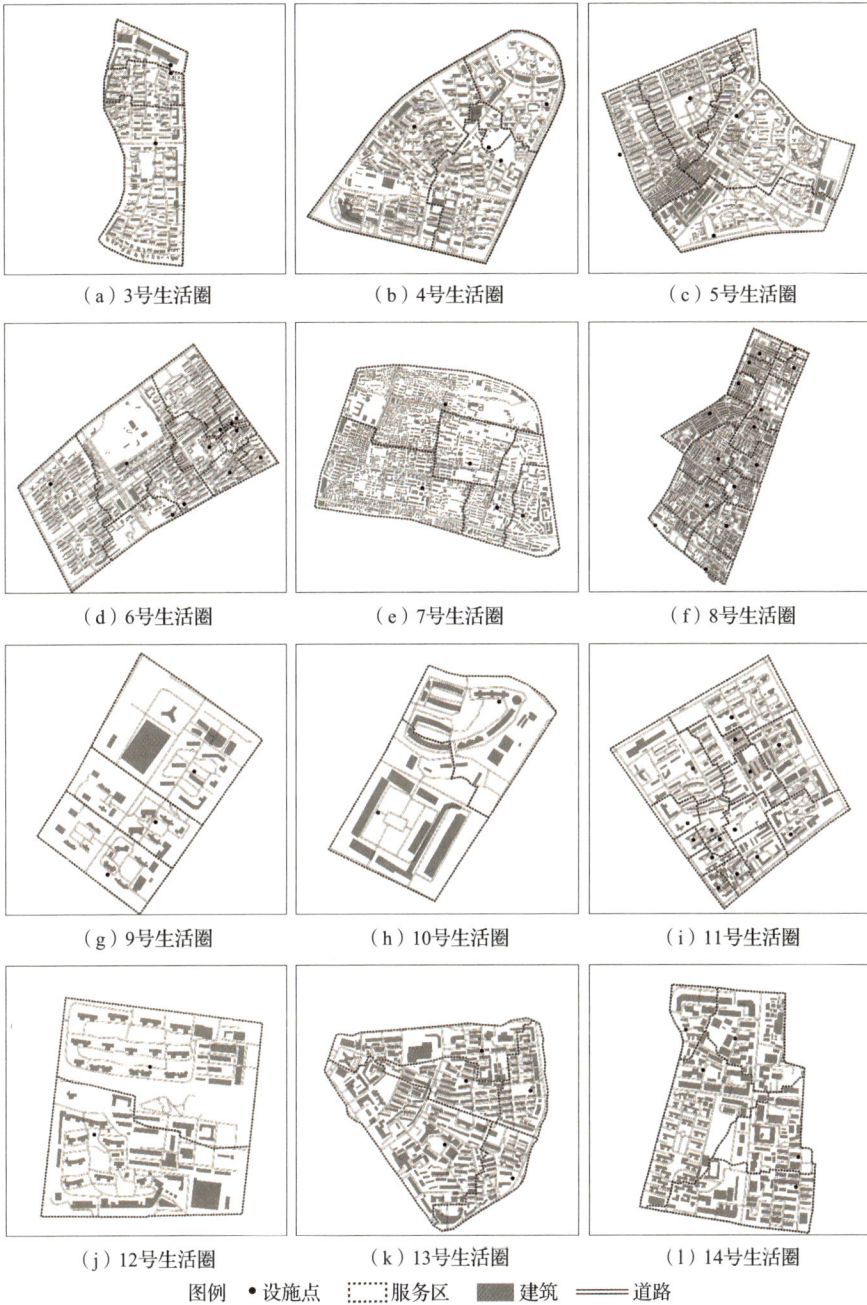

（a）3号生活圈　　　　　　　（b）4号生活圈　　　　　　　（c）5号生活圈

（d）6号生活圈　　　　　　　（e）7号生活圈　　　　　　　（f）8号生活圈

（g）9号生活圈　　　　　　　（h）10号生活圈　　　　　　　（i）11号生活圈

（j）12号生活圈　　　　　　　（k）13号生活圈　　　　　　　（l）14号生活圈

图例　•设施点　▢服务区　■建筑　━━道路

图 6-32　典型生活圈体育设施承载力分析

表 6-35　体育设施服务区承载人口及最远可达距离

生活圈类型		低容高建	中容低建	中容中建	中容高建	高容低建	高容中建	高容高建
服务区平均承载力	服务区平均承载人口/人	9 318	14 218	7 898	50 285	6 557	2 713	9 941
	最远可达距离/米	1 311	1 107	882	828	1 076	919	1 386

（五）养老服务设施

在武汉各类典型生活圈中，低容高建类及高容低建类生活圈需要完善养老服务设施。养老服务设施服务平均人口较多，尤其是在高容积率或高建筑密度的生活圈中，养老服务设施服务人口接近 60 000 人；但在最远可达距离上，养老服务设施在各类生活圈中的最远可达距离在 900 ～ 1800 米，部分超出 15 分钟社区生活圈范围，出现选址不精准与供给不足等问题（图 6-33 和表 6-36）。

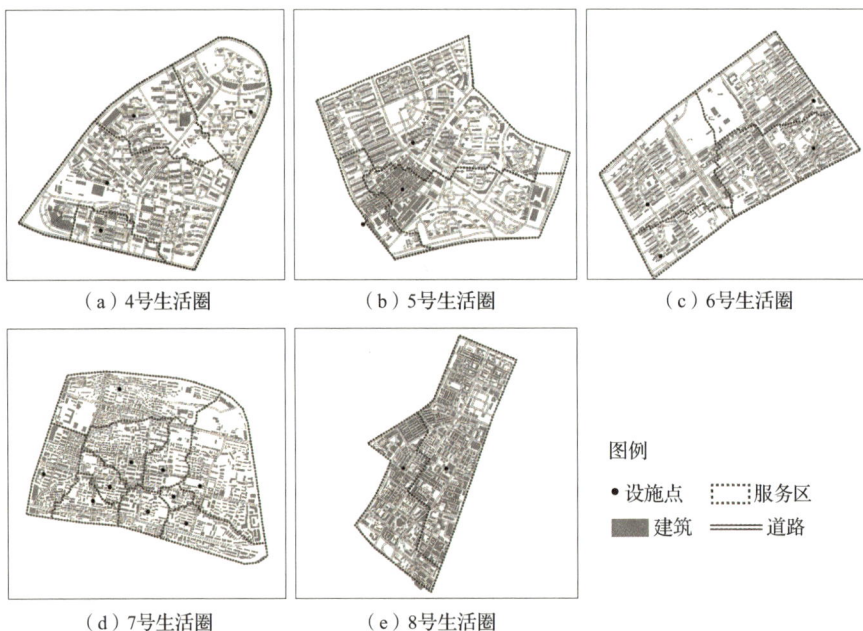

（a）4号生活圈　　（b）5号生活圈　　（c）6号生活圈

（d）7号生活圈　　（e）8号生活圈

图例

● 设施点　　▭ 服务区

■ 建筑　　━━ 道路

图 6-33　典型生活圈养老服务设施承载力分析

表 6-36 养老服务设施服务区承载人口及最远可达距离

生活圈类型		低容高建	中容低建	中容中建	中容高建	高容低建	高容中建	高容高建
服务区平均承载力	平均承载人口/人		11 666	12 853	48 920		35 830	58 423
	最远可达距离/米		948	1 543	1 090		1 858	896

（六）社区服务设施

在武汉各类典型生活圈中，社区服务设施服务区承载力普遍较强，除中容中建和高容低建两类生活圈外，其余各类生活圈服务区承载人口均超过 10 000 人，中容低建类生活圈服务区平均承载人口多达 36 714 人。除中容中建及中容高建两类生活圈外，其余各类生活圈服务区最远可达距离均在 1300～1700 米（图 6-34 和表 6-37）。

（a）4号生活圈　　　　（b）5号生活圈　　　　（c）6号生活圈

（d）7号生活圈　　　　（e）8号生活圈　　　　（f）9号生活圈

图 6-34 典型生活圈社区服务设施承载力分析

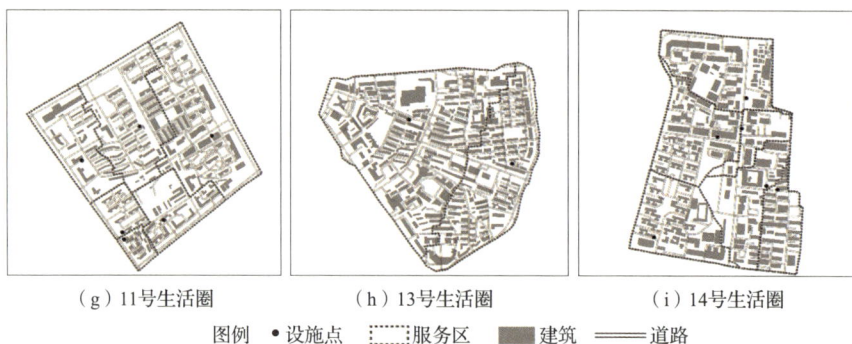

（g）11号生活圈　　　　　（h）13号生活圈　　　　　（i）14号生活圈

图例　•设施点　[::::::]服务区　■■■建筑　══════道路

图6-34（续）

表6-37　社区服务设施服务区承载人口及最远可达距离

生活圈类型		低容高建	中容低建	中容中建	中容高建	高容低建	高容中建	高容高建
服务区平均承载力	平均承载人口/人		36 714	8 852	13 376	9 341	18 184	15 114
	最远可达距离/米		1 464	775	676	1 354	1 662	1 558

（七）商业设施

1. 菜市场

在武汉各类典型生活圈中，低容高建类生活圈的菜市场服务区平均承载人口仅为1035人，其余各类生活圈菜市场服务区所承载的人口压力较大；同时，在高容积率生活圈中菜市场最远可达距离较远（图6-35和表6-38）。

（a）1号生活圈　　　　　（b）2号生活圈　　　　　（c）5号生活圈

图6-35　典型生活圈菜市场承载力分析

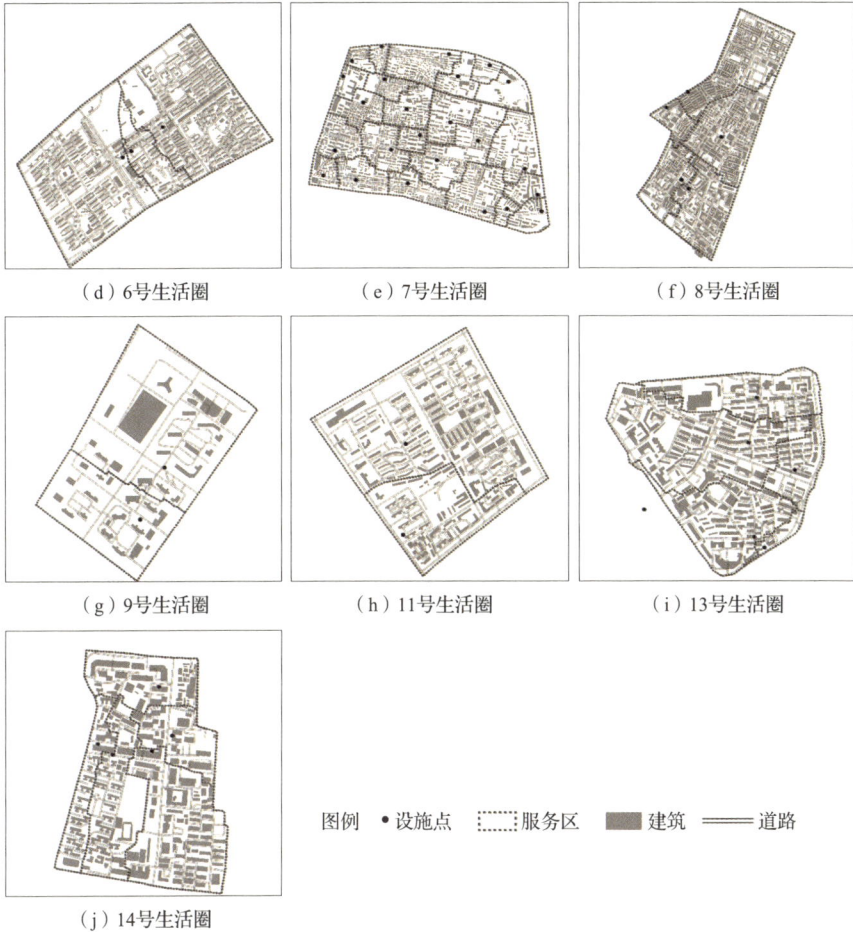

（d）6号生活圈　　　　　　　（e）7号生活圈　　　　　　　（f）8号生活圈

（g）9号生活圈　　　　　　　（h）11号生活圈　　　　　　　（i）13号生活圈

图例　• 设施点　▨▨▨服务区　■■建筑　══道路

（j）14号生活圈

图6-35（续）

表6-38　菜市场服务区承载人口及最远可达距离

生活圈类型		低容高建	中容低建	中容中建	中容高建	高容低建	高容中建	高容高建
服务区平均承载力	平均承载人口/人	1 035	35 929	18 331	26 751	11 320	17 915	9 258
	最远可达距离/米	446	1 056	1 108	851	1 545	1 507	1 673

2. 便利店

在武汉各类典型生活圈中，便利店平均承载人口压力较小，平均承载人口数量小于 4000 人；在便利店最远可达距离上，各类生活圈的最远可达距离均小于 1000 米，基本能够满足社区居民的需求。整体来说，各类生活圈的便利店配置服务较为完善（图 6-36 和表 6-39）。

图 6-36　典型生活圈便利店承载力分析

图 6-36（续）

注：排列顺序为从左向右、从上到下，依次为 1～14 号生活圈。

表 6-39 便利店服务区承载人口及最远可达距离

生活圈类型		低容高建	中容低建	中容中建	中容高建	高容低建	高容中建	高容高建
服务区平均承载力	平均承载人口/人	443	3290	2215	3563	1921	2132	2029
	最远可达距离/米	324	708	622	415	926	860	596

3. 物流点

在武汉各类典型生活圈中，物流点服务区平均承载力呈现出较大的差异，除中容中建类生活圈外，其余各类生活圈服务区平均承载人口数量均小于 10 000 人，其中高容积率生活圈人口承载力较强；同时，各生活圈物流点服务区最远可达距离与容积率和建筑密度无明显关系，但最远可达距离均小于 1300 米，基本能够满足生活圈居民 15 分钟到达的需求（图 6-37 和表 6-40）。

图 6-37 典型生活圈物流点承载力分析

图 6-37（续）

注：排列顺序为从左向右、从上到下，依次为 1 ~ 14 号生活圈。

表 6-40　物流点服务区承载人口及最远可达距离

生活圈类型		低容高建	中容低建	中容中建	中容高建	高容低建	高容中建	高容高建
服务区平均承载力	平均承载人口/人	4 659	12 314	5 330	6 958	5 614	4 993	8 770
	最远可达距离/米	745	1 178	778	698	1 188	1 181	1 266

（八）公共空间

在武汉各类典型生活圈中，社区公共空间的服务区平均承载力较强，整体表现为容积率越高，其平均承载人口数量越多。在服务区最远可达距离方面，在中容积率生活圈中，建筑密度越高，其最远可达距离越近，而在高容积率生活圈中，建筑密度越高，其最远可达距离越远；同时，除低容高建和高容高建类生活圈外，其余公共空间服务区最远可达距离均小于1000 米，这说明各生活圈公共空间配置较为完善，基本能够满足居民步行 15 分钟到达的需求（图 6-38 和表 6-41）。

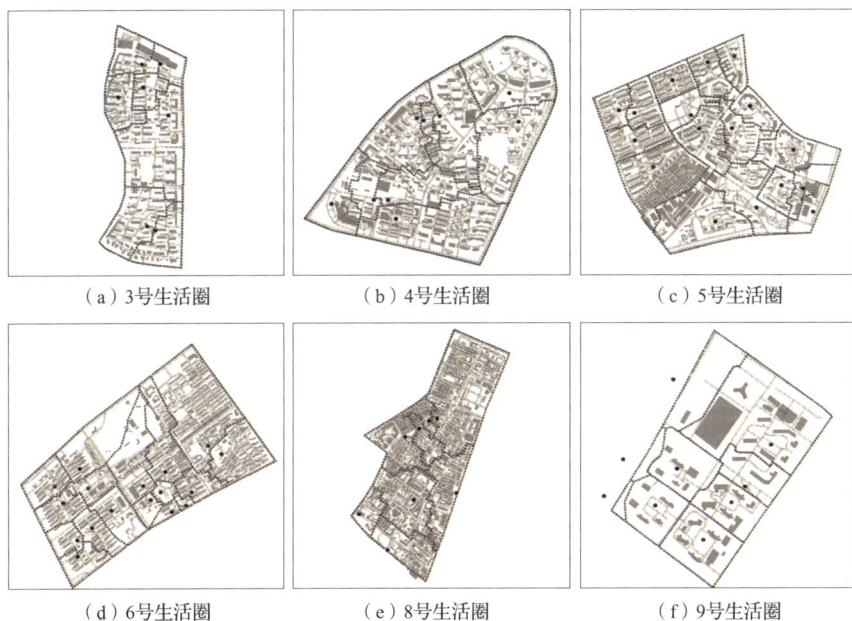

（a）3号生活圈　　（b）4号生活圈　　（c）5号生活圈

（d）6号生活圈　　（e）8号生活圈　　（f）9号生活圈

图 6-38　典型生活圈公共空间承载力分析

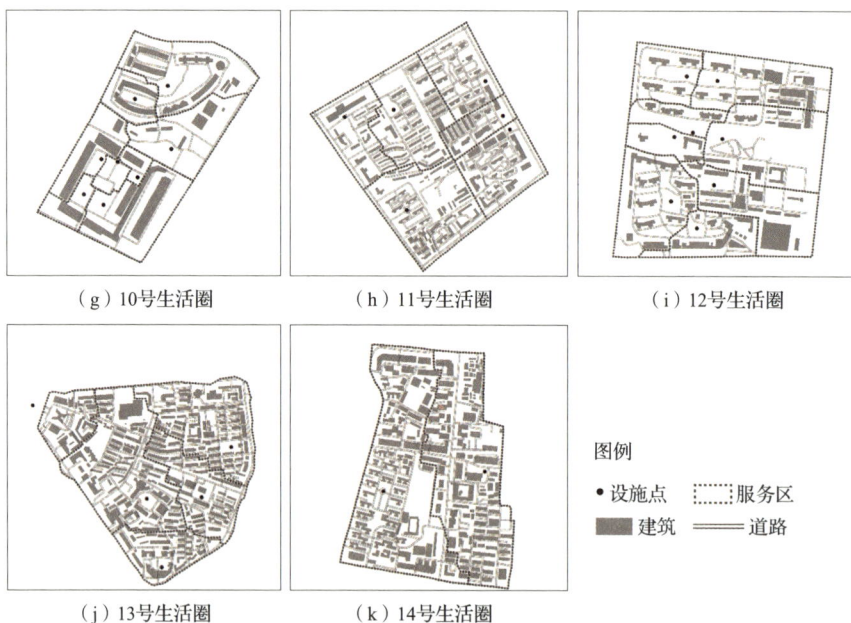

（g）10号生活圈　　　　（h）11号生活圈　　　　（i）12号生活圈

图例
● 设施点　　[:::::] 服务区
■ 建筑　　━━ 道路

（j）13号生活圈　　　　（k）14号生活圈

图 6-38（续）

表 6-41　公共空间服务区承载人口及最远可达距离

生活圈类型		低容高建	中容低建	中容中建	中容高建	高容低建	高容中建	高容高建
服务区平均承载力	平均承载人口/人	9 318	12 570	2 603	9 668	2 313	4 504	18 704
	最远可达距离/米	1 311	802	765	442	867	998	1 304

（九）公共交通设施

1. 公交站点

在武汉各类典型生活圈中，公交站点数量相对较多，服务区平均承载力较弱，整体呈现出容积率越高，其服务区承载人口越多，最远可达距离越远；当生活圈为高容积率时，其平均承载人口超过 10 000 人，最远可达距离超过 1 000 米；而在生活圈处于中建筑密度时，表现出较强的差异性，其服务区平均承载力较弱（图 6-39 和表 6-42）。

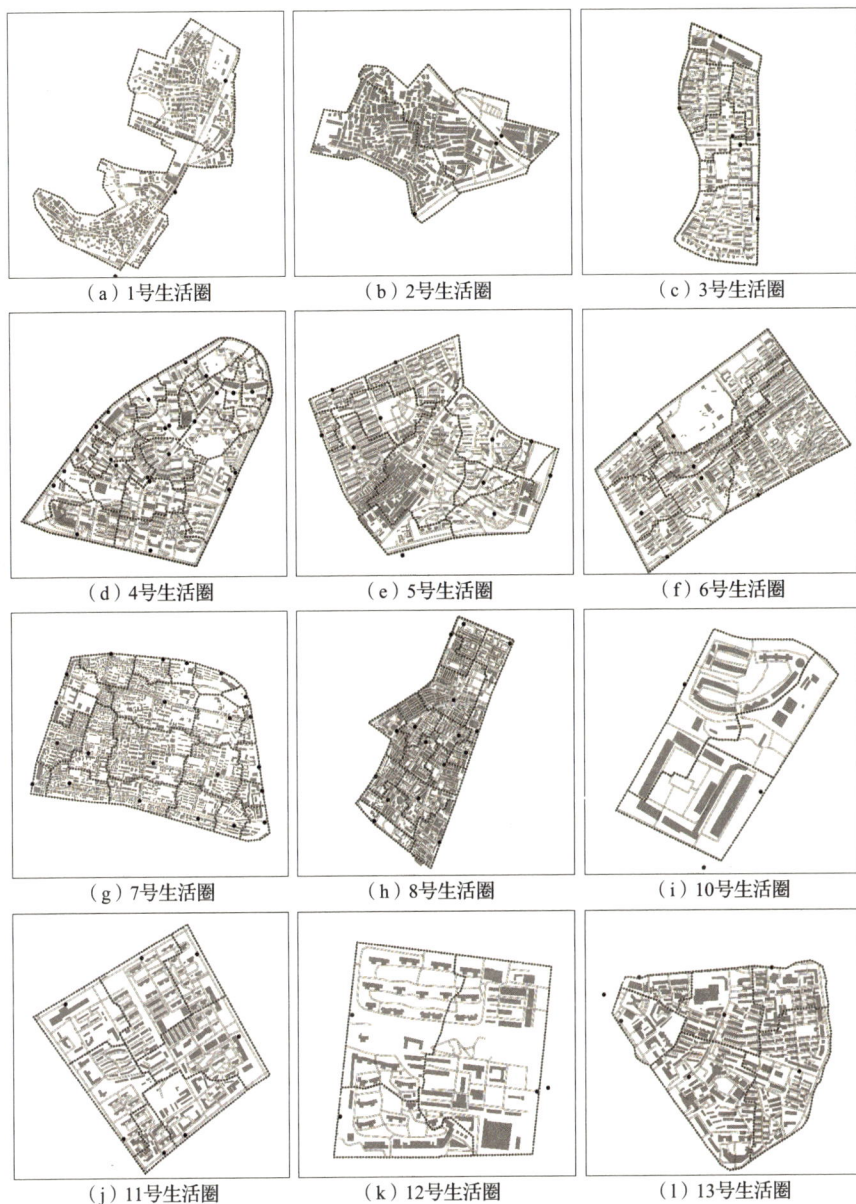

（a）1号生活圈　　　　　（b）2号生活圈　　　　　（c）3号生活圈

（d）4号生活圈　　　　　（e）5号生活圈　　　　　（f）6号生活圈

（g）7号生活圈　　　　　（h）8号生活圈　　　　　（i）10号生活圈

（j）11号生活圈　　　　　（k）12号生活圈　　　　　（l）13号生活圈

图6-39　典型生活圈公交站点承载力分析

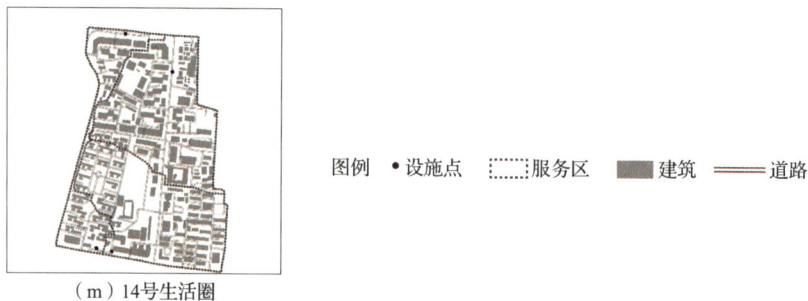

图例　•设施点　┊┊┊服务区　■建筑　══道路

（m）14号生活圈

图 6-39（续）

表 6-42　公交站点服务区承载人口及最远可达距离

生活圈类型		低容高建	中容低建	中容中建	中容高建	高容低建	高容中建	高容高建
服务区平均承载力	平均承载人口/人	4 659	6 412	4 638	7 761	13 176	7 625	10 230
	最远可达距离/米	649	661	866	880	1 300	1 291	1 196

2．地铁站点

在武汉各类典型生活圈中，低容高建、高容低建和高容中建三类社区周边未配置地铁站点。地铁站点主要倾向于城市较为核心、交通便利、发展较好的片区，与城市宏观区位关系较强（图 6-40 和表 6-43）。

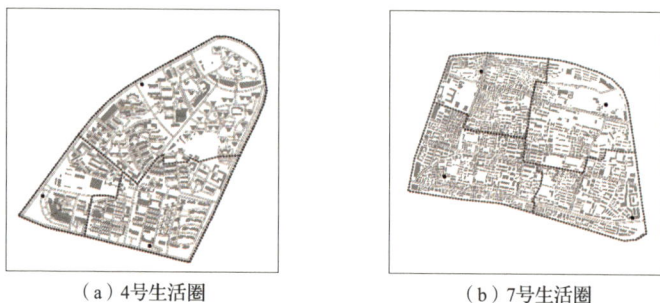

（a）4号生活圈

（b）7号生活圈

图 6-40　典型生活圈地铁站点承载力分析

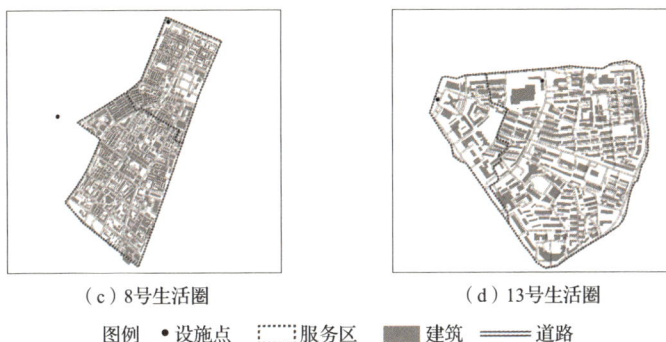

（c）8号生活圈　　　　　　　（d）13号生活圈

图例　●设施点　□□□服务区　■■■建筑　══════道路

图 6-40（续）

表 6-43　地铁站点服务区承载人口及最远可达距离

生活圈类型		低容高建	中容低建	中容中建	中容高建	高容低建	高容中建	高容高建
服务区平均承载力	平均承载人口/人		26 924	44 263	44 315			20 492
	最远可达距离/米		1 482	1 508	1 252			2 720

五、设施满意度分析

作者以安全性、舒适性、方便性、美观性为评价指标，通过问卷调查、访谈、轨迹调查等方式，深入了解不同人群使用基本公共服务设施的频率及路径，挖掘不同人群对各类设施在不同层面的满意度；基于结构方程模型构建满意度评价模型和满意度指标评价体系，从而确定影响居民对各类基本公共服务设施的满意度的因素。

（一）调研思路及方法

1．调查问卷设计

（1）调查问卷设计原则。在调查问卷设计中秉持科学性、完整性、简明性原则，即以研究目的为导向设置调查问卷中的问题选项，尽可能完整反映居民日常行为特征与影响满意度的关键要素；突出调查重点，将问题按照由浅入深的层次进行排列；同时征求相关领域专家的意见，判断问题和调查问卷结构是否合理，避免过多冗余内容影响调查问卷的有效性；语言表述尽量通俗易懂，较少使用书面化或专业化语言，规避因认知层面的差异而产生无效调查问卷。

（2）调查问卷设计思路。

① 确定满意度导向。调查问卷内容和指标包括个人基本信息、居民满意度、居民期望、居民抱怨四个部分。理论上每个部分都可化为更加具体的评价内容，各具体评价内容可依次展开，最终形成调查问卷的具体指标。同时，为了尽量避免和减少测评偏差，按照惯例，一般从多个角度、多个方面来确定满意度导向。先根据满意度导向选定调查问卷条目，再进行定性和定量的预研究，形成初步调查问卷。

② 设计满意度指标。结合满意度结构方程模型，确定本次调查问卷的具体指标设计应遵循的两个原则。一是选取与居民密切相关的社区公共服务设施，关注居民所关心的问题，体察其对设施可达性、承载力及服务水平的基本诉求，使调查问卷既能反映居民的满意度，又能体现实际与居民期望之间的差距。二是平衡各地区差异。由于各地区在人口、经济、文化等方面存在差异，其政府职能、决策或制度有自身的特点，因此调查问卷应有广泛的适用性，使不同地区的评价结果具有可比性。以安全性、舒适性、方便性、美观性作为评价指标，考虑可能的影响因素，在调研中通过调查问卷发放、访谈对各类设施分别打分，用 1 表示不安全、不舒适、不方便、不美观的下限值，用 5 表示非常安全、非常舒适、非常方便、非常美观的上限值，并用平均值代表综合满意度。

③ 确定具体指标范畴。根据"城市人"理论中对于典型"城市人"的界定，根据性别、年龄和生命阶段划分被调查人员的基本信息，依据不同年龄阶段、生命阶段居民对于不同公共服务设施的需求，制定以人为本的公共服务设施规划策略。居民满意度包括不同社区居民针对各类公共服务设施的综合满意度评价，如社区服务中心、幼儿园、小学、卫生站、菜市场等空间。将满意度细分，从安全性、舒适性、美观性、便捷性四个方面进一步详细评价居民对各类公共服务设施不同层面的满意度，有针对性地找到各类公共服务设施好的方面及欠缺的方面。居民期望及居民抱怨，主要调查居民对各类设施不满意的原因，通过对现有问题的总结，进行具体措施的安排。

2. 基本调研数据

针对 14 个典型生活圈发放调查问卷共 700 份（每个小区 50 份），回收有效调查问卷共 602 份，有效率 86%。根据调查问卷内容，访谈社区居民，注重对全年龄、全性别、不同生命阶段的各类人群进行访谈，深入挖掘"人居"体验，并为机制分析奠定基础。填写调查问卷的男女性别比为9：11，被调查人员年龄以36～60岁为主，占47%，其中60岁以上的老年人占13%。对于生命阶段，为调研清晰，先按照独居、二人世界等方式进行调研，再结合其年龄特征确定其生命阶段为筑巢期、满巢期或空巢期。

3．跟踪调查

跟随典型人群挖掘其行动轨迹，对各类人群在一天中使用公共服务设施的频率及路径进行调研，挖掘居民的日常生活圈及高频率设施使用时段，以及不同年龄阶段居民的设施敏感对象等。

（1）设施观测。分别在工作日及休息日对典型生活圈中的各类设施高峰使用时段、高峰时段使用频次、主要服务对象等进行观测。在具体调研中，根据实际情况，调研人员每隔2小时在生活圈中对各类设施观察一次，每类设施每次观察3～5分钟，统计不同年龄段与性别的对象，以及各类设施的主要服务对象。

（2）轨迹调研。在各生活圈中依照调研轨迹定位观察点，进行拍照并对整体空间氛围的安全性、方便性、舒适性、美观性进行打分，将分值在空间中进行插值，形成各生活圈中不同等级空间的分布，以便有针对性地描述空间品质。注意根据不同生活圈面积，均匀布局打分点，以保障后期空间分析的准确性。在调研过程中，平均每个生活圈中打分点不低于120个，并基于GPS精准定位，将数据直接用于GIS分析。

（二）设施满意度分析

1．教育设施

（1）幼儿园。在幼儿园满意度统计分析中（表6-44），方便性为较低分项，而舒适性与美观性则是普遍满意度较高的分项。整体来看，容积率适中的生活圈在幼儿园满意度上整体表现更好，高建筑密度生活圈的幼儿园整体满意度较差。不同类型的生活圈在满意度各分项中体现了较强的差异性。美观性、舒适性表现较好的生活圈为中容高建类生活圈。在各类生活圈方便性满意度都较高的前提下，中容中建、中容高建与高容高建类生活圈在方便性上呈现较高的满意度；高容中建类生活圈在方便性上也呈现了较高的满意度；而中容高建、中容低建类生活圈在安全性上呈现更高的满意度。幼儿园服务对象具有年龄敏感性与生命阶段敏感性。

表6-44 幼儿园满意度统计分析

生活圈类型		低容高建	中容低建	中容中建	中容高建	高容低建	高容中建	高容高建
高峰使用时段		上午、下午						
高峰时段使用频次		匹配规模						
主要服务对象		年龄敏感性（学龄前儿童）、生命阶段敏感性（满巢家庭）						
满意度/分	安全性	4.00	4.25	4.20	4.20	3.60	3.67	4.00
	方便性	3.67	3.75	3.60	3.50	4.00	4.33	4.00
	舒适性	4.00	3.75	4.00	4.00	4.00	3.67	4.33
	美观性	3.67	4.00	4.20	4.50	4.00	4.00	4.00
	综合	3.83	3.94	4.00	4.13	3.90	3.92	4.17

（2）小学。在小学满意度统计分析中（表6-45），方便性为较低分项，而美观性则是普遍满意度较高的分项。整体来看，建筑密度适中类生活圈在小学满意度上表现更好，低建密度类生活圈在满意度上表现较差。不同类型的生活圈在满意度各分项中呈现较强的差异性。安全性、舒适性表现较好的生活圈为中容高建类生活圈。从整体满意度来看，低容高建、中容高建类生活圈呈现较高的满意度；高容中建类生活圈在美观性、安全性上呈现较高的满意度。小学服务对象具有年龄敏感性与生命阶段敏感性。

表6-45 小学满意度统计分析

生活圈类型		低容高建	中容低建	中容中建	中容高建	高容低建	高容中建	高容高建
高峰使用时段		上午、下午						
高峰时段使用频次		匹配规模						
主要服务对象		年龄敏感性（儿童）、生命阶段敏感性（满巢家庭）						
满意度/分	安全性	4.33	2.50	3.60	4.50	3.20	4.00	2.00
	方便性	4.00	2.75	3.20	3.50	3.20	3.00	1.67
	舒适性	4.33	3.00	3.40	4.50	3.20	3.67	2.00
	美观性	4.00	3.00	3.60	4.50	3.20	4.33	2.67
	综合	4.17	2.81	3.45	4.25	3.20	3.75	2.08

2. 医疗卫生设施

在医疗卫生设施满意度统计分析中（表6-46），安全性和方便性两项得分较高，且在各类生活圈中均具有较高的分值，这反映出武汉医疗卫生设施在安全性和便利性上较为完善。在多数生活圈中，医疗卫生设施具有一定的年龄敏感性，其中老年群体的利用率更高。在统计频次中，低容高建及高容低建类生活圈频次最高（该频次为两个同类生活圈所有医疗卫生设施高峰时段使用频次的均值之和），高频次部分多是因为医疗卫生设施有床位或注射室，且规模较大。

表6-46　医疗卫生设施满意度统计分析

生活圈类型		低容高建	中容低建	中容中建	中容高建	高容低建	高容中建	高容高建
高峰使用时段		上午、下午						
高峰时段使用频次		41	25.5	11.3	13.5	47.1	5	16
主要服务对象	对象	中老年人	中老年人	无	儿童、老年人	中老年人	无	中老年人
	敏感	年龄敏感	年龄敏感	无	年龄敏感	年龄敏感	无	年龄敏感
满意度/分	安全性	4.33	4.50	4.60	4.50	5.00	3.00	4.50
	方便性	3.67	4.00	4.20	3.50	4.00	4.00	3.50
	舒适性	3.00	3.00	3.80	3.00	3.20	3.33	3.50
	美观性	3.67	4.00	3.40	3.50	4.00	4.00	3.50
	综合	3.67	3.875	4.00	3.63	4.05	3.67	4.25

3. 文化设施

在文化设施满意度统计分析中（表6-47），总体得分较低，其中高容中建类生活圈得分相对较高，而高容高建、中容低建类生活圈得分较低。文化设施具有年龄与性别敏感性。

表6-47　文化设施满意度统计分析

生活圈类型		低容高建	中容低建	中容中建	中容高建	高容低建	高容中建	高容高建
高峰使用时段		上午、下午						
高峰时段使用频次		6.5	2	10	33	9.5	12.6	8
主要服务对象		年龄敏感（中老年）、性别敏感（女性）						
满意度/分	安全性	1.33	1.75	3.20	2.00	3.20	4.33	1.67
	方便性	1.67	1.50	3.40	2.50	3.60	3.67	1.67
	舒适性	1.00	1.50	3.20	1.50	2.60	3.67	1.33
	美观性	1.00	1.75	3.20	1.50	2.60	3.67	1.33
	综合	1.92	1.63	3.25	1.88	3.00	3.83	1.50

4. 体育设施

在体育设施满意度统计分析中（表6-48），方便性分项得分相对较低，而安全性则是普遍满意度较高的分项。整体来看，容积率适中的生活圈在体育设施满意度上整体表现更好。不同类型的生活圈在满意度各分项中呈现较强的差异性。安全性、舒适性表现最好的生活圈为中容中建类生活圈；

中容中建类生活圈在方便性和美观性上也呈现较高的满意度；中容低建类生活圈各项满意度都较低。体育设施的高频使用时段为晚间，主要使用人群为中老年人和儿童，具有年龄与生命阶段敏感性。

表 6-48　体育设施满意度统计分析

生活圈类型		低容高建	中容低建	中容中建	中容高建	高容低建	高容中建	高容高建
高峰使用时段		晚间						
高峰时段使用频次		11	4	8.5	4.4	9.6	4.5	8.5
主要服务对象	对象	中老年人	中年人、儿童	中年人	中老年人	中年人	中年人、儿童	中老年人
	敏感	年龄	生命阶段	年龄	年龄	年龄	生命阶段	年龄
满意度/分	安全性	4.00	3.25	4.40	4.00	4.00	4.00	4.00
	方便性	2.00	3.00	3.60	3.25	3.75	2.67	3.67
	舒适性	3.00	3.25	3.80	3.67	3.50	3.00	3.00
	美观性	3.00	3.00	3.80	3.80	3.50	3.67	3.67
	综合	3.00	3.13	3.90	3.00	3.69	3.33	3.58

5．养老服务设施

在养老服务设施满意度统计分析中（表 6-49），安全性分项得分较高。在建筑密度高的生活圈中，养老服务设施安全性评分较高；而在容积率较高的生活圈中，安全性评分则相对较低。舒适性和美观性的得分在各类型生活圈中差异不大；而方便性在不同容积率、建筑密度的生活圈中得分差异较大。

表 6-49　养老服务设施满意度统计分析

生活圈类型		低容高建	中容低建	中容中建	中容高建	高容低建	高容中建	高容高建
高峰使用时段		上午	上午	下午	不定	下午	下午	下午
高峰时段使用频次		76	3.25	2.4	27	10.4	17	113
主要服务对象	对象	老年人	老年人	老年人、二人世界	老年人	老年人	中老年人、单身或二人世界	老年人
	敏感	年龄	年龄	年龄、家庭	年龄	年龄	年龄、家庭	年龄
满意度/分	安全性	4.33	3.67	5.00	5.00	3.50	3.33	3.50
	方便性	4.00	2.67	3.00	5.00	4.00	4.00	3.00
	舒适性	4.00	3.33	4.00	4.00	4.00	3.67	3.50
	美观性	4.33	3.33	4.00	4.00	3.50	4.00	3.00
	综合	4.17	3.25	4.00	3.63	3.75	3.75	3.25

6. 社区服务设施

在社区服务设施满意度统计分析中（表 6-50），舒适性与美观性为得分较低的分项，而方便性与安全性则是普遍满意度较高的分项。整体来看，容积率适中的生活圈在社区服务设施满意度上表现更好，中建筑密度的生活圈则在社区服务设施满意度上表现较差。不同类型的生活圈在满意度各分项中呈现较强的差异性。安全性、舒适性表现最好的生活圈为中容高建型生活圈；高容高建类生活圈在方便性和美观性上呈现较高的满意度；高容中建类生活圈各项满意度都较低。

表 6-50　社区服务设施满意度统计分析

生活圈类型		低容高建	中容低建	中容中建	中容高建	高容低建	高容中建	高容高建
高峰使用时段		上午、下午						
高峰时段使用频次		36	6.5	9.8	14	22.4	3.33	33.67
主要服务对象	对象	中老年人	中老年人	中老年人	中老年人	中老年女性	中老年人	中老年人
	敏感	年龄	年龄	年龄	年龄	年龄、性别	年龄	年龄
满意度/分	安全性	4.67	4.25	4.20	4.50	4.20	3.67	4.33
	舒适性	3.67	3.75	4.00	4.00	4.00	3.67	3.67
	方便性	4.33	4.00	3.80	4.50	4.60	3.67	4.67
	美观性	3.67	3.75	4.00	4.00	3.80	4.00	4.00
	综合	4.08	3.94	4.00	4.25	4.15	3.75	4.17

7. 商业设施

（1）便利店。在便利店满意度统计分析中（表 6-51），舒适性与美观性为得分较低的分项，而方便性与安全性则是普遍满意度较高的分项。整体来看，容积率适中的生活圈在便利店满意度上表现更好，而高建密度的生活圈则在便利店满意度上表现较差。不同类型的生活圈在满意度各分项中呈现较强的差异性。安全性、舒适性表现最好的生活圈为中容中建类生活圈。在各类生活圈便利店方便性满意度都较高的前提下，中容低建、中容高建与低容高建类生活圈表现出最高的满意度；中容中建类生活圈在美观性上表现出较高的满意度。

表 6-51　便利店满意度统计分析

生活圈类型		低容高建	中容低建	中容中建	中容高建	高容低建	高容中建	高容高建
高峰使用时段		晚间						
高峰时段使用频次		11	17.5	15.8	6	10.4	5.33	8
主要服务对象	对象	中老年人	青年人	青年男性	无	单身、二人世界	无	中老年人
	敏感	年龄	年龄	年龄、性别	无	年龄、家庭结构	无	年龄
满意度/分	安全性	4.33	4.25	4.80	4.00	4.00	4.67	4.00
	舒适性	4.00	3.75	4.40	3.50	3.60	3.67	3.67
	方便性	5.00	5.00	4.80	5.00	4.80	4.67	4.67
	美观性	3.00	3.50	4.00	3.50	3.60	4.33	4.00
	综合	4.08	4.13	4.50	4.13	4.10	4.33	4.08

（2）物流点。在物流点满意度统计分析中（表 6-52），舒适性与美观性为得分较低的分项，安全性与方便性为得分较高的分项。整体来看，容积率较高且建筑密度适中的生活圈在物流点综合满意度上表现较好，而低容积率生活圈则在物流点综合满意度上表现较差。不同类型的生活圈在满意度各分项中体现了较强的差异性。方便性受建筑密度影响最为明显，主要表现为建筑密度适中的生活圈普遍拥有较高的方便性。安全性主要受到容积率影响，随容积率上升而上升，在相同水平容积率下中等建筑密度拥有较高的安全性。舒适性受容积率影响最为明显，高容积率生活圈往往拥有更加舒适的物流点。中容高建类生活圈在美观性上满意度最低。

表 6-52　物流点满意度统计分析

生活圈类型		低容高建	中融低建	中融中建	中容高建	高容低建	高容中建	高融高建
高峰使用时段		晚间						
主要服务对象	对象	二人世界、男性	二人世界、核心家庭	无	无	二人世界、核心家庭	无	二人世界、核心家庭
	敏感	家庭结构性别	家庭结构	无	无	家庭结构	无	家庭结构
满意度/分	安全性	3.67	4.00	3.80	4.50	4.00	4.67	4.00
	舒适性	3.33	3.00	3.60	3.50	3.80	3.67	3.50
	方便性	4.33	3.75	4.80	3.50	4.80	5.00	4.50
	美观性	3.33	3.50	3.00	2.50	3.40	3.33	3.50
	综合	3.67	3.56	3.80	3.50	4.00	4.17	3.88

8．公共交通设施

（1）公交站点。在公交站点满意度统计分析中（表 6-53），方便性分项得分最高，且几乎在各类生活圈中均有较高的得分，反映出武汉公交站点配置较完善。高容高建类生活圈的平均方便性满意度为顶值5，这说明调查的所有高容高建类生活圈的居民均对公交站点的方便性非常满意。舒适性分项得分最低，且在各类生活圈设施中均得分最低，反映出目前公交站点空间分布没有满足出行者舒适性的需求，这是公交站点改进的重点。

表 6-53　公交站点满意度统计分析

生活圈类型		低容高建	中容低建	中容中建	中容高建	高容低建	高容中建	高容高建
高峰使用时段		中午、晚间						
高峰时段使用频次		87.67	17.25	20.20	38.00	19.40	16.00	27.67
主要服务对象	对象	中年人、老年人	中年人、老年人	中年人	中年人	中年人、老年人	中年人、老年人	中年人、老年人
	敏感	年龄	年龄	年龄	年龄	年龄	年龄	年龄
满意度/分	安全性	4.33	3.75	3.80	3.50	3.80	4.00	3.67
	舒适性	3.67	3.00	3.20	3.00	3.20	3.00	3.00
	方便性	4.67	3.50	4.60	4.00	4.80	4.67	5.00
	美观性	4.33	3.75	3.60	3.00	4.00	4.67	3.67
	综合	4.25	3.50	3.80	3.38	3.95	4.08	3.83

（2）地铁站点。在地铁站点满意度统计分析中（表6-54），方便性分项得分最低，且在各类生活圈中均得分较低，反映出出行者对地铁站点布设方便性的需求。通过公交站点和地铁站点数据比较可以看出，公交站点方便性分项得分最高，而地铁站点方便性分项得分最低，由于两种公共交通间功能的差异、建设目的的不同，不可能要求地铁站点具有公交站点的可达性，也不可能要求公共汽车能提供轨道交通快速、长距离和高容量的服务。加强公共交通间的衔接、促进公共交通一体化是提升居民满意度的一种方法。

表 6-54　地铁站点满意度统计分析

生活圈类型		中容中建	高容低建	高容中建	高容高建
高峰使用时段		上午、下午			
高峰时段使用频次		50	46.75	21	33
主要服务对象	对象	中年人	青年人、中年人	青年人、中年人	中年人
	敏感	年龄	年龄	年龄	年龄
满意度/分	安全性	3.67	4.00	4.50	4.00
	舒适性	4.00	4.00	4.00	4.00
	方便性	3.33	3.75	2.50	3.00
	美观性	4.33	4.00	4.00	3.50
	综合	3.83	3.94	3.75	3.63

9. 公共空间

在公共空间满意度统计分析中（表 6-55），安全性与舒适性为得分较低的分项，而方便性与美观性则是普遍满意度较高的分项。整体来看，高容高建类生活圈在公共空间的满意度上表现更好，而低容高建类生活圈则在公共空间满意度上表现较差。不同类型的生活圈在满意度各分项中体现了较强的差异性。高容高建类生活圈在安全性、舒适性上满意度最高；中容中建类生活圈在安全性上呈现较高的满意度；高容低建类生活圈在美观性上呈现较高的满意度。

表 6-55　公共空间满意度统计分析

生活圈类型		低容高建	中容低建	中容中建	中容高建	高容低建	高容中建	高容高建
高峰使用时段		晚间	晚间	晚间	晚间	晚间	晚间	晚间
高峰时段使用频次		12	30	24.60	22.50	33.00	4.67	21.67
主要服务对象	对象	中老年女性	中老年人	中老年人	中老年女性	中老年女性	中老年人	中老年女性
	敏感	年龄、性别	年龄	年龄	年龄、性别	年龄、性别	年龄	年龄、性别
满意度/分	安全性	3.00	4.00	4.40	3.50	4.20	4.00	4.00
	舒适性	2.67	4.50	4.40	4.00	4.80	3.67	5.00
	方便性	2.67	4.75	4.20	4.00	4.80	3.67	5.00
	美观性	3.00	4.25	4.20	4.50	4.80	4.33	4.67
	综合	4.17	4.375	4.30	4.00	4.65	3.92	4.67

（三）空间满意度分析

1. 安全性评估

安全性评估面向生活圈的治安系统、照明系统、道路系统、卫生系统等，依据实地调研结果进行评估（表 6-56），并根据综合评估结果形成空间图示（图 6-41）。

表 6-56 生活圈安全性评估体系

安全性	调研说明	安全性评级（5级系统）
治安系统	门禁系统是否完善（包括生活圈内小区门禁及楼栋门禁），是否有正规安保人员，是否存在安全隐患（道路平整度、对儿童及老年人的友好程度等）	（1）设施老化，社区及楼栋完全开放，社区与城市空间高度融合，有暗黑角落，人员混杂，没有人车分流，对儿童、老年人的友好度低。 （2）设施一定程度老化，社区及楼栋半开放，有暗黑角落，社区与城市空间分隔不清晰，没有明显的人车分流，对儿童、老年人的友好度较低。
照明系统	照明系统是否完善，是否有可能存在安全隐患的暗黑角落	
道路系统	人车分流是否清晰，步行系统是否完善	（3）设施一定程度老化，社区及楼栋门禁较有保障，社区与城市空间分隔清晰，有一定的人车分流及儿童、老年人的友好度。 （4）设施较完善，社区及楼栋门禁有保障，社区空间清晰完整，有一定的人车分流及对儿童、老年人的友好度。
卫生系统	卫生条件是否良好，生活垃圾、生活污水处理是否得宜，是否有疫后措施	（5）设施完善，社区及楼栋门禁保障性好，人车分流明显，对儿童、老年人的友好度高

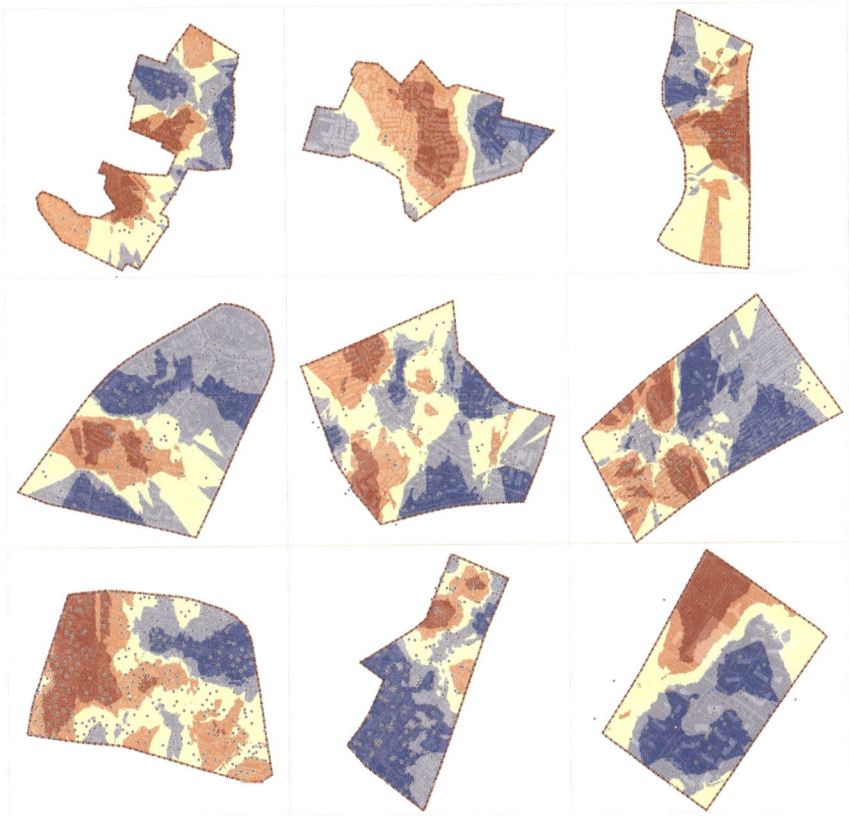

图 6-41 典型生活圈安全性评估结果

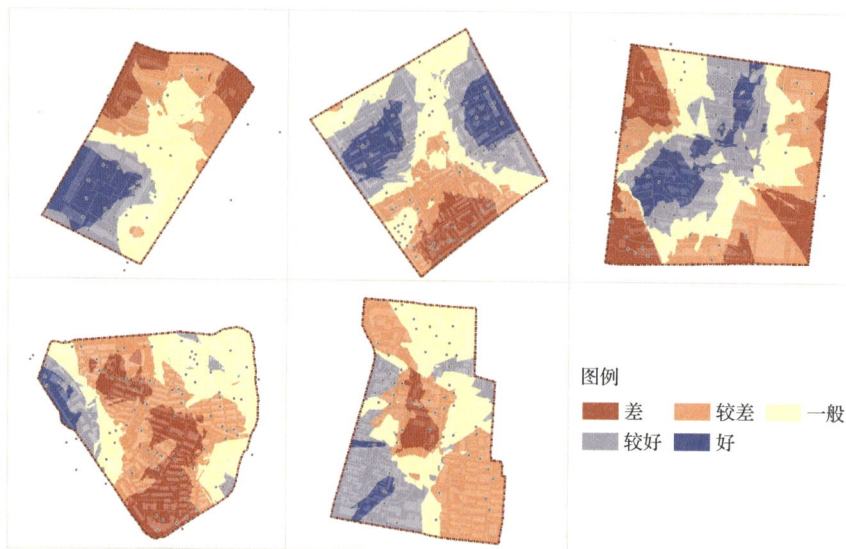

图 6-41（续）

注：排列顺序为从左向右、从上到下，依次为 1 ～ 14 号生活圈。

2. 方便性评估

方便性评估面向设施匹配、网络服务、出行服务等，依据实地调研结果进行评估（表 6-57），并根据综合评估结果形成空间图示（图 6-42）。

表 6-57　生活圈方便性评估体系

方便性	调研说明	方便性评级（5 级系统）
设施匹配	各类设施数量上是否匹配，学位、床位等的具体配比，以及调研时期使用情况（人流情况、使用人口）	（1）各类设施匹配度较低，体现为设施可达性低、人均数量较少，设施缺失或空置率较高，生活圈快递服务点较少，外卖服务选择少、时间长。
网络服务	生活圈居民能否得到较快、较便捷、高质量的快递、外卖服务	（2）各类设施匹配度较低，体现为设施可达性低、人均数量较少，设施有一定缺失与空置，生活圈快递服务点较少，外卖服务选择较少、时间较长。
出行服务	出行是否方便，步行系统是否完善，步行与公共交通连接是否完整	（3）各类设施匹配度一般，体现为设施基本没有空置，外卖与快递服务能够在平均时间与平均可达距离内与居民接触。（4）设施匹配度较高，体现为外卖与快递服务具有一定的品质。（5）设施匹配度均好，体现为外卖与快递服务品质优良

338

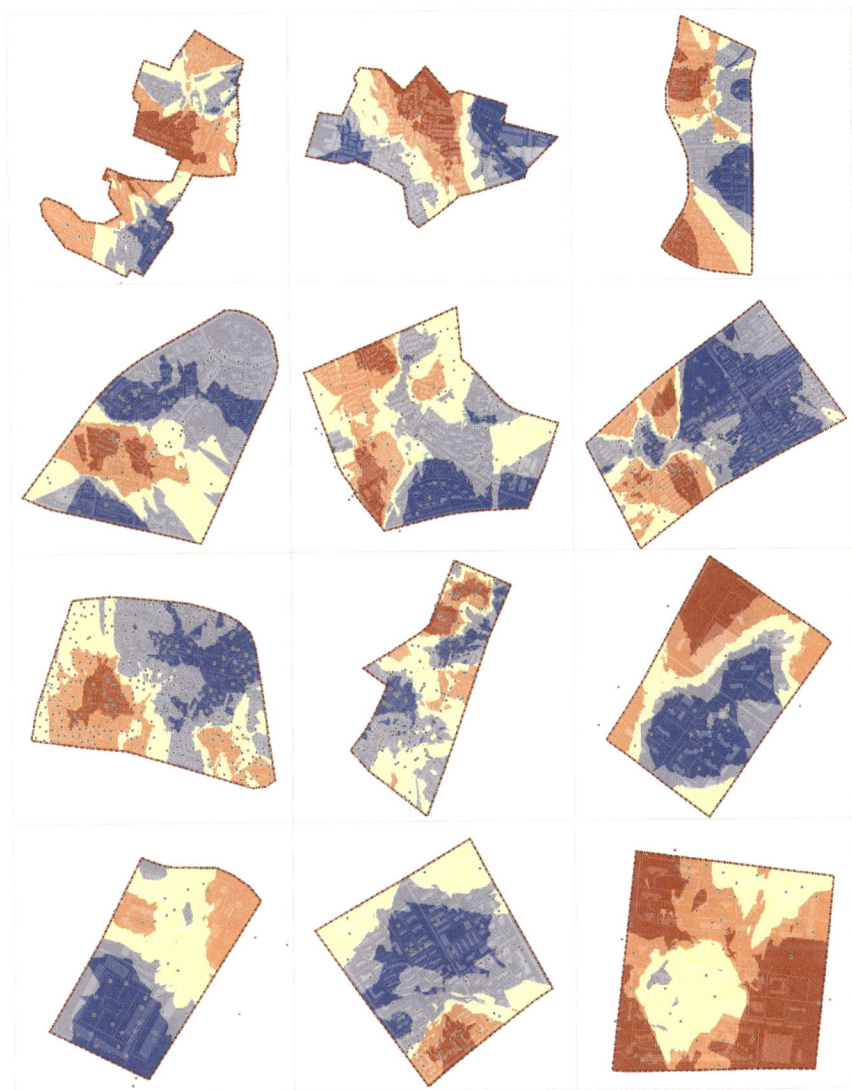

图 6-42　典型生活圈方便性评估结果

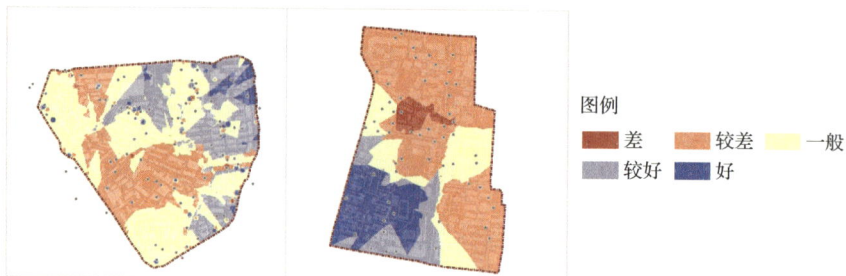

图 6-42（续）

注：排列顺序为从左向右、从上到下，依次为 1～14 号生活圈。

3. 舒适性评估

舒适性评估面向景观空间、娱乐空间、服务内涵、灯光噪声等，依据实地调研结果进行舒适性总体评估（表 6-58），并根据综合评估结果形成空间图示（图 6-43）。

表 6-58　生活圈舒适性评估体系

舒适性	调研说明	舒适性评级（5级系统）
景观空间	居民能否到达有效景观空间，使用情况是否良好，能否发挥有效景观作用	（1）各类指标评估均差；
娱乐空间	居民能否到达有效娱乐空间，使用情况是否良好，能否发挥有效娱乐作用	（2）各类指标评估均较差；（3）各类指标评估均一般；
服务内涵	各类设施服务人员能否提供舒适、完善的服务	（4）各类指标评估均较好；
灯光噪声	是否有不和谐的光污染或声污染	（5）各类指标评估均好

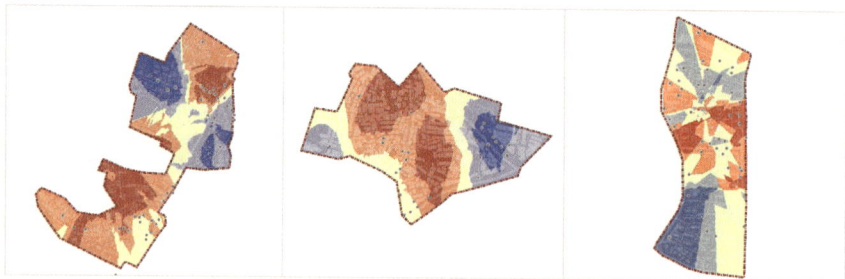

图 6-43　典型生活圈舒适性评估结果

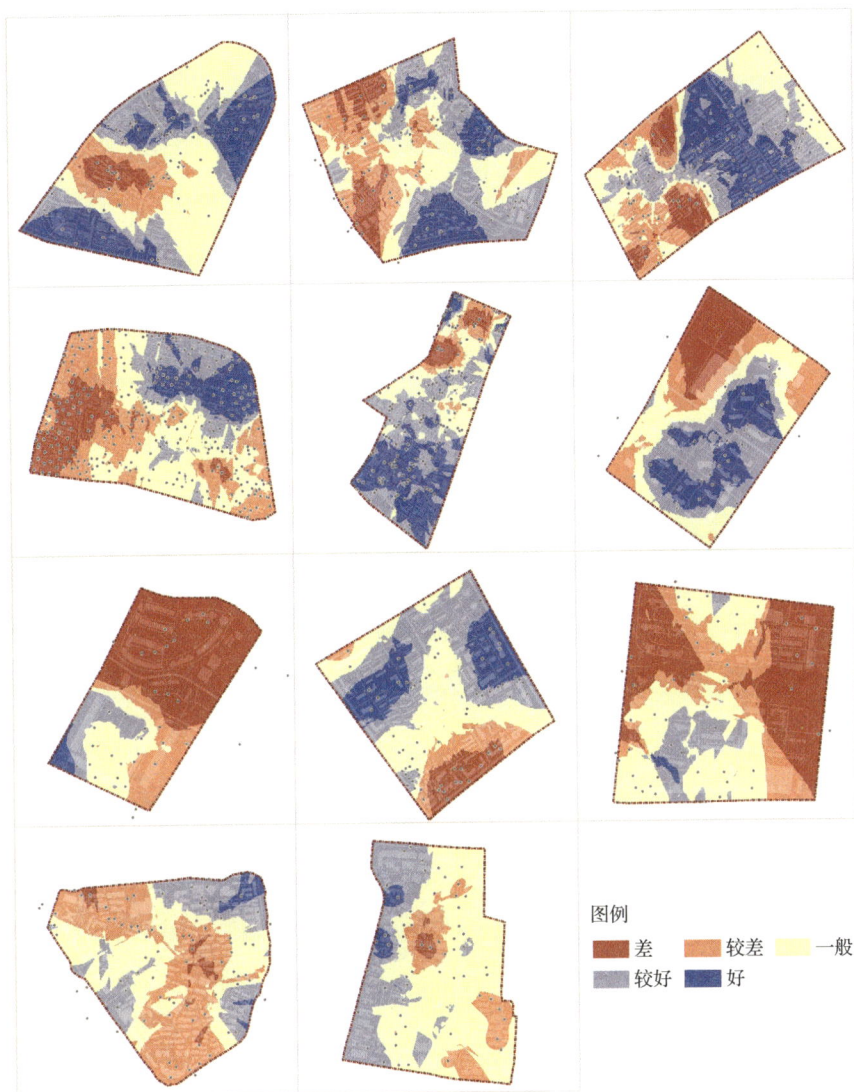

图 6-43（续）

注：排列顺序为从左向右、从上到下，依次为 1～14 号生活圈。

4．美观性评估

美观性评估面向建筑立面、绿地街景、街道尺度、设施空间等，依据实地调研结果进行美观性总体评估（表 6-59），并根据综合评估结果形成图示（图 6-44）。

表 6-59 生活圈美观性评估体系

美观性	调研说明	美观性评级（5 级系统）
建筑立面	建筑立面是否有统一协调规划，是否能够体现一定地域特色或审美追求	（1）各类指标评估均差； （2）各类指标评估均较差； （3）各类指标评估均一般； （4）各类指标评估均较好； （5）各类指标评估均好
绿地街景	绿地街景营造是否具有一定的审美追求，是否能够达到一定的景观效果	
街道尺度	街道是否卫生怡人，尺度是否适合步行与休闲	
设施空间	设施空间是否进行过美化设计，是否能够达到一定的审美需要	

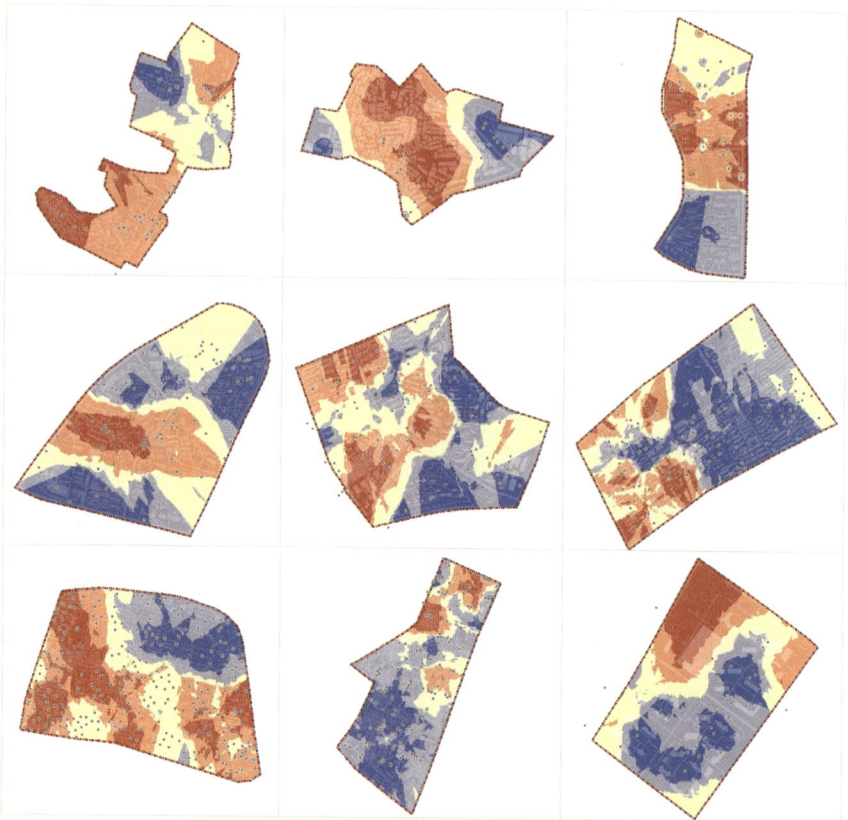

图 6-44 典型生活圈美观性评估结果

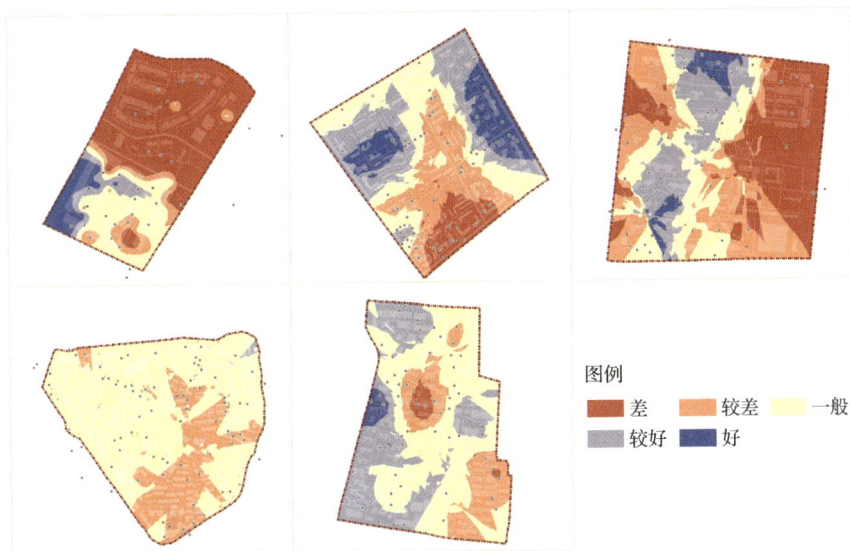

图 6-44（续）

注：排列顺序为从左向右、从上到下，依次为 1 ~ 14 号生活圈。

5. 整体满意度分析

典型生活圈总体满意度评估结果（图 6-45）如下。①在多数生活圈中，设施更完善的区域整体满意度更高。设施集聚形成的小型服务中心往往是一个生活圈中居民的活动密集区域，也是更受关注的区域。②满意度的变化有几种典型形态，包括：成片的满意度塌陷，往往源于生活圈中不同社区之间建设水准的差异；从外部向内部满意度逐渐降低，往往源于生活圈本身的建设水平较差；从外部向内部满意度逐渐上升，往往源于外部空间的混杂；低满意度空间较为均匀，源于内部空间的某些细节规划建设缺陷。③满意度具有层层递进的关系，即美观性评分较高时，相对来说其他分项评分也较高，这类生活圈建设时间较晚、容积率较高、建筑密度较小；方便性评分的独立性较强，在其他分项评分较差的成熟生活圈中，方便性分项评分较高。

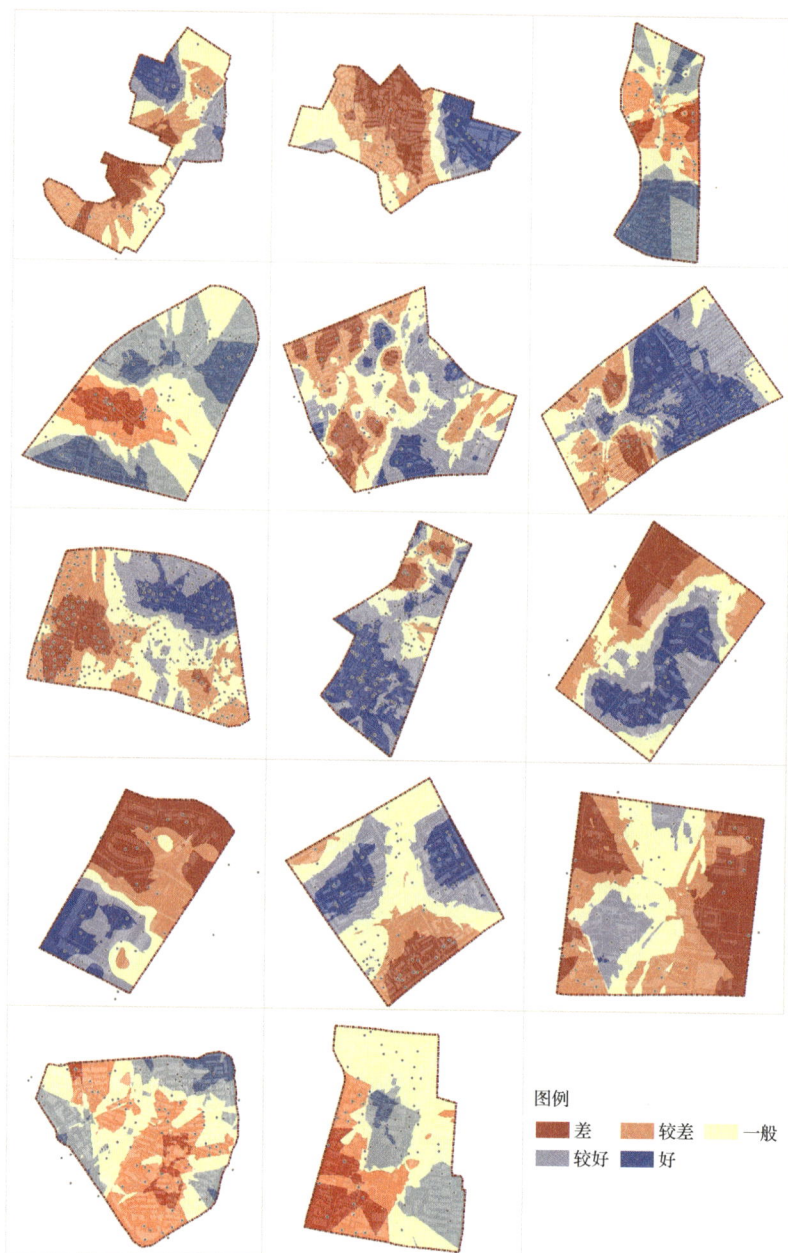

图 6-45 典型生活圈总体满意度评估结果

注：排列顺序为从左向右、从上到下，依次为 1 ～ 14 号生活圈。

第四节　武汉15分钟生活圈基本公共服务设施配置方法

本节通过问卷调查、访谈、可能性分析等方法，从社区公共服务设施的需求者（社区居民）和供给者（公共服务设施建设者）自存/共存的角度出发，确定基于需求者和供给者的各类设施合理服务半径范围，为各类基本公共服务设施的合理布局提供依据。

一、面向自存/共存的基本公共服务设施匹配路径

自存/共存的基本公共服务设施匹配路径是根据基本公共服务设施的"需求（使用）者"和"供给（运营）者"基于自存/共存平衡给出的服务半径或需求，获取自存/共存平衡视角下基本公共服务设施配置的最大共识，其典型的操作方法如下。

（一）满足社区居民"自存"心理的匹配

社区居民对于社区公共服务设施的满意度评价是以其理性和物性为基础的，而空间接触机会的可达性和供应量是满足社区居民物性的重要因素，因此社区居民希望能够迅速到达社区公共服务设施并获得充足的公共服务，在社区公共服务设施负面影响可以忍受的前提下，距离家越近、供应量越大越好，其所能接受的最优距离区间和供应量即社区居民视角下社区公共服务设施服务半径的"自存值"。在自存的角度下，人主观上更倾向于一个"理想值"，而"理想值"往往难以实现，因为有限的资源使得城市规划师需要在群体中考虑他人的理想。

实现居民满意下"自存"心理匹配的方法多样，可以通过直接发放调查问卷获取公共服务"点"与"量"和居民满意度，也可以通过分析多个特定区域设施现状与区域内居民满意度以及回归分析确定自存视角下居民满意度和公共服务设施可达性或供应量的关系。

（二）满足公共服务设施建设者"自存"心理的匹配

公共服务设施建设者对于公共服务设施的满意度评价是以公共服务设施建设者的理性和居民共同的物性为基础的，公共服务设施建设者基于"自存"的心理，希望能够获得更多经济和社会效益，因此希望其管理和运营的公共服务设施服务半径越大越好，并能以更少投入获得更大收益，

其所能接受的最优服务半径和供应即公共服务设施建设者视角下公共服务设施服务半径的自存值。同样，这里的自存值也是一种理想状态。

获取公共服务设施建设者满意下"自存"匹配的方法多样。在样本量较少时，可以采用访谈形式获取公共服务"点"与"量"和公共服务设施建设者满意度，也可以通过分析多个特定区域设施现状与区域内公共服务设施建设者的满意度以及回归分析确定自存视角下公共服务设施建设者的满意度和公共服务设施可达性或供应量的关系。

（三）共识视角下的合理服务半径

当作为需求者的社区居民考虑其他居民及公共服务设施建设者等的共同利益时，规划会从"理想值"向"合理值"过渡，这是因为人天然追求共存的本能驱使其能够考虑他人是否也能够获得所需的空间接触机会、分享到合理的公共服务资源；同样，作为供给者的公共服务设施建设者也应考虑居民的需求，在法规约束之外满足一定的人均供应、合理的服务需求。

自存倾向相对显性，更易获取；共存倾向相对隐性，需要城市规划师通过挖掘与平衡来实现。在实际的调研中，当城市规划师抛出"考虑到他人时，您的合理诉求是什么"这个问题时，大多数受访者会主动对自己的理想做出调整，适当降低期望，从而使得双方的共识区间更契合，更能够达到共同的"共识区间"。获取这一平衡点的意义是重大的，它不仅明确了设施配置的合理范围，还证明了隐形的共存倾向确实存在，人可以认知群体的利益与个人的利益并不冲突，既能够考虑"小我"，也能够心存"大我"。

二、共识视角下社区公共服务设施可达性匹配

针对基本公共服务设施配置的布点环节，在最大共识前提下，通过对典型生活圈中社区居民、公共服务设施建设者的深度访谈，判断基本公共服务设施的可达性。

（一）幼儿园

1. 社区居民基于"自存"心理的服务半径

根据回归分析，居民步行距离与步行时间越长，其对设施的可达共

识越低。若 12.5% 的居民为高出行选择，则居民出行 300 米内能到达幼儿园，且步行时间不超过 12 分钟时，其"自存"能够得到满足。此外，当幼儿园距离较远（400 ~ 500 米）时，依然有相当比例的居民选择该园。经踏勘访谈后得知，这些幼儿园普遍位于半封闭场所，区内大部分道路为支路或社区级道路，较为便捷安全，沿线绿化及卫生状况良好且配有休息设施，这说明良好的步行环境能够提升居民对幼儿园的满意度。

2. 公共服务设施建设者基于"自存"心理的服务半径

对幼儿园的管理者进行访谈调查发现，当服务半径小于 400 米时，幼儿园管理者的满意度和幼儿园服务半径呈正相关关系；当服务半径大于 400 米时，幼儿园管理者的满意度和幼儿园服务半径呈负相关关系。从"自存"心理出发，幼儿园管理者一方面希望幼儿园能服务更多学前儿童，充分体现其教育价值；另一方面希望有较高的经济效益，但幼儿园规模受限会导致入学儿童数量有限。取 80 分为判断满意度高低的节点，可知当幼儿园的服务覆盖半径处于 300 ~ 700 米时，幼儿园管理者的"自存"心理能够得到满足。

3. 共识视角下的合理服务半径

公共服务设施需求者的"自存"意识使其追求距离更近的幼儿园，其"共存"意识使其接受走得更远的事实；公共服务设施供给者的"自存"意识使其倾向于将幼儿园设置在需求对象较多的中心地区以获得更高收益，其"共存"意识使其能理解家长希望尽快到达高性价比幼儿园的心态。

为使两组"城市人"达到理性共识，需要让双方换位思考，寻找双方在"共存"意识影响下的共识时间/距离。根据问卷调查可知，经过换位思考后，大部分幼儿园需求者选择了 3 ~ 8 分钟、250 ~ 500 米为意愿步行时间/距离，更多幼儿园供给者选取了 8 ~ 13 分钟、350 ~ 600 米为意愿步行时间/距离。

将幼儿园需求者及供给者的自存/共存意愿进行回归分析，发现双方的共识区间为：时间为 4 ~ 10 分钟，距离/覆盖半径为 300 ~ 500 米。在此区间内，幼儿园需求者及供给者能够达成共识。

鉴于幼儿园的特殊性及多元性，综合考虑居民的步行速度及城市土地集约利用，按步行 0.8 米/秒进行换算，选取区间中位值作为共识性结论，具体为：时间 8 分钟、距离 400 米。另外，受服务需求的效益影响，建议幼儿园为到达时间 6 分钟、服务半径 300 米；优质普惠园及营利性民办园为到达时间 10 分钟、距离 500 米。

（二）小学

1. 社区居民基于"自存"心理的服务半径

使用调查问卷得到受访者期望出行的时间和距离，以及受访者满意度，利用回归分析进行拟合，发现满意度与出行时间、距离成反比。基于学生/家长"自存"的心理，为了使未来满意度高于现状满意度（84.43 分），以 85 分为临界点。通过曲线拟合可知，当出行时间小于 10 分钟、距离小于 700 米时，出行满意度可达到 85 分及以上。此时，学生/家长的"自存"心理基本能得到满足。

2. 公共服务设施建设者基于"自存"心理的服务半径

从"自存"角度看，小学供给者希望在自身承载力范围内，通过最优的服务半径覆盖更多的生源，更好地体现设施的价值，避免设施的重叠设置、资源及土地的浪费、增加城市用地的紧张。对小学供给者进行实地访谈和问卷调查，以满意度－服务半径为变量，根据拟合曲线可知，当小学的服务半径小于 1400 米时，其运营满意度与半径呈正相关关系；当小学的服务半径大于 1400 米时，两者呈负相关关系，且下降趋势明显。这说明如果服务半径过大，则小学的承载力可能不够，因此本研究只考虑在学校承载力范围内的服务覆盖范围。以 40% 为临界值，当满意的占比大于 40%，小学服务半径大于 1200 米、小于 1400 米时，呈现较高的满意度，此时小学供给者的"自存"心理得到更好的满足。

3. 共识视角下的合理服务半径

在要求供需双方都满意的背景下，换位思考成为寻求合理的出行时间及合理的距离（服务半径）的重要手段。

学生/家长所追求的空间接触机会是最佳可达（时间、距离为主要考量因素，其他影响舒适性的因素为次要考量因素）范围内的小学，小学供给者所追求的空间接触机会是最合适的服务半径范围内（承载力）的学生规模。双方追求的共识就是自存/共存平衡下的小学的合理分布。研究基于"共存"诉求，分别拟合学生/家长及小学供给者期望的出行时间、覆盖半径曲线。

基于"共存"诉求的学生/家长及小学供给者期望的出行时间为12～14分钟，覆盖半径为700～1000米。因此，可提取区间的中位值作为结论，即在自存/共存平衡原则下，当小学服务半径为850米、出行时间为13分钟时，小学资源布局与居民的需求可实现互相匹配。进一步论证显示，在13分钟内步行850米，步行速度为1.09米/秒（以慢行步速0.9米/秒为下限、以正常成年人步速1.5米/秒为上限为基准）。

（三）医疗卫生设施

1. 社区居民基于"自存"的服务半径

由于医疗卫生设施的特殊性，对基于"自存"心理的社区居民来说，他们希望能够在需要卫生服务时方便、安全地到达医疗卫生设施，且在不需要医疗卫生服务时不受其负外部性的影响，所以居民在一定程度上希望医疗卫生设施距离住所较近且不紧邻。通过统计调查问卷结果发现，基于"自存"心理，针对到达医疗卫生设施的时间，42.86%的居民选择了5分钟以内，50%的居民选择了5～10分钟，7.14%的居民选择了10～15分钟，由此拟合出社区居民基于"自存"心理的时间曲线。基于"自存"心理，针对到达医疗卫生设施的距离，32.14%的居民选择了200米以内，42.86%的居民选择了200～500米，17.86%的居民选择了500～700米，7.14%的居民选择了700～1000米，由此拟合出社区居民基于"自存"心理的距离曲线。

2. 公共服务设施建设者基于"自存"心理的服务半径

对基于"自存"心理的医疗卫生设施的运营者来说，他们希望能够在设施承受能力范围内具有相对较大的服务半径，覆盖尽可能大的社区面积，但当超过一定的距离时，运营者的满意度会随之降低。问卷调查结果显示，基于"自存"心理，针对服务半径，5.41%的医疗卫生设施运营者选择了200～500米，13.51%的医疗卫生设施运营者选择了500～700米，45.95%的医疗卫生设施运营者选择了700～1000米，27.03%的医疗卫生设施运营者选择了1000～1500米，8.11%的医疗卫生设施运营者选择了1500米以上，由此拟合出医疗卫生设施运营者基于"自存"心理的服务半径曲线。

3. 共识视角下的合理的服务半径

使用者（社区居民）的"自存"意识使其追求更近的医疗卫生设施，"共存"意识使其容忍医疗卫生设施在一定程度上远离自己的住所;供给者(医疗卫生设施运营者)的"自存"意识使其希望能够在服务能力之内具有更大的服务半径和范围,"共存"意识使其理解居民希望尽快到达医疗卫生设施的心态。

为达到两组"城市人"的共识,需要公共服务设施需求者和供给者换位思考,寻求双方在"共存"意识影响下的共识距离和时间。根据问卷调查的结果,大部分公共服务设施需求者选择了 5 ~ 10 分钟(46.43%)、10 ~ 15 分钟(39.29%)为意愿时间,同时选择了 200 ~ 500 米(28.57%)、500 ~ 700 米(39.29%)及 700 ~ 1000 米(25%)为意愿到达距离;大部分公共服务设施供给者选择了 10 ~ 15 分钟(45.95%)、5 ~ 10 分钟(32.43%)为意愿时间,同时选择了 700 ~ 1000 米(40.54%)和 500 ~ 700 米(27.03%)为意愿服务半径。

将公共服务设施需求者与供给者基于自存/共存平衡下的时间和距离曲线进行拟合,可以得出双方的共识区间:时间为 9 ~ 12 分钟,距离和服务半径为 600 ~ 850 米。在此区间内,医疗卫生设施的需求者及供给者能够达成共识。根据曲线相交的关系,最终的共识时间为 11 分钟,共识距离为 700 米。

(四)养老服务设施

1. 社区居民基于"自存"心理的服务半径

针对养老服务设施进行满意度调查,拟合结果曲线,可以看出老年人的满意度随着通往设施时间的增加呈下降趋势,不同类别设施的线性变化特征不同,说明老年人的出行选择存在一定的差异:对于提供综合服务的设施,老年人希望可以尽快享受到服务,而这些服务往往是短期、急需的,因此其满意度曲线下降较快;对于休闲类设施,老年人需要服务的迫切性降低,允许通往设施时间增加,因此其满意度曲线下降较缓。

从"自存"心理角度出发,老年人既希望可以尽快到达设施,又希望在途中得到适当的锻炼。取高于综合满意度(服务类设施 73.85 分,照料类设施 73.1 分,休闲类设施 72.78 分)的点(75 分)作为"自存"参考点,可以得出以下结论:当通往服务类设施的时间不超过 6.5 分钟、步行距离不超过 377 米,通往照料类设施的时间不超过 7.9 分钟、步行距离不超过 458 米,通往休闲类设施的时间不超过 8.5 分钟、步行距离不超过 493 米时,老年人的"自存"心理能够得到满足。

2. 公共服务设施建设者基于"自存"心理的服务半径

养老服务设施包含政府公办项目及民办机构，不同的供应方对于设施供给有不同的考虑。政府更加关注老年人群体的使用是否便捷，服务是否周全，而营利性质的民办机构更多考虑是否能服务于更大范围的人，吸引更多老年人使用。综合多方的调查结果，取高于平均满意度（服务类设施77.86分，照料类设施78.93分，休闲类设施78.21分）的点（80分）作为自存参考点，得出结论：当服务类设施的服务半径在299～707米，照料类设施的服务半径在270～705米，休闲类设施的服务半径在350～756米时，设施供给者的"自存"心理得到最大满足。

3. 共识视角下的合理服务半径

"共存"意识使老年人能够换位思考。调查问卷显示，多数老年人选择的服务类设施"共存"出行时间是5～10分钟，出行距离为290～580米（占48.81%）；照料类设施的时间是5～10分钟，出行距离为290～580米（占50%）；休闲类设施的时间是10～15分钟，出行距离为580～870米（占45.24%）。综合"自存"分析中的取值，三类设施自存/共存平衡下的出行距离分别为0～580米、0～580米和0～870米。

养老服务设施供给者考虑老年人的步行极限，理解老年人希望尽快到达设施的愿望，对服务半径做出适度的调整，多数养老服务设施供给者在"共存"下的服务半径选择为：服务类设施300～500米（占42.5%），照料类设施300～500米（占47.6%），休闲类设施500～700米（占38.5%）。结合之前"自存"分析中的取值，三类设施自存/共存平衡下的服务半径分别为300～500米、300～500米和500～700米。

综上所述，在求得双方的共识下，养老服务设施的配置服务半径为：服务类设施300～500米，照料类设施300～500米，休闲类设施500～700米。

（五）社区服务设施

1. 社区居民基于"自存"心理的服务半径

社区居民到达社区服务中心的距离和时间越短，其满意度越高。根据问卷调查的回归分析，基于居民"自存"心理和现状整体满意度得分，选取80分作为判断满意度高低的临界值，拟合结果显示，出行时间在12分钟以内、出行距离在900米以内时，居民的"自存"心理能得到满足。

2. 公共服务设施建设者基于"自存"心理的服务半径

对基于"自存"心理的社区服务设施供给者来说，他们希望能够在设施承受能力范围内具有相对较大的服务半径，覆盖尽可能大的社区面积，但当超过一定的距离时，其满意度会随之降低。

问卷调查结果显示，基于"自存"心理，针对服务半径，当服务半径为950米时，社区服务设施供给者的满意度达到峰值。选取80分作为判断满意度高低的临界值，将800～1000米的服务半径作为社区服务设施服务承载力可接受的覆盖范围，此时社区服务设施供给者的"自存"心理能得到满足。

3. 共识视角下的合理服务半径

换位思考是居民需求与社区服务设施匹配达成共识的重要手段。问卷调查结果显示，"共存"视角下超过半数的居民选取8～12分钟、600～900米作为期望时间和距离，超过半数的社区服务设施供给者选取10～15分钟、750～1125米作为期望时间和距离。因此，结合双方"自存"值，取双方自存/共存平衡下期望时间/距离的交集，最终得出双方共同意愿的合理社区服务设施的出行时间为10～12分钟，服务半径为800～900米，取平均值为11分钟、850米。

（六）菜市场

1. 社区居民基于"自存"心理的服务半径

在实际调研中，居民对于菜市场的满意度大多为"较为满意"，选择"非常满意"的居民较少。问卷调查显示，影响居民对于菜市场消费体验的首要因素是菜市场环境与卫生状况，其次是菜市场距离。

根据调研统计数据，各可达距离内社区居民满意度平均值为74.56，通过分析可得到菜市场满意度与社区居民可达距离的关系，结果表明，当菜市场服务半径小于1000米时，步行距离与居民满意度总体上呈反比例关系。值得注意的是，步行距离在200米内时，居民总体满意度高于80分，但满意度随距离增加而呈现小幅度上升。当菜市场离社区过近时，菜市场污水排放与噪声污染产生的环境问题可能是影响居民满意度的主要原因。当菜市场步行距离为250米时，居民满意度达到高峰；当步行距离大于 250 米小于 350 米时，居民满意度低于 80 分；当步行距离大于 350 米小于 600 米时，居民满意度随距离的递增而骤减；当步行距离超过 600 米时，居民满意度降低趋势有所延缓，这表明当步行距离大于 600 米时，影响居民满意度的主导因素不再是距离。综上分析，当菜市场步行距离大于 200 米小于 350 米时，居民满意度较高，可满足居民的"自存"心理。

2. 公共服务设施建设者基于"自存"心理的服务半径

在实地调研中，对 18 个典型生活圈内菜市场经营者及农副产品销售者发放调查问卷，将 18 个典型生活圈菜市场经营者的综合满意度从高到低排序。选取四个满意度超过 80 分的生活圈，研究典型菜市场经营者的服务半径，计算菜市场的服务半径，将服务半径取平均值，得到四个典型生活圈平均服务半径分别为 158～416 米、205～417 米、138～328 米、124～501 米，其中最小服务半径的均值为 152 米，最大服务半径的均值为 410 米，这表明当菜市场服务半径为 152～410 米时，菜市场经营者的需求可以得到满足。

3. 共识视角下的合理服务半径

根据以上数据分析，菜市场经营者对于菜市场最佳服务半径的需求为 152～410 米，社区居民对于菜市场最佳服务半径的期望为 200～350 米，合理服务半径是取两者的交集，即社区居民对于菜市场理想半径的下限和上限，得出菜市场需求者和供给者的合理服务范围是 200～350 米，取平均值为 275 米、4 分钟。

（七）文化设施

1. 社区居民基于"自存"心理的服务半径

社区居民基于自身的物性，希望以最快的速度、最短的时间、最近的距离到达文化设施。离文化设施越近，居民对该文化设施的满意度越高，这就是居民的"自存"心理。

问卷调查结果显示，将居民的满意度和离文化设施的距离作为变量，分析发现居民对四类文化设施的满意度都与距离成反比。当距离较短时，拟合曲线约为线性；当距离增加时，满意度会显著降低；当距离继续增加到一定值后，满意度的下降速度变慢，拟合曲线逐渐平缓。

以图书类文化设施为例，当满意度达到 80 分及以上时，居民对图书类文化设施达到满意。取高于居民现有的满意度（77.53 分）即达到"满意"的 80 分作为判定居民满意与否的节点，调控图书类文化设施的布局，进而使未来满意度达到满意及以上。满意度在 80 分及以上时，即对应的图书类文化设施距离为 700 米时，居民的"自存"心理能得到满足。

以相同的方法，对其他类型的文化设施进行满意与否节点的取值，分别选取高于博览类文化设施现状满意度（80.15 分）的 85 分、高于艺术类文化设施现状满意度（75.32 分）的 80 分、高于群众类文化设施现状满意度（72.84 分）的 80 分，作为居民"自存"心理能达到满足或达到满足后进一步提升的满意度下限，通过拟合曲线找到居民达到"自存"心理满意度下限的距离数值，即可得到居民对剩下三类文化设施可达距离的"自存值"为：博览类文化设施 900 米、艺术类文化设施 950 米、群众类文化设施 550 米。

2. 公共服务设施建设者基于"自存"心理的服务半径

从"自存"视角看，文化设施建设者希望文化设施尽可能以更优的设施布局、更大的服务半径服务更多的居民，但设施规模因土地资源有限而存在限制，设施的承载力因其规模而存在一个上限，因此设施的服务半径不会无限扩大。设施的重叠配置会造成资源浪费，因此文化设施建设者对文化设施的满意度不会随着设施服务半径的扩大而一直增加，设施的服务半径具有临界值。

问卷调查统计结果显示，以文化设施建设者对设施的满意度和其在"自存"心理达到满足时对文化设施的期望服务半径的选择作为因变量进行分析，发现服务半径存在临界值，小于临界值时文化设施建设者的满意度与其成正比，大于临界值时文化设施建设者的满意度与其成反比。

以图书类文化设施为例，满意度达到 80 分及以上时，居民对图书类文化设施达到满意。取高于文化设施建设者现有的满意度（77.81 分）的 80 分为判定满意与否的节点，由拟合曲线可知，当图书类文化设施的服务半径为 750～1100 米时，文化设施建设者的"自存"心理能够得到满足。

以相同的方法，对其他文化设施的满意度节点进行取值，分别选取高于博览类文化设施现状满意度（82.24 分）的 85 分、高于艺术类文化设施现状满意度（78.23 分）的 80 分、高于群众类文化设施现状满意度（76.19 分）的 80 分为判定满意与否的节点，通过曲线拟合可知，这三类文化设施的文化设施建设者"自存值"为：博览类文化设施 900～1200 米、艺术类文化设施 850～1400 米、群众类文化设施 650～1000 米。

3．共识视角下的合理服务半径

居民的"自存"意识使其期望文化设施距社区尽可能近，居民的"共存"意识使其愿意在文化设施布局时因其他的影响因素而接受自己走得更远的事实；文化设施建设者的"自存"意识使其希望设施能以较大的服务半径服务尽可能多的居民，文化设施建设者的"共存"意识使其理解居民期望就近前往文化设施的心理。因此，这一组"城市人"应该进行换位思考，达成供需双方在自存/共存平衡下的共识距离。

（1）图书类文化设施的共识距离。根据问卷调查，经过基于自存/共存意愿的换位思考后，大部分居民选择了 600 ～ 800 米（39%）为图书类文化设施的意愿距离，更多文化设施建设者选择了 800 ～ 1000 米（48%）作为图书类文化设施的意愿距离。将每个意愿距离区间的人数占比与意愿距离作为变量进行回归分析，拟合得到供需双方的自存/共存意愿回归函数曲线。当距离为 600 米时，居民的自存/共存意愿能得到最大满足；当距离为 950 米时，文化设施建设者的自存/共存意愿能得到最大满足。同时，"自存值"结果显示，距离在 700 米以内时，居民对图书类文化设施可以达到满意。出于大城市集约利用土地的考虑，选取 700 米作为区间下限，由此得到距离在 700 ～ 950 米区间时，供需双方可以达成共识。选取区间中位值作为共识性结论，即在自存/共存平衡原则下，当到图书类文化设施的距离为 825 米时，设施的服务半径与居民需求能够相互匹配。

（2）博览类文化设施的共识距离。换位思考后，大部分居民选择了 800 ～ 1000 米（37%）作为博览类文化设施的意愿距离，更多文化设施建设者选择了 1000 ～ 1200 米（41%）作为博览类文化设施的意愿距离，由此得到供需双方的自存/共存意愿拟合曲线。当距离为 850 米时，居民的自存/共存意愿能得到最大满足；当距离为 1100 米时，文化设施建设者的自存/共存意愿能得到最大满足。根据"自存值"结果，距离在 900 米以内时，居民对图书类文化设施可以达到满意，即选取 900 米作为区间下限，由此得到距离在 900 ～ 1100 米时，供需双方可以达成共识，选取区间中位值对应的距离 1000 米作为共识性结论。

（3）艺术类文化设施的共识距离。换位思考后，大部分居民选择了 800 ～ 1000 米（40%）作为艺术类文化设施的意愿距离，更多文化设施建设者选择了 1000 ～ 1200 米（38%）作为艺术类文化设施的意愿距离，由此得到供需双方的自存/共存意愿拟合曲线。当距离为 850 米时，居民的自存/共存意愿能得到最大满足；当距离为 1150 米时，文化设施建设者的自存/共存意愿能得到最大满足。"自存值"结果显示，距离在 950 米以内时，居民对图书类文化设施可以达到满意；选取 950 米作为区间下限，即距离在 950～1150 米时，供需双方可以达成共识，选取区间中位值对应的距离 1050 米作为共识性结论。

（4）群众类文化设施的共识距离。换位思考后，大部分居民选择了 400～600 米（36%）作为群众类文化设施的意愿距离，更多文化设施建设者选择了 600～800 米（43%）作为群众类文化设施的意愿距离，由此得到供需双方的自存/共存意愿拟合曲线。当距离为 500 米时，居民的自存/共存意愿能得到最大满足；当距离为 650 米时，文化设施建设者的自存/共存意愿能得到最大满足。"自存值"结果显示，距离在 550 米以内时，居民对图书类文化设施可以达到满意，即选取 550 米作为区间下限，距离在 550～650 米区间时，供需双方可以达成共识，选取区间中位值对应的距离 600 米作为共识性结论。

将共识距离与现有国标和武汉规范标准进行对比分析。对于只涵盖市、区级别的博览类文化设施和艺术类文化设施，并没有服务半径的规范标准。对于这两类设施而言，1000 米左右的共识距离作为居民对文化博览和文化艺术功能设施的期望，可以形成在生活圈配置小型文化艺术展览设施的规划思路。对于涵盖市、区级别和生活圈级别的图书类文化设施和群众类文化设施而言，结合《城市居住区规划设计标准》中对于文化活动中心 1000 米、文化站 500 米的服务半径要求得出 500～650 米的共识距离。根据人的步行速度 4 千米/时，650 米对应的是 10 分钟生活圈。因此，可以考虑将武汉主城区内文化活动中心配置在 10 分钟生活圈圈层，将文化站配置在 5 分钟生活圈圈层。目前，相关规范标准中没有对生活圈级别图书类文化设施的服务半径的要求，建议将小型图书馆配置在 10 分钟生活圈圈层，并保证居民在 825 米内步行可达。

（八）物流服务设施

1. 社区居民基于"自存"心理的服务半径

在对社区居民"自存"心理下的可达性满意度研究中，根据调研统计数据计算各可达距离居民满意度平均值，通过回归趋势分析社区物流点满意度与居民可达距离的关系。结果表明，社区物流服务设施距居住点 1000 米以内时，居民满意度与可达距离成反比：可达距离在 300 米以内时，居民平均满意度为 80 分；可达距离在 300 ～ 600 米时，居民满意度逐渐降至 76 分，此时已经低于其整体平均满意度（79.38 分）；可达距离超过 1000 米时，居民平均满意度降至 72 分左右，并且随距离的增加而明显降低。

综合以上分析，当社区物流服务设施可达距离在 300 米以内时，可满足居民的"自存"心理；当社区物流服务设施可达距离在 1000 米以上时，有 10.9% 的居民选择了满意及非常满意。根据实地调研，该类物流服务设施均由社区管理者统一建立，与其他地区物流服务设施相比具有较高的美观度与舒适度，且该类物流服务设施位于开敞空间附近，周边具有游憩设施、便利店等其他社区公共服务设施，综合服务性较强。可见提升社区物流服务设施周边配套设施及周边环境有助于提升居民的满意程度。

2. 公共服务设施建设者基于"自存"心理的服务半径

物流服务设施供给者在"自存"意识下会寻求尽可能大的服务半径，以获得更多的客户，在选址时会衡量社区居民、管理者及市场环境成本等多方面因素，寻找当下最满意的位置。因此，物流服务设施当前所处位置可被视为具有最高满意度的区位条件。

对研究范围内所有物流服务设施以百米为单位进行可达性分析，统计各可达距离内所服务的人口规模，寻求物流服务设施服务人口规模与服务范围的关系，其中人口规模可通过容积率、建筑密度及人口总量进行推算。物流服务设施每百米服务人口规模随距离增加而变化，且所有社区都至少存在一个服务人口规模峰值。该峰值受社区建筑密度与容积率的共同影响，会在服务距离上产生偏移，具体表现为：容积率提高使服务人口峰值向更大的服务距离区间移动，同时峰值人口占比缩小；建筑密度增大会使服务人口峰值向更小的服务距离区间移动，并扩大峰值人口占比。

取各社区每百米服务人口均值反映武汉主城区社区物流服务设施的整体情况。社区物流服务设施在 200 米服务半径内服务人口规模随距离增加而迅速扩大，在 200 ～ 400 米服务半径内服务人口规模随距离增加迅速缩小，在 400 米以上服务半径内人口规模随距离增加逐渐减小。在 400 米服务半径下，社区物流服务设施可服务社区人口约 70%，并在 200 ～ 300 米内拥有最大服务人口规模，约占社区总人口的 25%。因此，取 200 米为物流服务设施供给者需求服务半径下限，取 400 米为物流服务设施供给者需求服务半径上限，对应的居民步行时间为 3.3 ～ 6.7 分钟。

3. 共识视角下的合理服务半径

分析结果表明，从物流服务设施供给者角度看，当前社区物流服务设施普遍布局在距居住点 200～400 米内；从物流服务设施需求者角度看，物流服务设施应当布局在步行 5 分钟可到达区域内（约 300 米）。结合物流服务设施服务覆盖人口占比、居民满意度随距离变化趋势，确定其共识服务半径区间为 175～420 米，物流服务设施供给者需求半径与社区居民需求距离皆处于该共识服务半径内，因此取物流服务设施最小服务半径 200 米作为最佳服务半径下限，取居民所能接受的最大距离 300 米作为最佳物流服务半径上限，得到当前武汉主城区物流服务设施最佳服务半径为 200～300 米。从优化城市公共服务资源、最大化集约利用土地的角度出发，将最佳服务半径区间上限 300 米作为最佳服务半径，对应的居民步行时间为 5 分钟。

（九）公园

1. 社区居民基于"自存"心理的服务半径

根据回归分析，居民的步行时间满意度与其步行的时间、距离成反比。取高于现状满意度（65.57）的 75 分为判断满意度高低的节点，可知当居民出行 400 米内能到达公园且步行时间不超过 10 分钟时，其"自存"心理能够得到满足。此外，在距离较远的 500～600 米内，部分居民（37.3%）的平均满意度依然达标。经踏勘访谈后可知：到达这些公园的道路均有独立人行道，步行过程安全系数高；沿线具有完整绿化，卫生状况良好；路线旁设置座椅、遮阳棚等休息设施。这说明良好的步行环境能够提升居民对社区公园的满意度。

2. 公共服务设施建设者基于"自存"心理的服务半径

根据回归分析，当公园服务半径小于 500 米时，公园服务者满意度和服务半径呈正相关关系；当公园服务半径大于 500 米时，公园服务者满意度和服务半径呈负相关关系。从"自存"心理出发，公园服务者一方面希望公园能服务足够数量的居民，充分体现其公共价值，另一方面希望其在运营及管理的过程中不要受到太大的破坏，因此公园吸引的居民数量并非"多多益善"。取高于现状满意度（71.61）的 75 分为判断满意度高低的节点，可知当公园的服务半径为 300～700 米时，公园服务者的"自存"心理能够得到满足。

3. 共识视角下的合理服务半径

公园使用者的"自存"意识使其追求更近的公园,而"共存"意识使其在公园布局时考虑其他人的需求并接受自己走得更远的事实;公园服务者的"自存"意识使其想将公园落点于居民来源较多的中心,"共存"意识使其能理解居民希望尽快到达公园的心态。为使两组"城市人"达成理性共识,需要双方换位思考,寻找双方在"共存"意识影响下的共识时间/距离。根据问卷调查,经过换位思考后,大部分公园使用者选择了 5 ~ 10 分钟(51%)、100 ~ 300 米(44%)为意愿时间/距离,更多公园服务者选择了 10 ~ 15 分钟(48%)、300 ~ 500 米(48%)为意愿时间/距离。将社区居民及公园服务者的"自存/共存"意愿进行回归分析,发现双方达成共识的区间如下:时间为 7 ~ 10 分钟,距离/服务半径为 250 ~ 500 米。在此区间内,公园使用者及服务者的意愿能够达成共识。对于大城市而言,出于集约利用土地的考虑,选取区间上限作为共识结论:时间 10 分钟、距离 500 米。

第五节 武汉 15 分钟生活圈规划引导策略

本书基于基本公共服务设施优化的 15 分钟生活圈战略定位及发展目标,结合典型生活圈的可达性评估、承载力评估、满意度评估及共识服务半径的挖掘,形成典型生活圈的规划引导策略。

一、战略定位及发展目标

(一)构建活力社区

社区活力中心结合轨道交通站点布置,可提高社区可达性,包括换乘枢纽、自行车停放点、电动汽车充电桩等交通设施,商业综合体/商业街、菜市场等商业设施,社区服务中心、图书馆、影剧院等文化设施,以及社区公园或绿地。绿道能够连接居住地、社区中心、学校、公园和公交换乘站。居民步行 10 分钟以内就可以到达社区中心。

构建合理的用地比例结构及适度的活力空间。根据各种用地类型的布局特点,综合设置各类用地,留出社区内可共享的空间。

（二）构建和谐社区

（1）营造混合、多元而包容的居住社区。不同收入层次、文化和职业背景的人群以自己的实际购买力为前提，共同居住在不同价位梯度的社区内，和谐相处，优势互补。

（2）实现居民的自治，增加社区凝聚力。由社区居民民主选举产生的居民委员会，具有管理社区事务、协助维持社会治安、调解邻里纠纷、组织社区活动等职责。

（3）组织丰富的邻里活动。在未来的社区构建中，应营造居民相处融洽、邻里活动丰富多彩、邻里关系和睦、人与人之间相互信任的和谐氛围。

（三）构建绿色社区

（1）建设生态网络。依托武汉发达的江、河、湖等主要水系构建武汉蓝道网络；以生态公园为基础，结合市区内的公园、街头游园、社区绿地等，通过生态廊道串接，形成城市的蓝绿网络，使城市居民能够"500米见绿、1000米见园、2000米见水"，改善居民社区大环境，优化城市微气候。

（2）实现低碳发展。节能优先，鼓励居民使用节能材料与能源，提倡公共交通，构建有利于微循环的道路系统，以实现低碳出行，构建低碳社区。

（四）构建便捷社区

（1）构筑全覆盖均等化的基本公共服务体系。所有居民都能在充满健康活力生活的社区居住、工作、学习和锻炼。各类社区公共服务设施将更加开放，服务效率更高，服务机制更加完善。

（2）创造步行可达、高效复合的空间布局。根据居民对设施的需求程度和使用频率，充分考虑老年人和儿童的步行需求，以家为核心将设施按照5分钟—10分钟—15分钟的圈层布局，提高社区的便捷性。

二、典型生活圈规划引导策略

（一）桥梁生活圈

以社区服务设施为中央节点，布设文化、养老服务等设施，联动医疗卫生设施构成行政服务中心区；将整体生活圈沿南北向道路展开，形成南、北两个综合服务片区，主要布置以盈利为主的服务设施，如便利店、菜市场、药店等，并联动对外公共交通设施。同时，基于本生活圈空置率较高、部分建筑已破旧且无人居住的特点，可以围绕核心服务区建设小型社区公共空间，提供公共活动场所；形成东西绿化景观渗透带及西边的沿湖景观渗透带，并结合优越的本地自然条件构建环绕型步行空间，优化小型景观节点（表6-60和图6-46）。

表6-60　桥梁生活圈重点提升方向

提升项		现状分值	提升方向
一、安全性提升	治安系统	2	完善门禁
	照明系统	1	在主要道路架设单边路灯
	道路系统	1	（1）构建步行环线，在生活圈内部较窄路面实行人车分行。 （2）在靠近出口处、空地较多处增停车场。 （3）完善路面，疏导排水，保持路面清洁
	卫生系统	1	清理垃圾，增设垃圾桶
二、方便性提升	教育设施	3	保持现状
	医疗卫生设施	4	保持现状
	管理设施	3	保持现状
	养老服务设施	1	（1）结合社区服务中心、社区文化中心建立老年人活动中心。 （2）结合社区卫生服务中心推进居家养老的医疗、看护服务
	文化设施		（1）增加社区文化活动，提升社区活力。 （2）结合开敞空间设置更多户外活动场所，丰富群众文化生活
	体育设施	1	结合开敞空间设置更多户外活动场所，丰富群众体育生活
	商业设施	4	保持现状
	休闲设施	2	在生活圈中心规划小型绿地空间，在北部规划较大公共空间
	公共交通	4	保持现状
	网络服务	2	保持现状
	出行服务	3	增加停车场，管理沿路停放车辆
三、舒适性提升	景观空间	3	围绕沿湖界面、围绕经营片区（以轰趴馆为主）优化整体风貌，包括建筑立面修整、绿化体系完善、卫生改善、微空间改造等
	休闲空间	3	（1）在生活圈南、北各规划一个小型开敞空间供居民休闲娱乐。 （2）围绕步行环线优化休闲空间
	服务内涵	2	（1）围绕南、北两个休闲服务中心优化商业服务内涵，提升餐饮、零售的服务品质。 （2）围绕社区服务中心提升养老、文化、体育等服务内涵
	灯光噪声	4	在主要道路架设单边路灯
四、美观性提升	建筑风貌	1	（1）拆除违规搭建的临时建筑。 （2）远期计划可综合整治立面，打造休闲娱乐村湾风情
	绿地街景	2	（1）规划绿化系统。 （2）着重打造滨水空间景观
	街道尺度	2	整治路边停车、乱搭乱建，让出街道空间，并加强立体绿化
	设施空间	2	远期计划可考虑设施内部空间优化

图例
生活圈边界
建筑
停车场用地
公园
城市道路
封闭建设用地
幼儿园
生活圈内部道路
社区服务中心
步行道
行道树
现状设施
改善设施
新建设施

图 6-46　典型社区生活圈规划改造意向

注：排列顺序为从左向右、从上到下，依次为 1～14 号生活圈。

（二）新磨山生活圈

新磨山生活圈整体规模较小，难以形成体系化的服务内容，且交通较为便利，居民不多，因此，主要推进生活圈微更新，以提升安全性、舒适性、美观性为主（表6-61和图6-46）。

表6-61　新磨山生活圈重点提升方向

提升项		现状分值	提升方向
一、安全性提升	治安系统	2	完善门禁
	照明系统	1	在主要道路架设单边路灯
	道路系统	1	（1）增加停车场。（2）完善路面，疏导排水，保持路面清洁
	卫生系统	1	清理垃圾，增设垃圾桶
二、方便性提升	教育设施	3	保持现状
	医疗卫生设施	4	保持现状
	管理设施	3	保持现状
	养老服务设施	1	提升优化养老服务设施
	文化设施	1	结合开敞空间设置更多户外活动场所，丰富群众文化生活
	体育设施	1	在社区东、中、西部结合开敞空间，各新建一个小型的健身活动场所
	商业设施	4	保持现状
	休闲设施	2	在生活圈东、中、西部规划小型绿地空间
	公共交通	4	保持现状
	网络服务	2	保持现状
	出行服务	3	增加停车场，管理沿路停放车辆
三、舒适性提升	景观空间	3	在生活圈内部进行建筑立面修整、绿化体系完善、卫生改善、微空间改造等
	休闲空间	3	在生活圈中心规划小型绿地空间
	服务内涵	2	提升商业设施服务内涵，增强特色化经营项目策划
	灯光噪声	4	在主要道路架设单边路灯
四、美观性提升	建筑风貌	1	拆除违规搭建的临时建筑
	绿地街景	2	规划绿化系统
	街道尺度	2	整治路边停车、乱搭乱建，让出街道空间，并加强立体绿化
	设施空间	2	远期可考虑设施内部空间优化

（三）城投瀚城—名都花园生活圈

在生活圈内部按需求增设其他服务设施，并联动对外公共交通设施。

同时，基于本生活圈空置率较低、居住人口较多的特点，围绕综合服务区建设小型社区公共空间，为居民提供公共活动场所，以提升方便性、舒适性为主（表6-62）。

表6-62　城投瀚城—名都花园生活圈重点提升方向

提升项		现状分值	提升方向
一、安全性提升	治安系统	4	完善门禁等安保措施
	照明系统	4	加强社区内部夜间照明系统建设
	道路系统	3	在社区内部完善路面，保持路面清洁
	卫生系统	4	（1）清理垃圾，增设垃圾桶。（2）合理布局垃圾桶位置，不要占用其他设施空间
	其他	由于人流量大，社区开放程度高，应多增设摄像监控设备以保障社区安全	
二、方便性提升	教育设施	4	保持现状
	医疗卫生设施	4	保持现状
	管理设施	3	保持现状
	养老服务设施	1	该生活圈毗邻一个大型养老地产项目，可以获取养老服务
	文化设施	3	（1）增加社区文化活动，提升社区活力。（2）结合开敞空间设置更多户外活动场所，丰富群众文化生活
	体育设施	3	（1）保障体育设施周边环境的干净、便捷，提高设施利用率。（2）结合开敞空间设置三处体育活动场所
	商业设施	4	增加快递服务点
	休闲设施	4	保持现状
	公共交通	4	保持现状
	网络服务	4	保持现状
	出行服务	4	保持现状
三、舒适性提升	景观空间	4	在生活圈南边可通过绿色微空间改造，加强生活圈与南湖的联系性
	休闲空间	4	在生活圈北面加强小型开敞空间的建设
	服务内涵	4	保持现状
	灯光噪声	4	保持现状
四、美观性提升	建筑风貌	4	保持现状
	绿地街景	4	保持现状
	街道尺度	3	整治路边乱停车、乱搭乱建现象，让出街道空间
	设施空间	3	保持现状

（四）东湖景园生活圈

将东湖景园生活圈内的华电小路作为生活圈中心主轴进行优化提升，优化轴线道路两侧外立面及街道景观，布设小型商业设施与绿地休憩设施；以东湖景园生活圈组团构成的社区居住服务中心及依靠南部现有商业综合体拓展形成的现代商业服务中心为社区活力核心，居住服务中心以医疗、养老、社区管理服务功能为主，商业服务中心以娱乐、休闲及零售商业等商贸功能为主；依靠东部东湖风景区沿线，沿黄鹂路与杨园南路组成两条景观渗透带，串联内部微型绿地与文化开敞空间，构建生活圈内部绿地廊道辐射体系；以中心主轴与两条生态辐射廊道为主，沿线布局小型休憩空间、微型公园等区域性节点，提升生活圈景观环境及生活质量（表6-63和图6-46）。

表6-63　东湖景园生活圈重点提升方向

提升项		现状分值	提升方向
一、安全性提升	治安系统	4	升级完善老旧社区的安保措施，加装信息化安保设备
	照明系统	5	保持现状
	道路系统	4	（1）优化老旧社区内部的步行道路，构建完整的步行道路体系。（2）翻新修缮现有破损道路
	卫生系统	5	保持现状
二、方便性提升	教育设施	5	保持现状
	医疗卫生设施	4	考虑增加社区卫生服务站，进一步满足居民日常医疗所需
	管理设施	3	适当调整部分社区服务中心位置，或在外部加装明显的引导指示标志，方便居民寻找
	养老服务设施	4	（1）优化现有养老服务设施外观及环境质量，提升设施舒适性与美观性。（2）结合区域内医疗卫生设施或社区服务设施增加养老服务设施，增强老年人生活舒适性。（3）加装明显引导标志，方便居民查找设施
	文化设施	4	（1）结合开敞空间设置更多户外活动场所，丰富群众文化生活。（2）结合社区服务中心或社区养老服务中心布置文化活动中心
	体育设施	5	提升现状体育设施，丰富群众体育生活
	商业设施	5	保持现状
	休闲设施	4	保持现状
	公共交通	5	保持现状
	网络服务	4	保持现状
	出行服务	3	增加公共停车空间，管理沿路停放车辆

续表

提升项		现状分值	提升方向
三、舒适性提升	景观空间	4	对生活圈内部整体风貌进行优化，以外围建筑立面修整与微空间改造为主
	休闲空间	5	对内部现有休闲空间进行优化完善，对内部公共运动场进行整体质量优化，包括道路铺装、设备修缮等
	服务内涵	4	（1）围绕西南部商业服务中心优化商业服务内涵，丰富商业业态，提升餐饮、零售等服务品质。（2）围绕社区服务中心提升养老、文化、体育等服务内涵
	灯光噪声	4	保持现状
四、美观性提升	建筑风貌	3	优化生活圈内部街道立面
	绿地街景	3	规划内部绿地体系，构建内部绿化体系
	街道尺度	4	整治路边乱停车现象，让出街道空间，并加强立体绿化
	设施空间	4	释放步行道路空间，加强生活圈内部街边绿化

（五）百步亭生活圈

在百步亭生活圈中，以社区服务中心为中心节点，结合社区服务中心布设文化、养老服务等设施，联动社区服务中心、小学构成行政服务中心区；整体生活圈沿南北向道路展开，形成东西三个综合服务片区，主要布设以盈利为主的服务设施，如便利店、菜市场、药店等，并联动对外公共交通设施；建立一条东西向和一条南北向绿化景观渗透带，并结合优越的本地自然条件构建环绕型步行空间，优化小型景观节点；优化提升生活圈主要景观节点，结合步行空间与景观渗透带构建生活空间（表6-64和图6-46）。

表 6-64　百步亭生活圈重点提升方向

提升项		现状分值	提升方向
一、安全性提升	治安系统	3	完善门禁
	照明系统	2	在主要道路架设单边路灯
	道路系统	2	（1）构建步行环线，在生活圈内部较窄路面实行人车分行。（2）在靠近出口处、空地较多处增加停车场。（3）完善路面，疏导排水，保持路面清洁
	卫生系统	4	清理垃圾，增设垃圾桶
二、方便性提升	教育设施	5	保持现状
	医疗卫生设施	5	保持现状

提升项		现状分值	提升方向
二、方便性提升	管理设施	4	保持现状
	养老服务设施	3	（1）对现有养老服务设施进行立面整治，完善内部设施。 （2）结合社区卫生服务中心推进居家养老的医疗、看护服务。 （3）结合社区综合服务中心设置一个新的老年活动中心
	文化设施	1	（1）增加社区文化活动，提升社区活力。 （2）结合开敞空间设置更多户外活动场所，丰富群众文化生活
	体育设施	4	保持现状
	商业设施	4	增加小型菜市场、生鲜店等商业设施，提升社区方便性
	休闲设施	3	增加开敞空间内部的休憩和游乐设施
	公共交通	4	保持现状
	网络服务	2	保持现状
	出行服务	3	增加停车场，管理沿路停放车辆
三、舒适性提升	景观空间	4	优化建设新村整体风貌，包括建筑立面修整、绿化体系完善、卫生改善、微空间改造等
	休闲空间	2	（1）增加开敞空间内部的休憩和游乐设施。 （2）围绕步行环线优化休闲效果
	服务内涵	4	（1）围绕西南部商业服务中心优化商业服务内涵，丰富商业业态，提升餐饮、零售等服务品质。 （2）围绕社区服务中心提升养老、文化、体育等服务内涵
	灯光噪声	4	在主要道路架设单边路灯
四、美观性提升	建筑风貌	2	（1）拆除违规搭建的临时建筑。 （2）远期计划可综合整治立面，优化整体风貌
	绿地街景	4	保持现状
	街道尺度	4	整治路边乱停车现象，让出街道空间
	设施空间	3	远期计划可考虑设施内部空间优化

（六）钢都花园121-125-126生活圈

在钢都花园121-125-126生活圈中，以武汉市园林科普公园为中心节点，结合商业、服务业与文化设施，联动社区卫生服务中心构成行政服务中心区；整体生活圈由六个居住街坊组成。结合现有主要道路两侧的商业娱乐与休闲场所，主要布设以盈利为主的服务设施，如便利店、菜市场、药店等，并联动对外公共交通设施，提升整个生活圈的商业与交通活力；优化提升生活圈主要景观节点，结合步行空间与景观空间构建生活圈空间（表6-65和图6-46）。

表 6-65　钢都花园生活圈重点提升方向

提升项		现状分值	提升方向
一、安全性提升	治安系统	3	完善门禁系统，加强安保管理
	照明系统	2	修理故障路灯，在照明死角增设路灯
	道路系统	2	（1）完善步行系统，在部分方便的地方打通断头路。 （2）在靠近出口处、空地较多处增加停车场
	卫生系统	1	清理垃圾，美化绿地
二、方便性提升	教育设施	4	保持现状
	医疗卫生设施	4	保持现状
	管理设施	3	保持现状
	养老服务设施	3	（1）在单元楼入口等处增设无障碍系统。 （2）结合绿地等休闲设施，增设老年人娱乐场所
	文化设施	1	（1）设置文化设施，丰富居民生活。 （2）增加社区文化活动，提升社区活力
	体育设施	3	无须增设体育运动设施，但要加强规划与管理，解决停车占用体育场地等问题
	商业设施	4	保持现状
	休闲设施	3	治理现有休闲设施环境，提升居民使用舒适感
	公共交通	4	保持现状
	网络服务	3	保持现状
	出行服务	3	（1）增加停车场，管理沿路与绿地停放车辆。 （2）完善人车分流系统规划与管理
三、舒适性提升	景观空间	3	（1）拆除影响通行的违规建筑，保持建筑立面整洁与美观。 （2）进行建筑立面设计，使新式高层小区与老旧小区达到视觉上的和谐与统一
	休闲空间	3	提升休闲空间的景观建设
	服务内涵	2	围绕社区服务中心提升文化服务内涵
	灯光噪声	4	在主要道路架设单边路灯
四、美观性提升	建筑风貌	1	（1）拆除违规搭建的临时建筑。 （2）规划完整的建筑风貌
	绿地街景	2	（1）规划绿化系统。 （2）清除对绿地的违规与不合理占用现象
	街道尺度	2	整治路边乱停车、乱搭乱建现象，让出街道空间，并加强立体绿化
	设施空间	2	建设社区生活圈特色空间

（七）昙华林胭脂路生活圈

以昙华林胭脂路生活圈内的若干社区服务中心为核心，配合现有的文化、养老服务、商业等设施，新增休闲娱乐场地和体育活动设施，服务周边小范围社区居民，为居民提供近距离的基础生活服务（表6-66和图6-46）。

表6-66　昙华林胭脂路生活圈重点提升方向

提升项		现状分值	提升方向
一、安全性提升	治安系统	2	增加门禁系统和安保人员，保障私密居住空间安全
	照明系统	3	内部街巷道路增加照明路灯
	道路系统	3	（1）划定路边停车位和禁停区，解决车辆乱停乱放的问题。 （2）限制机动车进入内部狭窄街巷道路，保持内部道路的畅通性
	卫生系统	3	保持现状
二、方便性提升	教育设施	5	新建一个幼儿园以满足居民教育服务需求
	医疗卫生设施	5	（1）在社区东部结合底层商业新增医疗卫生诊所，保持基本的医疗供应。 （2）提升南部社区卫生服务中心的服务能力与质量
	管理设施	4	新增六处社区服务中心（居委会），提升服务能力，满足社区居民基本诉求
	养老服务设施	3	提升颐养中心硬件设施，并增设社区养老服务站，以满足居民养老服务需求
	文化设施	4	保持现状
	体育设施	2	（1）结合开敞空间设置更多户外活动设施，提升硬件质量，丰富群众体育生活。 （2）新增四处社区内部绿地景观，强化社区绿化系统
	商业设施	3	（1）在社区北部结合底层商业设置多处便利店以满足需求。 （2）提升周边小型菜市场的服务能力
	休闲设施	2	新增开敞空间和休闲娱乐设施
	公共交通	5	保持现状
	网络服务	4	保持现状
	出行服务	3	（1）加强城市容貌管制，清除随地摆摊占据人行道的乱象。 （2）强化道路监管
三、舒适性提升	景观空间	3	（1）改造旧式居民小区内部空间，为居民提供绿色休闲空间。 （2）保证消防安全，拆除违规搭建物
	休闲空间	3	结合社区绿化，规划开敞空间体系，供居民休闲娱乐
	服务内涵	3	保持现状
	灯光噪声	4	保持现状
	建筑风貌	3	拆除违规搭建的临时建筑
四、美观性提升	绿地街景	4	围绕昙华林街道完善绿化系统，打造绿荫成片的绿色艺术步行道路体系
	街道尺度	2	整治路边乱停车和个体摆摊现象，解决街道无序的问题
	设施空间	2	提升设施质量和服务能力

（八）同兴及周边生活圈

以武汉市政府和现有保留完好的历史建筑为节点，形成行政服务中心与创意文化中心，联动社区服务中心构成服务核心区；将整体生活圈沿南北向道路展开，沿道路布设以盈利为主的服务设施，如便利店、菜市场、药店等，在社区内部按需求增设其他服务设施，并联动对外公共交通设施。同时，基于本生活圈空置率较低、居住人口较多的特点，可以围绕综合服务区建设小型公共空间，提供公共活动场所；在西侧的绿化景观渗透带及沿江景观渗透带充分利用滨江优越的地理条件，创造通向滨江的公共开敞空间，并构建完整的步行空间体系，串联整个生活圈（表 6-67 和图 6-46）。

表 6-67　同兴及周边生活圈重点提升方向

提升项		现状分值	提升方向
一、安全性提升	治安系统	4	完善门禁等安保措施
	照明系统	5	加强社区内部夜间照明系统建设
	道路系统	5	在社区内部完善路面，保持路面清洁
	卫生系统	4	（1）清理垃圾，增设垃圾桶。 （2）合理布局垃圾桶位置，不要占用其他设施空间
	其他		由于人流量大，社区开放程度高，应多增设摄像监控设备以保障社区安全
二、方便性提升	教育设施	3	在生活圈北面应增设幼儿园设施
	医疗卫生设施	5	保持现状
	管理设施	4	保持现状
	养老服务设施	3	结合社区服务中心提升养老服务设施质量
	文化设施	5	（1）增加社区文化活动，提升社区活力。 （2）结合开敞空间设置更多户外活动场所，丰富群众文化生活。 （3）结合历史风貌，加强文创建设
	体育设施	4	（1）保障体育设施周边环境的干净、便捷，提高设施利用率。 （2）结合开敞空间增设体育设施
	商业设施	5	保持现状
	休闲设施	3	（1）在生活圈北面规划小型开敞空间，供居民休闲娱乐。 （2）保障公园绿地的干净、整洁及可获得性
	公共交通	5	保持现状
	网络服务	4	保持现状
	出行服务	4	保持现状

提升项		现状分值	提升方向
三、舒适性提升	景观空间	3	（1）优化景观，缩小与沿江街道的景观配置差距。 （2）通过绿色微空间改造，加强生活圈与江滩公园的联系性
	休闲空间	3	在生活圈北面加强小型开敞空间的建设
	服务内涵	2	保持现状
	灯光噪声	4	保持现状
四、美观性提升	建筑风貌	1	（1）拆除违规搭建的临时建筑。 （2）远期计划可综合整治立面，打造连通历史风貌的街区
	绿地街景	2	保持现状
	街道尺度	2	整治路边乱停车、乱搭乱建现象，让出街道空间
	设施空间	2	保持现状

（九）绿地金融城生活圈

绿地金融城生活圈整体规划较完善，因此对其的优化提升应从施工片区入手（表6-68和图6-46）。

表6-68　绿地金融城生活圈重点提升方向

提升项		现状分值	提升方向
一、安全性提升	治安系统	5	保持现状
	照明系统	4	在施工区域道路架设单边路灯
	道路系统	4	（1）在空地较多处增加停车场。 （2）完善路面，疏导排水，保持路面清洁
	卫生系统	4	保持现状
二、方便性提升	教育设施	4	保持现状
	医疗卫生设施	2	结合底层商业片区设置诊所，为居民提供医疗服务
	管理设施	3	保持现状
	养老服务设施	1	（1）结合社区服务中心、社区文化中心，建立老年人活动中心。 （2）结合社区卫生服务中心，推进居家养老的医疗、看护服务
	文化设施	1	（1）增设社区文化活动中心，提升社区活力。 （2）结合开敞空间设置更多户外活动场所，丰富群众文化生活
	体育设施	3	保持现状
	商业设施	5	保持现状
	休闲设施	5	保持现状
	公共交通	2	尽快完成地铁站的建设，方便居民出行
	网络服务	5	保持现状
	出行服务	3	增加停车场，管理沿路停放车辆

续表

提升项		现状分值	提升方向
三、舒适性提升	景观空间	4	保持现状
	休闲空间	5	保持现状
	服务内涵	3	（1）尽快完成地铁站的建设，方便居民出行。 （2）围绕社区服务中心提升养老、文化、医疗等服务内涵
	灯光噪声	4	在施工区域道路架设单边路灯
四、美观性提升	建筑风貌	5	保持现状
	绿地街景	4	整治施工区域绿化系统
	街道尺度	4	整治路边乱停车现象，使施工区域退让出街道空间，方便居民出行
	设施空间	5	保持现状

（十）万达公馆—江南明珠园生活圈

万达公馆—江南明珠园生活圈分为北部江南明珠园、中部景观中心及南部万达公馆—江南明珠园三个部分，以北部及南部两个中心景观为次要核心节点，各自服务于相应社区的居民，并通过南北走向步道串联在一起。优化提升生活圈主要景观节点，结合步行空间与景观渗透带构建居民休闲活动的主要开敞空间（表 6-69 和图 6-46）。

表 6-69　万达公馆—江南明珠园生活圈重点提升方向

提升项		现状分值	提升方向
一、安全性提升	治安系统	5	保持现状
	照明系统	3	提升社区中心绿地公园照明品质
	道路系统	3	（1）完善步行道的衔接，避免机动车侵占步行道。 （2）完善路面情况，进行人车分流
	卫生系统	4	定点设置垃圾桶，并保持定期清理
二、方便性提升	教育设施	3	可在社区南部增加一处幼儿园，满足社区需求
	医疗卫生设施	1	可于生活圈东侧和南侧新增医疗卫生诊所，保持基本的医疗供应
	管理设施	2	在生活圈北侧核心广场处新增社区管理委员会
	养老服务设施	1	结合社区中心绿地公园，提升老年活动健身设施质量
	文化设施	3	结合开敞空间设置文化活动中心，丰富群众文化生活
	体育设施	3	提升社区中心体育设施质量
	商业设施	4	在社区北部新增两个集中便利店

续表

提升项		现状分值	提升方向
二、方便性提升	休闲设施	3	在两个组团内各规划一个小型开敞空间，供居民休闲娱乐
	公共交通	3	保持现状
	网络服务	4	保持现状
	出行服务	3	增加停车场，管理沿路停放车辆
三、舒适性提升	景观空间	4	可适当修缮公园绿地的人行系统
	休闲空间	3	（1）以中心绿地公园为核心，打造贯穿地块的景观轴线。 （2）优化休闲空间的步行道路系统，完善步行景观
	服务内涵	2	（1）提升社区便利店质量。 （2）在社区南、北两侧各新增诊所，满足社区居民服务需求
	灯光噪声	2	（1）在局部地段新增照明设施。 （2）沿江沿道打造树木屏障，降低噪声对社区居民日常生活的影响
四、美观性提升	建筑风貌	4	保持现状
	绿地街景	4	打造滨江空间景观
	街道尺度	3	整治路边机动车及非机动车侵占道路现象
	设施空间	3	提升部分老化设施服务质量

（十一）保利城—美林青城生活圈

保利城—美林青城生活圈内有东、西两个综合服务片区，包括幼儿园、社区卫生服务中心、社区服务中心、超市、便利店、快递点等各类设施，以满足居民日常需求，并联动对外公共交通设施。围绕服务区建设小型公共空间，提供公共活动场所，以体育公园为中心布置文化中心、文化广场空间、停车场等设施，形成活力体育公园片区（表6-70和图6-46）。

表6-70　保利城—美林青城生活圈重点提升方向

提升项		现状分值	提升方向
一、安全性提升	治安系统	4	完善门禁等安保设施
	照明系统	5	加强社区内部夜间照明系统建设
	道路系统	4	（1）完善老旧小区路面，保持路面清洁。 （2）规范老旧小区的停车问题，在靠近出口处、空地较多处增加停车场
	卫生系统	4	（1）清理垃圾，增设垃圾桶。 （2）合理布局垃圾桶位置，不要占用其他设施空间

续表

提升项		现状分值	提升方向
二、方便性提升	教育设施	5	保持现状
	医疗卫生设施	2	增加社区卫生服务中心和卫生服务站，满足居民日常医疗所需
	管理设施	5	保持现状
	养老服务设施	1	（1）结合社区服务中心、社区文化中心建立老年人活动中心。 （2）提升完善养老服务设施。 （3）结合社区卫生服务中心，推进居家养老的医疗、看护服务
	文化设施	1	（1）结合体育休闲公园布设文化休闲设施。 （2）增加社区文化活动中心，提升社区活力。 （3）结合开敞空间设置更多户外活动场所，丰富群众文化生活
	体育设施	5	对部分老旧小区结合开敞空间设置更多户外活动场所，提升相关硬件设施，丰富群众体育生活
	商业设施	5	围绕底层商业，增加多处便利店
	休闲设施	4	（1）在生活圈内规划小型开敞空间，供居民休闲娱乐。 （2）将足球场片区周围空地打造成体育绿地休闲公园
	公共交通	4	保持现状
	网络服务	5	保持现状
	出行服务	4	增加停车场，管理沿路停放车辆
三、舒适性提升	景观空间	4	优化老旧片区整体风貌，包括建筑立面修整、绿化体系完善、卫生改善、微空间改造等
	休闲空间	4	（1）在生活圈内规划小型开敞空间，供居民休闲娱乐。 （2）规划街角广场和口袋公园
	服务内涵	3	提升养老、文化、体育等服务内涵
	灯光噪声	4	保持现状
四、美观性提升	建筑风貌	3	优化老旧小区的建筑风貌
	绿地街景	3	（1）优化老旧小区景观。 （2）优化团结大道、杨园南路、铁机西路的街道环境，增加景观小品和休憩座椅
	街道尺度	4	整治路边乱停车现象，让出街道空间，加强立体绿化
	设施空间	4	远期计划可考虑设施内部空间优化

（十二）金地格林生活圈

以金地格林生活圈中部的绿地公园为核心节点，优化提升生活圈主要景观节点，结合步行空间与景观渗透带构建居民休闲活动的主要开敞空间（表6-71和图6-46）。

表6-71 金地格林生活圈重点提升方向

提升项		现状分值	提升方向
一、安全性提升	治安系统	3	保持现状
	照明系统	3	完善社区内部绿地公园内的步行照明系统
	道路系统	4	（1）完善步行道的衔接，避免机动车侵占步行道。（2）控制路边停车，增大车行道实际使用面积。（3）完善路面情况，进行人车分流
	卫生系统	1	增设垃圾桶，保持整洁
二、方便性提升	教育设施	4	保持现状
	医疗卫生设施	4	在社区东北部新增一家诊所，保障基本的医疗服务
	管理设施	3	在社区北侧新增社区管理委员会
	养老服务设施	3	（1）在社区南、北两侧，结合开敞景观各新增一所社区老年服务中心。（2）结合社区卫生服务中心，推进居家养老的医疗、看护服务
	文化设施	4	结合开敞空间设置更多户外集聚场所，定期开展社区活动，丰富群众文化生活
	体育设施	3	结合开敞空间提升户外场所品质，丰富群众体育生活
	商业设施	4	（1）在社区周边新增多处菜市场，以满足居民基本需求。（2）提升南、北两处快递服务站点的品质
	休闲设施	3	在两个组团内各规划一个小型开敞空间，供居民休闲娱乐
	公共交通	4	保持现状
	网络服务	3	保持现状
	出行服务	3	充分利用竖向空间，增加停车场，管理沿路停放车辆
三、舒适性提升	景观空间	4	提升社区南侧小区开敞绿地景观
	休闲空间	4	围绕步行道路系统优化休闲场所空间
	服务内涵	3	（1）拓展商业服务内涵，提升餐饮、零售的服务品质。（2）围绕社区服务中心提升养老、文化、体育等服务内涵
	灯光噪声	3	在局部地段新增照明设施
四、美观性提升	建筑风貌	3	改善社区中部个别老旧功能用房的建筑风貌
	绿地街景	3	在车行道和人行道两侧布置绿化带及景观树
	街道尺度	4	完善社区停车系统，控制街边停车，增加街道实际使用面积
	设施空间	2	提升社区内部老旧设施质量

（十三）张家湾生活圈

张家湾生活圈西面为洪山广场，有综合交通枢纽和绿化景观渗透；生活圈内有两条城市交通线，将生活圈分隔为三个核心部分，在生活圈内部布设主要服务设施（表 6-72 和图 6-46）。

表 6-72　张家湾生活圈重点提升方向

提升项		现状分值	提升方向
一、安全性提升	治安系统	4	保持现状
	照明系统	4	在主要步行道路，尤其是较窄街巷内架设单边路灯
	道路系统	3	（1）构建步行环线，在生活圈内部实行人车分流。（2）在靠近出口处、空地较多处增加停车场。（3）合理划定非机动车道
	卫生系统	5	保持现状
二、方便性提升	教育设施	4	提升幼儿园硬件设施和场地条件
	医疗卫生设施	3	增加社区医疗卫生设施和全科诊所配置，改善相关硬件设施
	管理设施	3	保持现状
	养老服务设施	1	（1）结合社区服务中心、社区文化中心，建立社区老年人活动中心。（2）结合社区卫生服务中心，推进居家养老的医疗、看护服务
	文化设施	2	（1）在社区东侧新增社区文化活动中心，提升社区活力。（2）结合开敞空间设置更多户外活动场所，丰富群众文化生活
	体育设施	3	结合开敞空间新增更多户外活动设施，提升硬件质量，丰富群众体育生活
	商业设施	4	保持现状
	休闲设施	3	在生活圈规划扩建开敞空间，提升硬件设施，供居民休闲娱乐
	公共交通	5	保持现状
	网络服务	4	保持现状
	出行服务	4	保持现状
三、舒适性提升	景观空间	4	围绕老旧居民楼进行整改，优化整体风貌，包括建筑立面修整、绿化体系完善、微空间改造、电梯加装等
	休闲空间	3	在生活圈规划开敞空间体系，供居民休闲娱乐
	服务内涵	3	围绕社区服务中心提升养老、文化、体育等服务内涵
	灯光噪声	4	在主要道路和社区内部道路设置禁止鸣笛提醒
四、美观性提升	建筑风貌	3	整治外立面
	绿地街景	4	规划绿化系统
	街道尺度	4	整治路边乱停车、乱搭乱建现象，让出街道空间，加强立体绿化
	设施空间	3	远期计划可考虑设施内部空间优化

（十四）首义生活圈

沿首义生活圈长湖正街、首义路延伸，提升生活圈的绿化水平，以绿色空间为依托，设置生活圈景观节点；以商业设施、社区卫生服务中心、社区服务中心等设施为依托，在北部商住混合片区、南部教育服务片区、东部综合服务片区设置生活圈社区服务综合节点，依托社区绿地空间，打造七个生活圈社区景观节点（表 6-73 和图 6-46）。

表 6-73　首义生活圈重点提升方向

提升项		现状分值	提升方向
一、安全性提升	治安系统	2	完善门禁等安保措施
	照明系统	2	加强社区内部夜间照明系统建设
	道路系统	2	在社区内部完善路面，保持路面清洁
	卫生系统	2	（1）清理垃圾，增设垃圾桶。 （2）合理布局垃圾桶位置，不要占用其他设施空间
二、方便性提升	教育设施	2	改善幼儿园场地等硬件设施
	医疗卫生设施	3	保持现状
	管理设施	4	保持现状
	养老服务设施	2	（1）新建老年活动中心，提升老年服务设施质量。 （2）结合社区卫生服务中心，推进居家养老的医疗、看护服务
	文化设施	2	在东部新增社区文化活动中心，提升社区活力
	体育设施	3	结合开敞空间新增多处体育设施，提升居民健身意识
	商业设施	4	（1）在社区南部新增多处菜市场，方便居民日常采购。 （2）在社区北部新增两处快递服务站点，方便居民日常需求
	休闲设施	3	保持现状
	公共交通	3	保持现状
	网络服务	3	保持现状
	出行服务	3	保持现状
三、舒适性提升	景观空间	2	增加景观空间
	休闲空间	2	加强小型开敞空间的建设
	服务内涵	3	保持现状
	灯光噪声	3	保持现状
四、美观性提升	建筑风貌	2	适当进行微更新
	绿地街景	2	保持现状
	街道尺度	3	整治路边乱停车、乱搭乱建现象，让出街道空间
	设施空间	2	保持现状

第六节　武汉社区公共服务设施优化策略

综合评估结果，在公共服务设施需求者和供给者的理性共识基础上，通过对居民不同需求的分析，从设施层级及配置引导、设施规划布局导向层面提出整体优化策略。

一、设施层级及配置引导

如图 6-47 所示，人的安全性、方便性、舒适性、美观性需求是层层递进的，而当前设施发展所处的层面不同，需要解决的问题也不同。从总体上看，医疗卫生设施及养老服务设施尚处于较低层次，主要原因在于设施相对缺失、服务不够完善等，也就是在点与量的层面还具有较大的提升空间，而随着医养结合、社区养老等模式的推进，以及基础医疗服务地位的提升，未来一段时间内可能会建设大量具有联合性质或单一性质的社区养老服务站、社区医疗卫生服务站。幼儿园、小学、菜市场、社区服务设施、文化设施、体育设施、公共空间处于第二层级，能够基本满足居民安全可达的需求，在点和量的层面已达到一定水平，但由于服务环境（如小区中存在"脏乱差"的菜市场）、服务门槛（如高价的私立幼儿园）、服务方式（单一的体育设施、参与性较低的公共空间和文化空间）等多层次的因素，要注意不同设施的圈层性、布点的匀质及服务转型与品质提升等问题。便利店、物流点与公交站点处于较高层次，也就是当前均等化、满意度等程度较高，而未来应着重品质的进一步提升。

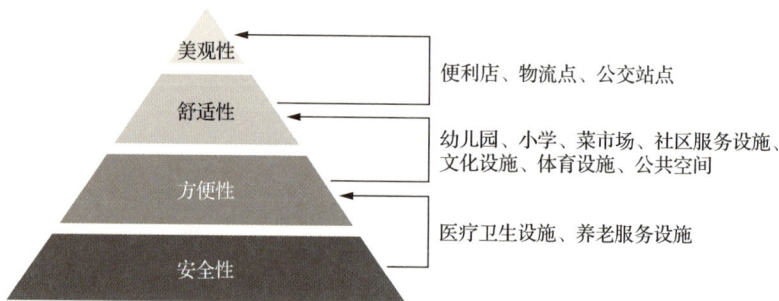

图 6-47　社区基本公共服务设施层级

基于可达性、承载力及满意度的供需匹配，构建典型15分钟生活圈空间布局模式，即步行时间15分钟以内，规模为1.5～3千米^2，人居密度为1万～2.5万人/千米^2，常住人口规划为2万～7万人，居住用地单位面积控制在1～3千米^2（组团级）之间的基本生活圈。

根据5分钟、10分钟、15分钟的不同生活圈层完善公共服务设施配置，并依据可达性与满意度的供需匹配确定各类公共服务设施参考配置标准（可按实际需求增设项目），如表6-74所示。

表6-74　各类公共服务设施参考配置标准

分类	项目	圈层结构	建议标准
商业设施	菜市场	5分钟生活圈	建筑面积为1000～2000米^2/万人
	超市/便利店	5分钟生活圈	
	物流点	5分钟生活圈	
社区服务设施	社区服务中心	10分钟生活圈	建筑面积为340～400米^2/万人
养老服务设施	老年公寓/托老所	10分钟生活圈	建筑面积为400～1000米^2/万人
教育设施	小学	15分钟生活圈	按850名/万人（教师）、50人/班（学生）配置
	幼儿园	5分钟生活圈	按360名/万人（教师）、30人/班（学生）配置
文化设施和体育设施	健身设施	5分钟生活圈	用地面积为1200～2000米^2/万人
	文化活动站	15分钟生活圈	建筑面积为380～980米^2/万人，建筑总面积为500～1000米^2/处
医疗卫生设施	社区卫生服务中心	15分钟生活圈	建筑总面积为380～980米^{2}万人
公共空间	社区级公共空间	15分钟生活圈	
	社区级以下的小型公共空间	5分钟生活圈	
	绿化率		45%以上
公共交通设施	公交站点	5分钟生活圈	
	地铁站点	15分钟生活圈	
	道路间距		100～180米
	路网密度		20～50千米/米^2

二、设施规划布局导向

（一）设施空间布局导向

（1）"便利店、物流点和菜市场——社区商业综合化网点"布局。对便利店、物流点和菜市场等商业设施进行整合布置，形成社区商业综合化网点，有利于提升社区空间的利用效率，方便社区居民的使用。"便利店+物流点＋菜市场"服务模式可以提高快递服务质量。便利店经营者可以利用独特的经营优势帮助上班族保管快递，同时增加便利店的居民流量。根据当前商业设施的智能化倾向，智能快递柜和无人便利店的综合搭建与使用可以提升居民收货和购物的整体服务体验。

（2）社区服务中心、社区文化设施、社区体育设施和公共空间布局——社区公共交流平台建设。将社区服务中心与文化设施、体育设施和公共空间综合配置形成社区公共交流平台，以混合开发为导向，可沿道路布局，形成有活力的沿街型基层服务社区中心。社区公共交流平台建设是社区行政功能和社会功能的融合，具体的空间组织形式是高度集中的综合楼式，即将设施布置在建筑内部以节约用地；也可以采用较为分散的集群式，将这些设施临近布置，发挥集聚效应；还可以采用介于二者之间的部分独立、部分集中的空间组织形式。当前由于建设年代差距，已形成了三类典型的生活圈模型，即自然生长型（以城中村等较低容积率生活圈为主）、均匀布局型（以历史城区、老旧城区等较高密度生活圈为主）、中心布局型（以新建较高容积率生活圈为主）。以这三种典型布局形态为依托推进社区公共交流平台的特色化营造，针对不同典型生活圈进行提升优化。

（3）社区医疗卫生服务中心和社区养老服务设施布局——医养结合的社区养老。由于当前人口结构的老龄化转变，养老服务的压力愈加凸显。以社区为单元推进养老服务供给是我国完善养老服务体系的基础保障。越来越多的适老化社区推出了社区医疗卫生服务中心与社区养老服务设施联合布局的医养结合型社区养老模式。研究表明，养老方式与老年人的身体健康、精神健康及家庭状况都有较大的关系，对于身体素质较好、精力旺盛的老年人，主要提供以文娱、交往、游憩为核心的老年人活动场所；对于身体素质较差、无人照料的老年人，则需要提供中长期的医疗床位。因此，将部分社区医疗服务功能与养老服务相结合，有助于更好地、有针对性地为社区老龄人口提供服务。

（4）幼儿园、小学和中学——基础教育的分散布置。将幼儿园、小学、中学这些基础教育设施分散布置，建立适当的可达距离，独立布局，更有利于学龄儿童与青少年的成长。应设置教育设施发展专项规划，提升教育资源的均衡性与共享性。

（5）对外交通与商业服务的协同布置。商业设施是一种具有顾客导向性的服务集中区，对外交通入口是社区形象的重要窗口。将商业服务设施集聚在对外交通出入口，形成具有丰富的商业业态、服务品质优良、交通及环境优美、商业零售创新能力强、能满居民需求的消费体验空间，有助于提高居民对商业设施的使用率和商业设施的经济效益，带动社区活力和整体服务水平的提升。

（二）提升不同类别人群的满意度

社区生活参与的核心群体以中老年女性居多，其次是中老年男性，而青年人的参与较少。针对不同类别的人群，制定相关的满意度提升策略，有利于提高整个社区的居民生活体验度，促进各类型居民的交往。

1. 提升核心群体的社区参与感、归属感

核心群体为年纪较大的中老年人群体，这一群体工作较少，其子女多为成年人，空闲时间较多，因此可较为频繁地参与社区生活。中老年人群体倾向于在室外开敞空间获得生活体验感，因此中老年人群体使用公共空间较多，主要包括散步、跳舞等锻炼行为及下棋、打牌、闲聊等日常交往行为，还包括陪伴儿童游玩等陪伴行为。公共空间是提升社区空间环境品质和居民生活品质的关键因素。公共空间设计应深入研究居民的人口构成和需求特征，尤其关注老人、儿童等弱势群体的使用需求，提高空间使用效能。可以考虑在社区级公共空间和小区内部绿地之间增加一个社区以下级别的公共空间层次，对各类零星的社区消极空间进行改造设计。

2. 提升青年群体的宜居感

青年群体由于工作、学业等因素，较少参与社区生活，所以提高社区的宜居性有利于提升青年群体参与社区生活的积极性。青年群体在社区中主要使用便利店、医疗卫生设施、公交站点等生活类设施，对社区服务中心、公共空间等设施使用较少。针对社区服务设施，可以通过增加社区食堂和生活服务点、5分钟步行可达的小菜店等措施来满足居民便捷购物、家政服务等生活需求，以提升生活便捷度，进而提升青年群体的宜居感。此外，生活圈作为构建城市综合系统的基本空间单元，应被视为一个居住、生活及工作等多功能复合的有机整体，因此，除了居住、服务等功能，还应增加就业空间，提升青年群体的社区参与感。

结　　语

　　社区公共服务设施供给是社会资源配置的一种具体表现形式，而社区公共服务设施布局是基层生活圈规划中的重要组成部分。城市规划师在解读这一问题时，往往难以聚焦于空间尺度，而更多探讨社会、管理等问题，使得原本清晰的布局、规模、密度等问题被复杂化。本书从规划角度出发，希望通过更多空间性的研究与实践工作，针对社区公共服务设施供给的"点、量、质"，遵循以人为本的理念，将人的满意度可视化，并将其作为规划工作的重要依据，形成供需平衡的社区公共服务设施建设体系。

　　规划是理性的。以人为本的理性规划具有人的尺度（人的物性），体现了人的选择（人的群性），包含了自存/共存平衡（人的理性）。城市规划师在认知人的需求时，强调个性与经验，使得居民参与的规划众口难调，这在社区层面尤为明显。然而，过分强调个性需求会得到差异化的结论，难以真正指导规划的执行。理性的规划强调将人的"物性""群性""理性"作为"以人为本"的衡量标准。一方面，在合适的规划框架下进行自上而下的评估研究［如可达性（物性）、承载力（群性）等研究］可减少缺漏；另一方面，在合理的价值导向（自存/共存平衡）下推进自下而上的反馈研究［如满意度、归属感（理性）等研究］可避免没有章法的情绪宣泄。"大道之行也，天下为公，选贤与能，讲信修睦。故人不独亲其亲，不独子其子，使老有所终，壮有所用，幼有所长，矜、寡、孤、独、废疾者皆有所养，男有分，女有归。"公共服务所提供的幼有所育、学有所教、劳有所得、病有所医、老有所养、住有所居、弱有所扶，蕴含在天下大同的追求中。理性的规划追求最大整体利益，在合理共识中把握供需平衡。

　　社区公共服务设施配置强调公平，而现代社会追求效率。人人共享的社会治理体系发展导向，强调公平发展的重要目标，公平与效率的考量影响着公共资源配置的底层逻辑。本书对生活圈构建，社区公共服务设施可达性、承载力、满意度的分析与布局进行研究，不断在公平与效率中追求平衡，希望能够通过更均衡的布局注解公平，通过更简洁的模式提升效率。这一追求贯穿整个研究思路中，体现在方法的精准性、数据的清晰与可获取性、结果的可比较性等方面。希望本书能够提供一份有价值的分析案例，倡导一种更具人本精神的研究思路，并为实现更公平、更高效的公共服务贡献一份力量。

参 考 文 献

[1] 梁鹤年：《城市人》，《城市规划》2012 年第 7 期。

[2] 联合国人类环境会议：《斯德哥尔摩人类环境宣言》，《世界环境》1983 年第 1 期。

[3] 吴良镛：《国际建协〈北京宪章〉——建筑学的未来（中英文本）》，北京，清华大学出版社，2002。

[4] 武廷海：《吴良镛先生人居环境学术思想》，《城市与区域规划研究》2008 年第 2 期。

[5] 赵万民，赵民，毛其智：《关于"城乡规划学"作为一级学科建设的学术思考》，《城市规划》2010
年第 6 期。

[6] 周干峙：《走向人居环境科学——建筑科学历史发展的必然》，《2011 人居环境科学国际研讨会论文集》
2011 年。

[7] 邹德慈：《发展中的城市规划》，《城市规划》2010 年第 1 期。

[8] 孟兆祯：《人居环境中的园林》，《规划师》2005 年第 1 期。

[9] 吴志强，于泓：《城市规划学科的发展方向》，《城市规划学刊》2005 年第 6 期。

[10] 吴志强，刘晓畅：《改革开放 40 年来中国城乡规划知识网络演进》，《城市规划学刊》2018 年第 5 期。

[11] 王建国：《从理性规划的视角看城市设计发展的四代范型》，《城市规划》2018 年第 1 期。

[12] 石楠：《城乡规划学学科研究与规划知识体系》，《城市规划》2021 年第 2 期。

[13] 孙施文：《我国城乡规划学科未来发展方向研究》，《城市规划》2021 年第 2 期。

[14] 曹康，张庭伟：《规划理论及 1978 年以来中国规划理论的进展》，《城市规划》2019 年第 11 期。

[15] 罗震东，何鹤鸣，张京祥：《改革开放以来中国城乡规划学科知识的演进》，《城市规划学刊》2015
年第 5 期。

[16] 张文忠，余建辉，李业锦，等：《人居环境与居民空间行为》，北京，科学出版社，2015。

[17] 张文忠，谌丽，党云晓，等：《和谐宜居城市建设的理论与实践》，北京，科学出版社，2016。

[18] 王树声：《中国城市人居环境历史图典（共 18 卷）》，北京，科学出版社，2017。

[19] 赵万民：《山地人居环境科学集思》，北京，中国建筑工业出版社，2019。

[20] 李雪铭，李欢欢，李建宏，等：《人居环境的地理学研究：从实证主义到人本主义》，北京，科学出
版社，2017。

[21] 刘滨谊：《人居环境研究方法论与应用》，北京，中国建筑工业出版社，2016。

[22] 刘沛林：《家园的景观与基因：传统聚落景观基因图谱的深层解读》，北京，商务印书馆，2014。

[23] 李伯华：《农户空间行为变迁与乡村人居环境优化研究》，北京，科学出版社，2014。

[24] 李志刚：《河西走廊人居环境保护与发展模式研究》，北京，中国建筑工业出版社，2010。

[25] 徐坚，丁宏青：《高原山地人居环境适应性保护与建设》，北京，科学出版社，2021。

[26] 周晓芳，周永章，郭清宏：《生态线索与人居环境研究：以贵州喀斯特高原为例》，广州，中山大学

出版社，2012。

[27] 周政旭：《贵州贫困地区县域人居环境建设研究》，北京，中国建筑工业出版社，2019。

[28] 赵万民，等：《三峡库区人居环境建设发展研究——理论与实践》，北京，中国建筑工业出版社，2015。

[29] 魏晓芳：《三峡人居环境文化地理变迁》，南京，东南大学出版社，2014。

[30] 段炼：《三峡区域新人居环境建设研究》，南京，东南大学出版社，2011。

[31] 汪峰：《长江中游人居景观研究——脉络梳理及可持续发展之路的探索》，北京，中国建筑工业出版社，2018。

[32] 黄研：《陕南移民安置点人居环境使用后评价及宜居性研究：以汉中市为例》，北京，科学出版社，2017。

[33] 车秀珍，王越，等：《人居环境模式引领城市发展转型——深圳人居环境保护与发展模式创新与实践》，北京，科学出版社，2019。

[34] 武廷海：《规画：中国空间规划与人居营建》，北京，中国城市出版社，2021。

[35] 胡义成：《"乡愁"原型——中国人居理论研究》，北京，科学出版社，2017。

[36] 杨贵庆：《乡村人居——黄岩村庄风貌导则探索》，上海，同济大学出版社，2020。

[37] 张继刚：《走向元人居——城乡生态与景观研究》，北京，科学出版社，2019。

[38] 王建国，崔愷，高源，等：《综述：城市人居环境营造的新趋势、新洞见》，《建筑学报》2018年第4期。

[39] 张文忠，谌丽，杨翌朝：《人居环境演变研究进展》，《地理科学进展》2013年第5期。

[40] 杨俊，由浩琳，张育庆，等：《从传统数据到大数据+的人居环境研究进展》，《地理科学进展》2020年第1期。

[41] 李伯华，黄曼丽，刘沛林：《基于CiteSpace的中国人居环境研究路径与热点前沿分析》，《云南地理环境研究》2018年第4期。

[42] 李伯华，刘沛林，窦银娣，等：《中国传统村落人居环境转型发展及其研究进展》，《地理研究》2017年第10期。

[43] 李雪铭，田深圳：《中国人居环境的地理尺度研究》，《地理科学》2015年第12期。

[44] 李雪铭，夏春光，张英佳：《近10年来我国地理学视角的人居环境研究》，《城市发展研究》2014年第2期。

[45] 田深圳，李雪铭：《人居环境科学的发展特点与规律——基于中国知网的文献计量分析》，《城市问题》2016年第9期。

[46] 王毅，陆玉麒，朱英明，等：《中国人居环境研究的总体特征及其知识图谱可视化分析》，《热带地理》2020年第3期。

[47] 吴良镛：《理论的探索与实践的创新——在"人居环境科学理论与实践研讨会"上的讲话》，《城市规划》2012年第1期。

[48] 梁鹤年：《规划战略：来自生态学的启发》，《城市规划》2000年第5期。

[49] 梁鹤年：《"文化基因"》，《城市规划》2011年第10期。

[50] 梁鹤年：《旧概念与新环境（一）：柏拉图的"恒"》，《城市规划》2012年第6期。

[51] 梁鹤年：《旧概念与新环境（三）：亚里士多德的"变"》，《城市规划》2012 年第 9 期。

[52] 〔古希腊〕亚里士多德：《形而上学》，苗力田译，北京，中国人民大学出版社，2003。

[53] 梁鹤年：《旧概念与新环境（四）：亚奎那的"普世价值"》，《城市规划》2013 年第 7 期。

[54] 梁鹤年：《旧概念与新环境（五）：古雅典的"民主"》，《城市规划》2013 年第 12 期。

[55] 梁鹤年：《旧概念与新环境（六）：经院派与"公平价格"》，《城市规划》2015 年第 10 期。

[56] 梁鹤年：《旧概念与新环境（七）：笛卡尔的天赋理念》，《城市规划》2016 年第 10 期。

[57] 梁鹤年：《旧概念与新环境（八）：洛克的"自由"》，《城市规划》2017 年第 9 期。

[58] 梁鹤年：《高与低，快与慢，新与旧》，《城市规划》2001 年第 10 期。

[59] 梁鹤年：《公共利益》，《城市规划》2008 年第 5 期。

[60] 梁鹤年：《人本思想与公共利益》，《国际城市规划》2008 年第 1 期。

[61] 梁鹤年：《城市规划的和谐与适度》，《南通大学学报（社会科学版）》2006 年第 1 期。

[62] 梁鹤年：《公众（市民）参与：北美的经验与教训》，《城市规划》1999 年第 5 期。

[63] 梁鹤年：《"孟子见梁惠王"与城市规划》，《城市规划》2002 年第 12 期。

[64] 梁鹤年：《哀公问政——孔孟思想对规划理论的启发》，《城市规划》2002 年第 11 期。

[65] 梁鹤年：《可读　必不用之书（一）——顺谈操守（续）》，《城市规划》2001 年第 6 期。

[66] 梁鹤年：《可读　必不用之书（二）——顺谈情况含糊和感情矛盾》，《城市规划》2001 年第 7 期。

[67] 梁鹤年：《可读　必不用之书（三）——顺谈"法"与"字"》，《城市规划》2001 年第 11 期。

[68] 梁鹤年：《英美加城市总体规划剖析——兼评几本城市规划代表著作》，《城市规划》1987 年第 3 期。

[69] 梁鹤年：《城市设计与真善美的追求——一个读书的构架》，《城市规划》1999 年第 1 期。

[70] 梁鹤年：《英、美、加城市规划组织和管理（书评）》，《城市规划》1986 年第 5 期。

[71] 梁鹤年：《政策分析》，《城市规划》2004 年第 11 期。

[72] 梁鹤年：《政策规划与评估方法》，北京，人民大学出版社，2009。

[73] 梁鹤年：《比较研究：论方法》，《城市规划》2003 年第 11 期。

[74] 梁鹤年：《抄袭与学习》，《城市规划》2005 年第 11 期。

[75] 梁鹤年：《经济与几何》，《城市规划》2002 年第 5 期。

[76] 梁鹤年：《我的绮色佳》，《城市规划》1999 年第 12 期。

[77] 梁鹤年：《寄小学友书：中外、古今、成败》，《城市规划》2007 年第 11 期。

[78] 梁鹤年：《人家的月亮》，《城市规划》2006 年第 4 期。

[79] 梁鹤年：《外国的泥土》，《城市规划》2006 年第 10 期。

[80] 梁鹤年：《规划工作者与城市的未来》，《城市规划》2000 年第 7 期。

[81] 梁鹤年：《城市土地使用规划的几个战略性选择》，《城市规划》1999 年第 9 期。

[82] 梁鹤年：《经济全球化与中国城市》，《城市规划》2002 年第 1 期。

[83] 梁鹤年：《内与外、大与小、凹与凸——一些城市与规划随想》，《城市规划》2000 年第 9 期。

[84] 梁鹤年：《西部地区开发战略——来自国际与加拿大开发经验的一些启示》，《城市规划》2000 年第 10 期。

[85] 梁鹤年：《加拿大公共不动产管理——"国家公共不动产高级官员论坛"及其对中国的启示》，《城市规划》2004 年第 1 期。

[86] 梁鹤年：《天下乌鸦》，《城市规划》2007 年第 4 期。

[87] 梁鹤年：《住房抵押贷款保险与房地产市场的关系》，《城市规划》1999 年第 11 期。

[88] 梁鹤年：《住房抵押贷款保险制度的应有考虑》，《城市规划》2001 年第 2 期。

[89] 梁鹤年：《社会主义市场经济与资本主义市场经济在城市土地开发上的意义》，《城市发展研究》1995 年第 4 期。

[90] 梁鹤年：《中国城市土地开发增值分配问题与意见》，《现代城市研究》1996 年第 3 期。

[91] 梁鹤年：《开发管理和表性规划》，《城市规划》2000 年第 3 期。

[92] 梁鹤年：《未来的生活与生产环境》，《城市规划》2003 年第 5 期。

[93] 梁鹤年：《水与火》，《城市规划》2005 年第 8 期。

[94] 梁鹤年：《我对中国引进城市规划教育模式的一些意见》，《城市规划》1986 年第 1 期。

[95] 梁鹤年：《西方规划思路与体制对修改中国规划法的参考》，《城市规划》2004 年第 7 期。

[96] 梁鹤年：《中国城市规划理论的开发：一些随想》，《城市规划学刊》2009 年第 1 期。

[97] 梁鹤年：《再谈"城市人"——以人为本的城镇化》，《城市规划》2014 年第 9 期。

[98] 孙施文：《中国城市规划的理性思维的困境》，《城市规划学刊》2007 年第 2 期。

[99] 杨俊宴：《凝核破界——城乡规划学科核心理论的自觉性反思》，《城市规划》2018 年第 6 期。

[100] 梁鹤年：《城市理想与理想城市》，《城市规划》1999 年第 7 期。

[101] 梁鹤年：《规划：信仰与科学》，《城市规划学刊》2009 年第 4 期。

[102] 梁鹤年：《旧概念与新环境（三）：亚里士多德的"变"》，《城市规划》2012 年第 9 期。

[103] 〔英〕亚当·斯密：《国富论》，杨敬年译，西安，陕西人民出版社，2006。

[104] 〔美〕迈克尔·P. 布鲁克斯：《写给从业者的规划理论》，叶齐茂、倪晓辉译，北京，中国建筑工业出版社，2013。

[105] 〔英〕尼格尔·泰勒：《1945 后西方城市规划理论的流变》，李白玉、陈贞译，北京，中国建筑工业出版社，2006。

[106] 〔英〕霍尔：《明日之城：一部关于 20 世纪城市规划与设计的思想史》，童明译，上海，同济大学出版社，2009。

[107] 梁鹤年：《可读必不用之书（一）——顺谈操守》，《城市规划》2001 年第 5 期。

[108] 张庭伟：《转型时期中国的规划理论和规划改革》，《城市规划》2008 年第 3 期。

[109] 吴志强、李德华：《城市规划原理》（第 4 版），北京，中国建筑工业出版社，2010。

[110] 〔德〕G. 阿尔伯斯：《城市规划理论与实践概论》，吴唯佳译，北京，科学出版社，2000。

[111] 吴志强：《〈百年西方城市规划理论史纲〉导论》，《城市规划汇刊》2000 年第 2 期。

[112] 〔英〕埃比尼泽·霍华德：《明日的田园城市》，吴唯佳译，北京，科学出版社，2000。

[113] 刘亦师：《田园城市思想、实践之反思与批判（1901—1961）》，《城市规划学刊》2021 年第 2 期。

[114] 吴志强：《百年现代城市规划中不变的精神和责任》，《城市规划》1999 年第 1 期。

[115] 许皓、李百浩：《思想史视野下邻里单位的形成与发展》，《城市发展研究》2018 年第 4 期。

[116] 江嘉玮：《"邻里单位"概念的演化与新城市主义》，《新建筑》2017 年第 4 期。

[117] 李东泉，郑国，罗翔：《从邻里单位到居住小区的知识转移分析》，《城市规划》2021 年第 11 期。

[118] 〔法〕勒·柯布西耶：《走向新建筑》，陈志华译，西安，陕西师范大学出版社，2004。

[119] 〔法〕勒·柯布西耶：《明日之城市》，李浩译，北京，中国建筑工业出版社，2009。

[120] 〔法〕勒·柯布西耶：《光辉城市》，金秋野、王又佳译，北京，中国建筑工业出版社，2010。

[121] 金秋野：《光辉的城市和理想国（下）》，《读书》2010 年第 8 期。

[122] 金秋野：《一位建筑师的完成——读〈勒·柯布西耶书信集〉》，《建筑学报》2008 年第 10 期。

[123] 〔荷〕亚历山大·佐尼斯：《机器与隐喻的诗学》，金秋野、王又佳译，北京，中国建筑工业出版社，2004。

[124] 〔美〕伊利尔·沙里宁：《城市：它的发展 衰败与未来》，顾启源译，北京，中国建筑工业出版社，1986。

[125] 黄潇颖：《消失的城市 一个建筑师的城市替代方案》，《时代建筑》2013 年第 6 期。

[126] 孙施文：《现代城市规划理论》，北京，中国建筑工业出版社，2007。

[127] 张京祥：《西方城市规划思想史纲》，南京，东南大学出版社，2005。

[128] 〔美〕C.亚历山大，M.雅各布斯，S.伊希卡娃，等：《建筑模式语言：城镇·建筑·构造》（上、下册），王听度、周序鸿译，北京，知识产权出版社，2001。

[129] 〔美〕C.亚历山大：《建筑的永恒之道》，赵冰译，北京，知识产权出版社，2001。

[130] 顾孟潮：《当代杰出的建筑大师——亚历山大·克里斯托芬》，《建筑学报》1986 年第 11 期。

[131] 顾孟潮：《建筑本是"互联网"——纪念〈建筑模式语言〉（中文版）问世 30 年》，《重庆建筑》2019 年第 11 期。

[132] 卢健松，彭丽谦，刘沛：《克里斯托弗·亚历山大的建筑理论及其自组织思想》，《建筑师》2014 年第 5 期。

[133] 〔美〕凯文·林奇：《城市意象》，方益萍、何晓军译，北京，华夏出版社，2001。

[134] 〔美〕凯文·林奇：《城市形态》，林庆怡、陈朝晖、邓华译，北京，华夏出版社，2001。

[135] 顾朝林，宋国臣：《城市意象研究及其在城市规划中的应用》，《城市规划》2001 年第 3 期。

[136] 陈占祥：《马丘比丘宪章》，《城市规划研究》1979 年第 1 期。

[137] 陈占祥：《雅典宪章与马丘比丘宪章述评》，《国际城市规划》2009 年第 S1 期。

[138] 〔美〕新都市主义协会：《新都市主义宪章》，杨北帆、张萍、郭莹译，天津，天津科学技术出版社，2004。

[139] 〔美〕彼得·卡尔索普，温锋华：《新城市主义在中国的实践与未来》，《北京规划建设》2019 年第 5 期。

[140] 张衔春，胡国华：《美国新城市主义运动：发展、批判与反思》，《国际城市规划》2016 年第 3 期。

[141] 常芳，王兴中，王锴，等：《对新城市主义社区空间规划价值理念的审视》，《现代城市研究》2013 年第 12 期。

[142] 宋彦，张纯：《美国新城市主义规划运动再审视》，《国际城市规划》2013 年第 1 期。

[143] 梁鹤年：《精明增长》，《城市规划》2005 年第 10 期。

[144] 张侃侃，王兴中：《可持续城市理念下新城市主义社区规划的价值观》，《地理科学》2012 年第 9 期。

[145] 吴志强：《"人居三"对城市规划学科的未来发展指向》，《城市规划学刊》2016 年第 6 期。

[146] 邹家华：《走可持续发展道路 解决人类住区问题》，《中国人口·资源与环境》1996 年第 3 期。

[147] Hague C，刘宛：《伊斯坦布尔之路："人居 Ⅱ"大会对规划师和建筑师的挑战》，《国外城市规划》1998 年第 2 期。

[148] 吴良镛：《"人居二"与人居环境科学》，《城市规划》1997 年第 3 期。

[149] 张晨，宣嘉东，彭翀，等：《联合国人居大会背景下城市发展新思维及中国城市规划应对》，《城市发展研究》2020 年第 11 期。

[150] 石楠：《"人居三"〈新城市议程〉及其对我国的启示》，《城市规划》2017 年第 1 期。

[151] 王红扬：《人居三、中等发展陷阱的本质与我国后中等发展期规划改革：再论整体主义》，《国际城市规划》2017 年第 1 期。

[152] 周弦：《15 分钟社区生活圈视角的单元规划公共服务设施布局评估：以上海市黄浦区为例》，《城市规划学刊》2020 年第 1 期。

[153] 蒋海兵，张文忠，韦胜：《公共交通影响下的北京公共服务设施可达性》，《地理科学进展》2017 年第 10 期。

[154] Gini C: "Measurement of Inequality of Incomes", *The Economic Journal*，1921（31）．

[155] Comber A，Brunsdon C，Green E: "Using a GIS-based Network Analysis to Determine Urban Greenspace Accessibility for Different Ethnic and Religious Groups", *Landscape and Urban Planning*，2008（1）．

[156] 聂艺菲，冯长春：《基于分级诊疗的就医可达性研究——以潍坊市中心城区为例》，《北京大学学报（自然科学版）》2020 年第 2 期。

[157] 陶卓霖，程杨，戴特奇，等：《公共服务设施空间可达性评价中的参数敏感性分析》，《现代城市研究》2017 年第 3 期。

[158] 刘宏燕，陈雯：《中国基础教育资源布局研究述评》，《地理科学进展》2017 年第 5 期。

[159] 孔翔，陶印华，龙丁江：《农民工随迁子女的课余空间行为及其对城市融入的影响研究——基于上海市某小学学生的调查》，《人文地理》2018 年第 2 期。

[160] 韩增林，杜鹏，王利，等：《区域公共服务设施优化配置方法研究——以大连市甘井子区兴华街道小学配置为例》，《地理科学》2014 年第 7 期。

[161] 张婷，王峥，何迅，等：《贵阳市老年人对社区卫生服务机构的满意度及影响因素》，《中国老年学杂志》2017 年第 23 期。

[162] 牛强，易帅，顾重泰，等：《面向线上线下社区生活圈的服务设施配套新理念新方法：以武汉市为例》，《城市规划学刊》2019 年第 6 期。

[163] 王健清，刘兵：《上海"30 分钟体育生活圈"建设对市民体育参与影响的实证研究》，《上海体育学院学报》2021 年第 8 期。

[164] 袁君梦，葛幼松：《养老设施空间分布及可达性研究——以杭州市主城区为例》，《上海城市规划》2019 年第 6 期。

[165] 张弥：《城镇化发展与社区管理体制创新》，《学习与探索》2016 年第 9 期。

[166] 江曼琦，魏新月：《生活圈视角下大城市连锁便利店布局研究——以北京市为例》，《城市发展研究》2021 年第 7 期。

[167] 许中波：《日常生活批判视角下城市更新中的空间治理——以武昌内城马房菜市场动迁为例》，《城市问题》2019 年第 4 期。

[168] 魏伟，柯泽华：《"城市人"视角下社区物流点供需匹配分析及规划方法研究——以武汉市为例》，《现代城市研究》2020 年第 6 期。

[169] 李飞：《住区公共空间规划机制及其弥补效能估算》，《规划师》2016 年第 7 期。

[170] 张锦，陈义友：《物流"最后一公里"问题研究综述》，《中国流通经济》2015 年第 4 期。

[171] 周晨虹：《城乡一体化背景下社区公共服务供给的比较分析——基于山东省三个县级市的问卷调查》，《社会主义研究》2012 年第 3 期。

[172] 穆光宗：《我国机构养老发展的困境与对策》，《华中师范大学学报（人文社会科学版）》2012 年第 2 期。

[173] 蔡辉，王少博，余侃华：《公平与效益视角下乡村地区基础教育设施配置初探——以陕西省泾阳县为例》，《现代城市研究》2016 年第 3 期。

[174] 孙瑜康，吕斌，赵勇健：《基于出行调查和 GIS 分析的县域公共服务设施配置评价研究——以德兴市医疗设施为例》，《人文地理》2015 年第 3 期。

[175] 王兴平，胡畔，沈思思，等：《基于社会分异的城市公共服务设施空间布局特征研究》，《规划师》2014 年第 5 期。

[176] Chiesura A: "The Role of Urban Parks for the Sustainable City", *Landscape and Urban Planning*，2004（1）.

[177] 闪晓光，李早：《基于决策树分析的居住区公共服务设施配置与居民满意度研究》，《合肥工业大学学报（自然科学版）》2015 年第 10 期。

[178] 邵磊，袁周，詹浩：《保障性住区公共服务设施的不同人群需求特征与满意度分析》，《规划师》2016 年第 8 期。

[179] 吴秋晴：《生活圈构建视角下特大城市社区动态规划探索》，《上海城市规划》2015 年第 4 期。

[180] 朱晓东，颜景昕，卢青，等：《上海市日常体育生活圈的公共体育设施配置研究》，《人文地理》2015 年第 1 期。

[181] 程蓉：《以提品质促实施为导向的上海 15 分钟社区生活圈的规划和实践》，《上海城市规划》2018 年第 2 期。

[182] 贾晨亮，韩玉鹤，丁舒，等：《基于生活圈理论的沈阳市控制性详细规划体系研究》，《规划师》2020 年第 S1 期。

[183] 柴彦威，李春江，夏万渠，等：《城市社区生活圈划定模型——以北京市清河街道为例》，《城市发展研究》2019 年第 9 期。

[184] 柴彦威，李春江，张艳：《社区生活圈的新时间地理学研究框架》，《地理科学进展》2020 年第 12 期。

[185] Li C，Xia W，Chai Y: "Delineation of an Urban Community Life Circle Based on a Machine-learning Estimation of Spatiotemporal Behavioral Demand", *Chinese Geographical Science*，2021（1）.

[186] Granbom M，Szanton S，Gitlin L N，et al: "Ageing in the Right Place — a Prototype of a Web-based Housing Counselling Intervention for Later Life", *Scandinavian Journal of Occupational Therapy*，2019（3）.

[187] 赵万民，方润臣，王华：《生活圈视角下的住区适老化步行空间体系构建》，《规划师》2019 年第 17 期。

[188] 官钰，李泽新，杨琬铮：《乡村生活圈范围测度方法与优化策略探索——以雅安市汉源县为例》，《规划师》2020 年第 24 期。

[189] 燕雁：《高海拔地区居住区公共服务设施配置研究——以日喀则经济开发区为例》，《上海城市规划》2019 年第 3 期。

[190] 黄瓴，明峻宇，赵畅，等：《山地城市社区生活圈特征识别与规划策略》，《规划师》2019 年第 3 期。

[191] 柴彦威，李春江：《城市生活圈规划：从研究到实践》，《城市规划》2019 年第 5 期。

[192] 周岱霖，黄慧明：《供需关联视角下的社区生活圈服务设施配置研究——以广州为例》，《城市发展研究》2019 年第 12 期。

[193] 魏伟，洪梦谣，谢波：《基于供需匹配的武汉市 15 分钟社区生活圈划定与空间优化》，《规划师》2019 年第 4 期。

[194] 于一凡：《从传统居住区规划到社区生活圈规划》，《城市规划》2019 年第 5 期。

[195] Zhang R J："Social Trust and Satisfaction with Life：A Cross-lagged Panel Analysis Based on Representative Samples from 18 Societies"，*Social Science & Medicine*，2020（251）.

[196] 魏伟，洪梦谣，周婕，等：《"城市人"视角下城市基本公共服务设施评估方法——以武汉市为例》，《城市规划》2020 年第 10 期。

[197] 魏伟，周婕，罗玛诗艺：《"城市人"视角下社区公园满意度分析及规划策略——以武汉市武昌区中南路街道为例》，《城市规划》2018 年第 12 期。

[198] 魏伟，陶煜，杨欢：《大城市中心区小学布局满意度提升规划策略》，《规划师》2020 年第 16 期。

[199] 魏伟，唐媛媛，焦永利：《"城市人"理论视角下大城市中心区幼儿园布局及优化策略研究——以武汉市武昌区为例》，《城市发展研究》2020 年第 10 期。

[200] 夏巍，郑彩云，成钢，等：《人本主义视角下的武汉社区生活圈规划研究》，《城市规划》2018 年第 2 期。

[201] 吴夏安，徐磊青，仲亮：《〈城市居住区规划设计标准〉中 15 分钟社区生活圈关键指标讨论》，《规划师》2020 年第 8 期。

[202] 刘泉，钱征寒，黄丁芳，等：《15 分钟社区生活圈的空间模式演化特征与趋势》，《城市规划学刊》2020 年第 6 期。

[203] Dalgard O S，Tambs K："Urban Environment and Mental Health a Longitudinal Study"，*British Journal of Psychiatry*，1997（6）.

[204] Moran M，Cauwenberg J V，Hercky-Linnewiel R，et al："Understanding the Relationships Between the Physical Environment and Physical Activity in Older Adults：A Systematic Review of Qualitative Studies"，*The International Journal of Behavioral Nutrition and Physical Activity*，2014（11）.

[205] Salvador E P，Reis R S，Florindo A A："Practice of Walking and Its Association with Perceived Environment Among Elderly Brazilians Living in a Region of Low Socioeconomic Level"，*International Journal of Behavioral Nutrition and Physical Activity*，2010（1）.

[206] King A C，Sallis J F，Frank L D，et al："Aging in Neighborhoods Differing in Walkability and Income：Associations with Physical Activity and Obesity in Older Adults"，*Social Science & Medicine*，2011（10）.

[207] Cerin E，Nathan A，Cauwenberg J V，et al："The Neighbourhood Physical Environment and Active Travel in Older Adults：A Systematic Review and Meta-analysis"，*International Journal of Behavioral Nutrition & Physical Activity*，2017（1）.

[208] Weimann H，Bjork J，Rylander L，et al："Neighborhood Environment and Physical Activity Among Young Children：A Cross-sectional Study from Sweden"，*Scandinavian Journal of Public Health*，2015（3）.

[209] Zachariah P，Johnson C L，Halabi K C，et al："Epidemiology，Clinical Features，and Disease

Severity in Patients With Coronavirus Disease 2019 (COVID-19) in a Children's Hospital in New York City，New York"，*JAMA Pediatrics*，2020（10）.

[210] Boyd F，White M P，Bell S L，et al: "Who Doesn't Visit Natural Environments for Recreation and Why: A Population Representative Analysis of Spatial，Individual and Temporal Factors Among Adults in England"，*Landscape & Urban Planning*，2018.

[211] Ho D C，Lai L W，Wang A: "The Effects of 'Publicness' and Quality of Publicly Accessible Open Space Upon User Satisfaction"，*Environment and Planning B*: *Urban Analytics and City Science*，2020（4）.

[212] Wang F L，Wang D G: "Changes in Residential Satisfaction After Home Relocation: A Longitudinal Study in Beijing，China"，*Urban Studies*，2020（3）.

[213] Kirsten B，Andrea K，Aniko S，et al: "Exposure to Neighborhood Green Space and Mental Health: Evidence from the Survey of the Health of Wisconsin"，*International Journal of Environmental Research & Public Health*，2014（3）.

[214] Kaźmierczak A: "The Contribution of Local Parks to Neighbourhood Social Ties"，*Landscape & Urban Planning*，2013（1）.

[215] Martens K，Golub A，Robinson G : "A Justice-theoretic Approach to the Distribution of Transportation Benefits: Implications for Transportation Planning Practice in the United States"，*Transportation Research Part A*，2012（4）.

[216] Geertman S，Vaneck J，Geertman S，et al: "Gis and Models of Accessibility Potential-an Application in Planning"，*International Journal of Geographical Information Systems*，1995（1）.

[217] Ogryczak W: "Inequality Measures and Equitable Approaches to Location Problems"，*European Journal of Operational Research*，2000（2）.

[218] France-Mensah J，Kothari C，O'Brien W J，et al: "Integrating Social Equity in Highway Maintenance and Rehabilitation Programming: A Quantitative Approach"，*Sustainable Cities and Society*，2019（48）.

[219] Berliant M C，Strauss R P : "The Horizontal and Vertical Equity Characteristics of the Federal Individual Income Tax，1966-1977"，*NBER Chapters*，1985（1）.

[220] Farideh R: "Equity Measures and Their Performance in Transportation"，*Transportation Research Record Journal of the Transportation Research Board*，2006（1）.

[221] Rosa D L，Takatori C，Shimizu H，et al: "A Planning Framework to Evaluate Demands and Preferences by Different Social Groups for Accessibility to Urban Greenspaces"，*Sustainable Cities & Society*，2018（36）.

[222] Foth N，Manaugh K，El-Geneidy A M: "Towards Equitable Transit: Examining Transit Accessibility and Social Need in Toronto，Canada，1996-2006"，*Journal of Transport Geography*，2013（29）.

[223] Goddard M，Smith P: "Equity of Access to Health Care Services"，*Social Science & Medicine*，2001（9）.

[224] Tahmasbi B，Mansourianfar M H，Haghshenas H，et al: "Multimodal Accessibility-based Equity Assessment of Urban Public Facilities Distribution"，*Sustainable Cities and Society*，2019（49）.

[225] Omer I: "Evaluating Accessibility Using House-level Data: A Spatial Equity Perspective"，*Computers Environment & Urban Systems*，2006（3）.

[226] Delbosc A，Currie G: "Using Lorenz Curves to Assess Public Transport Equity"，*Journal of Transport*

Geography，2011（6）.

[227] Talen E，Anserine L："Assessing Spatial Equity：an Evaluation of Measures of Accessibility to Public Playgrounds"，*Environment and Planning A*，1998（30）.

[228] Wall M M，Larson N I，Forsyth A，et al："Patterns of Obesogenic Neighborhood Features and Adolescent Weight：A Comparison of Statistical Approaches"，*American Journal of Preventive Medicine*，2012（5）.

[229] Weiss C C，Purciel M，Bader M，et al："Reconsidering Access：Park Facilities and Neighborhood Disamenities in New York City"，*Journal of Urban Health*，2011（2）.

[230] Neutens T，Schwanen T，Witlox F，et al："Equity of Urban Service Delivery：A Comparison of Different Accessibility Measures"，*Environment & Planning*，2010（7）.

[231] Miller H J："Measuring Space-time Accessibility Benefits within Transportation Networks：Basic Theory and Computational Procedures"，*Geographical Analysis*，1999（31）.

[232] 张文忠，尹卫红，张锦秋，等：《中国宜居城市研究报告（北京）》，北京，社会科学文献出版社，2006。

[233] 申悦，傅行行：《社区主客观特征对社区满意度的影响机理——以上海市郊区为例》，《地理科学进展》2019 年第 5 期。

[234] 张文忠：《宜居城市建设的核心框架》，《地理研究》2016 年第 2 期。

[235] 张延吉，秦波，朱春武：《北京城市建成环境对犯罪行为和居住安全感的影响》，《地理学报》2019 年第 2 期。

[236] Abdullah A，Marzbali M H，Woolley H，et al："Testing for Individual Factors for the Fear of Crime Using a Multiple Indicator-Multiple Cause Model"，*European Journal on Criminal Policy and Research*，2014（1）.

[237] 张延吉，秦波，唐杰：《城市建成环境对居住安全感的影响——基于全国 278 个城市社区的实证分析》，《地理科学》2017 年第 9 期。

[238] 谌丽，许婧雪，张文忠，等：《居民城市公共安全感知与社区环境——基于北京大规模调查问卷的分析》，《地理学报》2021 年第 8 期。

[239] 胥建华，韩云月：《以提升居民幸福感为导向的社区规划实践评估——以上海新江湾社区为例》，《城市规划学刊》2019 年第 S1 期。

[240] 温婷，林静，蔡建明，等：《城市舒适性：中国城市竞争力评估的新视角及实证研判》，《地理研究》2016 年第 2 期。

[241] 华霞虹，庄慎：《以设计促进公共日常生活空间的更新——上海城市微更新实践综述》，《建筑学报》2022 年第 3 期。

[242] 刘悦来，尹科娈，孙哲，等：《共治的景观——上海社区花园公共空间更新与社会治理融合实验》，《建筑学报》2022 年第 3 期。

[243] Wang D，Wang F："Contributions of the Usage and Affective Experience of the Residential Environment to Residential Satisfaction"，*Housing Studies*，2016（1）.

[244] 李东，王玉清，陈玥彤，等：《社区嵌入式目的地居民主观幸福感探测与亲旅游行为研究——正、负影响感知的调节效应》，《地域研究与开发》2020 年第 4 期。

[245] Ma J，Dong G P，Chen Y，et al："Does Satisfactory Neighbourhood Environment Lead to a Satisfying Life? An Investigation of the Association Between Neighbourhood Environment and Life Satisfaction in Beijing"，*Cities*，2018（74）.

[246] 于冰沁，谢长坤，杨硕冰，等：《上海城市社区公园居民游憩感知满意度与重要性的对应分析》，《中国园林》2014 年第 9 期。

[247] 杨毕红，吴文恒，许玉婷，等：《新城市贫困空间居住满意度及其影响因素——基于西安市企业社区的实证》，《地理科学进展》2021 年第 5 期。

[248] 刘晔，肖童，刘于琪，等：《城市建成环境对广州市居民幸福感的影响——基于 15 min 步行可达范围的分析》，《地理科学进展》2020 年第 8 期。

[249] 杨婕，陶印华，刘志林，等：《邻里效应视角下社区交往对生活满意度的影响——基于北京市 26 个社区居民的多层次路径分析》，《人文地理》2021 年第 2 期。

[250] 王娟：《城中村改造安置区村民居住满意度调查——以郑州城中村改造为例》，《建筑学报》2016 年第 S1 期。

[251] 邹晖，罗小龙，涂静宇：《基于小产权房居住满意度的实证研究——以南京迈皋桥地区小产权房社区为例》，《人文地理》2014 年第 1 期。

[252] 陈卉，甄峰：《信息通讯技术对老年人的社区满意度影响路径——以南京市锁金社区为例》，《地理科学进展》2016 年第 9 期。

[253] 夏永久，朱喜钢：《城市被动式动迁居民社区满意度评价研究——以南京为例》，《地理科学》2013 年第 8 期。

[254] 李俊峰，高凌宇，马作幸：《跨江择居居民的居住满意度及影响因素——以南京市浦口区为例》，《地理研究》2017 年第 12 期。

[255] 张景秋，刘欢，齐英茜，等：《北京城市老年人居住环境及生活满意度分析》，《地理科学进展》2015 年第 12 期。

[256] 湛东升，孟斌，张文忠：《北京市居民居住满意度感知与行为意向研究》，《地理研究》2014 年第 2 期。

[257] 袁媛，丁凯丽，曹新宇，等：《社区满意度及影响因素研究方法综述》，《城市发展研究》2018 年第 10 期。

[258] 刘志林，廖露，钮晨琳：《社区社会资本对居住满意度的影响——基于北京市中低收入社区调查的实证分析》，《人文地理》2015 年第 3 期。

[259] 湛东升，张文忠，张娟锋，等：《北京市公共服务设施集聚中心识别分析》，《地理研究》2020 年第 3 期。

[260] 党云晓，余建辉，张文忠，等：《环渤海地区城市居住环境满意度评价及影响因素分析》，《地理科学进展》2016 年第 2 期。

[261] 段存儒，丁蔓，王华，等：《社会资本、政府满意度与居民大气环境支付意愿——基于石家庄市的调查数据》，《干旱区资源与环境》2022 年第 4 期。

[262] Hur M，Nasar J L，Chun B："Neighborhood Satisfaction，Physical and Perceived Naturalness and Openness"，*Journal of Environmental Psychology*，2010（1）.

[263] Cao X: "How Does Neighborhood Design Affect Life Satisfaction? Evidence from Twin Cities", *Travel Behaviour&Society*, 2015 (51).

[264] Skrondal A, Rabe-Hesketh S: "Generalized Latent Variable Modeling: Multilevel, Longitudinal, and Structural Equation Models", *Boca Raton, CRC Press*, 2021.

[265] Bagozzi R P, Yi Y: "On the Evaluation of Structural Equation Models", *Journal of the Academy of Marketing Science*, 1988 (1).

[266] 盛广耀：《中国城乡基础设施与公共服务的差异和提升》，《区域经济评论》2020 年第 4 期。

[267] 韩增林，李彬，张坤领：《中国城乡基本公共服务均等化及其空间格局分析》，《地理研究》2015 年第 11 期。

[268] 樊继达：《统筹城乡发展中的基本公共服务均等化》，北京，中国财政经济出版社，2008。

[269] 王谦：《城乡公共服务均等化问题研究》，济南，山东人民出版社，2009。

[270] 杨晓军，陈浩：《中国城乡基本公共服务均等化的区域差异及收敛性》，《数量经济技术经济研究》2020 年第 12 期。

[271] 缪小林，张蓉，于洋航：《基本公共服务均等化治理：从"缩小地区间财力差距"到"提升人民群众获得感"》，《中国行政理》2020 年第 2 期。

[272] 周玉龙，孙久文：《论区域发展政策的空间属性》，《中国软科学》2016 年第 2 期。

[273] 张薇：《我国基本公共服务均等化的发展历程和建设策略》，《哈尔滨工业大学学报（社会科学版）》2019 年第 6 期。

[274] 刘成奎，任飞容，王宙翔：《公共产品供给真的能减少中国农村瞬时贫困吗？》，《中国人口·资源与环境》2018 年第 1 期。

[275] 王雨，陈鹏，张京祥：《基于新"推—拉"作用的"乡—乡"人口流动与治理应对研究——基于西昌市农民自主搬迁的实证》，《现代城市研究》2021 年第 8 期。

[276] 王安琪，彭建东，任鹏，等：《轨道站点周边建成环境对残疾人出行行为的影响研究——以武汉市 189 个轨道站点为例》，《地理科学进展》2021 年第 7 期。

[277] 胡宏伟，时媛媛，肖伊雪：《公共服务均等化视角下中国养老保障方式与路径选择——居家养老服务保障的优势与发展路径》，《华东经济管理》2012 年第 1 期。

[278] 农昀：《基于行为特征分析的珠海市 0～3 岁婴幼儿公共服务设施配置优化策略》，《规划师》2019 年第 23 期。

[279] 张志斌，陈龙，笪晓军，等：《基于社会阶层的公共服务设施空间公正性——以兰州市中心城区为例》，《城市规划》2021 年第 12 期。

[280] 沙治慧，冯国静：《四川省城乡公共服务均等化实证研究》，《城市发展研究》2011 年第 11 期。

[281] 马晓冬，沈正平，宋潇君：《江苏省城乡公共服务发展差距及其障碍因素分析》，《人文地理》2014 年第 1 期。

[282] 李凡，岳彩新：《我国省级基本公共服务均等化水平的测度》，《统计与决策》2014 年第 11 期。

[283] 辛冲冲，陈志勇：《中国基本公共服务供给水平分布动态、地区差异及收敛性》，《数量经济技术经济研究》2019 年第 8 期。

[284] 李华，董艳玲：《中国基本公共服务均等化测度及趋势演进——基于高质量发展维度的研究》，《中

国软科学》2020 年第 10 期。

[285] 刘传明，张春梅，任启龙，等：《基本公共服务与经济发展互动耦合机制及时空特征——以江苏省13 城市为例》，《经济地理》2019 年第 4 期。

[286] 王俊霞，高菲，祝丹枫：《城乡经济均衡发展与基本公共服务均等化——基于耦合与协调模型的分析》，《华东经济管理》2015 年第 7 期。

[287] 袁丹，欧向军，唐兆琪：《东部沿海人口城镇化与公共服务协调发展的空间特征及影响因素》，《经济地理》2017 年第 3 期。

[288] 马慧强，廉倩文，韩增林，等：《基本公共服务—城镇化—区域经济耦合协调发展时空演化》，《经济地理》2020 年第 5 期。

[289] 刘春芳，张志英：《从城乡一体化到城乡融合：新型城乡关系的思考》，《地理科学》2018 年第 10 期。

[290] 刘凌波，彭正洪，吴昊：《熵模型及其在城市研究中的应用》，《城市规划》2021 年第 12 期。

[291] 李灿，张凤荣，朱泰峰，等：《基于熵权 TOPSIS 模型的土地利用绩效评价及关联分析》，《农业工程学报》2013 年第 5 期。

[292] 何艳冰，黄晓军，杨新军：《快速城市化背景下城市边缘区失地农民适应性研究——以西安市为例》，《地理研究》2017 年第 2 期。

[293] 徐丽婷，姚士谋，陈爽，等：《高质量发展下的生态城市评价——以长江三角洲城市群为例》，《地理科学》2019 年第 8 期。

[294] 余灏哲，李丽娟，李九一：《基于量－质－域－流的京津冀水资源承载力综合评价》，《资源科学》2020 年第 2 期。

[295] 张竟竟，陈正江，杨德刚：《城乡协调度评价模型构建及应用》，《干旱区资源与环境》2007 年第 2 期。

[296] 李豫新，欧国刚：《黄河流域新型城镇化协调发展的空间分异及动力因素分析》，《调研世界》2022 年第 2 期。

[297] 应君，姚圩琴，程艳，等：《基于耦合模型的杭州市区气候与绿色基础设施协调关系量化分析研究》，《中国园林》2017 年第 12 期。

[298] 田瑾，明庆忠：《山地旅游目的地"山—镇"双核结构空间联系及耦合机理——来自云南丽江的案例剖析》，《经济地理》2021 年第 1 期。

[299] 邹德玲，丛海彬：《中国产城融合时空格局及其影响因素》，《经济地理》2019 年第 6 期。

[300] 姜晓萍，肖育才：《基本公共服务供给对城乡收入差距的影响机理与测度》，《中国行政管理》2017 年第 8 期。